Rudolf Ginters
Werte und Normen

Werte und Normen

Einführung in die
philosophische und theologische Ethik

von
Rudolf Ginters

Vandenhoeck & Ruprecht · Göttingen
Patmos Verlag · Düsseldorf

CIP-Kurztitelaufnahme der Deutschen Bibliothek

Ginters, Rudolf:
Werte und Normen: Einf. in d. philos. u. theol. Ethik / von Rudolf Ginters. –
Göttingen: Vandenhoeck und Ruprecht ; Düsseldorf : Patmos-Verlag, 1982

ISBN 3-525-61239-7 (Vandenhoeck und Ruprecht)

ISBN 3-491-78384-4 (Patmos)

Satz: LibroSatz, Kriftel/Ffm.
Schrift: 9/11 p Baskerville auf der Lasercomp (Monotype)
Druck und Einband: Hubert & Co., Göttingen

Inhalt

Vorwort

Ein Botaniker, der einen Leitfaden über die Welt der Orchideen verfaßt, kann bei seinen Lesern zwar Interesse an dieser Pflanzenfamilie, doch kaum Vorkenntnisse erwarten. Er spricht als ein Wissender zu Unwissenden. Anders ein Ethiker, der eine Einführung in sein Fachgebiet gibt: Er kann bei seinen Lesern nicht bloß Interesse an moralischen Fragen voraussetzen, sondern auch Vorkenntnisse. Er spricht als ein Wissender zu Wissenden. Denn jeder hatte, noch vor aller Beschäftigung mit der Ethik, immer schon mit Fragen der Moral zu tun. Jeder hat schon vor moralischen Problemen gestanden, sich ein moralisches Urteil gebildet, mit anderen über moralische Fragen diskutiert. Jeder weiß, was es heißt, ein gutes Gewissen zu haben oder an Gewissensbissen zu leiden. Keinem von uns sind bislang moralische Vorwürfe erspart geblieben. Wir alle haben schon unter unserer Willensschwäche gelitten, wenn wir das Richtige tun wollten, dabei aber versagt haben.

Vor jedem Studium der Ethik sind wir alle bereits moralisch Wissende. Worum kann es dann aber in der Ethik noch gehen? Jedenfalls nicht um die Entdeckung völlig neuer moralischer Sachverhalte. Vielmehr geht es um die gedankliche Sonderung von Phänomenen, mit denen wir immer schon vertraut sind und die wir umgangssprachlich im engeren Sinn als ›moralisch‹ oder ›sittlich‹ bezeichnen; darüber hinaus dann um die Klärung der von uns verwendeten Sprache, wenn wir uns moralisch äußern oder über diese Sachverhalte reden; schließlich um die Analyse der in ethischen Überlegungen und Diskussionen von uns herangezogenen Argumente. Wenn wir Ethik treiben, erfahren wir zwar nichts Neues, doch wird das, was wir schon kennen, klarer faßbar, erscheint in einem neuen Licht und erfährt vielleicht eine neue Gewichtung; bisher verborgene Zusammenhänge und Strukturen werden sichtbar, Verwechslungen, Irrtümer und Fehlschlüsse aufgedeckt. Kurz, in der Ethik geht es um die rationale Durchdringung der uns bekannten moralischen Phänomene. Diese Phänomene bilden die Grundlage oder sind die Ausgangsdaten der ethischen Wissenschaft, so wie die vorfindliche Welt der Pflanzen und deren Lebensvollzüge die Ausgangsdaten der Botanik darstellen. Ein völlig amoralischer

Mensch, der weder bei sich selbst noch bei anderen jemals moralische Phänomene erlebt hat, kann genauso wenig Ethik betreiben, wie ein von Geburt an Blinder eine Farbenlehre entwickeln könnte. Der dauernde Rückbezug auf eigenes und fremdes moralisches Erleben ist unabdingbar; andernfalls besteht die Gefahr, daß eine ethische Abhandlung zu einem nicht nachprüfbaren leeren Gerede wird.

Auf moralische Phänomene verweist man gewöhnlich durch die Nennung von *Beispielen*. Allerdings gewinnt man bei vielen Ethikern den Eindruck, daß sie deren Bedeutung entweder unterschätzen oder gar nicht kennen. Es gibt umfangreiche Arbeiten zur Ethik, in denen sich kein einziges Beispiel findet. Eine solche Verfahrensweise wäre mit dem Vorgehen eines Naturwissenschaftlers vergleichbar, der sich weigerte, in seinen Arbeiten jemals auf ein Experiment oder auf irgendwelche Naturphänomene zu verweisen. Seine naturwissenschaftlichen Aussagen wären überhaupt nicht nachprüfbar. Dies gilt in gleicher Weise auch für die Aussagen eines Ethikers, wenn er es unterläßt oder sich gar weigert, seine Thesen mit Hilfe von Beispielen zu testen. Die Beispiele in der Ethik dienen nicht nur der Erläuterung, also der leichteren Faßlichkeit, sondern sie bilden die Grundlage und damit den Maßstab für die Richtigkeit aller Aussagen. Man kann kaum genug betonen: Wer über moralische Sachverhalte nachdenkt, also Ethik betreibt, wird sich diese Sachverhalte immer wieder anhand von Beispiel und Gegenbeispiel vor Augen führen müssen.

Wie der Aufbau eines naturwissenschaftlichen Experiments eine große Kunst darstellt, immer auch etwas Künstliches an sich hat, so auch der Verweis auf Beispiele in der Ethik. Ein Experiment muß so angelegt sein, daß alle relevanten Faktoren überschaubar sind. Um eine Gesetzmäßigkeit herauszufinden, ist es oft notwendig, auf künstliche Weise die Änderung nur eines einzigen Faktors zuzulassen, um dann ihre Auswirkung isoliert beobachten zu können. Als der Verhaltensforscher G. H. Brückner das Verhalten von Glucken ihren Küken gegenüber untersuchte, stellte er durch sein berühmt gewordenes Experiment eine ganz und gar künstliche Anordnung her: Er versammelte die Küken einmal unter eine durchsichtige, doch schalldichte, dann unter eine undurchsichtige, doch schalldurchlässige Glocke. Mit Hilfe dieser Versuchsanordnung konnte er beobachten, daß eine Glucke allein aufgrund lautlicher, nicht optischer Reize auf ihre Küken reagiert. Von ähnlich künstlicher Art müssen oft Beispiel und Gegenbeispiel in ethischen Erörterungen sein. Sie stellen dann häufig so etwas wie moralische Gedankenexperimente dar. Um etwa herauszufinden, ob auch die Zahl der betroffenen Personen in unseren moralischen Überlegungen eine Rolle spielen sollte, könnten wir uns einen Feuerwehrmann vorstellen, der nur noch einmal in die Räume eines brennenden, kurz vor dem Einsturz stehenden Hauses vordringen kann. Wenn er weiß, daß sich in dem einen Raum noch vier Personen befinden, in dem anderen nur noch eine – sonst aber alles gleich ist –, dann – so würden wohl die meisten ohne Zögern urteilen – sollte er die vier Menschen zu retten versuchen auf Kosten des einen. Beispiele sind die notwendige Grundlage für ethische Erörterungen; ihre manchmal unumgängliche Künstlichkeit spricht nicht gegen sie.

Was kann sich nun der Leser vom Studium der Ethik versprechen? Eine solche Frage nach dem Sinn und Zweck einer Übung läßt sich gewöhnlich erst dann zureichend beantworten, wenn man mit der Übung bereits begonnen oder sie schon hinter sich gebracht hat. Dennoch soll eine anfängliche Antwort versucht werden.

Zunächst ist auf etwas hinzuweisen, das entsprechend für das Studium wohl jeder Wissenschaft gilt: Wer keinerlei Sinn für ›intellektuellen Luxus‹ hat und nur nach dem unmittelbar Anwendbaren und Nützlichen fragt, sollte erst gar nicht mit dem systematischen Nachdenken über moralische Sachverhalte beginnen. Er wird immer enttäuscht werden. Jede Wissenschaft läßt sich nur betreiben, wenn man auch Freude daran hat, eine Sache um ihrer selbst willen zu verstehen. Wem nur an der besseren moralischen Praxis gelegen ist, kann durchaus ein guter Mensch sein, wird aber niemals auch ein guter Ethiker werden.

Ist der Segen ethischer Studien dann rein theoretischer und in keiner Hinsicht auch praktischer Art? Wie sich noch zeigen wird, ist die ›Moral‹ eines Menschen nicht nur eine Sache seiner Einsicht, sondern wesentlich auch eine Sache seiner persönlichen Entscheidung. Daher sollte man vom Studium der Ethik keine unmittelbare Hebung der Moral erwarten – weder für sich selbst noch für andere. Doch kann vertiefte Einsicht mittelbar durchaus unsere Einstellungen und unser Handeln beeinflussen.

Durch das Studium der Ethik können wir unser moralisches Denken klären. Dadurch kann es uns helfen, nicht unkritisch irgendwelche Vorurteile und Gewohnheiten als gut begründete Auffassungen und moralische Richtlinien zu übernehmen. Eine traurige Erscheinung ist der unerleuchtete moralische und moralisierende Fanatiker. Vielleicht kann uns die Einsicht in die Vielschichtigkeit moralischer Fragen davor bewahren, einem solchen Menschen ähnlich zu werden.

Auch der Leser wird die tiefe Enttäuschung kennen, mit der moralische Diskussionen oft enden. Jeder widerspricht jedem – einschließlich sich selbst. Ein Mißverständnis folgt dem anderen. Schließlich setzt sich jener Diskussionsteilnehmer durch, der am meisten und am lautesten redet und der sich am wenigsten seiner eigenen Unwissenheit und der Schwierigkeiten des Gegenstandes bewußt ist. Vom Studium der Ethik sollte man sich nun keineswegs das Ende aller Meinungsverschiedenheiten erhoffen; erwarten aber darf man eine größere Diskussionsfähigkeit. Die Diskussionsteilnehmer werden dann genau wissen, worin sie uneins sind. Sie werden die Sprache des anderen verstehen und auch die Gründe für Schlußfolgerungen, denen sie selbst nicht zustimmen. Sie werden die vorgebrachten Argumente erhellend finden und feststellen, daß sie auch in vielen Punkten übereinstimmen. Viel häufiger wird man hören: ›Ich glaube, Sie haben recht‹ oder: ›In Ihren Überlegungen nennen Sie einen wichtigen Gesichtspunkt, den ich bisher zuwenig beachtet habe.‹

Insgesamt kann man sich vom Studium der Ethik die Einsicht erhoffen, daß die moralischen Einstellungen, Urteile und Handlungen eines Menschen keine bloße Geschmackssache sind, auch nicht einfach auf irrationalen Setzungen und Entscheidungen beruhen, sondern sich weitgehend auch begründen lassen. Dies zu zeigen ist das Hauptanliegen, das mit den folgenden Kapiteln verfolgt wird.

Wie soll dieses Ziel erreicht werden? Begonnen wird nicht etwa mit einer allgemeinen Definition von ›Moral‹, mit der Erläuterung des Unterschieds zwischen einer philosophischen und einer theologischen Ethik, mit der Erörterung der Probleme von Freiheit und Verantwortlichkeit, um erst dann moralische Einzelprobleme zu diskutieren; vielmehr soll der umgekehrte Weg beschritten werden vom Bekannteren und Durchsichtigeren zum weniger Bekannten und weniger Durchsichtigen. Daher geht es in den ersten Kapiteln zunächst um einige (spezielle) inhaltliche moralische Probleme (Umweltschutz, Schwangerschaftsabbruch, Sexualethik, Menschenrechte, Standpunkt der Moral), deren Erörterung mit Überlegungen zu einer allgemeinen Methode ethischer Handlungsnormierung und zur inhaltlichen Gestaltung eines guten Lebens abgeschlossen werden. Fragen dieser Art weist man als Fragen erster Ordnung gewöhnlich der normativen Ethik zu. Erst danach werden einige ethische Fragen zweiter Ordnung (Relativismus, Gewissen, Freiheit und Verantwortlichkeit, Sittlichkeit und christlicher Glaube), die man der Metaethik zurechnet, zur Sprache gebracht. Jedes Kapitel beginnt mit einer Beispielgeschichte, die in das betreffende Thema einführen soll. Ein alphabetisches Verzeichnis des verwendeten ethischen Vokabulars mit Kurzerläuterungen dient der Erleichterung der Lektüre.

Bis auf ganz wenige Ausnahmen wurde in dieser Arbeit auf Anmerkungen und Zitate verzichtet. Das heißt selbstverständlich nicht, daß alle folgenden Überlegungen völlig neu und eigenständig entwickelt wurden. Ganz im Gegenteil sind es nur wenige Gedanken, die den Anspruch auf Originalität erheben können. Die meisten Einsichten – und auch einige Beispiele – verdanke ich den Arbeiten und Vorlesungen von Prof. B. Schüller, auf dessen »Begründung sittlicher Urteile« in den knappen Literaturangaben zu den einzelnen Kapiteln öfter hingewiesen wird. Außerdem sei noch ausdrücklich Prof. J. L. Mackie genannt, dessen »Ethik«, vom atheistischen oder agnostizistischen Standpunkt aus geschrieben, 1981 in deutscher Sprache erschienen ist.

Die Literaturhinweise beschränken sich auf Titel, die leicht zugänglich sind. Ihre Auswahl erfolgte unter den Gesichtspunkten der Klarheit und Übersichtlichkeit der Problemstellung, verhältnismäßig leichter Faßlichkeit und praktischer Verwertbarkeit (z. B. Textsammlungen). Die ältere ethische Literatur, die Arbeiten der klassischen Ethiker und Moraltheologen, deren Lektüre nur empfohlen werden kann, sowie Monographien zu sehr speziellen Themen wurden nicht berücksichtigt.

Ausdrücklich sei zum Schluß noch darauf hingewiesen, daß die Hauptabsicht bei dieser Arbeit nicht darin zu sehen ist, dem Leser eine bestimmte moralische Position aufzudrängen – obwohl ich mit meiner eigenen Stellungnahme, die ich in der normativen Ethik als eine teleologische, in der Metaethik als eine kognitivistische und zugleich theistisch-christliche charakterisieren würde, nicht zurückhalten werde –, sondern darin, ihm zu zeigen, auf welchem Weg er zu einer begründeten eigenen Position gelangen kann. Der Akzent liegt nicht darauf, *was* man in diesen oder jenen moralischen Fragen denken soll, sondern darauf, *wie* man es anstellen könnte, um zu plausiblen Lösungen zu gelangen.

Ich möchte dieses Vorwort mit einem Zitat von Theodor Lipps, Die ethischen Grundfragen, Leipzig ^{3}1912, 187, beschließen: »Es gibt allerlei erhabene Worte, die Menschen mit fortreißen. Je mehr sie dies tun, desto mehr wäre es Pflicht, Sorge zu tragen, daß damit klare Begriffe sich verbinden. Wo nicht, so ist Gefahr, daß sie als Mittel dienen, Menschen einzuschläfern, oder als Schlingen, sie moralisch zu erwürgen.«

I. Umweltschutz: Haben Tiere und Pflanzen Ansprüche an uns?

1. Beispielgeschichte

LAUTER APPLAUS, vor allem von seiten der zahlreich erschienenen Studenten aus der nahegelegenen Universitätsstadt, begleitete Frau Michels zum Mikrophon. Sie war vor einigen Tagen zur Sprecherin der Bürgerinitiative zur Rettung der Feuchtgebiete südlich ihrer Kleinstadt gewählt worden. Nun mußte sie zum erstenmal vor einem vollen Haus reden.

»Ich will mich kurz fassen«, begann sie und sah in der Vielzahl der Besucher nur den Reporter von der Lokalpresse, der seinen Schreibblock vor sich auf den Knien liegen hatte. »Die Argumente unserer Initiative gegen den Ausbau der Kreisstraße zu einer vierspurigen Umgehungsstraße sind überzeugend genug. Sie zu erläutern, bedarf es nicht vieler Worte.

Schon seit 15 Jahren zerschneidet die heutige schmale Kreisstraße unser Feuchtgebiet, das im norddeutschen Raum einzigartig ist. Die Tatsachen sind Ihnen bekannt: Hier brüten einige vom Aussterben bedrohte Vogelarten. Herr Prof. Schlicht hat auch nachgewiesen, daß die hiesige Pflanzenwelt in ihrem Artenreichtum ihresgleichen sucht. Drei Arten lassen sich nirgendwo sonst mehr nachweisen. Zur Veranschaulichung habe ich Ihnen je ein Exemplar von meiner gestrigen Wanderung mitgebracht. Sie können sie nachher neben anderen seltenen Pflanzen vorne auf dem Tisch aus der Nähe betrachten. Denken Sie bitte auch an die verschiedenen Lurcharten. Seit fünf Jahren sammelt eine Gruppe von 15 Naturschützern zur Laichzeit allmorgendlich jene Kröten auf, die sich in den von uns entlang der Straße errichteten Netzen verfangen haben, um sie dann in den auf der anderen Seite gelegenen Tümpeln wieder auszusetzen. Im vergangenen Jahr haben wir über 200 überfahrene Igel gezählt; außerdem wurden 10 Rehe angefahren. Unverkennbar würde der Bau der Umgehungsstraße das gesamte Feuchtgebiet zerstören, zumal wenn der Plan der Stadtverwaltung, ihr noch ein Industriegebiet anzugliedern, verwirklicht werden sollte.«

Frau Michels atmete sichtlich auf. Die ersten Sätze hatte sie gut überstanden. Sie wollte fortfahren; doch aus dem Zuhörerraum warf eine Stimme dazwischen: »Frau Michels, stimmt es, daß Ihr Mann die Jagd im Feuchtgebiet gepachtet hat?« Frau Michels mußte etwas schlucken. Mit dieser böswilligen Unterstellung hatte sie nicht gerechnet. Doch sie faßte sich schnell und gab ironisch zurück: »Herr Schneider, glauben Sie etwa, mein Mann mache Jagd auf Kröten? Immerhin setze ich mich nicht erst seit heute für die hiesige Tier- und Pflanzenwelt ein. Außerdem, Herr Schneider«, fügte sie dann noch etwas spitz hinzu, »könnte es die Zuhörer interessieren, daß Sie an die Erweiterung Ihres an der jetzigen Kreisstraße gelegenen kleinen Restaurants denken. Vielleicht fürchten Sie, daß nicht genug Durchreisende bei Ihnen absteigen!«

Dieser Gegenangriff saß, und Frau Michels konnte in ruhigem Ton fortfahren: »Unserer Initiative geht es zunächst um die Erhaltung der Artenvielfalt selbst. Ganz unabhängig davon, ob manche Tier- und Pflanzenarten für den Menschen nützlich oder schädlich sind, ist es einfach gut, daß es sie gibt. Wir wollen die Existenzberechtigung unserer Natur nicht am bloßen Nützlichkeitsprinzip gemessen sehen. Viele unserer Mitglieder sind überzeugte Christen; sie meinen, Gott habe nicht durch eine Millionen von Jahren währende Evolution den ungeheuren Reichtum an Arten geschaffen, damit wir Menschen ihn in wenigen Jahrzehnten auf die für uns nützlichen reduzieren. Eine ausgerottete Art ist unwiederbringlich verloren. Für alle Zeiten ist die Schöpfung um genau diese Art ärmer geworden.

Meinen Sie aber bitte nicht, wir seien unverbesserliche Naturapostel, die den Blick für die Menschen verloren hätten. Wir denken auch an die Menschen – vor allem an diejenigen, die nach uns kommen werden. Auch zukünftige Generationen sollen sich noch an diesem einzigartigen Biotop erfreuen, in ihm Erholung finden können. Wir müssen bereit sein, uns die Erhaltung unserer Umwelt etwas kosten zu lassen. Durch den Verzicht auf den Bau der geplanten Umgehungsstraße kann unsere Stadt ihren Beitrag dazu leisten.

Zum Schluß möchte ich Ihnen eine kurze Erzählung Leo Tolstois vorlesen: Ein alter Mann pflanzte kleine Apfelbäumchen. Da lachten die Leute und sagten zu ihm: ›Warum pflanzt du diese Bäume? Viele Jahre werden vergehen, bis sie Früchte tragen, und du selbst wirst von diesen Bäumen keine Äpfel mehr essen können.‹ Da antwortete der Alte: ›Ich selbst werde keine ernten. Aber wenn nach vielen Jahren andere die Äpfel von diesen Bäumen essen, werden sie mir dankbar sein.‹

Auch uns wird man einmal dankbar sein!«

Starker Beifall begleitete die Sprecherin zu ihrem Platz. Nur wenige Besucher rührten sich nicht. – Der Stadtdirektor erhob sich zur Gegenrede. Schweigen herrschte im Saal. »Frau Michels, wir kennen uns nun schon seit 25 Jahren, seitdem wir zusammen einige Semester Biologie studiert haben. Vielleicht darf ich daher auch heute in aller Öffentlichkeit das uns gewohnte Du gebrauchen. Du weißt, daß ich damals mein Studium schweren Herzens aufgeben mußte, um die Verwaltungslaufbahn einzuschlagen. Du wirst nicht bestreiten können, daß ich die Natur genauso liebe wie du. Allerdings sehe ich einen wichtigen Unterschied: Ich möchte meine eigene Vorliebe nicht auch allen anderen zur Vorschrift machen. Ich gehe davon aus, daß die Interessen der Menschen sehr verschieden sind und daß Pflanzen und Tiere keinerlei Interessen haben können. Dein Verweis auf die Schöpfungsvielfalt verfängt bei mir nicht, da ich mich, wie du weißt, aus bestimmten Gründen zu den Atheisten zähle.

Wenn ich nun nüchtern, wie es meine Pflicht ist, die verschiedenen Interessen gegeneinander abwäge, komme ich zu der festen Überzeugung, daß der Bau der Umgehungsstraße unumgänglich ist. Auch ich möchte auf einige Ihnen bekannte Tatsachen verweisen: In den vergangenen 20 Jahren hat der sehr starke Verkehr auf der engen Durchgangsstraße im Jahresdurchschnitt zwei Menschenleben gekostet – die Verletzten gar nicht gezählt. Eine weitere Entschärfung der schmalen Durchfahrt ist nicht möglich; wir müßten dazu einen ganzen Straßenzug unseres mittelalterlichen Häuserbestands abreißen – was keiner will. Die Umleitung des Durchgangsverkehrs über die geplante Umgehungsstraße, für deren Trassenführung es keine Alternative gibt, wird gewiß nicht dazu führen, daß wir keine Verkehrstoten mehr zu beklagen hätten, aber sie wird die Zahl sicherlich wesentlich senken. Was nun die Industrieansiedlung betrifft, so möchte ich Sie noch einmal daran erinnern, daß wir hier im Ort eine überdurchschnittliche Arbeitslosigkeit von fast 9 Prozent zu verzeichnen haben. Wir hätten mit der Umgehungsstraße die Möglichkeit, ca. 300 neue Arbeitsplätze zu schaffen – vor allem für Frauen und Angelernte, die, wie Sie wissen, schwer zu vermitteln sind. Ich gebe zu, daß nach dieser Planung, für die es, wie gesagt, keine Alternative gibt, die Feuchtgebiete unwiederbringlich verloren sind. Dennoch aber ließe sich ein großzügiges Erholungsgebiet in diesem Bereich erhalten.

Für mich sind die fundamentalen Interessen heute lebender Menschen ausschlaggebend: ihr Interesse an Leben und Gesundheit sowie ihr Interesse an gesicherten Arbeitsplätzen. Dem stehen die Interessen einiger Naturliebhaber (mich eingeschlossen) sowie die zukünftiger Generationen entgegen – falls wir ihre Interessen überhaupt richtig interpretieren können. Ich für meinen Teil habe die Wahl getroffen; meines Erachtens ist sie gut begründet.

Leider kann ich Ihnen nicht wie Frau Michels mit einer Erzählung Tolstois aufwarten. Doch wäre es durchaus denkbar, wenn sich in seinem Nachlaß auch folgende Geschichte gefunden hätte: Gegen Ende eines langen, harten Winters schlachtete ein armer Bauer seine letzte Ziege. ›Wie dumm‹, riefen seine Nachbarn, ›im Sommer wären deine Kinder dir dankbar, könntest du ihnen noch von ihrer Milch zu trinken geben.‹ ›Wie sollten sie‹, entgegnete der Bauer, ›wären sie bis dahin doch verhungert.‹«

Kein Beifall erhob sich. Doch auch die entschiedensten Gegner konnten ihren Respekt nicht verhehlen.

2. Die sittlich gute bzw. schlechte Gesinnung und die sittlich richtige bzw. falsche Tat

Diese Diskussion ist in der Art ihres Verlaufs und in der Durchsichtigkeit der angeführten Argumente gewiß beispielhaft. Nur an einem Punkt drohte sie zu entgleisen, als man sich nämlich gegenseitig unlautere Motive unterstellte. Doch kam man über diese kritische Phase schnell wieder zur Sache selbst – vielleicht weil sich beide Parteien darüber einig waren, daß Motivverdächtigungen die Diskussionsatmosphäre nur vergiften, zur Klärung der anstehenden Sachfragen aber nichts beizutragen vermögen.

Diese Einsicht in die Verschiedenheit der Beurteilung einmal der Motive, der Einstellungen, der Gesinnung und des Charakters eines Menschen und dann seiner daraus entspringenden Verhaltensweisen und Handlungen ist nicht sehr verbreitet, und wo sie vorhanden ist, wird sie nur allzu oft mißachtet. Von der Anfechtbarkeit der Motive schließt man ohne weiteres auf die Anfechtbarkeit des Verhaltens, von der Fragwürdigkeit der Taten unbesehen auf die Fragwürdigkeit der ihnen zugrundeliegenden Gesinnung. Dennoch ist ein solcher Schluß nicht notwendig richtig. So wie es Ärzte gibt, die aus innerster Überzeugung die Durchführung von Schwangerschaftsabbrüchen in der Regel der Fälle ablehnen, gibt es auch andere, die ebenfalls aus unbestreitbar ehrlicher Überzeugung eine solche Maßnahme in aller Regel befürworten; so wie es Ärzte geben kann, die sich nur deswegen weigern, weil sie sonst ihre Stelle verlieren würden, kann es auch solche geben, die aus dem gleichen Motiv ihre inneren Bedenken zurückstellen. Die Gesinnung von zwei Menschen kann völlig uneigennützig sein, dennoch aber bei ihnen zu entgegengesetzten Handlungsweisen führen; die Handlungsweise von zwei Menschen kann völlig gleichartig sein, dennoch können ihr gegensätzliche Gesinnungen zugrunde liegen. Ein unmittelbarer Schluß von der sittlichen Qualität der Gesinnung auf die sittliche Qualität der aus ihr hervorgehenden Handlung ist genauso wenig möglich wie der umgekehrte Schluß von der sittlichen Qualität der Handlung auf die der Gesinnung.

Um auch terminologisch klar zwischen der sittlichen Beurteilung von Motiven, Einstellungen, Gesinnung und Charakter sowie der von Verhaltensweisen und Handlungen unterscheiden zu können, sollen im folgenden die entgegengesetzten Qualitäten der Gesinnung als ›sittlich gut‹ und ›schlecht‹, dagegen die der Handlungen als ›sittlich richtig‹ und ›falsch‹ bezeichnet werden. Unter der guten Gesinnung wäre dann jene zu verstehen, die so beschaffen ist, wie sie sein sollte, unter der schlechten jene, wie sie nicht sein sollte; entsprechend meinen wir mit der richtigen Handlung jene, die man tun sollte, mit der falschen jene, die man unterlassen sollte. Die Aufgabe der normativen Ethik bestünde dann darin, jene Merkmale zu benennen, die eine Gesinnung zu einer guten und eine Handlung zu einer richtigen machen.

Wenn – gewiß idealtypisch – zwischen der moralischen Beurteilung der Gesinnung und der Handlung unterschieden werden muß und wenn beiden die genannten gegensätzlichen Qualitäten zukommen können, dann ergeben sich vier mögliche Kombinationen:

1. gute Gesinnung – richtige Tat

Der moralisch gute Mensch, der zugleich ein Wohltäter der Menschheit ist.

Als Beispiel könnte man an Maximilian Kolbe denken, der aus unverkennbar reiner Selbstlosigkeit sein Leben opferte, um das eines Vaters von mehreren Kindern zu retten.

2. gute Gesinnung – falsche Tat

Der moralisch gute Mensch, der dennoch Unglück über die Menschheit bringt.

Man denke etwa an Bernhard von Clairvaux, der sich in ehrlicher Überzeugung für die Kreuzzüge eingesetzt hat.

3. schlechte Gesinnung – richtige Tat

Der moralisch schlechte Mensch, der sich dennoch als ein Wohltäter der Menschheit erweist.

Als Beispiel wäre etwa Joseph Fouché (1759–1820), einflußreicher Mann im Hintergrund während der Zeit der französischen Revolution, unter Napoleon und schließlich auch noch unter Ludwig XVIII., zu nennen, so wie ihn Stefan Zweig schildert. Allein um später seinen Kopf retten zu können, hat sich Fouché an der ›Säuberungswelle‹ unter Robespierre nur dem Schein nach beteiligt.

4. schlechte Gesinnung – falsche Tat

Der moralisch schlechte Mensch, der zugleich Unglück über die Menschheit bringt.

Etwa an Hitlers Propaganda-Minister Joseph Goebbels wäre hier zu denken, wenn er tatsächlich, wie man ihm nachsagt, ein Mann ohne jede Überzeugung gewesen sein sollte.

Die mehr oder weniger sichere Vermutung, das richtige Verhalten eines Menschen sei auf unlautere Motive zurückzuführen, diskreditiert zwar den Menschen, doch in keiner Weise seine Handlung. Und umgekehrt wird ein falsches Verhalten um keinen Deut dadurch aufgewertet, daß sich zeigen läßt, ihm lägen die besten Absichten zugrunde, wie es etwa beim Überzeugungstäter der Fall ist. Der Hinweis: ›Er hat doch das Beste gewollt‹ entschuldigt zwar den Menschen, verringert aber nicht das Übel seiner falschen Tat.

Eine klare Unterscheidung zwischen guter und schlechter Gesinnung einerseits sowie richtigem und falschem Verhalten andererseits kann eine häufige Fehlreaktion auf eigenes (und fremdes) Verhalten vermeiden helfen: Wer aus reinem Egoismus das Richtige tat, hat keinen Grund, sein Gewissen zu beruhigen und sich zu sagen, es stehe mit ihm alles zum Besten. Zwar hat er tatsächlich keinen Grund, seine Handlungsweise zu bedauern; er hätte aber Grund, sich seiner Motive zu schämen, in sich zu gehen, zu bereuen. Und wer umgekehrt allein aufgrund von Irrtum oder sonstigem Unvermögen das Falsche tat, hat zwar Grund, sein Verhalten und dessen

Folgen zu bedauern, er braucht sich aber keine moralischen Vorwürfe zu machen, er hat nichts zu bereuen. Reue bezieht sich auf die Schlechtigkeit der eigenen Gesinnung, Bedauern auf die Übel, die aus dem eigenen (Fehl-)Verhalten erwachsen sind.

Besonders für dieses und für die beiden folgenden Kapitel (Schwangerschaftsabbruch und Sexualethik) ist zu beachten, daß nur die Frage nach der richtigen Verhaltensweise zur Diskussion steht. Bei der Erörterung dieser und ähnlicher Probleme sollte immer von vornherein klargestellt sein, daß niemandem, der anders denkt und handelt als seine Diskussionspartner, von diesen ein moralischer Vorwurf, seine Gesinnung und seine Motive betreffend, gemacht wird. In einer ernsthaften moralischen Diskussion kann und muß man die lautere Gesinnung der Diskutierenden voraussetzen. Insofern ist die Auseinandersetzung zwischen der Umweltschützerin und dem Stadtdirektor durchaus beispielgebend: Beide nehmen die vorgetragenen Argumente ernst und gestehen einander trotz gegensätzlicher Überzeugung zu, daß auch der Gegner das Beste will.

3. In sittliche Normen eingehende reine Tatsachen- und eigentliche Werturteile

Auch noch in einer anderen Hinsicht ist diese Diskussion vorbildlich: Beide Seiten erörtern dieselbe Frage, sie reden nicht aneinander vorbei. Sie würden dann aneinander vorbeidiskutieren, wenn die Bürgerinitiative von den umweltzerstörenden Folgen des Baus der Umgehungsstraße ausginge und dann gegen die Inkaufnahme dieser Umweltschäden plädierte, hingegen die Verkehrsplaner die umweltzerstörenden Auswirkungen ganz bestritten oder ihr behauptetes Ausmaß bezweifelten. In diesem Fall würde die Bürgerinitiative eine *ethische Wertfrage* erörtern, ob nämlich die zu erwartenden positiven Folgen in einem angemessenen Verhältnis zu den sicher eintretenden Umweltschäden stünden, während die Verkehrsplaner die vorausgehende *empirische Tatsachenfrage* diskutierten, ob denn überhaupt solche umweltzerstörenden Auswirkungen tatsächlich zu befürchten seien.

Wegen der Wichtigkeit gerade dieses Punktes, daß sich Diskussionspartner darüber klarsein müssen, was denn der Gegenstand ihres Streits ist, ob eine empirische, historische oder sonstige reine

Tatsachenfrage oder aber eine ethische Wertungsfrage, soll auf ihn noch etwas ausführlicher eingegangen werden.

Sittliche Normen werden in der Regel sprachlich sehr knapp gefaßt, d. h. die einzelnen Geltungsbedingungen und Voraussetzungen werden gewöhnlich nicht oder doch nur verkürzt und auszugsweise mitgenannt. So haben wir etwa als Kinder gelernt: Was wir versprochen haben, sollen wir auch halten; und wenn wir etwas berichten, sollen wir die Wahrheit sagen. Diese Tatsache, daß sittliche Normen um der Prägnanz willen oft verkürzt formuliert werden, führt gelegentlich dazu, daß bei auftretenden Meinungsverschiedenheiten dort ein moralischer Dissens vermutet wird, wo es sich der Sache nach um einen Dissens hinsichtlich einer ganz anderen Frage handelt.

Ein etwas absurdes Beispiel mag die Unterschiedlichkeit der Elemente, die (oft verdeckt) in ein ethisches Urteil eingehen und auf die sich Meinungsverschiedenheiten beziehen können, verdeutlichen. Die Norm: ›Du sollst niemals deiner Frau, nur weil du ihrer überdrüssig bist, E 605 in den Frühstückskaffee geben‹ enthält wenigstens die folgenden Prämissen (Elemente):

wertende Prämisse:	Du sollst niemals deine Frau, nur weil du ihrer überdrüssig bist, töten.
beschreibende Prämisse:	Die Einnahme von E 605 führt zum Tod eines Menschen.
Folgerung:	Du sollst niemals deiner Frau, nur weil du ihrer überdrüssig bist, E 605 in den Frühstückskaffee geben.

Bei diesem Beispiel läßt sich kaum denken, daß hinsichtlich einer der beiden Prämissen eine Meinungsverschiedenheit auftreten könnte. Anders im folgenden: ›Du sollst als Arzt bei schwerer Lungenentzündung Antibiotika verabreichen.‹ Aufgefächert hätte man zu lesen:

wertende Prämisse:	Du sollst als Arzt nach Möglichkeit Leben erhalten.
beschreibende Prämisse:	Eine Lungenentzündung ist lebensgefährdend; das zweckmäßigste Mittel, sie zu bekämpfen, ist die Verabreichung von Antibiotika.
Folgerung:	Du sollst als Arzt bei schwerer Lungenentzündung Antibiotika verabreichen.

Im Blick auf die gesundheitliche Verfassung bestimmter Patienten könnten sich einem Arzt zwei völlig verschiedene Probleme stellen: Erstens könnte er fragen, ob es nicht Situationen gibt, in denen der Tod für einen Patienten eine wirkliche Erlösung bedeuten würde. In diesem Fall erörterte der Arzt eine Wertfrage und würde vielleicht die wertende Prämisse mit einer Ausnahmeregel versehen: Du sollst als Arzt nach Möglichkeit Leben erhalten – es sei denn, der Tod wäre für den Patienten eine Erlösung. Zweitens könnte er fragen, ob nicht bei diesem oder jenem Patienten die negativen Nebenwirkungen von Antibiotika eine andere Medikation als zweckmäßiger erscheinen lasse. In diesem Fall erörterte der Arzt eine medizinische Tatsachenfrage. Vielleicht modifizierte er dann auch die zweite Prämisse: Eine Lungenentzündung ist lebensgefährdend; das zweckmäßigste Mittel, sie zu bekämpfen, ist in der Regel die Verabreichung von Antibiotika. Es ist klar, Meinungsverschiedenheiten unter Ärzten können sich auf ethische Wertungsfragen und/oder auf rein medizinische Tatsachenfragen beziehen.

Diese beiden Beispiele fallen unter die sogenannten *gemischten* sittlichen Normen. Alle inhaltlich spezifizierenden Handlungsanweisungen gehören zu dieser Art gemischter sittlicher Normen. Sie enthalten immer zugleich wenigstens *ein* wertendes Element, in dem etwas als gut, wünschenswert oder gesollt bezeichnet wird, und wenigstens *eine* rein beschreibende Tatsachenbehauptung, in der festgestellt wird, daß etwas der Fall war, ist oder sein wird. *Reine* sittliche Normen, die nur ein sittlich wertendes Element enthalten, sind demgegenüber immer Gesinnungsnormen. Beispiele dafür wären: Sei gütig und barmherzig! Bleibe gelassen in Glück und Unglück! Sei hilfsbereit! Bekämpfe allen Haß, Hochmut und Stolz in dir!

Treten also in bezug auf gemischte sittliche Normen Meinungsverschiedenheiten auf, so ist immer zunächst zu prüfen, worauf sich diese Meinungsverschiedenheiten beziehen, auf das wertende Element der betreffenden Norm oder aber auf die in ihr (unausdrücklich) enthaltene beschreibende oder deskriptive Tatsachenbehauptung. Würde man in ethischen Diskussionen diese Unterscheidung beachten, so könnte man sich und anderen oft moralische Empörung ersparen; Auseinandersetzungen in moralischen Fragen könnten oft weniger scharf geführt werden.

Paradebeispiele für dieses mangelnde Unterscheidungsvermögen zwischen den wertenden und den (empirisch-)deskriptiven Aspekten sittlicher Normen finden sich gehäuft in der heutigen Auseinandersetzung um Umweltprobleme. Vermutlich beziehen sich z. B. die Meinungsverschiedenheiten der Befürworter und Gegner des Baus von Kernkraftwerken weitestgehend auf rein empirische Fragen von der Art: Wie groß sind die in Kauf zu nehmenden Risiken tatsächlich? In welchem Verhältnis stehen sie zu den Risiken, die wir sonst im Leben in Kauf zu nehmen bereit sind? Welche Alternativen sind in welcher Zeit und in welchem Ausmaß realisierbar? Wie hoch sind dann wiederum die mit ihnen verbundenen Risiken einzuschätzen? Wollte man solche Fragen für sich selbst so weit klären, daß ein begründetes eigenes Urteil möglich würde, so hätte man sich für Jahre zunächst einmal dem Studium der modernen Technologien zu widmen. Sehr oft sind wie im Fall der Diskussion über Kernkraftwerke die für ein ethisches Urteil bedeutsamen rein deskriptiven Tatsachenfragen weitaus schwieriger zu beantworten als die relevanten Wertungsfragen. Da jedoch auch schon die Wertungsfragen genug Probleme mit sich bringen, sind sie allein Gegenstand der Erörterung dieses Buches.

4. Selbstwert oder Nutzwert

Ausgehend von der Beispielgeschichte, sollen im folgenden einige allgemeine Gesichtspunkte für den richtigen Umgang mit unserer Umwelt herausgearbeitet werden. (Dies geschieht in der erklärten Absicht, so einiges Material für die Entwicklung einer allgemeinen ethischen Normierungstheorie zu sammeln.) Wie wären also die beiden dort vertretenen Grundpositionen näherhin zu charakterisieren?

Ausgangspunkt der Argumentation des Stadtdirektors sind unverkennbar die *Interessen* der Menschen. Wir wissen alle, was wir meinen, wenn wir etwa sagen, wir hätten ein Interesse an Kunst, ein Interesse am Überleben, ein Interesse daran, mit einem Partner zusammenzuleben, oder wenn wir sagen, wir hätten uns im Interesse unserer Freunde, unseres Turnvereins oder der Bundeswehr so und nicht anders verhalten. Dennoch fällt es schwer, eine klare Definition von ›Interesse‹ zu geben. Zunächst könnten wir versucht sein zu meinen, jemand habe dann ein Interesse, wenn er ein Bedürfnis habe. Doch würden wir kaum von den Interessen eines Frosches oder eines Gänseblümchens reden, obwohl wir durchaus dem Frosch und dem Gänseblümchen so etwas wie Bedürfnisse zusprechen könnten. Ein Interesse scheint nur derjenige haben zu können, der sich seiner Bedürfnisse auch bewußt ist, d. h. der sie als solche empfindet, um sie weiß und sie unter Umständen geltend machen kann. Versteht man ›Interesse‹ in diesem Sinn, dann können tatsächlich nur Menschen Interessen haben oder Interessensubjekte sein. Allerdings sprechen wir auch kleinen Kindern und Schwachsinnigen sowie Schlafenden und Bewußtlosen Interessen zu. Folglich müßten wir unsere Definition noch einmal korrigieren: Unter ›Interesse‹ verstehen wir ein Bedürfnis, das prinzipiell als solches empfunden, gewußt und unter Umständen geltend gemacht werden kann. Vielleicht wäre es auch möglich, den höheren Tieren so etwas wie Interessen zuzusprechen; doch würden wir uns gewiß darauf einigen, daß die niederen Tiere, die Pflanzen und die unbelebte Natur keine Interessen haben können.

Der Stadtdirektor würde im weiteren Verlauf seiner Argumentation vielleicht feststellen, Pflichten könnten wir unmittelbar nur *gegenüber* Interessensubjekten haben, also gegenüber Menschen und möglicherweise gegenüber höheren Tieren. Er würde selbstverständlich einräumen, daß wir auch Pflichten *in bezug* auf die gesamte belebte und unbelebte Natur hätten, doch handelte es sich dabei nur um mittelbare Pflichten, d. h. um Pflichten gegenüber Menschen, die ein Interesse an diesen Dingen hätten. Aus Gründen ökologischer Stabilität, aus wissenschaftlichen und ästhetischen Gründen seien viele Menschen an der Erhaltung einer Vielfalt von Arten interessiert, außerdem könnten wirtschaftliche Gesichtspunkte und Überlegungen hinsichtlich einer höheren Lebensqualität für die Erhaltung von Erholungsfreiräumen und für das Offenhalten möglichst unterschiedlicher medizinischer und pharmazeutischer Nutzungsmöglichkeiten sprechen. Doch beziehen sich alle diese Gründe auf einen irgendwie gearteten Nutzen für den Menschen. Der Stadtdirektor würde demnach zwar auch für einen gewissen Umweltschutz plädieren, aber nicht um der Umwelt, um der Pflanzen, um der Tiere und um der unbelebten Natur selbst willen, sondern um des Menschen willen. Die übrige Natur hätte für ihn weitestgehend nur einen *Nutzwert* (mit Ausnahme vielleicht der höheren Tiere).

Der Unterschied zur Position der Umweltschützerin wird vielleicht an folgender hypothetischer Frage deutlich: Angenommen, die Menschheit würde sicher voraussehbar in 20 Jahren aussterben und es würde sie bis dahin nicht viel kosten, die belebte Natur weitestgehend zu erhalten, wäre sie dann dazu verpflichtet, es auch zu tun? Für den Stadtdirektor gäbe es gewiß keinen guten Grund, dies zu befürworten. Ob wir die Welt als Müllhalde hinterließen oder nicht, wäre für ihn völlig gleichgültig. Anders würde hingegen die Umweltschützerin urteilen. Für sie sind Tiere, Pflanzen und ihre Vielfalt etwas in sich Gutes; sie verdienen, um ihrer selbst willen geschützt und erhalten zu werden. Wir Menschen sollten sie nicht ausrotten, nicht nur weil sie uns noch einmal von Nutzen sein könnten, sondern auch weil es wertvoll ist, daß es sie gibt. Daher müßte die Umweltschützerin für ihre Erhaltung selbst dann noch eintreten, wenn ein irgendwie gearteter Nutzen für den Menschen ausgeschlossen ist. Sie betrachtet also die belebte Natur als *Selbstwert*, als Wert in sich oder als etwas an sich Gutes, auch unabhängig davon, ob irgendwelchen Menschen etwas an ihr gelegen ist.

Verglichen mit der Ausgangsposition des Stadtdirektors ist die der Umweltschützerin umfassender. Sie kann in ihre Überlegungen die Interessen der Menschen mit einbeziehen. Sie wird sagen, es sei gut, daß es Wesen gibt, nämlich Menschen, die Interessen haben können, und sie wird den Menschen gegenüber dem Tier als höherwertig einstufen. Folglich wird sie für den Konkurrenzfall dem Leben eines Menschen unter sonst gleichen Umständen Vorrang vor dem eines Pferdes einräumen. Darum würde sie bei einer Brandkatastrophe auf einem Bauernhof zunächst die Menschen und erst dann das Vieh retten.

5. *Vorzugsurteile als einhellige und als bloße Ermessensurteile*

Übrigens kommen beide nicht umhin, für den Konkurrenzfall solche Vorzugsurteile zu fällen. (Eine Hauptaufgabe der normativen Ethik besteht darin, entsprechende Vorzugsregeln zu formulieren.) Der Stadtdirektor würde sich darauf beschränken, die unterschiedlichen Interessen gegeneinander abzuwägen. So legt er in unserer Geschichte den bekannten Interessen der heute lebenden Menschen ein größeres Gewicht bei als den nur vermuteten Interessen zukünftiger Generationen oder dem Interesse am Überleben ein größeres Gewicht als dem biologisch-ästhetischen Interesse an der Erhaltung einiger Pflanzenarten. Demgegenüber würde die Umweltschützerin versuchen, eine Rangfolge weniger (aber auch) von Interessen als vielmehr von Werten herauszuarbeiten; sie würde das Leben von Menschen höher einordnen als das von Tieren oder das eines Delphins höher als das eines Herings.

Beide haben aber auch mit der Tatsache zu rechnen, daß vielfach ein mehr oder weniger einhelliges Vorzugsurteil unmöglich ist – entweder weil zu viele gegenläufige Gesichtspunkte einander überschneiden oder weil die konkurrierenden Werte bzw. Interessen in ihrem Gewicht zu nahe beieinander liegen. In Fällen dieser Art sind immer nur *Ermessensurteile* möglich, d. h. angesichts derselben Gründe und Gegengründe neigt nach sorgfältiger Erwägung der eine eher zu dieser, der andere eher zu jener Ansicht. Moralische Ermessensurteile liegen – bildlich gesprochen – im Bereich einer Grauzone.

Ein Vergleich mag das verdeutlichen: Man stelle sich einen Stab vor, das eine Ende weiß, das andere schwarz, zur Mitte hin gehen Weiß und Schwarz immer mehr ineinander über. Betrachtet man nun isoliert irgendeinen Punkt sehr weit außen zum weißen bzw. zum schwarzen Ende hin, so ist ohne weiteres klar, welcher Seite dieser Punkt zuzuschlagen ist – einmal davon abgesehen, daß es auch Blinde und Halbblinde gibt. Isoliert man aber einen Punkt mehr zur Mitte hin, so ist nicht mehr eindeutig auszumachen, ob er der weißen oder der schwarzen Seite angehört; innerhalb dieser Grauzone sind nur Ermessensurteile möglich.

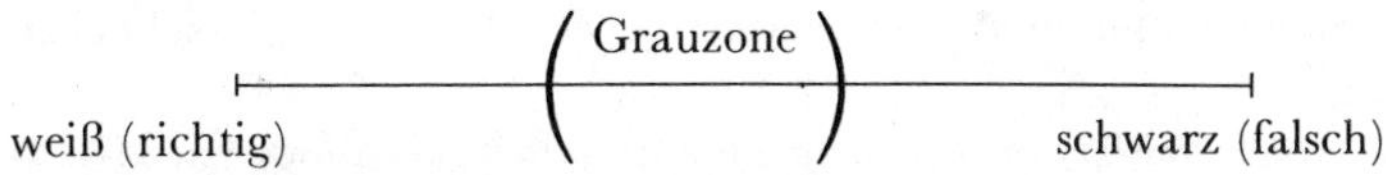

Vielfach rührt der innere Druck, den wir verspüren, wenn wir in gewichtigen moralischen Fragen – unter Handlungsdruck stehend – zu einem Entschluß kommen müssen, daher, daß es uns wegen der Komplexität der zu berücksichtigenden Gesichtspunkte unmöglich ist, zu einem klaren und einhelligen Urteil zu gelangen. Viele Probleme der medizinischen Ethik, der Innen- und Außenpolitik und wohl auch des Umweltschutzes sind von dieser Art.

Doch sollte uns diese Tatsache, daß es auch in ethischen Fragen oft nur zu Ermessensurteilen reicht, nicht zu der Ansicht verleiten, einhellige und klare Urteile seien ganz und gar unmöglich. Wenn z. B. der römische Kaiser Heliogabal, wie man sagt, wegen seiner Vorliebe für den Anblick von rotem Blut auf grünem Rasen Sklaven hinschlachten ließ, so werden wohl die allermeisten ein solches Verhalten einhellig mißbilligen. Und wenn der in Treblinka umgekommene Arzt und Pädagoge Janusz Korczak trotz der ihm angebotenen Möglichkeit zur Flucht die ihm anvertrauten Waisenkinder im

Warschauer Ghetto nicht im Stich ließ, sondern mit ihnen in den Tod ging, so werden die allermeisten dies ohne Zögern für vorbildlich erklären.

6. *Regeln für den richtigen Umgang mit unserer Umwelt*

Es wäre nun noch zu prüfen, wieweit sich aus den umschriebenen Grundpositionen Regeln für den richtigen Umgang mit unserer Umwelt ableiten lassen.

Zunächst ergibt sich aus beiden Auffassungen, daß wir unmittelbare Pflichten gegenüber uns selbst und gegenüber unseren Mitmenschen haben. So haben wir etwa die Pflicht, unser eigenes Leben sowie Leib und Leben unserer Mitmenschen zu achten und zu schützen. Daraus ergeben sich dann mittelbar weitere Pflichten, die sich auf unsere Umwelt beziehen. Sie resultieren aus der Tatsache, daß unser eigenes und das Wohl unserer Mitmenschen fundamental von der Umwelt abhängt, in der wir leben. In Ruß und Gestank, in DNT- und bleiverseuchten Landschaften, in entwaldeten und landwirtschaftlich nicht mehr nutzbaren Gebieten, mit chemisch verunreinigtem Fluß- und Grundwasser lebt es sich nun einmal nicht allzu gut.

Die Frage ist nun, ob solche Pflichten auch gegenüber den zukünftigen Generationen bestehen und ob sie, rein als solche betrachtet, von gleichem Gewicht sind. Meines Erachtens muß man diese Frage bejahen. Ein etwas künstliches Beispiel mag dies verdeutlichen: Ein Terrorist legt im Zentrum einer Großstadt zwei Bomben. Beide sind mit Zeitzündern versehen. Die eine wird am folgenden Tag explodieren, die andere erst in 100 Jahren. Angenommen, die Zahl der Getöteten und Verletzten ist bei beiden Explosionen gleich groß; in diesem Fall ist wohl kein Unterschied in der Verwerflichkeit beider Handlungsweisen zu sehen. Ob unser Handeln also voraussehbar gegenwärtig oder erst zukünftig lebenden Menschen schadet, scheint für seine sittliche Beurteilung irrelevant zu sein.

Daraus ergibt sich dann eine erste Teilthese. Sie lautet: Es ist sittlich verwerflich, die Umwelt so zu verändern, daß dadurch heute oder zukünftig lebende Menschen klar voraussehbar Schaden erleiden.

Wichtig ist der Zusatz, daß der Schaden klar voraussehbar sein muß. Denn hinsichtlich dieses Faktors der Voraussehbarkeit scheint die zeitliche Nähe bzw. Ferne tatsächlich eine gewichtige Rolle zu spielen. In unsere Überlegungen muß nämlich der mögliche technische Fortschritt zukünftiger Generationen einbezogen werden. Schaden, der sich heute noch nicht abwenden läßt, ist vielleicht in weiterer Zukunft abwendbar.

Die bisherige These ist allerdings noch unvollständig. Sie bedarf noch eines wichtigen Zusatzes. Dieser ergibt sich aus der Tatsache, daß wir oft nur die Wahl zwischen zwei Übeln haben und dann gehalten sind, das geringere Übel dem größeren vorzuziehen. Es ist eine bekannte Tatsache, daß fast alle Medikamente unerwünschte Nebenwirkungen haben. Arzt und Patient nehmen diese in Kauf, um so schlimmere Gesundheitsschäden zu verhindern. Vor ähnlichen Alternativen stehen wir häufig auch hinsichtlich des Umgangs mit unserer Umwelt. Zur Erhöhung der Verkehrssicherheit brauchen wir mehr und breitere Straßen. Dies bedeutet aber eine Belastung für unsere Umwelt. Wir nehmen sie in Kauf, weil sie uns, aufs Ganze gesehen, als das geringere Übel erscheint. Unserer ersten Teilthese müssen wir demnach eine Klausel hinzufügen, die eine Ausnahme für den Fall gestattet, daß die Umweltbelastung als das einzige und daher notwendige Mittel erscheint, um größeren Schaden abzuwenden.

Vollständig ausformuliert lautet dann die erste Regel:

1. *Es ist sittlich verwerflich, die Umwelt so zu verändern, daß dadurch heute oder zukünftig lebende Menschen klar voraussehbar Schaden erleiden, es sei denn, dies sei das einzige Mittel, um von ihnen größeren Schaden abzuwenden.*

Nun ist es durchaus nicht so, daß wir in unserem Umgang mit der Umwelt auf sie nur schädigend einwirken. Unsere fundamentalen Bedürfnisse, wie das Bedürfnis nach Nahrung, Kleidung, Wärme, lassen sich nur durch Rückgriff auf sie befriedigen. Seitdem wir nicht mehr in Sammler- und Jägerkulturen leben, bedeutet dieser notwendige Rückgriff immer auch eine Umgestaltung der Natur; doch muß diese nicht in jedem Fall für sie nachteilig sein, wie es die normale landwirtschaftliche Nutzung des Bodens zeigt. Solange demnach der Rückgriff auf die Natur nicht mit nachteiligen Folgen für die heutige oder für zukünftige Generationen verbunden ist, läßt sich gegen eine Befriedigung unserer Bedürfnisse aus unserer Umwelt nichts einwenden. Damit ist bereits die zweite Regel formuliert:

2. *Die Umwelt darf zur Befriedigung menschlicher Bedürfnisse herangezogen werden, solange dies nicht gegen die zuerst genannte Regel verstößt, solange also kein Schaden für heute oder zukünftig lebende Menschen daraus erwächst.*

Diese beiden Regeln ergeben sich, gleichgültig welche Grundposition man voraussetzt; denn bisher sind wir davon ausgegangen, daß unsere Verpflichtungen in bezug auf unsere Umwelt wenigstens auch als mittelbare Pflichten zu charakterisieren sind. Die Frage ist nun, ob wir darüber hinaus auch noch unmittelbare Pflichten *gegenüber* der Natur haben. Bejaht man diese Frage wie die Umweltschützerin, so bedeutet dies die Anerkennung einer positiven Erhaltungs- und Schutzpflicht gegenüber unserer Umwelt; verneint man diese Frage wie der Stadtdirektor, so bedeutet dies auch die Bestreitung einer solchen positiven Verpflichtung.

Möglicherweise könnte man den Stadtdirektor noch dazu bringen, die letzte Basis für seine Wertungen offenzulegen, um sie dann auf ihre innere Konsistenz zu prüfen. Ohne Zweifel läßt er nicht nur seine eigenen Interessen gelten, sondern auch die seiner Mitmenschen. Doch warum? Würde er hierauf antworten, die sittliche Bedeutsamkeit der Interessen aller Menschen gründe letztlich in ihrer Person- oder Menschenwürde, so käme er der Position der Umweltschützerin schon sehr nahe. Denn damit behauptete auch er, jeder Mensch sei Selbstwert und als solcher um seiner selbst willen zu schätzen und zu lieben. Gibt er dies aber zu, welchen Grund könnte er dann noch haben, allen übrigen Lebewesen (um die schwierigere Frage bezüglich der unbelebten Natur auszuklammern), die doch in mancher Hinsicht dem Menschen ähnlich sind, einen spezifischen und abgestuften Eigenwert abzusprechen? Warum sollten sie dann reine Nutzwerte sein?

Selbstverständlich, wenn er sich auf eine egoistische Position zurückzöge, nur seine eigenen Interessen berücksichtigte und die anderer nur insoweit, als ihm an ihnen etwas gelegen wäre – er hätte dann die bisherigen beiden Umweltregeln entsprechend einzuschränken –, so könnte er in sich konsistent dem Argument der Umweltschützerin entgehen. Andernfalls aber scheint er ihr in der Behauptung eines Eigenwerts wenigstens aller Lebewesen beipflichten zu müssen. Wer dieser Überzeugung ist, kann dann auch der dritten Regel für den Umgang mit unserer Umwelt zustimmen:

3. *Die Umwelt ist zu erhalten und zu schützen, solange dadurch nicht gegenwärtig oder zukünftig lebenden Menschen schwerer Schaden zugefügt wird.*

Dies also sind drei rein ethische Regeln zur Frage des richtigen Umgangs mit unserer Umwelt. Die erste Regel würde manche Formen heutiger Umweltverschmutzung und -zerstörung verbieten; die zweite Regel erlaubt die Verwendung von Pflanzen und Tieren zur Nahrung, zum Hausbau usw.; die dritte Regel schließlich schützt die Natur vor beliebiger Zerstörung. Diese drei Regeln selbst scheinen verhältnismäßig leicht einzuleuchten. Die ganze Schwierigkeit liegt in ihrer Anwendung auf bestimmte konkrete Probleme. Sie ist, wie schon erwähnt, zweifacher Art: Einmal sind bei vielen Umweltfragen die empirischen Sachverhalte so kompliziert, daß ihre richtige Einschätzung selbst Fachleuten schwerfällt. Zweitens aber kommt man auch im rein ethischen Bereich beim Abwägen des Für und Wider nicht immer zu einem einhelligen Urteil. Ginge es bei der Umweltbelastung immer nur um das Überleben der Menschheit, dann entstünden kaum besondere Probleme. Doch wir möchten nicht nur überleben, sondern auch angenehm leben – und dies ist mit weiterer Umweltbelastung verknüpft. Daher stellen sich etwa folgende Fragen: Wo liegt die Grenze, an der wir unseren Luxus und unsere Annehmlichkeiten aus Rücksicht auf unsere Umwelt zurückzustellen haben? Oder: Auf welches Maß und mit welchen Mitteln sollen wir aus Rücksicht auf unsere Umwelt das Bevölkerungswachstum beschränken? Denn je größer die Bevölkerungszahl, desto stärker die Umweltbelastung. Hier gibt es ganz gewiß Grauzonen, in denen eine klare Antwort auf die Frage nach dem Richtigen nicht mehr möglich ist.

7. Folgerungen für die Entwicklung einer allgemeinen ethischen Normierungstheorie

Welche Gesichtspunkte haben sich aus der Erörterung spezieller Umweltschutzprobleme nun für die Entwicklung einer allgemeinen ethischen Normierungstheorie, d. h. einer Methode zur Lösung moralischer Handlungsprobleme, ergeben?

Zunächst ist klar geworden, daß bei der Diskussion moralischer Handlungsnormen (gemischter sittlicher Normen) zwischen beschreibenden Tatsachenfragen und eigentlichen Wertungsfragen zu unterscheiden ist. Die spezifisch ethische Problematik bezieht sich nur auf den Wertungsbereich.

Zweitens besteht moralisches Urteilen weitestgehend im Abwägen von Gesichtspunkten pro und contra. Eine konkrete sittliche Handlungsnorm schließt also ausgesprochen oder unausgesprochen immer ein Wertvorzugsurteil mit ein. Dieses kann klar und einhellig, aber auch ein bloßes Ermessensurteil sein. Eine allgemeine ethische Normierungstheorie müßte demnach die allgemeinen Regeln angeben, nach denen sich solche Vorzugsurteile zu Recht bilden lassen.

Als Ausgangspunkte für die Bestimmung ethisch bedeutsamer Gesichtspunkte kommen – drittens – wenigstens auch die von einer Handlung berührten Interessen und/oder Werte in Frage. Offen blieb, ob letztlich nur die eigenen Interessen zählen oder ob darüber hinaus auch die Interessen aller anderen und die Bedürfnisse der übrigen Lebewesen um ihrer selbst willen berücksichtigt zu werden verdienen.

II. Schwangerschaftsabbruch: Sind Föten Kinder?

1. Beispielgeschichte

»Sehen Sie«, begann der Arzt, nachdem Herr und Frau Kerkmann ihm ihre Situation eingehend geschildert hatten, »es ist schon wichtig, daß Sie heute gemeinsam zu mir zur Erbberatung gekommen sind. Denn Ihr vor zehn Monaten im Alter von sechs Jahren an Lungenentzündung verstorbener Sohn hat an einer fortschreitenden, bösartigen Form von Muskelschwund gelitten. Sie haben selbst die ersten Stadien miterleben müssen, in denen das Leiden unaufhaltsam zu aufsteigenden Lähmungserscheinungen geführt hat. Zuerst macht es sich an den Beinen bemerkbar, dann werden nach und nach Becken, Rumpf, Arme, ja auch das Gesicht und die Augenlider betroffen. Eine wirksame Behandlung gibt es bis heute nicht. Auch wenn ich Ihr Leid nachempfinden kann, so war es für Ihren Sohn doch ein Glück, daß ihm der ganze Leidensweg erspart geblieben ist. Solche Patienten können manchmal 20 bis 25 Jahre alt werden.«

»Aber was ist denn die Ursache dieser schrecklichen Krankheit?« fragte Frau Kerkmann, »wir haben noch eine dreijährige Tochter, und ich bin jetzt schon im vierten Monat schwanger – eine Schwangerschaft, die mein Mann und ich durchaus gewollt haben.«

»Es ist sinnlos, die Augen vor den Tatsachen zu verschließen. Dieses Leiden wird durch eine krankhafte Erbanlage im X-Chromosom übertragen. Es macht sich nur bei Jungen bemerkbar, wird aber durch äußerlich gesunde Frauen weitervererbt. Um letzte Sicherheit zu gewinnen, habe ich durch eine biochemische Untersuchung inzwischen feststellen lassen, ob Sie tatsächlich Überträgerin dieser Erbkrankheit sind. Dies ist leider der Fall. Zweifel sind, soweit dies überhaupt möglich ist, ausgeschlossen.«

»Aber was sollen wir denn jetzt tun? Um des Kindes und um unserer selbst willen möchten wir diesen Leidensweg nicht mehr miterleben müssen.«

»Das Erkrankungsrisiko liegt mit 25% sehr hoch; leider ist in diesem Fall eine vorgeburtliche Diagnose nicht möglich. Da jedoch alle Töchter äußerlich gesund sein werden, wäre in Ihrem Fall eine vorgeburtliche Geschlechtsbestimmung zu erwägen. Wird dabei eine weibliche Frucht festgestellt, könnten Sie die Schwangerschaft beruhigt austragen. Bei einer männlichen Frucht käme rein rechtlich ein Schwangerschaftsabbruch in Frage, da ein Erkrankungsrisiko von 50% bestünde.«

»Ja, rein rechtlich, aber wir haben auch ein Gewissen und stehen dann vor der moralischen Frage. Ich muß Ihnen sagen, ich persönlich bin nur deshalb zur Erbberatung gekommen, weil ich nicht mehr beständig in Ungewißheit leben wollte und weil wir ja schon eine Tochter haben. Anders als bei meinem Mann war die Möglichkeit eines Schwangerschaftsabbruchs für mich zunächst überhaupt keine Frage. Sie müssen wissen, ich selbst bin unehelich geboren, und meine Mutter hat mich nur unter größten Belastungen – ihre Familie wollte nichts mehr mit ihr zu tun haben – ausgetragen und großgezogen. Von daher habe ich immer nur wenig Verständnis für die heutige pauschale Propagierung des Schwangerschaftsabbruchs aufgebracht. Mein Mann denkt da etwas anders. Er meint, in den ersten zwei oder drei Monaten könne man doch wirklich nicht von einem Kind reden. Was meinen Sie dazu?«

»Sie wissen, daß viele Ärzte in dieser Frage besten Gewissens genauso denken wie Sie, Herr Kerkmann. Ich vermute allerdings, nicht die biologischen Tatsachen, sondern vorhergehende sittliche Überzeugungen sind der eigentliche Grund für ihre Ansicht. Soweit ich sehe, läßt sich biologisch nur ein einziger wirklicher Einschnitt feststellen, nämlich die Vereinigung von Ei- und Samenzelle. Ob man bereits von diesem Zeitpunkt an von ›Kind‹ reden sollte, weiß ich nicht; ich persönlich ziehe es vor, von ›menschlichem Leben‹ zu sprechen. Allerdings ist diese Frage für Ihren Fall bedeutungslos, denn im vierten Monat handelt es sich zweifellos um menschliches Leben. Alles andere stünde im Widerspruch zu allen uns bekannten Tatsachen.«

»Aber ein weiteres krankes Kind wäre doch für es selbst und für unsere Familie ein schreckliches Unglück – wir wissen, wovon wir reden«, wandte Herr Kerkmann ein.

»Auch ich weiß es – fast täglich habe ich in der Klinik solche Kinder vor mir. Wenn ich nicht Christ wäre, würde es mir sicherlich noch schwerer fallen, meinen Beruf auszuüben. Allerdings verstehe ich nicht, daß Ärzte oft alles ihnen Mögliche daransetzen, um das Leben solcher Kinder auch dann noch zu verlängern, wenn es für sie selbst und alle Umstehenden eine einzige Qual bedeutet. Ich weiß, bei Ihrem Sohn ist es anders gewesen; Sie haben, als Ihnen schließlich die Aussichtslosigkeit aller Bemühungen mitgeteilt wurde, einer aggressiven Weiterbehandlung nicht mehr zugestimmt. Ich erwähne diesen Gesichtspunkt nur deshalb, weil unter der Voraussetzung, daß ein Junge diagnostiziert wird, immer noch eine Wahrscheinlichkeit von 50% besteht, daß er gesund geboren wird.«

»Was würden Sie persönlich uns denn raten?«

»Frau Kerkmann, Sie wissen, daß ich Ihnen Ihren Entschluß nicht abnehmen kann. Nur Sie kennen Ihre Familiensituation und können Ihre eigene Belastbarkeit abschätzen. Wenn Sie mich fragen, was ich selbst in einer solchen Lage tun würde, so käme es dabei auch sehr auf das Urteil meiner Frau an. Ich vermute, wir würden um der Chance willen das gegebene Risiko in Kauf nehmen. Wir haben selbst vor einigen Jahren ein Kind verloren und wissen von uns beiden, daß wir gegebenenfalls die Kraft aufbringen, zur rechten Zeit weitere lebensverlängernde Maßnahmen zu unterlassen. Zunächst jedenfalls rate ich Ihnen, möglichst bald eine vorgeburtliche Geschlechtsbestimmung vornehmen zu lassen. Vielleicht haben Sie auch die Möglichkeit, die unter Umständen anstehende Frage nach einem Schwangerschaftsabbruch noch einmal mit jemandem zu erörtern, dem Sie beide vertrauen und der Sie besser kennt als ich.«

2. *Ethische Diskussion und moralische Beratung*

Die erste Beispielgeschichte stellte eine ethische Diskussion dar; diese zweite schildert demgegenüber eine moralische Beratungssituation. Die Unterschiede sind unübersehbar. Die Teilnehmer an einer *ethischen Diskussion* haben es sich zum Ziel gesetzt, entweder durch gemeinsames Überlegen erstmalig zu einem begründeten sittlichen Urteil in einer moralischen Frage zu gelangen oder, wenn sie sich bereits vorgängig ein Urteil gebildet haben, den Andersdenkenden durch Argumente von der Richtigkeit ihrer eigenen Position zu überzeugen sowie diese den vielleicht noch nicht bedachten Gegenargumenten Andersdenkender auszusetzen, um sie so zu überprüfen. Dabei sind die Diskutierenden prinzipiell gleichrangige Partner, außerdem keine persönlich unmittelbar Betroffenen (wenn doch, wird davon abgesehen). Idealtypische ethische Diskussionen finden statt (oder sollten doch stattfinden) unter Ethikern und Moraltheologen. Charakteristisch ist für sie weiterhin, daß solche Auseinandersetzungen nicht unter unmittelbarem Handlungsdruck stehen, d. h. man kann sich Zeit lassen, die Fragen ausdiskutieren und braucht nicht schon sehr bald zu irgendeinem Handlungsentschluß zu kommen.

Demgegenüber sind *moralische Beratungssituationen* prinzipiell von anderer Art. Zwischen Ratsuchendem und Beratendem besteht ein Gefälle von Unterlegenheit zu Überlegenheit, zwar nicht in jeder, wohl aber in bestimmter Hinsicht (der Arzt ist beispielsweise an medizinischem Wissen überlegen). Beim Ratsuchenden handelt es sich immer um jemanden, der von einem moralischen Problem persönlich unmittelbar betroffen ist. Sein Wunsch ist es, zu einem so gut wie möglich begründeten Handlungsentschluß zu kommen; der Beratende soll ihm mit dazu verhelfen. Wegen der persönlichen Betroffenheit steht eine solche Beratung immer mehr oder weniger unter Handlungsdruck: Es muß ein Entschluß gefaßt werden, selbst wenn noch nicht alle Fragen ausdiskutiert werden konnten oder eine Lösung zum gegenwärtigen Zeitpunkt überhaupt nicht in Sicht ist. Selbstverständlich gehen viele Elemente einer ethischen Diskussion (Klärung und Darstellung von Grundpositionen und Voraussetzungen, Ausräumen von Irrtümern und Unvereinbarkeiten) auch in eine Beratungssituation mit ein, allerdings nur so weit, wie sie dem Ratsuchenden eine Hilfe sein können, zu einem begründeten Handlungsentschluß zu gelangen. Aufgabe des Beratenden ist es nicht, seine eigene Auffassung zu vertreten und ihr Geltung zu verschaffen; oft genug scheint es sogar ratsam, daß sich der Beratende einer eigenen Stellungnahme ganz enthält. Ein abschließendes Urteil wie: ›Ich an Ihrer Stelle würde . . .‹ treibt den Ratsuchenden gewöhnlich ungebührlich in die Enge. Eine persönliche Stellungnahme wie die des Arztes in unserem Beispiel sollte höchstens von der Art sein: ›Ich in meiner Lage würde vielleicht . . .‹ Da in einer Beratung gerade die persönlichen oft komplexen Lebensumstände des Ratsuchenden eine entscheidende Rolle spielen, kann dieser nach einer solchen Stellungnahme immer noch sicher sein, daß der Beratende auch einen entgegengesetzten Handlungsentschluß wenigstens tolerieren würde. Die wichtigste Aufgabe des Beratenden scheint darin zu bestehen, sich ganz in die Situation des Ratsuchenden zu versetzen und diesen im Gespräch auf Gesichtspunkte aufmerksam zu machen, die er vielleicht ganz übersehen oder nicht genügend gewürdigt hat.

Gegenstand von Diskussionen im Bereich der normativen Ethik

sind gewöhnlich allgemeine handlungsanleitende Gesichtspunkte oder verhältnismäßig generelle praktische Regeln, die zu ihrer Anwendung noch einer besonderen Spezifizierung bedürfen, wie z. B.: ›Wer einer Autorität Gehorsam versprochen oder gelobt hat, ist ihr verpflichtet, es sei denn, von ihm würde Unsittliches gefordert oder der Gehorsam wäre mit unzumutbaren Lasten verknüpft.‹ Gegenstand einer moralischen Beratung ist demgegenüber ein unmittelbar praktisches Gewissensurteil, in dem eine generelle Regel auf die konkreten Umstände bezogen wird, wie etwa: ›Es ist hier und jetzt meine Pflicht, den Gehorsam zu verweigern, da dieser Befehl Unsittliches von mir fordert.‹

3. ›Abtreibung‹ als sittliches Wertungswort

NACH DIESER VORBEMERKUNG zu zwei typischen moralischen Redesituationen soll nun das Problem des Schwangerschaftsabbruchs wenigstens in einigen Aspekten erörtert werden. Unter ›Schwangerschaftsabbruch‹ versteht man die Zerstörung menschlichen Lebens in der Zeitspanne zwischen Empfängnis und Geburt. Jenseits der Grenze der Empfängnis liegt die Empfängnisverhütung, jenseits der der Geburt die Kindestötung.

Häufig verwenden diejenigen, die eine grundsätzlich ablehnende Haltung gegenüber dem Schwangerschaftsabbruch einnehmen, in Diskussionen über diese Frage lieber das Wort ›Abtreibung‹. Schon in ihrer Wortwahl machen sie deutlich, daß für sie die moralische Diskussion bereits negativ entschieden ist. Denn im Unterschied zum Wort ›Schwangerschaftsabbruch‹ – worunter wir rein beschreibend die Zerstörung menschlichen Lebens in der Zeitspanne zwischen Empfängnis und Geburt verstehen – schließt die Bezeichnung ›Abtreibung‹ darüber hinaus noch eine negative sittliche Wertung mit ein; unter ›Abtreibung‹ versteht man gemeinhin den sittlich verwerflichen (unerlaubten oder ungerechtfertigten) Schwangerschaftsabbruch. Will man in einer ethischen Diskussion das Ergebnis nicht stillschweigend vorwegnehmen, so hat man unbedingt alle sittlichen Wertungswörter zu vermeiden. Wer fragt, ob Abtreibung unter bestimmten Umständen sittlich zu rechtfertigen ist, kann gar nicht anders als zu dem Ergebnis kommen, daß sie es nicht ist; denn wie ein Kreis definitionsgemäß niemals rechteckig sein kann, so kann auch ein ›sittlich ungerechtfertigter Schwangerschaftsabbruch‹ =

›Abtreibung‹ definitionsgemäß niemals sittlich gerechtfertigt sein. Allerdings meinen Gegner des Schwangerschaftsabbruchs oft, sie hätten dann auch gezeigt, daß Schwangerschaftsabbruch immer falsch ist. Dies ist nicht der Fall; denn sie haben ja nur eine Aussage über die Bedeutung des Wortes ›Abtreibung‹ gemacht, nicht aber über die sittliche Qualität des mit ›Schwangerschaftsabbruch‹ gemeinten Sachverhalts. Die Frage nach der sittlichen Bewertung des Schwangerschaftsabbruchs ließe sich demnach auch so formulieren: Unter welchen Umständen ist Schwangerschaftsabbruch als Abtreibung zu qualifizieren, unter welchen nicht?

Auch das Wort ›Schwangerschaftsabbruch‹ ist, von der rein beschreibenden Bedeutung seiner beiden Elemente ›Schwangerschaft‹ und ›Abbruch‹ her gesehen, keineswegs eine ideale Wortschöpfung. Es legt eine Verniedlichung oder Verschleierung der tatsächlichen ethischen Problematik nahe; denn unmittelbar wird damit nur zu verstehen gegeben, daß mit einer so bezeichneten Handlung ein Zustand der Frau beendet wird, nicht aber, daß man dabei menschliches Leben zerstört. Im letzteren Umstand aber besteht die eigentlich moralische Frage. Leider stellt uns die deutsche Sprache bisher kein besseres rein beschreibendes Wort zur Verfügung.

4. Beschreibende und sittlich wertende Sprache

Diese Beobachtung an den Wörtern ›Abtreibung‹ und ›Schwangerschaftsabbruch‹ soll in einer Art von Exkurs noch etwas vertieft werden. Es geht dabei um den Unterschied zwischen rein beschreibender (deskriptiver) und sittlich wertender (normativer, präskriptiver) Sprache. Als Beispiel diene zunächst die Wortreihe: Wandel – Fortschritt – Dekadenz. Woran denkt man, wenn man diese drei Wörter verwendet oder wenn man ihnen irgendwo begegnet? Offenbar denken wir in jedem Fall an eine Veränderung von einem Zustand in einen anderen. Aber sind die Wörter ›Wandel‹, ›Fortschritt‹ und ›Dekadenz‹ völlig gleichbedeutend, also gegeneinander austauschbar? Angenommen, drei Personen äußerten bis auf diese drei Wörter ansonsten denselben Satz, etwa: ›In den sittlichen Überzeugungen hinsichtlich des Sexualverhaltens zeigt sich in der jüngeren Generation im Vergleich zur älteren ein Wandel‹ oder: ›. . . ein Fortschritt‹ oder: ›. . . eine Dekadenz‹. Allen drei Äußerungen entnähmen wir zunächst dieselbe Tatsacheninformation, nämlich daß eine Veränderung in den sittlichen Überzeugungen hinsichtlich des Sexualverhaltens eingetreten ist. Darüber hinaus aber hörten wir aus der zweiten heraus, daß der Sprecher diese Veränderung für gut hält, also positiv wertet, dagegen aus der dritten, daß der Sprecher sie für schlecht hält, also negativ wertet. Dies herauszuhören ist uns deswegen möglich, weil die Wörter ›Fortschritt‹ und ›Dekadenz‹ nicht nur wie ›Wandel‹ eine Veränderung von einem Zustand in einen anderen bedeuten, sondern eine Veränderung von einem weniger guten in einen besseren bzw. eine Veränderung von einem besseren in einen schlechteren Zustand. ›Fortschritt‹ und ›Dekadenz‹ haben also neben ihrer beschreibenden (deskriptiven) Bedeutung, die sich ungefähr mit der von ›Wandel‹ deckt, eine davon unterschiedene wertende (präskriptive oder normative) Bedeutung.

Die drei Beispieläußerungen stellen Urteile dar, und zwar die erste ein rein deskriptives Tatsachenurteil, die beiden anderen darüber hinaus präskriptive Werturteile, d. h. logisch gesehen, enthalten sie *zwei* Urteile: ein deskriptives Tatsachenurteil *und* ein Werturteil. Beide Urteile bedürfen jeweils einer eigenen Rechtfertigung: Die Begründung des enthaltenen deskriptiven Tatsachenurteils ist in unserem Fall Aufgabe der empirischen Soziologie, die des Werturteils wäre Aufgabe der normativen Wissenschaft der Ethik.

Es ist nun leider nicht so, daß unsere Sprache wie in der angegebenen Wortreihe jeweils eigene Wörter entwickelt hat, um denselben Sachverhalt einmal rein beschreibend, dann positiv wertend und schließlich auch noch negativ wertend ausdrücken zu können. Dies ist z. B. noch der Fall in der im nicht-sittlichen Sinn wertenden Wortreihe: Geruch – Duft – Gestank, und in der sittlich wertenden: Selbsttötung – Freitod – Selbstmord. Auch ist die wertende Bedeutung nicht immer so fest mit einem bestimmten Wort verknüpft wie in den bisher angegebenen Beispielen. Sehr oft läßt erst der Kontext erkennen, ob jemand ein Wort in einem bestimmten Zusammenhang rein beschreibend oder zugleich auch wertend gebraucht. Wenn jemand sagt: ›Geschlechtliche Beziehungen vor der Ehe sind ganz normal oder natürlich‹, verwendet er dann die Wörter ›normal‹ und ›natürlich‹ im soziologischen Sinn rein beschreibend oder zugleich auch positiv wertend? Nur aus dem Kontext ließe sich das eindeutig erschließen.

Zur Erläuterung nun noch eine weitere Reihe von Beispielen:

rein beschreibende Wörter oder Ausdrücke: Tötung, außerehelicher Geschlechtsverkehr, Wegnahme fremden Eigentums, Falschaussage, Essen, Trinken, einem Befehl nachkommen . . .

sittlich wertende Wörter oder Ausdrücke: Mord, Ehebruch (Hurerei), Diebstahl (Raub), Lüge, Fressen, Saufen, Gehorchen, Geiz, Sparsamkeit, Treue, Demut, Geduld, Barmherzigkeit ..., gut, richtig, sollen, verboten, gerecht, gefordert ...

Die Gefahr beim unreflektierten Gebrauch sittlicher Wertungswörter besteht, wie schon angedeutet, darin, daß man sich in ethischen Diskussionen, ohne es zu bemerken, beständig in Zirkelschlüssen ergeht. Die Behauptung: ›Abtreibung ist sittlich verwerflich‹ ist *analytisch* wahr, d. h. die Wahrheit dieses Urteils ergibt sich *allein* aus der Bedeutung der verwendeten Wörter. Genauso analytisch wahr sind etwa auch alle Gebotsformulierungen des Dekalogs:

Du sollst nicht morden = Du sollst nicht *ungerechtfertigt* töten = Du sollst nicht töten, wenn du nicht töten sollst.

Du sollst nicht ehebrechen = Du sollst keine ehe*widrigen* geschlechtlichen Beziehungen aufnehmen = Du sollst keine geschlechtlichen Beziehungen aufnehmen, die du nicht aufnehmen sollst.

Du sollst nicht stehlen = Du sollst nicht *ungerechtfertigt* fremdes Eigentum wegnehmen = Du sollst nicht fremdes Eigentum wegnehmen, das du nicht wegnehmen sollst.

Du sollst nicht lügen (verleumden) = Du sollst nicht *ungerechtfertigt* die Unwahrheit sagen = Du sollst nicht die Unwahrheit sagen, wenn du sie nicht sagen sollst.

Eine Berufung auf Gebotsformulierungen des Dekalogs hat also keinen argumentativen Wert – was nicht ausschließt, daß solche Formulierungen in anderer Hinsicht von großer Bedeutung sein können.

Nach dieser Zwischenbemerkung nun zurück zur Erörterung der sittlichen Beurteilung des Schwangerschaftsabbruchs.

5. *Schwangerschaftsabbruch als Zerstörung menschlichen Lebens*

Manche werden bereits bei der Definition des Schwangerschaftsabbruchs Bedenken anmelden. Bedeutet der Abbruch einer Schwangerschaft tatsächlich vom ersten Tag der Empfängnis an die Zerstörung menschlichen Lebens? Die Angemessenheit der angegebenen Definition hängt zweifellos von der Tatsachenfrage ab, ob es sich bereits bei der befruchteten Eizelle um menschliches Leben handelt. Versteht man unter »menschlichem Leben« die Eigenschaft eines

Organismus, sich aus sich selbst heraus (solange keine hindernden Faktoren eintreten) zu einem mit Einsicht und Freiheit begabten Wesen zu entfalten, so ist allerdings kaum zu sehen, was an der vorgeschlagenen Definition unangemessen sein sollte. Weder die lebende Ei- oder Samenzelle noch der gerade verstorbene Mensch fielen darunter.

Ein Einwand, der auch moralisch bedeutsam sein könnte, stützt sich auf die Tatsache, daß bis zur Einnistung (10–14 Tage nach der Empfängnis) noch eine Mehrlingsbildung (eineiige Zwillinge) möglich ist. Wenn es aber möglich sei, so argumentiert man, daß aus einer befruchteten Eizelle in ihren ersten Stadien noch mehrere Individuen hervorgehen, dann könne es sich bei ihr jedenfalls nicht um *individuelles* menschliches Leben handeln. Leider sind die Ursachen der eineiigen Mehrlingsbildung völlig unbekannt. Beispielsweise wäre es sehr wichtig zu wissen, ob eine Mehrlingsbildung prinzipiell in jedem Fall möglich ist. Sollte dies der Fall sein, so hätte man die Verwendung einnistungshemmender Mittel wie der ›Pille danach‹ oder der ›Spirale‹ ethisch anders zu bewerten als den Schwangerschaftsabbruch nach der Einnistung. Sie bedeutete dann zwar auch die Zerstörung menschlichen Lebens, nicht aber personalen menschlichen Lebens; in ihrem moralischen Gewicht läge sie zwischen Empfängnisverhütung und Schwangerschaftsabbruch im gewöhnlichen Sinn des Wortes. Eines scheint aber klar zu sein: Einnistungshemmende Mittel sind, moralisch gesehen, nicht mit schwangerschaftsverhütenden Mitteln gleichzusetzen – wie es leider oft geschieht. In den nachfolgenden Überlegungen wird diese Frage nach der sittlichen Beurteilung des Gebrauchs einnistungshemmender Mittel bewußt ausgeklammert.

Ich gehe also davon aus, daß es sich beim Schwangerschaftsabbruch – wenigstens vom Zeitpunkt der Einnistung an – empirisch beschreibbar um die Zerstörung individuellen menschlichen Lebens handelt. Von dieser Tatsachenlage her ist wenigstens *ein* häufig vorgebrachtes Argument völlig irrelevant. Das Schlagwort ›mein Bauch gehört mir‹ geht, milde formuliert, an den Tatsachen vorbei. Beim Fötus handelt es sich um ein eigenständiges menschliches Lebewesen, nicht um ein Körperorgan wie Blinddarm oder Zeh. Sein Leben ist zwar völlig abhängig von dem der Mutter, doch genauso abhängig ist die Mutter von der biologischen Umwelt, in der sie lebt (Sauerstoff, Nahrung, Wärme usw.). Die bloße Tatsache der Abhängigkeit von anderem scheint kein ethisch relevanter Gesichtspunkt zu sein.

Genauso falsch ist es, wenn man aus der moralischen Frage des Schwangerschaftsabbruchs ein Emanzipationsproblem zu machen sucht. Es ist nicht ganz klar, was alles unter ›Emanzipation‹ verstanden wird. Gemeint sein könnte, daß die Frau das Recht (und auch die Pflicht) hat, sich gegen Benachteiligungen gegenüber dem Mann, die ihr ungerechtfertigterweise zugemutet werden, zu wehren. Daß die Tatsache, daß nur Frauen empfangen und gebären können, für diese in vielen Situationen eine Last bedeutet, die Männer nicht zu tragen haben (anderseits aber häufig auch ein Glück, das den Männern vorenthalten bleibt), ist unbestritten. Weiterhin ist unbestritten, daß Schwangerschaft und Geburt, wo sie zur Last werden, für eine Frau so erträglich wie möglich – auch durch Beistand ihres Partners – gemacht werden sollen. Schließlich ist auch unbestritten, daß in Vergangenheit und Gegenwart sowohl im gesellschaftlichen als auch im privaten Bereich oft nicht nur nichts zu dieser geforderten Entlastung beigetragen, sondern diese Last im Gegenteil sogar noch vergrößert wurde und wird. Höchst fraglich ist allerdings, ob eine Schwangerschaft immer dann, wenn sie für eine Frau eine Last bedeutet, zugleich auch als eine ungerechtfertigte Last verstanden werden darf, deren man sich entledigen sollte. Auch für manche Kinder bedeuten die alt gewordenen Eltern eine Last; wir würden auch sagen, es sei unsere gesellschaftliche und manchmal auch persönliche Pflicht, diese Last denjenigen, die sie zu tragen haben, so erträglich wie möglich zu machen; wir würden aber nicht von einer sittlich ungerechtfertigten Last reden, deren man sich (vielleicht durch Tötung der Eltern) entledigen sollte.

6. ›Heiligkeit‹ und ›Unantastbarkeit‹ menschlichen Lebens?

Bisher ging es nur um die rein deskriptive Fassung dessen, was unter ›Schwangerschaftsabbruch‹ zu verstehen ist; die eigentlich sittliche Wertung steht noch aus. Vielfach scheint man anzunehmen, die sittliche Verwerflichkeit des Schwangerschaftsabbruchs sei schon mit der Feststellung erwiesen, es handle sich dabei um die Zerstörung menschlichen Lebens. Diese Überzeugung bekundet sich vor allem auch in der Rede von der ›Heiligkeit‹, ›Unverfügbarkeit‹, ›Unantastbarkeit‹ oder ›Unverletzlichkeit‹ menschlichen Lebens oder vom Leben als dem ›höchsten Gut‹.

Mit solchen Äußerungen ist nicht gemeint, daß Leben nicht

angetastet werden *kann*, sondern daß es nicht angetastet werden *soll*. Dann aber fragt sich sogleich, warum es denn nicht angetastet werden soll. Redeweisen dieser Art scheinen keine Begründungen, sondern nur Behauptungen zu sein, die noch einer eigenen Begründung bedürfen. Oft sind sie auch von denjenigen, die sie aufstellen, gar nicht so ausnahmslos gemeint, wie sie zunächst klingen. Denn angenommen, menschliches Leben sei tatsächlich ›heilig‹ und ›unverfügbar‹, dann müßte dies in allen Situationen gelten. In Wirklichkeit aber gestehen die meisten, die so reden, die Möglichkeit von Ausnahmen zu, in denen Leben angetastet werden darf und soll, etwa in extremen Notwehrsituationen, zur Abwehr schlimmster politischer Gefahr (sogenannte Tyrannentötung) oder auch in der Form des Sterbenlassens bei der sogenannten passiven Euthanasie. Fast alle, die über diese Frage gründlich nachgedacht haben, gehen davon aus, daß es unabwendbare Konfliktsituationen gibt, in denen menschliches Leben in Konkurrenz zu anderen Werten oder Interessen steht, die dann den Vorzug verdienen. Zur Lösung solcher Konfliktsituationen, auch wenn sie den Schwangerschaftsabbruch betreffen, kann die Rede von der ›Heiligkeit‹ des Lebens usw. nichts beitragen. Was wir dann brauchen, sind detaillierte Analysen jener Gesichtspunkte, die sich gegen die Zerstörung menschlichen Lebens anführen lassen, und zugleich jener, die dafür sprechen.

7. Die traditionelle christliche Antwort auf die Frage nach der sittlichen Beurteilung des Schwangerschaftsabbruchs

Manchmal verbirgt sich hinter solchen Äußerungen eine ganz bestimmte normative Grundposition, die bisher noch nicht zu Wort gekommen ist. Ich möchte sie am Beispiel der traditionell christlichen Antwort auf die Frage nach der sittlichen Beurteilung möglicher Schwangerschaftskonflikte darstellen. Sie läuft auf die Ansicht hinaus, wenigstens in bestimmten Fällen sei dem Menschen das Recht entzogen, über Leben zu verfügen, und daher sei in diesen Situationen Schwangerschaftsabbruch immer falsch, *gleichgültig wie schwerwiegend die Folgen auch sein mögen*. Die Rede von der ›Unverfügbarkeit‹ menschlichen Lebens ist in diesen Fällen also wörtlich zu verstehen.

a) Gott als der Herr des Lebens

Die folgenden traditionellen Überlegungen beziehen sich ununterschieden sowohl auf geborenes als auch auf ungeborenes menschliches Leben. Am deutlichsten kommt der Grundgedanke im Ausgangsargument zum Vorschein. Es lautet, Gott als der gute Schöpfer sei der Herr des Lebens; daher habe auch nur er – und nicht wir – das Verfügungsrecht über menschliches Leben. Allerdings habe Gott sein Verfügungsrecht mit Ausnahme einer einzigen möglichen Handlungsweise an uns Menschen delegiert, d. h. bis auf diesen einen Fall dürften wir uns in allen anderen Situationen selbst ein Urteil bilden und danach handeln.

Das Verfügungsrecht über menschliches Leben wird hier ähnlich gedacht wie in unserem Land das Begnadigungsrecht: Es liegt zunächst ausschließlich beim Ministerpräsidenten; doch hat dieser es an eine Kommission abgetreten, die die einzelnen Fälle prüft und sich so ein Urteil bildet. Anders aber als in diesem Vergleichsbeispiel sagt man von Gott, er habe sich das Urteil, über menschliches Leben verfügen zu dürfen, in einem besonderen Fall wegen seines Gewichts vorbehalten, und man nimmt an, daß er in diesem Fall entweder nie oder nur ganz selten zuungunsten des Lebens urteilen wird. Man geht hier also so vor, daß man dem Menschen zunächst generell das Verfügungsrecht über Leben abspricht, um es ihm dann aber Schritt für Schritt bis auf *einen* Fall wieder zuzusprechen – wahrscheinlich weil nur schwer vorstellbar ist, wie man Anfragen an Gott mit der Aussicht auf Rückantwort richten könnte. Verfolgen wir nun dieses schrittweise Zusprechungsverfahren.

b) Töten und Sterbenlassen

Zunächst könnte man meinen, wir hätten niemals das Recht, eine Handlung zu setzen, von der wir mit Gewißheit voraussähen, daß sie den Tod eines Menschen zur Folge hat. Aber was würde das bedeuten? Wir müßten z. B. unter größtem Kostenaufwand alles daransetzen, um Leben zu erhalten. So etwas wie ein Recht auf ›menschenwürdiges‹ Sterben gäbe es nicht. Gleichfalls müßten wir versuchen, alle Spontanaborte zu verhindern. Der Aufwand für die Gesundheitsvorsorge würde schließlich das gesamte Sozialprodukt verschlingen; wir hätten nur noch der Gesundheit und Lebenserhaltung zu dienen – eine schreckliche Vorstellung. Um solchen unannehmbaren Folgerungen zu entgehen, unterscheidet man darum zunächst zwischen Töten und Sterbenlassen. Vom Sterbenlassen sagt die christliche Tradition, Gott habe uns dazu ermächtigt, von Fall zu Fall zu überlegen, welche Wertgesichtspunkte im Konkurrenzfall den Vorzug verdienten. Daher solle ein Arzt einem unheilbar Kranken – auf dessen Wunsch – keine weiteren Medikamente verabreichen, wenn dies nur zur Verlängerung eines qualvollen Sterbens führen würde; oder gegen einen Spontanabort solle nichts unternommen werden, wenn mit großer Wahrscheinlichkeit ein schwer geschädigtes Kind geboren würde.

Die praktische Wichtigkeit dieser Unterscheidung ist kaum zu überschätzen. Denn für den Großteil der Fälle, in denen wir geneigt sind zu sagen, der Tod wäre für den betreffenden Menschen eine wirkliche Erlösung, genügte es, wenn man sich entschlösse, ihn sterben zu lassen. (Der Arzt in unserer Beispielgeschichte deutete diese mögliche Alternative an.) Dabei sollten die Umstehenden ihr Handeln als Beihilfe zum Sich-selbst-Sterbenlassen verstehen. Man kann kaum genug betonen, daß es in solchen Fällen darauf ankommt, was der Schwerkranke selbst wünscht; denn *sein* Leben und *sein* Tod stehen auf dem Spiel, nicht Leben und Tod irgendeines Umstehenden. Dem Gesichtspunkt der Selbstbestimmung in den eigenen wichtigsten Angelegenheiten kommt größte Bedeutung zu. Der Patient selbst soll sich ein Urteil bilden, dieses sollte ausschlaggebend sein, nicht das des Arztes oder der Angehörigen. Vermutlich müßte man wegen der technischen Möglichkeiten heute viel deutlicher und dringlicher, als es früher notwendig war, darauf hinarbeiten, daß sich jeder mit der auf ihn mit großer Wahrscheinlichkeit zukommenden Alternative: Sterbenlassen oder ein äußerst reduziertes Leben (beispielsweise als sogenannter ›Pflegefall‹) beizeiten auseinandersetzt, um so, bevor der Ernstfall eintritt und man vielleicht nicht mehr urteilsfähig ist, einen vorläufigen Entschluß zu fassen.

Eines sollte man zu dieser Unterscheidung noch anmerken: Genauso wie beim aktiven Töten verfügt man auch beim Sterbenlassen über menschliches Leben. Denn auch das Unterlassen ist ein Handeln, es ist keineswegs gleichbedeutend mit Nicht-Tun. Von mir, der ich kein Arzt bin, kann ich nicht sinnvoll sagen, ich ließe einen Patienten in der Universitätsklinik in Münster sterben. In bezug auf die dortigen Patienten tue ich einfach nichts; ich könnte für sie auch nichts tun. Anders liegt der Fall, wenn ein Arzt sich in bezug auf einen ihm anvertrauten Patienten entschließt, bestimmte Medikamente abzusetzen, um den Tod nicht weiter hinauszuzögern. Von

›unterlassen‹ sprechen wir also nur dann, wenn das, was nicht getan wird, stattdessen auch getan werden könnte, wenn Tun und Nicht-Tun in der betreffenden Situation wirkliche Alternativen darstellen.

c) Töten eines ›Schuldigen‹ und Töten eines ›Unschuldigen‹

Soviel also zur Unterscheidung zwischen Töten und Sterbenlassen. Doch die christliche Tradition hat durchaus gesehen, daß die Einführng dieser fundamentalen Unterscheidung noch keineswegs genügt, um allen unannehmbaren Folgerungen zu entgehen. Sie konnte sich – auch aufgrund von Aussagen des Alten und Neuen Testaments – nicht dazu entschließen, einfach zu sagen, jedes aktive Töten sei sittlich verwerflich. Denn beim Vollzug der Todesstrafe, beim Einsatz in einem gerechten Krieg und bei der Notwehr handelt es sich um Formen aktiven Tuns; dennoch hielt die Tradition ein Töten in diesen drei Fällen aus Rücksicht auf das Gemeinwohl unter bestimmten Umständen für sittlich gerechtfertigt. Daher unterschied sie jetzt innerhalb des aktiven Tötens noch einmal zwischen dem Töten eines sogenannten ›Schuldigen‹, für das Gott uns beim Vorliegen gewichtiger Gründe die Vollmacht erteilt habe, und dem Töten eines sogenannten ›Unschuldigen‹, für das sie das Vorliegen einer solchen Vollmacht zunächst einmal bestritt.

Die Wortwahl in dieser Unterscheidung ist einigermaßen irreführend: Unter einem ›Schuldigen‹ wird hier keineswegs ein moralisch oder rechtlich schuldig Gewordener verstanden, sondern dieser Ausdruck dient als terminus technicus nur dazu, die genannten drei Ausnahmen zusammenzufassen. Es ist wohl offensichtlich, daß ein ungerechtfertigt Angreifender (er könnte irrsinnig sein oder sich im Irrtum befinden) und ein gegnerischer Soldat nicht im moralischen Sinn schuldig sein müssen.

Um der Tradition nicht Unrecht zu tun, ist zu diesen drei Ausnahmen noch eine Bemerkung anzufügen: Sie hält das Töten in diesen drei Fällen nicht *einfachhin* für gerechtfertigt, sondern macht – ähnlich wie beim Sterbenlassen – seine Verantwortbarkeit von einer Reihe von Tatsachenbedingungen abhängig, die in bestimmten Situationen oder zu bestimmten Zeiten erfüllt sein können, zu anderen aber nicht. Für die Todesstrafe wird gesagt, sie sei nur dann legitim, wenn sie in der betreffenden Gesellschaft das einzig mögliche Mittel darstelle, um die Rechtsordnung (also vor allem das Leben der Bürger) wirksam zu schützen. In einem Staat wie dem unsrigen, dem weniger drastische

Mittel zur Erreichung dieses Ziels zur Verfügung stehen, ließe sich das Institut der Todesstrafe – auch nach den von der Tradition aufgestellten Kriterien – wohl kaum rechtfertigen. Auf diese ganze Unterscheidung soll nun im weiteren nicht mehr eingegangen werden.

d) Direkte und indirekte Tötung

Doch, so fragte man sich weiter, läßt sich wirklich sagen, jede aktive Tötung eines ›Unschuldigen‹ sei ausnahmslos sittlich verwerflich? Um nur zwei Beispiele zu nennen, in denen uns diese Auskunft völlig unplausibel vorkäme: Angenommen, ein Soldat stürze sich auf eine explodierende Granate, um das Leben seiner Kameraden zu retten. Wir hielten ein solches Lebensopfer für richtig; dennoch handelte es sich um die Tötung (Selbsttötung) eines ›Unschuldigen‹. Oder – ein häufig vorkommender Fall – ein Arzt verabreicht schmerzstillende Medikamente, von denen er weiß, daß sie den Tod des Patienten schneller herbeiführen werden. Um solche Fälle aus dem Tötungsverbot auszuklammern, macht vor allem die katholische Moraltheologie noch einmal einen feinen Unterschied innerhalb des Bereichs der aktiven Tötung ›Unschuldiger‹. Sie unterscheidet nämlich zwischen indirekter und direkter Tötung. Die indirekte Tötung eines ›Unschuldigen‹ hält sie unter Umständen für sittlich erlaubt und geboten, die direkte niemals.

Was ist mit dieser Unterscheidung gemeint? Es geht hier um die Frage, in welcher Weise zwei Folgen, nämlich eine gute und eine schlechte, aus einer Handlung hervorgehen: Gehen beide Folgen gleich unmittelbar aus der Handlung hervor, dann spricht man von einer indirekten Tötung, die u. U. erlaubt ist; geht dagegen nur die schlechte Folge, also der Tod eines Menschen, unmittelbar aus der Handlung hervor und erst mittelbar daraus die gute Folge, dann spricht man von einer direkten Tötung, die man für ausnahmslos unerlaubt hält. Das oben angeführte medizinische Beispiel mag diese Unterscheidung noch einmal verdeutlichen: Die Einnahme des Medikaments (H = Handlung) hat gleichzeitig zwei Wirkungen, nämlich einmal die erwünschte schmerzstillende (+F = positive Folge) und die nicht gewünschte lebensverkürzende (−F = negative Folge). Würde der Arzt eine tödliche Überdosis dieses Mittels geben, so stellten sich wieder zwei Folgen ein, allerdings so, daß aus der negativen erst die positive hervorginge. Schematisch stellt sich diese Unterscheidung folgendermaßen dar:

indirekt — *direkt*

$$H \begin{cases} \nearrow +F \\ \searrow -F \end{cases} \quad \text{oder} \quad H \longrightarrow +F \longrightarrow -F \qquad H \longrightarrow -F \longrightarrow +F$$

Die praktische Nützlichkeit dieser Unterscheidung ist kaum zu bezweifeln; denn sie dient z. B. vielen Ärzten als mehr oder weniger verläßliche Richtschnur. Allerdings wirft sie, wie gleich noch zu zeigen ist, beträchtliche Probleme auf, wenn man sie im Sinne einer konsequent durchzuhaltenden systematischen Unterscheidung versteht.

e) Übersicht und Problematik in bezug auf die Lösung von Schwangerschaftskonflikten

Der Übersichtlichkeit halber soll zuvor die traditionelle Fassung des Tötungsverbots schematisch dargestellt und auf ihre Folgerungen für das Problem von Schwangerschaftskonflikten aufmerksam gemacht werden (siehe Seite 53).

Diese schematische Übersicht macht wohl deutlich, daß in einer bedeutenden christlichen Tradition die aus dem Ausgangsargument zunächst zu erwartende Schlußfolgerung, es sei immer falsch, eine Handlung zu setzen, die den Tod eines Menschen zur voraussehbaren Folge habe, schrittweise eingeschränkt wird auf die Behauptung, es sei immer falsch, einen ›unschuldigen‹ Menschen ›direkt‹ zu töten. Für alle anderen Fälle wird gesagt, die Betroffenen hätten sich durch Abwägen der Gesamtheit der zu erwartenden positiven und negativen Folgen selbst ein Urteil zu bilden und danach zu handeln. Nur für diesen einen Fall sagt man, gleichgültig wie schlimm die Folgen auch sein mögen, es sei immer falsch, einen ›Unschuldigen‹ direkt zu töten, und zwar deshalb, weil Gott sich aus guten Gründen hier das Urteil selbst vorbehalten habe; ein Zuwiderhandeln bedeute die Anmaßung eines Hoheitsrechts, das dem Menschen nicht zukomme – man versuche damit, klüger zu sein als Gott in seiner vorausschauenden Weisheit.

Diese Auffassung hat beträchtliche Auswirkungen auf die sittliche Beurteilung von Schwangerschaftskonflikten; denn beim ungeborenen Leben handelt es sich im definierten Sinn immer um einen ›unschuldigen‹ Menschen. Daher kommen nach dieser Ansicht im Konfliktfall nur zwei sittlich legitime Formen des Schwangerschafts-

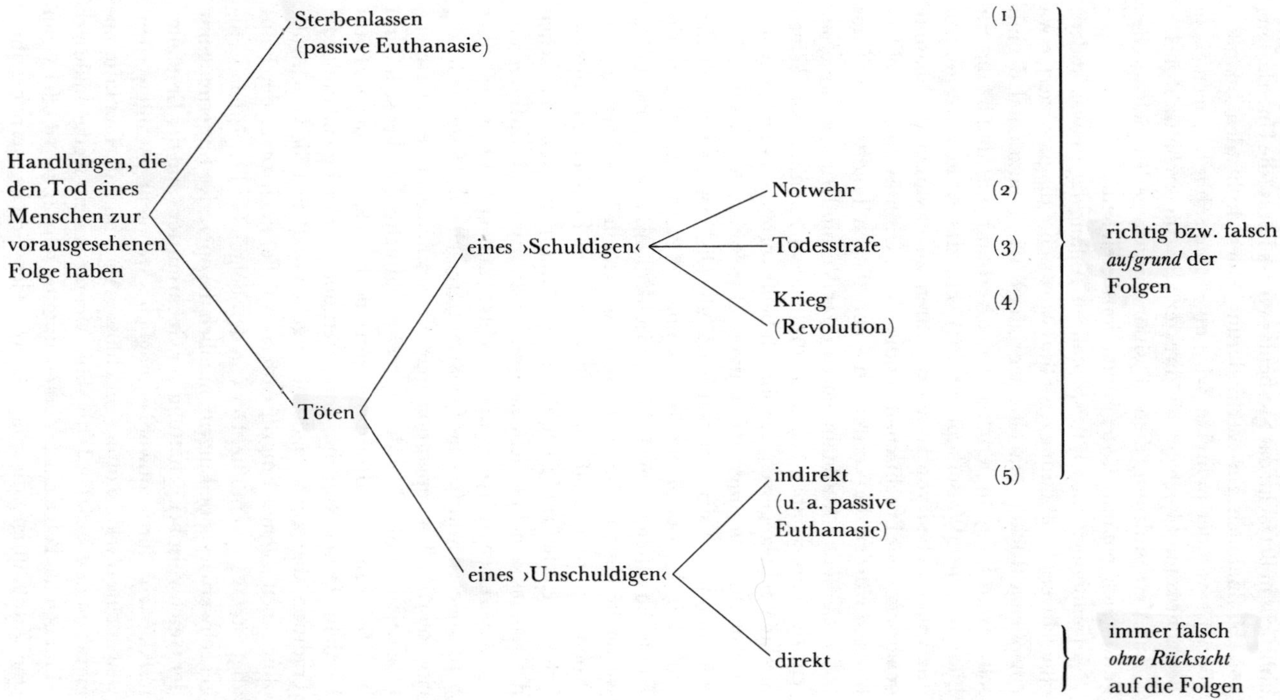

Handlungen, die den Tod eines Menschen zur vorausgesehenen Folge haben
Sterbenlassen (passive Euthanasie)
Töten
eines ›Schuldigen‹
eines ›Unschuldigen‹
Notwehr
Todesstrafe
Krieg (Revolution)
indirekt (u. a. passive Euthanasie)
direkt
(1)
(2)
(3)
(4)
(5)
richtig bzw. falsch *aufgrund* der Folgen
immer falsch *ohne Rücksicht* auf die Folgen

abbruchs in Betracht: das Sterbenlassen des Fötus (die Unterlassung von Maßnahmen zur Verhinderung eines drohenden Spontanaborts) sowie der indirekte Schwangerschaftsabbruch; niemals in Betracht kommt hingegen ein direkter Schwangerschaftsabbruch.

Zur Verdeutlichung dieser Position nun einige Beispiele aus den gewöhnlich genannten vier Indikationsbereichen:

Angenommen, unser Beispielfall zu Anfang läge etwas anders: eine schwere Fehlbildung des Fötus wäre sicher diagnostiziert, etwa ein ›offener Rücken‹ (ein offenliegender Rückenmarkskanal, der mit schwersten Lähmungserscheinungen verbunden ist und häufig zur Bildung eines ›Wasserkopfes‹ führt). Für das Kind wäre nur ein qualvolles Leben von wenigen Jahren zu erwarten (sogenannte genetische oder Fruchtschadenindikation). Drohte nun eine Fehlgeburt, so würden die Vertreter der christlichen Tradition zweifellos dafür plädieren, Maßnahmen zu ihrer Verhinderung zu unterlassen; sie würden aber bei nicht drohendem Spontanabort keinen direkten Schwangerschaftsabbruch befürworten; dies bedeutete ihrer Ansicht nach (ungerechtfertigte) Abtreibung. Beim zweiten Beispiel handelt es sich um den heute glücklicherweise sehr seltenen Fall, daß das Leben der Mutter nur auf Kosten des Lebens des Kindes zu retten ist (medizinische Indikation). Auch in diesem Fall würde die Unterlassung aller Maßnahmen zur Verhinderung eines drohenden Spontanaborts befürwortet, nicht aber ein direkter Schwangerschaftsabbruch; dies selbst dann nicht, wenn das Leben des Kindes ohnehin nicht zu retten wäre, wenn also Mutter und Kind verloren wären, würde nichts geschehen. Oder bei einer Schwangeren würde eine Gebärmuttergeschwulst festgestellt, die eine sofortige Totaloperation angezeigt erscheinen lasse. Eine solche Operation würde als sittlich gerechtferigt gelten, weil es sich dann beim Schwangerschaftsabbruch um eine indirekte Tötung des Fötus handelte. Diesen Rat, eine Totaloperation vorzunehmen, müßte die Tradition aber auch für den Fall geben, daß sich die Geschwulst ohne einen solchen Eingriff entfernen ließe, doch zuvor der Fötus abgetötet werden müßte. Der von den Folgen her bei weitem weniger schwerwiegende Eingriff, nämlich die operative Entfernung nur der Geschwulst bei Erhaltung der Gebärmutter (und der Empfängnisfähigkeit) dürfte, obwohl er möglich wäre, nicht gewählt werden, weil er eine direkte Tötung einschlösse. Auch im Fall einer kriminologischen und sozialen Indikation, wenn etwa ein vierzehnjähriges Mädchen als Folge einer Vergewaltigung schwanger ist oder wenn eine Zwölfjährige, die mit weiteren vier Geschwistern bei ihrer geschiedenen Mutter lebt, von deren Freund ein Kind erwartet, würde wohl genauso unterschieden zwischen sittlich berechtigter Unterlassung aller Maßnahmen zur Verhinderung einer drohenden Fehlgeburt und sittlich verwerflichem Schwangerschaftsabbruch. Wenigstens an einigen Beispielen wird sehr deutlich, was es heißt, wenn man sagt, irgendeine Handlungsweise sei richtig oder falsch, gleichgültig wie gravierend auch die Folgen sein mögen.

Wegen der Vorzüge, aber auch wegen der sich ergebenden Schwierigkeiten der beschriebenen traditionellen christlichen Argumentation lohnt es, die einzelnen Schritte genauer zu prüfen, d. h. das Ausgangsargument, Gott als Herr des Lebens habe allein das Recht, über Leben zu verfügen, die Unterscheidung zwischen direkter und indirekter Tötung sowie die zwischen Töten und Sterbenlassen. Dabei sei sogleich angemerkt, daß gerade die letzte Unterscheidung in ihrer ethischen und praktischen Bedeutsamkeit zwar allgemein anerkannt, doch hinsichtlich ihrer Begründung und ihrer Tragweite weitgehend unerforscht und umstritten ist. Hier bleiben Fragen offen, die sich jedenfalls bislang nicht klären lassen.

8. Gott als Schöpfer und Herr des Lebens – ein Argument?

a) Berufung auf den Willen Gottes

Das Argument, in dem man sich auf Gott als den guten Schöpfer und Herrn beruft, wird häufig sowohl von Christen selbst als auch von Nichtchristen mißverstanden. Man deutet es, als ob hier gesagt würde, irgend etwas (in unserem Fall das Tötungsverbot) sei deswegen sittlich gefordert, *weil* Gott es geboten habe (oder *weil* es in der Bibel stehe). Eine solche Auffassung, nach der die Geltung einer sittlichen Norm letztlich allein auf den gebietenden oder setzenden (daher: Positivismus) Willen Gottes zurückzuführen ist, nennt man die Position des theonomen Moralpositivismus. Viele Christen erwecken in ihren Äußerungen tatsächlich den Eindruck, als ob sie diese Ansicht verträten. So kann man hören, das Gebot umfassender Nächstenliebe, vor allem unter Einschluß auch der Feindesliebe, sei nicht mehr vernünftig begründbar, sondern gelte für den Christen deswegen, *weil* Gott es durch Jesus im Neuen Testament verkündet habe; oder der Christ müsse an der sittlichen Berechtigung der Todesstrafe und des Kriegführens festhalten, *weil* sie im Alten und

Neuen Testament selbstverständlich für sittlich legitim gehalten würden, oder auch umgekehrt, der Christ sei *wegen* der in der Bergpredigt verkündeten Forderung zum Gewaltverzicht verpflichtet, sich für die Abschaffung der Todesstrafe einzusetzen oder den Wehrdienst zu verweigern.

Angenommen, diese Ansicht wäre richtig, dann müßte es selbstverständlich auch erlaubt sein, folgenden Schluß zu ziehen: Wenn Gott anderes geboten hätte, etwa die Mißachtung der Eltern, den Feindeshaß, Menschenopfer, den Ehebruch, die Mißachtung jeglichen Eigentums und die Lüge, dann hätte all dies als sittlich gefordert zu gelten – eine Konsequenz, vor der die Vertreter des Moralpositivismus gewöhnlich die Augen verschließen. Die Frage lautet also: Ist etwas deswegen richtig (und daher sittlich gefordert), *weil* Gott es gebietet, oder gebietet es Gott, *weil* es richtig ist?

Prüfen wir die Frage zunächst an einem Gedankenexperiment: Angenommen, im Neuen Testament stände ganz unmißverständlich die göttliche Forderung, alljährlich solle in jeder größeren Stadt zur Sühne Gott ein Kind geopfert werden. Weiter angenommen, wir wären überzeugte Christen und läsen nun diese Forderung. Wie würden wir reagieren? Die meisten würden wohl spontan sagen, hier müsse es sich um ein Mißverständnis handeln; denn so etwas könne Gott gar nicht geboten haben. Aus uns einsichtigen moralischen Gründen würden wir eine Gottesvorstellung, die Menschenopfer mit einschlösse, ablehnen. Würde man uns dann aber klarmachen können, daß jedes Mißverständnis und jede Mißdeutung völlig ausgeschlossen seien, Gott fordere so etwas tatsächlich, dann kämen sehr viele gewiß zu dem Schluß, hier trete ein Teufel im Gewand Gottes auf, und aus moralischen Gründen fühlten sie sich verpflichtet, ihren bisherigen christlichen Glauben aufzugeben. Nun weniger phantastisch: Christen lesen im Alten Testament die klar formulierte göttliche Aufforderung an Saul: »So spricht der Herr der Heere: Zieh in den Krieg, schlage Amalek und weihe alles, was ihm gehört, dem Untergang. Verschone niemand, töte Männer und Frauen, Kinder und Säuglinge . . .« (1. Sam. 15,3). Auch in diesem Fall schließen sie ohneweiters, so etwas könne Gott gar nicht befohlen haben, daher sei die Erzählung anders zu interpretieren. Oder sie stoßen im Neuen Testament auf die, milde formuliert, stillschweigende Duldung der Institution der Sklaverei oder lesen, die Frauen sollten sich den Männern in allem unterordnen (Eph. 5,24). Ganz gewiß verstehen sie dies nicht als eine auch an sie gerichtete sittliche Forderung. Aber warum nicht? Sie bilden sich ihr sittliches Urteil logisch vorgängig zum Studium der Heiligen Schrift und messen die dort als göttliche Forderungen vorgestellten Handlungsnormen an ihrem moralischen Vorverständnis. Aufgrund dieses Vorverständnisses verwerfen sie die einen entweder als Mißverständnisse oder aber als für unsere Zeit überholt und akzeptieren die anderen. Logisch gesehen liegt folgender Schluß vor:

Gott muß gedacht werden als ein moralisch gutes Wesen, das nur das Gute und Richtige wollen kann.

Aus diesen oder jenen einsichtigen Gründen ist nur dies oder das richtig und gut, alles andere dagegen falsch.

Daher fordert Gott dies oder das und verbietet alles andere.

Die Quintessenz: Der Christ muß logisch vorgängig zur göttlichen Offenbarung wissen, *was* richtig ist, erst dann kann er auch sagen, dies entspreche dem Willen Gottes. Das heißt dann: Die Ausdrucksweisen ›Gott fordert, gebietet oder will es‹ und ihre Varianten stellen nur theologische Umschreibungen dessen dar, was wir in nichttheologischer Sprache als ›sittlich gefordert, geboten oder richtig‹ bezeichnen. Die bloße Berufung auf den Willen Gottes in sittlichen Fragen ist kein akzeptables Argument.

b) Berufung auf die überlegene Weisheit Gottes

Allerdings wäre es, wie gesagt, ein Mißverständnis, würde man das genannte Ausgangsargument in dieser offenbar moralpositivistischen Weise interpretieren. Denn gesagt wird ja nicht, *weil* Gott gerade so und nicht anders angeordnet habe, *deshalb* sei die direkte Tötung menschlichen Lebens immer falsch, sondern gesagt wird, Gott habe *aus guten und prinzipiell einsichtigen Gründen* dem Menschen das Recht vorenthalten, sich auch in diesem Fall ein Urteil zu bilden und danach zu handeln. Gott erscheint hier als der dem Menschen an Weisheit und Einsicht Überlegene, der diesem in den wichtigen und schwierig zu beurteilenden sittlichen Fragen der Tötung menschlichen Lebens beispringt. Es gebe also gute Gründe dafür, daß eine direkte Tötung immer als sittlich falsch zu gelten habe, doch infolge der Irrtumsfähigkeit des Menschen sehe dieser sie nicht immer ein und daher habe Gott sich hier das Urteil selbst vorbehalten. Offenbar ist dies ein Autoritätsargument, in dem man sich auf die überlegene Weisheit und Einsicht Gottes beruft.

Angenommen – um noch einmal den Vergleich mit dem Begnadigungsrecht des Ministerpräsidenten heranzuziehen –, in einem anstehenden Begnadigungsfall wäre der Gefängnispfarrer aufgrund seines langjährigen persönlichen Umgangs mit dem Häftling zu der Überzeugung gekommen, eine Begnadigung sei hier angezeigt, und er käme mit diesem Anliegen zum Direktor der Strafvollzugsanstalt. Folgender Dialog könnte sich abspielen: ›Herr Direktor, ich meine, der Ministerpräsident sollte diesen Gefangenen wohl begnadigen.‹ – ›Aber Herr Pfarrer, ich bitte Sie, unser Ministerpräsident hat gewiß gute Gründe – die ich allerdings nicht kenne –, dies nicht zu tun.‹ – ›Woher wissen Sie das denn? Haben Sie an den Ministerpräsidenten bereits eine Anfrage gerichtet und eine abschlägige Antwort erhalten?‹ – ›Nein, aber ich denke, der Ministerpräsident würde sich in einer für den Gefangenen so wichtigen Sache wohl selbst melden.‹ – ›Wieso sind Sie denn so sicher, daß der Ministerpräsident sich selbst melden wird und daß, wenn er es nicht getan hat, er gute Gründe hatte, es nicht zu tun?« – ›Herr Pfarrer, es muß einfach so sein; denn ich kenne den Ministerpräsidenten als einen guten Menschen mit großem Weitblick.‹ – ›Herr Direktor, ich bezweifle Ihren guten Eindruck vom Ministerpräsidenten keineswegs; vielleicht aber gibt es noch andere Gründe, weshalb er sich in dieser Angelegenheit noch nicht gemeldet hat. Sicherlich wäre es gut, wenn Sie sich zunächst einmal selbst ein Urteil in diesem Begnadigungsfall bilden würden.‹

Wie jeder Vergleich, so hinkt auch dieser. Dennoch werden daran die entscheidenden Fragen deutlich, die man an ein solches theistisches Autoritätsargument stellen kann: 1. Woher kann man wissen, daß Gott sich nur in dieser Frage der direkten Tötung eines ›Unschuldigen‹ das Urteil im Einzelfall vorbehalten hat? 2. Wie kann man im Einzelfall eine Anfrage an Gott richten mit der Aussicht, auch eine Antwort zu erhalten? Solange sich Gott nicht beständig wie ein Mensch unter Menschen bewegt, gibt es auf diese Fragen keine Antwort. Daher spricht alles für die Annahme, wie in anderen moralischen Fragen müßten Christen sich auch in diesen Fällen einer direkten Tötung ›Unschuldiger‹ selbst ein Urteil bilden und könnten sich nicht auf ein besonderes Eingreifen Gottes verlassen.

c) Die Fehlerhaftigkeit des Arguments

Damit stossen wir auf den eigentlichen Fehler des Arguments: Gott als Schöpfer und Herr wird hier gedacht wie ein Mensch unter

Menschen, dem besondere Rechte zukommen, die daher seinen Geschöpfen vorenthalten sind. Wenn Theodor Fontane ›Effi Briest‹ geschrieben hat, dann hat kein anderer diesen Roman geschrieben; seine Autorschaft schließt die aller anderen Menschen aus. Wenn diese Arbeit sein geistiges Eigentum war, hatte nur er das Recht, nach eigenem Ermessen darüber zu verfügen. Er hat das Manuskript veröffentlicht, aber er hätte es auch verbrennen dürfen – niemand hatte das Recht, ihn daran zu hindern. Autorschaft und Verfügungsrecht stellen unter Menschen ein Konkurrenzverhältnis her; ›ein Recht haben‹ ist hier gleichbedeutend mit ›alle anderen haben dieses Recht nicht‹.

Genauso wird nun im Argument vom Verhältnis zwischen Gott und Mensch gedacht: Wenn Gott der Schöpfer des Lebens ist, hat auch nur er das Verfügungsrecht über Leben. Aber läßt sich denn überhaupt das Verhältnis zwischen Schöpfer und Geschöpf als gleichartig mit dem zwischen Geschöpf und Geschöpf denken? Offenbar doch nicht; denn wäre es von gleicher Art, wäre Gott Geschöpf und nicht mehr Schöpfer aller Geschöpfe. Gott als Schöpfer kann keine Ursache *neben* anderen Ursachen innerhalb der Schöpfung sein, sondern muß gedacht werden als der tragende Grund aller Ursachen oder der Schöpfung. Das Verhältnis zwischen Schöpfer und Geschöpf läßt sich nicht als Konkurrenzverhältnis denken; angemessen sind immer nur parallele Aussagen: In dem Maß, wie Fontane der Autor von ›Effi Briest‹ ist, ist Gott in anderer Hinsicht (nämlich als tragender Grund von allem, was ist und geschieht) Schöpfer auch dieses Romans. Indem Fontane über das Manuskript verfügt, greift er nicht in irgendwelche Rechte Gottes ein. Gott hat an diesem Roman überhaupt keine Rechte in Konkurrenz zu ihm; denn es ist sinnlos, im Verhältnis zwischen Schöpfer und Geschöpf von konkurrierenden Rechten zu sprechen. Das also, was in der Lehre von der Schöpfung immer schon gesagt worden ist, nämlich Gott sei keine Ursache unter anderen Ursachen, sondern beständig (und nicht nur zu irgendeinem Anfang) andersartige Ursache aller Ursachen, wurde bei der Formulierung dieses Arguments übersehen. Das heißt dann aber, aus der Tatsache, daß Gott Schöpfer des Lebens ist, folgt, ethisch gesehen, überhaupt nichts. Dieses und jedes ›theologische‹ Argument von ähnlicher Art ist ein bloßes Scheinargument.

Wenn sich so das Ausgangsargument als falsch erwiesen hat, müssen nicht auch alle weiteren Überlegungen, die in der christlichen Tradition angestellt worden sind, falsch sein. Denn weder die

Annahme, beim Leben handle es sich um den fundamentalsten Wert überhaupt, der in den meisten Konkurrenzsituationen den Vorrang verdiene, noch die Unterscheidung zwischen Sterbenlassen und Töten sowie die zwischen direkter und indirekter Tötung stützen sich auf irgendwelche theologischen Voraussetzungen. Dies zeigt sich schon daran, daß auch zahlreiche Philosophen ähnliche Überlegungen angestellt haben und anstellen. Was ist nun zunächst von diesen beiden Unterscheidungen zu halten?

9. Direkte und indirekte Tötung: eine kritische Würdigung

Offenbar hat man in der Tradition die Unterscheidung zwischen direkter und indirekter Tötung eingeführt, um den, von den Folgen her gesehen, kaum annehmbaren Konsequenzen einer sittlichen Norm, die jede Tötung ›Unschuldiger‹, gleichgültig wie schlimm die Folgen auch sein mögen, verbieten würde, zu entgehen. Diese Absicht wird man denjenigen, die so unterscheiden, zugute halten müssen. Dennoch fragt es sich, ob dieser deskriptive Unterschied zu Recht als sittlich bedeutsam gelten kann.

Wie gezeigt, geht es bei dieser Unterscheidung einzig und allein um die unterschiedliche Art und Weise, wie zwei Folgen (eine positive und eine negative) ursächlich mit einer Handlung verknüpft sind. Ausschließlich aufgrund unterschiedlicher ursächlicher Verknüpfung wird bestimmten Handlungsweisen eine gegensätzliche sittliche Qualität zugesprochen. Das klingt äußerst merkwürdig; denn nicht der Handlungserfolg gilt hier als Maßstab für die sittliche Qualität der Handlung, sondern allein die kausale Art und Weise, wie dieser Erfolg herbeigeführt wird. Dies mögen die beiden bereits erwähnten Parallelbeispiele verdeutlichen: Im ersten Fall wird bei einer Schwangeren eine Gebärmuttergeschwulst festgestellt. Es ist nicht zu erwarten, daß das Kind überhaupt noch ausgetragen werden könnte; außerdem ist damit zu rechnen, daß auch die Mutter nicht überleben würde, wenn nicht sofort eine Operation erfolgte. Würde nichts unternommen, wären also Mutter und Kind verloren; durch einen sofortigen Eingriff könnte aber das Leben der Mutter gerettet werden. Eine Totaloperation (operative Entfernung der Gebärmutter) hätte in diesem Fall gleich unmittelbar zwei Folgen: die Rettung der Mutter und den Tod des ohnehin verlorenen Kindes. Als nur indirekte Tötung hätte sie als sittlich zulässig oder gar geboten zu gelten. Anders dagegen im folgenden Parallelfall: Bestimmte Komplikationen haben am Ende einer Schwangerschaft dazu geführt, daß das Kind nicht mehr lebend geboren werden kann. Auch das Leben der Mutter wäre verloren, wenn nicht eine Kraniotomie (Schädelzertrümmerung) als einzig mögliche Maßnahme durchgeführt würde. Doch hätte dieser Eingriff als direkte Tötung und damit als sittlich verwerflich zu gelten. Kind und Mutter müssen sterben.

Die ethisch relevanten Gesichtspunkte sind in beiden Fällen völlig gleich: 1. Das Leben des Kindes ist ohnehin verloren. 2. Nur das Leben der Mutter ist noch zu retten. 3. Dies allerdings nur durch einen Eingriff, der den Tod des ohnehin nicht zu rettenden Kindes zur Folge hat. Der einzige Unterschied besteht darin, daß im ersten Fall Tod und Rettung gleich unmittelbar aus dem operativen Eingriff folgen, im zweiten dagegen zunächst der Tod des Kindes und dann erst die Rettung der Mutter. Vielen wird es gewiß äußerst schwer fallen, dem kausal-unterschiedlichen Handlungsablauf ein solches ethisches Gewicht beizumessen.

Diese Bedenken werden noch verstärkt, wenn wir feststellen, daß für die sittliche Beurteilung der meisten Handlungssituationen die Art und Weise, wie Handlung und Handlungsfolgen miteinander verknüpft sind, völlig irrelevant ist. Niemand wird gegen eine aktive Schutzimpfung deswegen moralische Bedenken haben, weil sich die Immunität als positiver Effekt erst nachträglich aus dem negativen Effekt einer künstlich erzeugten Erkrankung ergibt. Auch wird niemand einen moralisch bedeutsamen Unterschied darin sehen, ob jemand in Notwehr die Angegriffenen durch einen gezielten Schuß auf den Angreifer rettet (direkte Tötung) oder durch Eröffnung eines Sperrfeuers, in dem voraussichtlich der Angreifer umkommt (indirekte Tötung). Und schließlich halten wir es für sittlich gleich verwerflich, ob jemand seinem schwer zuckerkranken Erbonkel eine Überdosis Insulin verabreicht (direkte Tötung) oder ob er ihn überreichlich mit den heißgeliebten Süßigkeiten versorgt (indirekte Tötung) und der Onkel daran stirbt.

Allerdings lassen sich auch Situationen nennen, in denen es schwerfällt, die sittliche Bedeutsamkeit dieser Unterscheidung zu bestreiten: Wenn ein Arzt einem unheilbar Kranken schmerzstillende Medikamente gibt, wohlwissend, daß sie auch den Tod schneller herbeiführen (indirekte Tötung), so halten wir dies für zweifellos richtig. Würde er statt dessen dem Patienten eine Überdosis dieser Medikamente verabreichen (direkte Tötung), so hielten wir dies wohl für falsch. Gerade dieses letzte Beispiel legt die Vermutung nahe, daß der Unterscheidung zwischen direkter und indirekter Tötung keine eigenständige und daher durchgängige moralische Bedeutsamkeit zukommt, sondern nur eine abhängige und eingeschränkte. Wenn wir ihre Anwendung auf das Töten im sogenannten gerechten Krieg einmal außer acht lassen (bei der Regel, die direkte Tötung von Nicht-Kombattanten sei im Unterschied zur indirekten ausnahmslos unerlaubt, handelt es sich vielleicht um eine Regel zur Einschränkung der Kriegsübel), scheint sie immer dann bedeutsam zu sein, wenn wir meinen, wir sollten in bestimmten Handlungssituationen zwischen Sterbenlassen und Töten unterscheiden. Das indirekte Töten scheint auf einer Linie mit dem Sterbenlassen zu liegen – was möglicherweise auch daran deutlich wird, daß viele Ärzte im obigen Beispiel gar nicht von ›indirektem Töten‹, sondern von ›Sterbenlassen‹ oder von ›passiver Euthanasie‹ sprechen würden. Indirektes Töten erschiene dann als eine modifizierte (aktivere) Form nicht eigentlich des Tötens, sondern des Sterbenlassens.

Die mangelnde Plausibilität dieser Unterscheidung zwischen indirekter und direkter Tötung, besonders bei ihrer Anwendung auf Schwangerschaftskonflikte, könnte dann darauf zurückzuführen sein, daß bereits die vorgängige Unterscheidung zwischen Töten und Sterbenlassen nicht auf Konflikte dieser Art angewendet werden sollte. Daher wäre nun noch die moralische Bedeutsamkeit dieser zweiten Unterscheidung zu prüfen.

10. Töten und Sterbenlassen: eine kritische Würdigung

a) Das Problem

Das Problem der sittlichen Bedeutsamkeit des Unterschieds zwischen Töten und Sterbenlassen ist von genau derselben Art wie das der Unterscheidung zwischen direkter und indirekter Tötung. Wie kann ein rein deskriptiver Tatbestand hinsichtlich der Art und Weise, *wie* eine Folge herbeigeführt wird, moralische Bedeutsamkeit erlangen? Denn was ist dem Sterbenlassen und dem Töten gemeinsam? In beiden Fällen wird erstens über menschliches Leben verfügt, insofern in beiden Fällen die Möglichkeit besteht, den Tod eines Menschen zu verhindern. Zweitens zieht man in beiden Fällen aus gewichtigen Gründen den Tod dem Weiterleben vor. Und schließlich ist drittens auch der Erfolg in beiden Fällen derselbe. Unterschiedlich ist allein die Art und Weise, wie Ursachen gesetzt und Folgen herbeigeführt werden. Trotz derselben Motive und trotz desselben Handlungserfolgs erklärt man aufgrund dieser Differenz unter Umständen das eine Verhalten als Wohltat, das andere als Verbrechen.

Das Merkwürdige an dieser Unterscheidung mag das folgende Beispiel zeigen: Als vor einigen Jahren ein bekannter Politiker von seinem Arzt hörte, er habe nur dann eine Überlebenschance, wenn seine beiden Nieren entfernt würden und er sich an eine künstliche Niere anschließen ließe, hat dieser sich geweigert, sich einer solchen Operation zu unterziehen. In klarer Voraussicht hat er seinen Tod durch Unterlassen herbeigeführt. Die meisten werden einen solchen Entschluß für sittlich gerechtfertigt halten. Doch angenommen, dieser Politiker wäre plötzlich ohnmächtig geworden, man hätte ihn, ohne ihn fragen zu können, operiert, und er hätte sich, an einer künstlichen Niere angeschlossen, wiedergefunden. Wäre ihm nun – auf seinen Wunsch hin – eine Überdosis Morphium gegeben worden, so hätte dies als aktive Tötung zu gelten und würde wohl auch von sehr vielen Menschen mißbilligt.

Dabei ist auffällig, daß auch dieser Unterschied zwischen Töten und Sterbenlassen nicht durchgängig und uneingeschränkt für sittlich bedeutsam gehalten wird; wir scheinen seine Relevanz auf jene Fälle zu beschränken, in denen wir den Tod eines Menschen insgesamt als Erlösung betrachten. Wenn wir von einem Menschen urteilen, es sei besser für ihn, wenn er sterben könnte, dann bestehen wir auf der Wichtigkeit dieses Unterschieds. Wenn wir dagegen meinen, es sei ein großes Unglück für einen Menschen, wenn er sterben müßte, dann sagen wir, es mache keinen Unterschied, ob jemand durch Tun oder Unterlassen für seinen Tod verantwortlich sei. Ob eine Mutter unter normalen Umständen ihr gesundes Kind ertränkt oder verhungern läßt, ist, ethisch gesehen, völlig gleichgültig. Wird der Tod für einen Menschen als Unglück erfahren, so urteilen wir: in gleicher Weise weder töten noch sterben lassen. Wird dagegen der Tod für einen Menschen als Erlösung betrachtet, so machen wir eine Einschränkung: nicht töten, doch sterben lassen.

b) Eine mögliche Lösung

Von woher könnte nun diesem zunächst rein deskriptiven Unterschied seine moralische Bedeutsamkeit zukommen? Ich möchte hier – mit aller gebotenen Zurückhaltung, da entsprechende Vorarbeiten weitgehend fehlen – zwei Gesichtspunkte nennen: einen individual- und einen sozialethischen.

Bisher wurde gezeigt, daß der Unterschied zwischen Töten und Sterbenlassn – jedenfalls unter sonst gleichen Umständen – allein in der Art und Weise besteht, wie Wirkungen und Ursachen miteinander verknüpft sind; dabei scheint die Art und Weise dieser Verknüpfung, ethisch gesehen, zunächst irrelevant zu sein. Diese Einschätzung leuchtet so lange unmittelbar ein, wie man seinen Blick nur auf die eingetretenen vorhersehbaren Folgen menschlichen Tuns und Lassens richtet. Doch häufig kommt menschlichem Handeln neben dem Hervorbringen guter und übler Folgen noch ein weiterer Aspekt zu, der sich nicht mit den Kategorien von Ursache und Wirkung erfassen läßt. Normalerweise sehen wir bei einem Verbrechen einen Unterschied darin, ob der Verbrecher sein Opfer erschossen oder aber dessen Körper mit zahlreichen Messerstichen durchbohrt hat. Worin liegt dieser Unterschied? Nicht in den eingetretenen Folgen – wenn wir einmal voraussetzen, schon der erste Stich sei tödlich gewesen –, sondern in dem, was sich in dieser unterschiedlichen Art der Verbrechensausführung vom Verbrecher manifestiert. Im zweiten Falle würden wir von einem ›brutalen‹ Mord sprechen; damit meinen wir, in der Art und Weise, wie der Mörder gegen sein Opfer vorgegangen ist, zeige sich etwas von der ihm eigenen Brutalität. Viele Handlungen (nicht alle) betrachten wir also unter zwei Aspekten: einmal unter dem Blickwinkel der eintretenden vorherzusehenden Folgen, dann aber auch unter dem Blickwinkel, welche Einstellung des Handelnden sich in ihnen kundgibt.

Für die Unterscheidung zwischen Töten und Sterbenlassen könnte nun dieser zweite Aspekt eine Rolle spielen: Indem wir selbst in den Situationen, in denen wir den Tod eindeutig als Erlösung betrachten, zwar für Sterbenlassen plädieren, doch auf aktive Euthanasie verzichten, scheinen wir eine grundsätzliche Entscheidung für das Leben anzudeuten oder unsere Achtung vor menschlichem Leben zum Ausdruck zu bringen. Der Verzicht auf aktive Tötung in diesen Fällen wäre dann unter Umständen als eine besondere Art der sogenannten kostspieligen Ausdruckshandlungen zu verstehen: Indem man darauf verzichtet, sich selbst oder anderen das Ende aktiv zu setzen, und statt dessen ein längeres Siechtum in Kauf nimmt, bringt man seine Entscheidung für das Leben und vielleicht, religiös gesprochen, für den Schöpfer des Lebens zum Ausdruck.

Diesem individualethischen Gesichtspunkt zur Rechtfertigung der ethischen Bedeutsamkeit zwischen Töten und Sterbenlassen kommt sicherlich Gewicht zu. Es fragt sich nur, ob es auch dann noch schwer genug wiegt, wenn im Einzelfall der Entschluß zum Sterbenlassen, doch nicht zum Töten, für irgendwelche Betroffenen mit sehr großen Lasten verbunden ist, etwa mit der Hinnahme eines sehr langen Siechtums.

Tragfähiger und weitreichender scheint ein zweiter Gedanke zu sein. Im Unterschied zum ersten handelt es sich hier um ein sozialethisches Argument. Möglicherweise läßt sich nämlich die Unterscheidung zwischen Töten und Sterbenlassen auch als eine *Regel zur Verhinderung einer allgemeinen Gefahr* verstehen. Was ist damit gemeint? Zunächst einige Beispiele: Wenn für den DFB die Regel der sogenannten Tatsachenentscheidung des Schiedsrichters selbst bei klar nachweisbarem Fehlurteil gilt, so ist der Verband sich dessen bewußt, daß man einer Mannschaft damit im Einzelfall eine große Härte zumutet, nämlich daß ihr ein Spiel allein aufgrund einer Fehlentscheidung als verloren angerechnet wird. Man nimmt diesen Nachteil für den Einzelfall in Kauf, weil man sich insgesamt von einer solchen Regelung einen geordneten Ablauf aller Spiele verspricht. Man möchte die Gefahr ausschließen, daß der Ausgang wichtiger Spiele immer öfter gerichtlich angefochten wird. Weitere Beispiele wären das Verbot der Ämterhäufung für Abgeordnete selbst bei erwiesener Eignung, das für Bundestagsabgeordnete geltende Verbot, einen nahen Angehörigen als Assistenten einzustellen, die definitive Begrenzung von Amtszeiten oder das für Beamte geltende Verbot der sogenannten ›einfachen passiven Bestechung‹.

Worin besteht nun das Kennzeichnende solcher Regeln? Jeweils wird unmittelbar den Betroffenen eine Last zugemutet, ohne daß daraus gleich unmittelbar ein Nutzen für sie selbst oder für andere erwachsen würde. Auf lange Sicht erwartet man allerdings einen Nutzen, und zwar einen solchen für die betreffende Gemeinschaft als ganze. Man befürchtet, daß bei andersartiger Regelung für die Gesamtheit ein Schaden entstünde. Um also drohendes Unheil für die Allgemeinheit abzuwehren, werden dem einzelnen unmittelbar Lasten auferlegt. Nicht die Betrachtung des Einzelfalls ist hier von

Belang, sondern ausschlaggebend ist die Berücksichtigung der Gesamtheit der Fälle.

Dazu ein noch ausführlicheres Beispiel: Angenommen, jemand sei Besitzer einer einsamen Insel; er habe dort Straßen gebaut und befahre sie mit seinem Wagen. Wie gesagt, sei er der einzige Bewohner dieser Insel. Dennoch habe er merkwürdigerweise nicht darauf verzichtet, eine der Kreuzungen mit einer Ampel zu versehen. Diese schalte regelmäßig von Grün auf Rot. Wäre er nun gehalten, auf diesen Unterschied zwischen Rot und Grün Rücksicht zu nehmen? Offenbar nicht; dieser wäre für sein Fahren völlig irrelevant. Doch nun denke man sich die Straßen der einsamen Insel in eine bevölkerte Großstadt verlegt. Plötzlich wird der Unterschied zwischen Rot und Grün höchst bedeutsam. Warum? Weil der bisher einsame Fahrer nun nicht mehr allein ist, sondern noch andere Kraftfahrer vor sich, hinter sich und neben sich hat, und zwar solche, die mehr oder weniger gut fahren können, besonnener oder weniger besonnen sind, besser oder weniger gut reagieren. Um der Verkehrssicherheit willen führt man hier den Unterschied zwischen Rot und Grün als einen relevanten Unterschied für unser Fahrverhalten ein. Allen wird dadurch einerseits eine kleine Last aufgebürdet – daß sie nämlich auch dann bei Rot warten müssen, wenn kein anderes Fahrzeug kreuzt –, um so anderseits für alle einen großen Vorteil zu erzielen, nämlich eine größere Sicherheit für Leib und Leben. Bei der für Ampeln im Straßenverkehr geltenden Regel handelt es sich also um ein solches Gesetz zur Verhinderung einer allgemeinen Gefahr.

Ganz ähnlich könnte man sich auch die Bedeutsamkeit des Unterschieds zwischen Töten und Sterbenlassen denken. Auf einer einsamen Insel könnte er möglicherweise, wenn man den soeben erwähnten Ausdruckscharakter einmal außer acht läßt, ethisch völlig irrelevant sein, wohingegen er in einem sozialen Kontext sehr wichtig werden könnte. Angenommen, wir würden diesen Unterschied nicht machen. Welche Konsequenzen hätte dies in einer Welt, die so beschaffen ist, wie wir sie kennen? Jeder Arzt hätte im Konfliktfall zu überlegen, ob es nicht besser wäre, dem Patienten eine ›erlösende‹ Spritze zu geben, statt ihn weiterzubehandeln oder die Medikamente abzusetzen. Unterliefen bei der Beurteilung der Gesamtsituation Irrtümer, so wären die eingetretenen Folgen irreversibel (ein starkes Argument auch gegen die Todesstrafe). Dort aber, wo nur das Sterbenlassen zugelassen würde, könnten sich in manchen Fällen Irrtümer noch rechtzeitig herausstellen. Ärzte sind möglicherweise bestechlich und Erben vielleicht am Tod eines Menschen interessiert. Um als rechtmäßige Tötungen ausgegebene Morde soweit wie möglich zu verhindern, scheint die Unterscheidung zwischen Töten und Sterbenlassen höchst vernünftig. Auch kann man sich vorstellen, daß politischer Druck, wie etwa im Dritten Reich, ausgeübt wird. Desgleichen muß man mit der ebenfalls im Dritten Reich zur Genüge belegten Möglichkeit einer generellen psychischen Abstumpfung gegenüber der Tötung von Menschen rechnen. Weiterhin könnte das notwendige Vertrauen gegenüber dem Arzt eher gewährleistet sein, wenn man von ihm grundsätzlich nicht erwartet, daß er gegebenenfalls auch tötet. Zur Verhinderung solcher Folgen scheint also die Unterscheidung zwischen Töten und Sterbenlassen – wenigstens in bestimmten Bereichen – äußerst sinnvoll. Dabei geht es darum, das Töten eines Menschen grundsätzlich aus dem Bereich möglichen ärztlichen Ermessens herauszuhalten.

Damit sind zwei wichtige Gesichtspunkte zugunsten der (eingeschränkten) sittlichen Bedeutsamkeit des Unterschieds zwischen Töten und Sterbenlassen genannt. Beide Gesichtspunkte sprechen darüber hinaus auch für die vorgeschlagene Lösung des Problems des indirekten Tötens, es nämlich als aktivere Form auf einer Linie mit dem Sterbenlassen zu sehen. Denn erstens verlöre das Sterbenlassen auch in seiner aktiveren Form des sogenannten indirekten Tötens nicht seinen Ausdruckscharakter, und zweitens würden die mit dem Verzicht auf das Töten unter Umständen verbundenen größeren Übel dann erheblich verringert, ohne daß damit auch die gewünschte soziale Schutzfunktion verlorenginge.

11. Die sittliche Irrelevanz des Unterschieds zwischen Sterbenlassen und Töten im Fall von Schwangerschaftskonflikten

Zu klären bliebe nun noch, ob die Unterscheidung zwischen Sterbenlassen und Töten sowie die davon abhängige zwischen indirekter und direkter Tötung zu Recht, wie die christliche Tradition es tut, ununterschieden sowohl auf geborenes als auch auf ungeborenes menschliches Leben angewendet werden sollte.

Anhand einiger Beispiele war bereits deutlich geworden, daß diese unterschiedslose Anwendung sehr fraglich ist. Gibt es vielleicht auch gute Gründe dafür, diese Unterscheidung für Schwangerschaftskonflikte als ethisch irrelevant ganz fallen zu lassen? Möglicherweise ja.

a) Die Wertung ungeborenen Lebens

Bisher wurde immer einfachhin von ›menschlichem Leben‹ gesprochen. Tatsächlich aber suchen und finden wir (auch die Vertreter der christlichen Tradition) in Konfliktsituationen sittlich bedeutsame Unterschiede zwischen Leben und Leben. Die erste Frage lautet also: Lassen sich sittlich relevante Unterschiede zwischen geborenem und ungeborenem menschlichem Leben benennen?

Zunächst einmal scheint alles dagegen zu sprechen, denn gewöhnlich sagt man, beim Leben handle es sich um den fundamentalsten Wert überhaupt, entsprechend dann beim Tod um das fundamentalste Übel. Das aber gilt in jedem Fall. Unterschiede treten erst dann zutage, wenn man fragt, was denn mit solchen Aussagen genau gemeint ist. Ist der Tod als solcher wirklich ein Übel? Offenbar nicht; denn gleichgültig, ob jemand an ein Weiterleben nach dem Tod glaubt oder nicht, er kann jedenfalls den Tod nicht als irgendeinen irdischen Zustand des Menschen beschreiben; der Tod bedeutet eben das Ende jedes irdischen Zustands. Wer sein irdisches Leben beendet hat, ist unfähig, irgendwelche uns bekannten Freuden oder Leiden zu empfinden. Das Übel des Todes kann also nur darin bestehen, daß das Leben nicht oder nicht mehr gelebt werden kann. Aber bedeutet denn das bloße Lebendigsein, die bloße Zugehörigkeit zur menschlichen Gattung etwas Schätzenswertes? Würden wir ein bloßes Dahinleben in tiefster irreversibler Bewußtlosigkeit dem Tod vorziehen? Wohl kaum; denn subjektiv scheinen für einen Menschen irreversible Bewußtlosigkeit und Tod zusammenzufallen. Wir möchten nicht nur lebendig sein, sondern möchten bewußt leben, in vielfältigen Beziehungen zu anderen Menschen stehen, geistig und körperlich rege sein, Freude und Leid empfinden können. Das Leben erscheint uns nur deshalb als etwas Gutes, weil es die unabdingbare Voraussetzung für all das darstellt, was unser Leben lebenswert macht. Das also ist gemeint, wenn man sagt, das Leben sei der fundamentalste Wert überhaupt. Die Charakterisierung des Todes als fundamentalstes Übel bedeutet dann, daß all das, was das Leben lebenswert macht, unmöglich geworden ist.

Allerdings sehen wir das Leben gewöhnlich nur unter dem Blickwinkel dessen, was es für uns lebenswert[1] macht. Dies durchaus zu

1 Die Tatsache, daß der Ausdruck ›lebenswertes bzw. -unwertes Leben‹ in der Zeit des Nationalsozialismus zur Rechtfertigung schlimmster Greueltaten verwendet worden ist, spricht weder dagegen, daß mit diesem Ausdruck auch etwas Sinnvolles gemeint sein kann, noch dagegen, daß wir ihn

Recht; denn, aufs Ganze gesehen, scheint in der Regel das Gute in unserem Leben bei weitem zu überwiegen. Doch sollte diese Tatsache uns nicht den Blick davor verstellen, daß es auch Ausnahmen gibt, für die dies nicht oder nicht mehr gilt. Einschlußweise geben wir das auch zu, wenn wir sagen, der Tod wäre für einen Menschen eine Erlösung. Für solche Ausnahmen müßten wir daher auch sagen, das Leben sei das fundamentalste Übel.

Wenn wir nun von der Tatsache ausgehen, daß unser aller Leben unabänderlich begrenzt ist, daß es also früher oder später einmal zerstört wird, dann kann der Unwertcharakter sowohl des Tötens als auch des Sterbenlassens nur in der Verkürzung oder Verhinderung eines lebenswerten Lebens gesehen werden, entsprechend der ›Erlösungs‹charakter nur in der Verhinderung oder Verkürzung eines nicht bzw. nicht mehr lebenswerten Lebens.

Ist nun der Tod eines Ungeborenen im gleichen Maß ein Übel wie der eines Menschen auf der Höhe seines Lebens? Würden wir diese Frage bejahen, müßten wir einen Spontanabort oder auch den Tod eines Neugeborenen für ein gleichgroßes Unglück halten wie den einer Zwanzigjährigen bei einem Verkehrsunfall. Auch müßten wir uns für verpflichtet halten, zur Verhinderung eines Spontanaborts gleich große Anstrengungen zu unternehmen wie zur Verhinderung des Todes der Zwanzigjährigen. Schließlich müßten wir der Meinung sein, die Gründe, die die Hinnahme einer Fehlgeburt (Sterbenlassen des Fötus) rechtfertigten, müßten dasselbe Gewicht haben wie die im Fall des Sterbenlassens etwa des Mädchens. Tatsächlich aber meinen wir all das nicht – auch nicht die Vertreter der christlichen Tradition. Wir halten den Tod einer Zwanzigjährigen für weitaus bedauerlicher, halten uns für verpflichtet, zu seiner Verhinderung größere Anstrengungen auf uns zu nehmen, und meinen, die Gründe, die das Sterbenlassen des Mädchens rechtfertigen würden, müßten weit größeres Gewicht haben als die bei einer sittlich gerechtfertigten Inkaufnahme einer Fehlgeburt. Entspricht diese Reaktion bloß einem irrationalen Gefühl, oder ist sie in der Sache selbst begründet? Würden wir nur vom Gesichtspunkt der Verhinderung bzw. Verkürzung lebenswerten Lebens her urteilen, müßten wir

in dieser Bedeutung weiterhin verwenden. Soweit ich sehe, hat die Tatsache, daß Hitler sich in zahlreichen Reden immer wieder auf die göttliche Vorsehung berufen hat, auch niemanden dazu veranlaßt, diesen Ausdruck aus seinem theologischen Vokabular zu streichen. Wenn wir alles das nicht mehr verwenden dürften, was einmal mißbraucht worden ist, mißbraucht wird oder mißbraucht werden könnte, dürften wir nichts mehr gebrauchen.

sogar den Spontanabort oder auch den Tod eines Neugeborenen für schlimmer halten; denn die Zwanzigjährige hat ja einen Teil ihres Lebens schon gelebt, das Un- oder Neugeborene dagegen nicht. (Daß dieser Gesichtspunkt der Länge des schon gelebten und des noch zu erwartenden Lebens für unsere Wertung eine Rolle spielt, sieht man daran, daß uns der Tod eines jungen Menschen bedauerlicher erscheint als der eines alten.) Dem stehen allerdings wenigstens drei Gesichtspunkte entgegen, die eine entgegengesetzte Gesamtwertung nahelegen: Die Verkürzung eines in allen seinen Dimensionen schon voll entfalteten menschlichen Lebens scheint ein größeres Übel zu sein als die Verhinderung einer vollen Entfaltung in ihren Anfangsstadien. Darin eingeschlossen ist die weitere Überlegung, daß uns die Beendigung bewußten und aktiven Lebens zu Recht als schlimmer erscheint als die Beendigung noch nicht bewußten und noch inaktiven Lebens, sowie vor allem auch der Umstand, daß mit dem Tod einer Zwanzigjährigen immer auch der Abbruch zahlreicher persönlicher Beziehungen verbunden ist.

Insgesamt scheint man also sagen zu müssen, der Tod eines Ungeborenen sei ein geringeres Übel als der eines schon geborenen oder gar erwachsenen Menschen. Mit Hilfe entsprechender Überlegungen ließe sich dann auch zeigen, daß bei schwer geschädigtem menschlichen Leben ein Tod vor der Geburt besser ist als nach der Geburt. Wenn diese Beurteilung richtig sein sollte, wäre sie unmittelbar bedeutsam für die sittliche Bewertung des Schwangerschaftsabbruchs im Fall der medizinischen und der genetischen Indikation. Aus guten Gründen dürfte man dann sagen, das Leben (und vielleicht auch die Verhinderung einer schweren gesundheitlichen Schädigung) der Mutter habe Vorrang vor dem des ungeborenen Kindes oder bei sicher zu erwartender schwerer Behinderung des Kindes sei sein Tod bereits während der Schwangerschaft ein geringeres Übel als sein Tod nach einer mehr oder weniger langen Leidenszeit.

Dieser Bewertung selbst würde auch die christliche Tradition zustimmen; allerdings würde sie für solche ernsten Konfliktsituationen an der für sie wichtigen Unterscheidung zwischen Sterbenlassen und Töten festhalten: kein Schwangerschaftsabbruch, doch auch keine Maßnahmen zur Verhinderung einer drohenden Fehlgeburt. Wir stehen immer noch bei der Frage, ob diese Unterscheidung auch im Fall ungeborenen Lebens angemessen ist. Bisher hat sich nur gezeigt, daß ungeborenes Leben im Konkurrenzfall zwar als ein sehr gewichtiges, doch nicht als ein gleichgewichtiges Gut wie geborenes anzusehen ist.

b) Die mangelnde Eignung der traditionellen Unterscheidungen, sozialen Schutz zu gewähren

ZWEI ARGUMENTE SPRACHEN zugunsten der (eingeschränkten) sittlichen Bedeutsamkeit des Unterschieds zwischen Töten und Sterbenlassen: der Ausdruckscharakter des Verzichts auf aktives Töten und seine allgemeine soziale Schutzfunktion. Gelten beide Argumente in gleicher Weise auch für ungeborenes Leben? Beides wäre noch zu prüfen.

Für das Ausdrucksargument ist zu beachten, daß das Gewicht des Ausdruckscharakters einer Handlung u. a. von der sittlichen Bedeutsamkeit des Gutes abhängt, das zur Disposition steht. Wenn nun ungeborenem Leben vergleichsweise eine geringere Bedeutsamkeit zukommt als geborenem, kann auch der Ausdruckscharakter des Verzichts auf Schwangerschaftsabbruch nur von geringerem Gewicht sein. Außerdem verringert es sich aufgrund der weitgehenden Anonymität des Ungeborenen.

Entscheidend ist aber das Argument der sozialen Schutzfunktion. Alles scheint zunächst zugunsten seiner Gültigkeit auch für ungeborenes Leben zu sprechen: Ungeborenes Leben ist, weil völlig abhängig, weitaus schutzbedürftiger. Außerdem gelten die einzelnen Gefahren, denen mit der Unterscheidung zwischen Sterbenlassen und Töten begegnet werden soll (möglicher Irrtum, mögliche Verführbarkeit von Ärzten, persönlicher und sozialer Druck auf Schwangere, psychische Abstumpfung, illegitime Beanspruchung moralisch gerechtfertigter Ausnahmegründe), unverkennbar in noch erhöhtem Maß für ungeborenes Leben. Dennoch ist zweifelhaft, ob dieser Unterschied auch hier sittlich relevant ist. Denn für die Gültigkeit einer Regel zu Verhinderung einer allgemeinen Gefahr kommt es nicht nur darauf an, daß diese allgemeine Gefahr tatsächlich besteht (das ist für unser Problem des ungeborenen Lebens kaum zu bestreiten), sondern vor allem auch darauf, daß die ins Auge gefaßte Regel geeignet ist, dieser Gefahr wirksam zu begegnen. Im Entführungsfall Schleyer (auch die Nichtauslösung von Geiseln stellt eine solche Regel dar) hat kaum jemand bestritten, daß vom Terrorismus ernsthafte Gefahren ausgehen; umstritten war nur, ob die Nichtauslösung tatsächlich geeignet war, weitere Entführungen zu verhindern. Ist eine Regel zur Verhinderung einer allgemeinen Gefahr ungeeignet, so werden in Einzelsituationen manchen Menschen unnötig u. U. schwerste Opfer abverlangt, d. h. Opfer, die sich gesamtgesellschaftlich nicht auszahlen. Die mangelnde Eignung des ausnahmslosen

Verbots aktiven Schwangerschaftsabbruchs (bei zugestandener ›Zulassung‹ einer drohenden Fehlgeburt in denselben Fällen), ungeborenes Leben wirksam zu schützen, läßt sich soziologisch kaum hieb- und stichfest nachweisen. Dennoch scheint sie auf der Hand zu liegen; man wird schwerlich behaupten können, die Beachtung dieses Unterschieds verhindere eine große Zahl von sittlich illegitimen Schwangerschaftsabbrüchen. Um dies zu erreichen, sind Maßnahmen völlig anderer Art erforderlich, z. B. eine Änderung des moralischen Bewußtseins und das Angebot wirksamer Hilfe.

Sollten diese Überlegungen richtig sein, dann ergäbe sich der Schluß, Schwangerschaftsabbruch sei in all jenen Konfliktsituationen sittlich zulässig, in denen man (auch nach traditionell christlicher Überzeugung) zu Recht sagen würde, ein drohender Spontanabort sollte nicht verhindert werden. Die traditionellen Unterscheidungen zwischen Töten und Sterbenlassen sowie zwischen direktem und indirektem Töten wären für Schwangerschaftskonflikte sittlich irrelevant.

Ein schematischer Überblick (siehe Seite 73) über das Tötungsverbot, wie es hier, ausgehend von den heutigen Lebensbedingungen, verstanden wurde, mag diese Erörterungen abschließen. Dabei sei die Problematik des Krieges als Makroproblem ausgeklammert.

12. Nachbetrachtung

DIESE DISKUSSION ist sehr ausführlich geraten. Sollte das Problem des Schwangerschaftsabbruchs überhaupt als Beispiel für normative Erörterungen herangezogen werden, so war es unumgänglich, die Problematik der traditionellen Fassung des Tötungsverbots miteinzubeziehen.

Die anstehenden Fragen sollten so nüchtern wie möglich behandelt werden. Dies aus zwei Gründen: Erstens weil einerseits diejenigen, die solche Konflikte selbst auszutragen haben, unter schwersten Belastungen stehen, die jeder nachempfinden kann, anderseits aber wegen der Anonymität der Ungeborenen kaum Anwälte zu deren Gunsten auftreten. Zweitens weil gerade der Streit um die sittliche Bewertung des Schwangerschaftsabbruchs häufig in eine völlig undifferenzierte Polemik ausartet. Die hier gebotene Erörterung sollte der Klärung der Positionen dienen; völlig fern lag dabei die Absicht, irgend jemanden, der anders denkt und handelt, moralisch zu verurteilen.

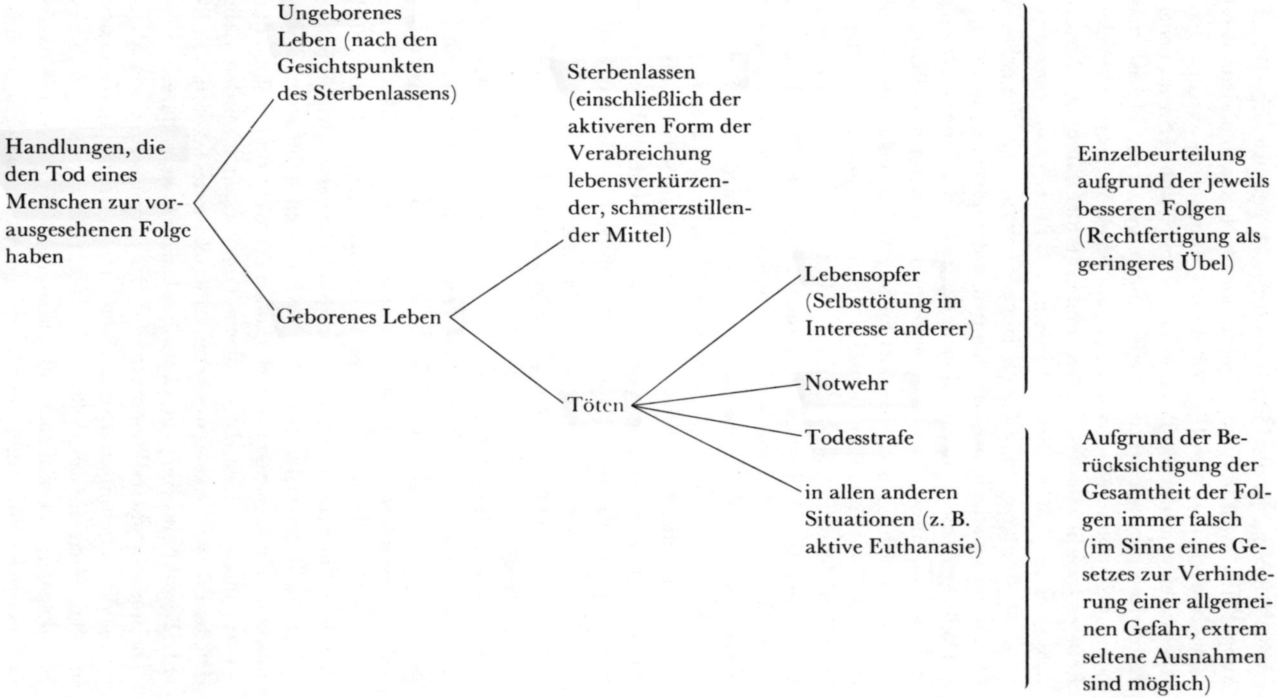
Handlungen, die den Tod eines Menschen zur vorausgesehenen Folge haben
Ungeborenes Leben (nach den Gesichtspunkten des Sterbenlassens)
Geborenes Leben
Sterbenlassen (einschließlich der aktiveren Form der Verabreichung lebensverkürzender, schmerzstillender Mittel)
Töten
Lebensopfer (Selbsttötung im Interesse anderer)
Notwehr
Todesstrafe
in allen anderen Situationen (z. B. aktive Euthanasie)
Einzelbeurteilung aufgrund der jeweils besseren Folgen (Rechtfertigung als geringeres Übel)
Aufgrund der Berücksichtigung der Gesamtheit der Folgen immer falsch (im Sinne eines Gesetzes zur Verhinderung einer allgemeinen Gefahr, extrem seltene Ausnahmen sind möglich)

Zur Klärung der Positionen gehört noch eine wichtige Bemerkung. Hier wurde vom eigenständigen fundamentalen Wert menschlichen Lebens, ob geboren oder ungeboren, ausgegangen. Alle diejenigen, die die Position der Umweltschützerin im ersten Kapitel einnehmen und einen Eigenwert von Tier, Pflanze und Natur behaupten, werden in bezug auf ungeborenes menschliches Leben schwerlich anders denken können als hier dargestellt. Natürlich ist es faktisch möglich, daß sie anders denken; nur tanzen sie dann, logisch gesehen, auf zwei Hochzeiten zugleich: Sie nehmen Grundpositionen ein, die logisch miteinander unvereinbar sind.

Diejenigen, die demgegenüber in der Frage des Umweltschutzes eine weniger starke Position einnehmen und ihn nur mittelbar von den Interessen der Menschen her zu begründen suchen, wären zu fragen, welche Interessen für sie denn zählen: nur die der heute lebenden Menschen oder auch die der Ungeborenen und die zukünftiger Generationen? Ließen sie nur die Interessen der heute lebenden Menschen gelten, kämen sie in der Frage des Umweltschutzes gewiß nicht sehr weit; dann allerdings auch nicht in der des Schutzes ungeborenen menschlichen Lebens. Zählten für sie aber auch die möglichen und vorhersehbaren Interessen Ungeborener und zukünftiger Generationen, so könnten sie den Umweltschutz sicherlich weitergehend begründen; allerdings müßten sie dann das fundamentalste Interesse, nämlich das, zu leben, auch beim Ungeborenen mitberücksichtigen. Auch hier gilt: Man kann nicht auf zwei Hochzeiten zugleich tanzen.

Vielleicht sollte noch auf eine Frage völlig anderer Art kurz eingegangen werden. Die hier vertretene Auffassung unterscheidet sich offensichtlich ganz erheblich vom tatsächlichen sittlichen Bewußtsein weiter Kreise. Viele Menschen in unserer Gesellschaft sehen offenbar besten Gewissens keinen sehr großen Unterschied zwischen Empfängnisverhütung und Schwangerschaftsabbruch – wenigstens in den ersten zwei oder drei Monaten. Schwangerschaftsabbruch stellt für sie eine der Methoden der Geburtenregelung dar – wenn auch diejenige, der sie alle anderen vorziehen würden. Läßt sich diese Tatsache eines so starken Abweichens des faktischen sittlichen Bewußtseins von dem, was wünschenswert ist, erklären?

Beispiele für dieses Phänomen, daß das Leben bestimmter Menschen oder in bestimmten Situationen faktisch wenig gilt, lassen sich aus der Geschichte in großer Zahl anführen: Für unser sittliches Bewußtsein ist es kaum nachvollziehbar, daß Aristoteles die Sklaven dem Hausvieh zurechnen konnte, daß im Altertum die Kindesaussetzung kaum mißbilligt wurde, daß Las Casas (1474–1566) sich mit größter Entschiedenheit und Tatkraft für die Menschenrechte der Indianer einsetzen, zugleich aber auch die Einfuhr von Negersklaven fördern konnte – was er allerdings im Alter tief bedauert hat. Doch brauchen wir gar nicht so weit in die Geschichte zurückzugehen: Auch heute noch sind öffentliche Hinrichtungen an vielen Orten riesige Volksfeste – und ich fürchte, bei uns wäre es nicht viel anders; auch heute noch meint man, den religiös oder politisch Andersdenkenden ohne viel Federlesens aus dem Weg schaffen zu können; auch heute noch nehmen wir jährlich Tausende von Verkehrsopfern in Kauf – und das alles besten Gewissens.

Solche Tatsachen sind erschreckend. Genauso erschreckend erscheint aber auch der oft bedenkenlose Umgang mit ungeborenem menschlichem Leben. Gibt es dafür Erklärungen? Gibt es vor allem auch Erklärungen für die bei vielen Menschen zu beobachtende Inkonsistenz, daß sie sich einerseits mit größtem Engagement und oft unter großen Opfern gegen die Todesstrafe, gegen politische Morde, gegen Rassendiskriminierung und gegen den Krieg, gleichgültig wo er geführt wird, wenden und sich anderseits mit demselben Engagement für eine äußerst liberale Praxis des Schwangerschaftsabbruchs einsetzen?

Mehrere Faktoren kommen als Erklärungsgründe in Frage: Einmal die schlichte Tatsache, daß man sich vielleicht überhaupt keine oder doch zu wenig Gedanken über den Wert ungeborenen menschlichen Lebens gemacht hat. Dann möglicherweise auch die (irrige) Tatsachenüberzeugung, wenigstens in den ersten Monaten handle es sich überhaupt nicht um menschliches Leben. Schließlich spielt wohl auch noch die Tatsache eine wichtige Rolle, daß Schwangerschaftsabbrüche ›klinisch sauber‹ und ›kunstgerecht‹ durchgeführt werden: Je mehr das Töten technisch vermittelt ist, desto niedriger ist unsere psychische Hemmungsschwelle, zu töten. Gewiß fiele es fast allen psychisch leichter, über einer Stadt in 10 000 m Höhe eine Bombe auszuklinken als einen leibhaftig vor einem stehenden Menschen zu erschießen oder zu erstechen.

Zwei Faktoren scheinen aber gerade für das verhältnismäßig gering entwickelte Empfinden für das Übel des Schwangerschaftsabbruchs noch von besonderem Gewicht zu sein: Niemand sieht den Fötus, auch die Schwangere fühlt in den ersten Monaten seine Lebensregungen nicht. Wäre die Gebärmutter durchsichtig und könnten wir den Fötus unmittelbar betasten, so würden sich bei uns vielleicht spontan größere Bedenken einstellen. Darüber hinaus ist es uns auch unmöglich, uns gefühlsmäßig in die Situation eines Fötus hineinzuversetzen, obwohl wir alle diese Lebensphase selbst einmal durchgemacht haben. (Was Schmerzen für ein Tier bedeuten mögen, können wir viel eher nachvollziehen, als was der Tod für einen Fötus bedeutet.) Wenigstens in den ersten Monaten ist ungeborenes menschliches Leben für uns völlig anonym; auch die besten intrauterinen Aufnahmen vermögen diese Anonymität kaum aufzuheben. Dagegen aber stehen anschaulich, erfahrbar und nachvollziehbar die unmittelbaren Sorgen und Nöte der Schwangeren. Unsere moralische Einstellung dem ungeborenen Leben gegenüber kann nur wenig vom Gefühl mitgetragen sein.

13. Folgerungen für die Entwicklung einer allgemeinen ethischen Normierungstheorie

Bei der Erörterung der ethischen Problematik des Schwangerschaftsabbruchs haben wir einen Standpunkt kennengelernt, nach dem eine Handlungsweise sittlich gefordert sein könne *ohne Rücksicht auf noch so üble Folgen* (hier: Jede direkte Tötung eines ›unschuldigen‹ Menschen ist falsch, gleichgültig wie schlimm die Folgen auch sein mögen). Wir haben aber auch gesehen, daß *aus* Rücksicht auf die Folgen der Geltungsbereich einer solchen behaupteten Norm soweit wie möglich eingeengt wurde. Die hier vertretene Gegenposition bestand im wesentlichen darin, die sittliche Bewertung des gesamten Bereichs des Tötungsverbots *allein* von den zu erwartenden Handlungsfolgen (im weitesten Sinn) abhängig sein zu lassen. Es bleibt die Frage, ob es sittliche Normen geben kann, die ohne Rücksicht auf noch so üble Folgen gelten.

In diesem Fall berief man sich für die Geltung einer solchen Norm auf den Willen bzw. auf die überlegene Weisheit Gottes. Wir konnten zeigen, daß sich ein solcher theonomer Moralpositivismus niemals verteidigen läßt. Spezifisch ›theologische‹ Argumente scheinen im Bereich der normativen Ethik, also der Handlungsnormierung, nicht möglich zu sein.

Wie die Diskussion um die Unterscheidung zwischen Sterbenlassen und Töten zeigte, spielen für die sittliche Normierung von Einzelhandlungen auch Gesichtspunkte eine Rolle, die die soziale Gemeinschaft betreffen. Dies kann sich dahingehend auswirken, daß bisweilen Handlungen *aus* Rücksicht auf das Gemeinwohl als richtig zu gelten haben, obwohl sie, als Einzelhandlungen isoliert betrachtet, weniger gute Folgen oder größere Übel nach sich ziehen als irgendeine Handlungsalternative.

Bei der Erörterung der moralischen Bedeutsamkeit des Unterschieds zwischen Sterbenlassen und Töten ist auch eine Überlegung angeklungen, die noch weitere Beachtung verdient: Für die sittliche Beurteilung mancher Handlungen scheint nicht nur das eine Rolle zu spielen, was an Gutem und Üblem aus ihnen erwächst, sondern auch das, was in ihnen zum Ausdruck gebracht wird. Im folgenden Kapitel wird dieser Gesichtspunkt der Ausdrucksqualität von Handlungen noch eine wichtige Rolle spielen.

III. Sexualethik: Geschlechtliche Beziehungen nur in der Ehe?

1. Beispielgeschichte

Stefan hatte nun schon die vierte Zigarette hintereinander ausgedrückt. Immer wieder las er die letzten Zeilen des Briefes. Dort stand schwarz auf weiß, womit er von vornherein hatte rechnen müssen: »Erinnere Dich an unsere Abmachung. Als wir vor fast drei Jahren zusammenzogen, stand für uns beide fest, daß wir uns nicht sklavisch aneinander binden wollten. Jeder sollte seine volle Freiheit bewahren. Ich jedenfalls habe sie mir bewahrt – und ich meine, einiges habe ich auch dazu beigetragen, daß Du sie nicht ganz verloren hast. Ich schreibe Dir das, weil ich auch jetzt noch nicht davon überzeugt bin, daß wir in Ruhe über unsere ›Beziehung‹, wie Du Dich immer ausdrückst, miteinander sprechen können. Du hast immer viel zuviel in sie hineingedichtet, hast Dir ein Bild von uns zurechtgemacht, das der Wirklichkeit nicht entsprach und auch nicht entsprechen sollte. Deine Gefühle haben Dir immer einen Streich gespielt. Auch nach diesen drei Monaten halte ich es noch für richtig, daß ich nach meinem Examen sofort ausgezogen bin. Ich lebe hier in meiner neuen Umgebung glücklich und zufrieden; ich habe neue Menschen kennengelernt und – auch wenn ich Dir damit weh tue – sehne mich nicht nach Dir zurück. Was mich betrifft, ist eine Wiederaufnahme der alten ›Beziehung‹ undenkbar. Ich wäre froh, wenn wir gute Freunde bleiben könnten; doch sollten Dir weitere Kontakte zu schwer fallen, so würde ich darauf – allerdings mit Bedauern – verzichten ...«

Ja, Karin hatte schon recht, seine Gefühle hatten ihm immer einen Streich gespielt. Im Kopf hatte er sich alles so schön zurechtgelegt: Wie froh war er gewesen, als er nach seinem Abitur seinem muffigen Dorf – auch mit seiner verstaubten Moral – den Rücken zukehren konnte. Bald hatte er Karin kennengelernt, und da sie ähnlich dachte, hatten sie sich zusammengetan – mit der erklärten Absicht, nach dem Examen wieder getrennte Wege zu gehen. Allerdings war die Hilfe, auf die Karin in ihrem Brief anspielte, seinem

Geschmack nach doch ziemlich drastisch ausgefallen: mehrmals war sie über Nacht bei irgendeinem Freund geblieben. Nicht, daß das gegen ihre Abmachung verstoßen hätte – auch in dieser Hinsicht hatten sie sich keinen Zwang auferlegt, sondern sich volle Freiheit gelassen –; aber seine Gefühle hatten dagegen opponiert; er hatte seine allzu enge Erziehung doch nicht mit einemmal abstreifen können. Und auch jetzt, drei Monate nachdem sie ausgezogen war, spürte er noch, daß bei ihm Verstand und Gefühl keine Einheit bildeten. Er würde noch einiges an sich zu arbeiten haben, damit ihm solche ›Beziehungen‹ wenigstens in Zukunft nicht mehr so nahegehen.

2. Die traditionelle Auffassung in den Kirchen und in der Gesellschaft

WÜRDE STEFAN WIRKLICH GUT daran tun, wenn er dem Beispiel seiner früheren Freundin nacheiferte, der es gelungen zu sein scheint, in engen geschlechtlichen Beziehungen auch emotional nicht mehr zu sehen als eine mehr oder weniger lose Begegnung zweier Menschen? Spricht möglicherweise auch einiges zugunsten der Richtigkeit dessen, was er sein ›opponierendes Gefühl‹ nennt, und sollte er daher vielleicht nicht so sehr sein ›Gefühl‹ dem anzugleichen versuchen, was er sich zurechtgelegt hat, sondern gerade umgekehrt das, was er sich zurechtgelegt hat, aufgrund seines ›opponierenden Gefühls‹ noch einmal überprüfen?

Bis zur letzten Generation hat die Einschärfung sexualethischer Normen, so wie man sie verstand, sowohl innerhalb der Gesellschaft als auch innerhalb der Kirchen unverkennbar einen sehr breiten Raum eingenommen. Gibt es eine Erklärung für diese Tatsache? Der bloße Hinweis auf offene und versteckte sexualfeindliche Tendenzen vermag wohl manches, nicht aber alles zu erklären. Sachlich scheint die starke Hervorhebung der Sexualethik von zwei Überlegungen her gerechtfertigt gewesen zu sein: Wegen des Fehlens sicherer empfängnisverhütender Methoden ließen sich Geschlechtsverkehr und Zeugung nicht voneinander trennen. Zweitens – und dies scheint für uns heute noch weit mehr zu gelten als für vergangene Generationen – gibt es, aufs Ganze gesehen, wohl kaum einen Bereich menschlichen Verhaltens, in dem man sich so viel Gutes tun, zugleich aber auch so sehr verletzen kann wie gerade hier. Bezeichnend ist dafür schon die Tatsache, daß wir dasselbe Wort ›Liebe‹ gebrauchen, einmal um die sittliche Forderung insgesamt zu benennen (Doppelgebot der Gottes- und Nächsten*liebe*), dann aber auch, um einen besonderen Bereich sittlichen Verhaltens, nämlich den der geschlechtlichen Liebe, herauszuheben. Das sittliche Leben jedes einzelnen scheint also wesentlich auch etwas mit seinem geschlechtlichen Verhalten zu tun zu haben.

Gleichgültig, ob man in den bis zum Ersten Weltkrieg erschienenen Handbüchern philosophischer, katholischer oder protestantischer Ethiker nachschlägt, fast überall wird in bezug auf heterosexuelle Beziehungen dieselbe Ansicht vertreten: Ausnahmslos jeder nichteheliche Geschlechtsverkehr sei sittlich falsch. Dabei machte man kaum einen Unterschied zwischen geschlechtlichen Beziehungen in der Pubertät, solchen zwischen wechselnden Partnern, solchen in einer lockeren Beziehung auf Zeit und solchen zwischen verlobten und zur Ehe fest entschlossenen Paaren. Nein, gewöhnlich meinte man, gleichgültig wie die Umstände auch lägen, geschlechtliche Beziehungen außerhalb der Ehe seien immer falsch. Wie kam man zu einer solchen Einschätzung?

Es lohnt sich, einen Blick auf das gewöhnlich (auch) vorgetragene Argument zu werfen; denn erstens kann daran die Bedeutung des Wandels der Geltungsbedingungen deutlich werden, von denen eine sittliche Norm abhängt, und zweitens läßt sich diese Argumentation von einer anderen absetzen, die sich in charakteristischer Weise von ihr unterscheidet.

Dieses immer (auch) genannte traditionelle Argument geht von den zu erwartenden bzw. zu befürchtenden Folgen des nichtehelichen Geschlechtsverkehrs aus. Bis die ›Pille‹ auf den Markt kam, also bis vor etwa 20 Jahren, gab es keine sicheren empfängnisverhütenden Mittel. Außerdem wußte man bis 1930 nichts von den empfängnisfreien Tagen der Frau. Überhaupt waren die biologischen Kenntnisse über die mit der Empfängnis zusammenhängenden Sachverhalte in der Vergangenheit sehr bescheiden, z. B. wurde erst um 1830 die weibliche Eizelle entdeckt. Geschlechtsverkehr war also in der Regel mit dem Risiko einer möglichen Schwangerschaft verbunden. Zweifellos aber bedeutet die Geburt eines Kindes für eine alleinstehende Frau wie auch für ihr Kind gewöhnlich eine sehr schwere Belastung. Diese Belastung scheint in der Vergangenheit aufgrund der herrschenden sozialen Verhältnisse noch weitaus größer gewesen zu sein als heute. Man denke vor allem an die große wirtschaftliche Abhängigkeit der Frau, die in aller Regel keine Ausbildung und keinen Beruf hatte (erklärlich aufgrund des Übergewichts der ›Mutterpflichten‹ bei einer Kindersterblichkeit von über 60%; 1890 betrug allein die Säuglingssterblichkeit in Deutschland noch 24,2%). Um also Mutter und Kind vor einer solchen Hypothek zu bewahren, konnte man wohl mit Recht zu dem Urteil kommen, Geschlechtsverkehr sollte in aller Regel der dauerhaften und gesicherten Beziehung der Ehe vorbehalten sein.

Man argumentierte also von den schwerwiegenden negativen Folgen her, die sich bei nichtehelichen Beziehungen nicht ausschließen ließen. Die Weiterführung dieses Arguments ist uns ihrer Art nach bereits aus dem voraufgehenden Kapitel bekannt. Denn wie kam man dazu, aufgrund dieser Überlegungen auch die wirklich *ausnahmslose* Falschheit jeden nichtehelichen Geschlechtsverkehrs zu behaupten? Immerhin waren doch noch seltene Ausnahmen denkbar, in denen eine Empfängnis, auch nach den früheren biologischen Kenntnissen, definitiv ausgeschlossen war – etwa nach dem Klimakterium oder während einer schon bestehenden Schwangerschaft. Sollte man diese seltenen Fälle als Ausnahmesituationen betrachten? Nein, sagte man, und formulierte dann die Ausnahmslosigkeit als ein Gesetz zur Verhinderung einer allgemeinen Gefahr: Würde man irgendwelche seltenen Ausnahmen zugestehen, so wäre – bei der starken sexuellen Neigung des Menschen – zu erwarten, daß die Zahl der Ausnahmen immer weiter illegitim ausgedehnt würde. Lieber keine Ausnahmen als einen Dammbrucheffekt hinnehmen.

Diesen Überlegungen kam sicherlich großes Gewicht zu, solange ihre Ausgangsbedingung erfüllt war, daß es nämlich keine sicheren empfängnisverhütenden Methoden gab. Doch seitdem es sie gibt, ist dieser traditionellen Argumentation – selbst wenn man die mit ihnen manchmal verbundenen negativen Nebenfolgen mitberücksichtigt – die Grundlage entzogen.

Allerdings ist hier eine Präzisierung notwendig: Diesem Traditionsargument ist nur dann wirklich die Grundlage entzogen, wenn man die Anwendung solcher heute zur Verfügung stehenden sicheren künstlichen Methoden auch für sittlich legitim hält. Dies ist aber in der offiziellen katholischen Moralverkündigung bekanntlich nicht der Fall. Daher wird man es den Päpsten und den meisten Bischöfen nicht verdenken können, wenn sie sich weiterhin (u. a. auch) auf dieses überkommene Argument der nicht auszuschließenden Gefahr einer Schwangerschaft stützen.

3. *Die Behauptung der sittlichen Verwerflichkeit jeder direkten künstlichen Empfängnisverhütung (Sterilisation)*

Wegen der Besonderheit des zur Ablehnung jeder direkten künstlichen Empfängnisverhütung führenden ethischen Argumentationstyps, der auch in anderen Zusammenhängen eine große Rolle spielt (etwa bei dem Versuch, die Menschenrechte oder den Umweltschutz zu begründen), soll hier in einer Art von Exkurs auf ihn eingegangen werden. Diese Begründungsweise findet sich bereits bei den Stoikern, bei vielen Philosophen (u. a. bei Kant), in der katholischen und protestantischen theologischen Ethik. Angewandt auf die verschiedensten ethischen Probleme bedienen sich ihrer heute zahlreiche Verhaltensforscher, Pädagogen und Umweltschützer, ja, sogar die Werbung setzt sie mit großem Erfolg ein.

a) Das Argument: naturgemäß, darum sittlich richtig – naturwidrig, darum falsch

Wie verläuft nun diese Argumentationsweise? Dazu zunächst noch die genaue Frage: Wenn in der offiziellen Moralverkündigung der katholischen Kirche die Pflicht zur Geburtenregelung (zu verantworteter Elternschaft) ausdrücklich bejaht wird (was man vielfach übersieht), warum wird dann eine bestimmte Methode der Geburtenregelung, nämlich die künstliche, von Menschen erfundene – im Unterschied zur natürlichen – einfachhin abgelehnt? Um ein krasses Beispiel zu nennen: Angenommen, wegen einer Herzkrankheit wäre für eine Frau eine Empfängnis lebensgefährlich. Für diesen Fall würde auch die katholische Tradition sagen, eine wirksame Empfängnisverhütung sei Pflicht beider Ehegatten. Zu diesem Zweck empfiehlt sie aber nicht schlechthin den Verzicht auf den ehelichen Verkehr, sondern, wenn dies im konkreten Fall sicher genug sein sollte, die natürliche Methode nach Knaus-Ogino, also die Wahl der unfruchtbaren Tage des Zyklus. Was sie ablehnt, ist jede künstliche Methode, etwa die Pille oder die Sterilisation. Um die Frage noch etwas klarer zu machen: Angenommen, zwei Ehepaare befänden sich in genau der gleichen Situation, sie hätten beide bereits drei Kinder, und ein weiteres Kind wäre eine sehr große Belastung für die Familie. Beide Ehepaare entschlössen sich aus diesem Grund dazu, eine weitere Empfängnis zu vermeiden. In beiden Fällen würde dies auch erreicht, allerdings mit dem einen Unterschied, daß sich das eine Ehepaar auf empfängnisverhütende Mittel, etwa auf die Pille, verläßt, das andere sich dagegen nach der Methode von Knaus-Ogino richtet (von der größeren Unsicherheit dieser Methode sei hier abgesehen). In beiden Fällen sind also die Motive die gleichen, und auch der Erfolg ist der gleiche; der einzige Unterschied besteht in der Art und Weise, wie dieser Erfolg herbeigeführt wird, nämlich einmal durch eine künstliche und dann durch eine natürliche Methode. Angenommen auch, die künstliche Methode habe keinerlei gesundheitliche Nachteile für die Frau. Allein aufgrund dieser Unterschiedlichkeit in der Methode wäre nach offizieller katholischer Auffassung das Verhalten des einen Ehepaares zu billigen, das des anderen zu mißbilligen und zu verurteilen. Die Frage ist: warum?

Zur Erklärung dieses Unterschieds beruft sich die katholische Tradition auf die sogenannte ›Natur‹ oder die ›Zweckbestimmung‹ des Geschlechtsverkehrs. Wozu ist das Auge da? Zum Sehen. Wozu das Ohr? Zum Hören. Wozu dient der Geschlechtsverkehr? U. a. zur Zeugung neuen Lebens. Die ›Natur‹ des Auges ist also das Sehen, die des Ohres das Hören, die des Geschlechtsverkehrs die Zeugung. Wichtig ist hier, daß ›Natur‹ nicht im Sinne eines biologischen Tatbestands gefaßt wird, sondern im Sinne eines darin aufleuchtenden Sinnzusammenhangs (Unterschied: ›Das Auge ist so und nicht anders strukturiert, *so daß* man damit sieht.‹ – ›Das Auge ist so und nicht anders strukturiert, *damit* man damit sieht.‹) Allerdings verhält es sich beim Geschlechtsverkehr anders als etwa beim Ohr. Das Ohr hat nur *einen* Zweck, es dient – wenn man einmal vom Mittelohr als Gleichgewichtsorgan absieht – nur dem Hören. Der eheliche Verkehr aber hat einen mehrfachen Sinn, er dient auch dem Ausdruck gegenseitiger Liebe von Mann und Frau. Aufgrund dieser ›Doppelnatur‹ des ehelichen Verkehrs entsteht überhaupt erst das Problem: Dürfen Eheleute allein aus Liebe miteinander verkehren, ohne daß sie auch ein Kind bekommen möchten? Ja, sagt die katholische – im Unterschied zu einer sehr starken protestantischen – Tradition; denn auch der Sinn des Geschlechtsverkehrs als Ausdruck gegenseitiger Liebe ist menschlicher Geschlechtlichkeit von ›Natur‹ aus eigen.

Allerdings ist der eheliche Verkehr nicht in jedem Fall mit dem möglichen Zweck der Zeugung neuen Lebens verknüpft; z. B. ist dieser Zusammenhang von ›Natur‹ aus aufgehoben während der Schwangerschaft, nach dem Klimakterium und während der unfruchtbaren Tage des Zyklus. In diesen Zeiten ist aufgrund der ›Weisheit‹ der ›Natur‹ eine Zeugung unmöglich, nicht aber der

Ausdruck gegenseitiger Liebe. Weil nun die ›Natur‹ – und nicht der Mensch wie bei der künstlichen Empfängnisverhütung – für diese Zeiten den Zusammenhang zwischen Geschlechtsverkehr und Zeugung aufgehoben hat, dürfen sich auch die Eheleute diese Tatsache zunutze machen. Daher hält die katholische Tradition den ehelichen Verkehr nach dem Klimakterium, während der frühen Schwangerschaft und während der unfruchtbaren Tage für sinnvoll und richtig. Er ist naturgemäß und darum richtig. Für einen Theologen ist es selbstverständlich, daß Gott der Schöpfer der ›Natur‹ ist, daß also hinter der Weisheit oder Zweckbestimmtheit der ›Natur‹ Gott als ihr weiser Schöpfer steht. ›Natürlich‹ oder ›naturgemäß‹ wird dann gleichbedeutend mit ›schöpfungsgemäß‹.

Wenn nun dieser ›natürliche‹ Zusammenhang zwischen Geschlechtsverkehr und Zeugung ›künstlich‹, d. h. durch Maßnahmen des Menschen (etwa durch die Pille) aufgehoben wird, urteilt man anders: Hier sei nicht mehr durch die ›Natur‹ Gott am Werk, sondern durch ›natur‹- oder ›schöpfungswidrigen‹ Eingriff der Mensch. Weil gegen die von Gott in seiner Weisheit geschaffene ›Natur‹, weil ›natur-‹ oder ›schöpfungswidrig‹, sei ein solcher Eingriff immer falsch. Der Mensch versuche gleichsam, klüger zu sein als die in der ›Natur‹ aufleuchtende Weisheit Gottes; dies sei überheblich und darum sittlich verwerflich.

Kurz zusammengefaßt wird also folgendermaßen überlegt: Es geht um die Aufhebung des Zusammenhangs zwischen Geschlechtsverkehr und möglicher Zeugung. Diese Aufhebung kann einmal von ›Natur‹ aus, d. h. ›natur‹gemäß oder ›schöpfungs‹gemäß, geschehen, oder aber sie kann gegen die ›Natur‹, d. h. ›natur‹widrig oder künstlich gegen den Schöpfungsplan Gottes, herbeigeführt werden. Machen sich die Eheleute den Schöpfungsplan Gottes zunutze, dann handeln sie nach Auffassung der katholischen Tradition richtig; setzen sie ihn dagegen künstlich außer Kraft, handeln sie falsch.

Angenommen, diese Überlegungen wären richtig, dann führen sie notwendigerweise zu genau den Konsequenzen, die man traditionell daraus gezogen hat: Eine künstliche Empfängnisverhütung (oder eine Sterilisation) sei selbst dann sittlich anfechtbar, wenn eine weitere Empfängnis das Leben oder die Gesundheit der Frau gefährden würde, selbst dann, wenn zwar noch eine Empfängnis, nicht aber mehr die Geburt eines Kindes möglich wäre, selbst dann, wenn nur durch sie eine menschheitsbedrohende Übervölkerung der Erde verhindert werden könnte. Auch vom Verbot künstlicher empfängnisverhütender Mittel sagt die katholische Tradition, es gelte ohne Rücksicht auf noch so üble Folgen.

b) Die Widerlegung

Was ist von diesem Argument zu halten? Es ist eindeutig fehlerhaft. Wie es auch sonst in sittlichen und anderen Fragen vorkommt, hat man sich über Jahrhunderte hin geirrt. Läßt sich der Fehler auch nachweisen? Gewiß. Zunächst könnte man versuchen, dieses Argument auch für alle möglichen anderen Bereiche gelten zu lassen. In ihm scheint ja, wie gesagt, das ›Naturgemäße‹ oder das dem Menschen in der Schöpfung Vorgegebene zum sittlich Verbindlichen erklärt zu werden. Bei Anwendung dieses Prinzips ergäben sich aber die unsinnigsten Folgerungen: Von ›Natur‹ aus ist es bestimmten Bakterien in unserem Blinddarm eigen, eine Entzündung hervorzurufen, die unter Umständen zum Tod führt. Künstliches, vom Menschen ersonnenes Abwehrmittel ist die operative Entfernung des entzündeten Blinddarms; sie müßte als falsch erklärt werden. Von ›Natur‹ aus ist es Erzen, Öl und Kohle eigen, im Boden, vermengt mit anderem, zu lagern. Wir haben künstliche Mittel ersonnen, sie zu fördern und so umzuformen, daß sie unseren Zwecken dienstbar gemacht werden können. Auch in der Landwirtschaft dürften wir neben dem Naturdünger keinen Kunstdünger zur Ertragssteigerung verwenden. Überall greifen wir künstlich in den uns vorgegebenen Naturhaushalt ein. Würde das Argument in dieser Form stimmen, dürften wir dies nicht. Wir dürften die Naturgesetze nur erforschen, um uns ihnen einzufügen, nicht aber, um auch künstlich neue Mittel zu unserem Nutzen zu ersinnen.

Dagegen könnten die Befürworter dieses Arguments zu Recht einwenden, so wollten sie es keineswegs verstanden wissen. Sie hätten niemals behauptet, alles in der Natur Vorgegebene sei als solches schon für uns sittlich verbindlich, sondern sittlich bedeutsam sei für uns nur jenes, dessen *Sinn- und Zweckhaftigkeit* sich nachweisen lasse; außerdem würden sie nicht alle künstlichen Mittel als solche verwerfen, sondern nur jene, von denen sich zeigen lasse, daß sie vorgegebene Sinn- und Zweckzusammenhänge zerstörten. So sei etwa die Sinn- und Zweckhaftigkeit der biologisch-anthropologischen Zusammenhänge zwischen Geschlechtsverkehr und Zeugung sowie Ausdruck von Liebe durchaus klar, keineswegs aber die Sinnhaftigkeit des Zusammenhangs zwischen Blinddarmbakterien und Tod eines Menschen.

Dieser Einwand stellt eine durchaus zutreffende Erläuterung des Arguments dar. Denn in ihm wird ja nicht gesagt, alles, was die Natur bzw. der hinter ihr stehende Schöpferwille Gottes faktisch hervorgebracht habe, sei für uns sittliche Richtschnur, sondern nur jenes, was sie in ihrer bzw. was Gott in seiner Weisheit als für uns richtungweisend hervorgebracht habe. Doch mit dieser Erläuterung decken die Befürworter dieses ›Natur‹arguments die ihm eigene Fehlerhaftigkeit auf: es behauptet nur, beweist aber nichts. Daß der biologische Zusammenhang zwischen Blinddarmbakterien, -entzündung und Tod eines Menschen für uns nicht sittliche Richtschnur sein kann, ist uns klar. Wir wissen auch den Grund: Das Leben des Menschen hat Vorrang. Daß der biologisch-anthropologische Zusammenhang zwischen Geschlechtsverkehr und Zeugung sowie Ausdruck von Liebe gerade in der behaupteten Weise für uns Richtschnur sein soll, ist uns nicht klar. Wir wüßten gern den Grund. Doch auf diese Frage gibt uns das ›Natur‹argument keine Antwort; in ihm wird nur *behauptet*, daß es sich so und nicht anders verhalte, nicht aber gezeigt, weshalb gerade *diese* Sinndeutung der vorgegebenen faktischen Zusammenhänge richtig ist und jede andere falsch.

Offenbar ist es der Mensch selbst, der kraft seines eigenen Einsichtsvermögens zwischen Naturzusammenhängen unterscheidet, die nur im Sinne rein deskriptiv-biologischer oder sonstiger Naturgesetzlichkeit zu deuten sind, und anderen, die zugleich auch normativ im Sinne einer Wert-, Zweck- oder Sinnbestimmung interpretiert werden müssen. *Falls* seine Sinndeutung richtig ist, hat er auch die Weisheit der ›Natur‹ oder des hinter ihr stehenden Schöpfers, also das ›Natürliche‹ oder ›Naturgemäße‹ im definierten Sinn aufgedeckt. Er kann dann – wie bei der Deutung des sittlich Geforderten als Wille Gottes – aufgrund seiner Definition von ›naturgemäß‹ und ›natürlich‹ durchaus zu Recht sagen: *Weil* aus diesen oder jenen Gründen (logisch vorgängig) als richtig erwiesen, *darum* auch ›naturgemäß‹ oder ›natürlich‹. Er kann aber nicht zu Recht diesen Satz auch umkehren und sagen: Weil ›naturgemäß‹, darum sittlich richtig. Denn damit würde er nur äußern: weil sittlich richtig, darum sittlich richtig – und dies ist wahrhaftig kein Argument.

Angenommen, eine religiöse Gruppe behauptete, Rind-, Hammel- und Schweinefleisch dürfe man durchaus verzehren, niemals aber Pferdefleisch; denn der Verzehr von Pferdefleisch sei naturwidrig, hingegen der von Rind-, Hammel- und Schweinefleisch naturgemäß. Erhielten wir auf die Frage, warum es sich denn gerade so und nicht anders verhalte, zur Antwort: ›Kraft ihrer Weisheit habe nämlich die Natur nur Rinder, Hammel und Schweine zum Verzehr bestimmt, nicht aber auch die Pferde‹, so läge derselbe Fehl- und Zirkelschluß vor wie bei der hier diskutierten Argumentation.

Um der Klarheit willen sei das traditionelle Argument noch einmal in seiner formalen Abfolge dargestellt – welche auch seine Zirkelhaftigkeit deutlich macht:

1. a) Zur *›Natur‹* des Geschlechtsverkehrs gehört seine grundsätzliche Ausrichtung auf Zeugung hin (seine natürliche Eignung zur Weckung neuen Lebens).

Alle Folgesätze sind bloße Erläuterungen dieser Ausgangsthese (Explikationen dessen, was hier mit ›Natur‹ gemeint ist); daher müßten sie jeweils mit ›das bedeutet‹ angeschlossen werden. Satz (a) bedeutet also:

b) Zur *›Zweckbestimmung‹* des Geschlechtsverkehrs ...
c) Zu der *auf den Schöpfer zurückgehenden* Zweckbestimmung ...
d) Zu der *auf die Weisheit* des Schöpfers zurückgehenden Zweckbestimmung ...
e) Zu der *auf die sittlich verbindliche Ordnung* des Schöpfers zurückgehende Zweckbestimmung ...
f) Zu der *auf den sittlich gebietenden Willen* des Schöpfers zurückgehenden Zweckbestimmung ...

Was heißt dann ›natürliche‹ Empfängnisverhütung? Satz (2) erläutert in Abhängigkeit von Satz (1) die Bedeutung von ›natürlich‹:

2. ›Natürliche‹ Empfängnisverhütung ist (bedeutet) dann (wenn gute Gründe vorliegen)
a) naturgemäße,
b) zweckgemäße (zeugungsgemäße),
c) schöpfungsgemäße,
d) der Weisheit des Schöpfers gemäße,
e) der sittlich verbindlichen Ordnung gemäße,
f) dem sittlich gebietenden Willen Gottes gemäße,
d. h. sittlich richtige Empfängnisverhütung.

Satz (3) stellt dann den konträren Gegensatz zu Satz (2) dar, ist ebenfalls eine bloße Erläuterung:

3. Jede direkte ›künstliche‹ Empfängnisverhütung ist (bedeutet) dann

a) widernatürliche,
b) zweckwidrige (zeugungswidrige),
c) schöpfungswidrige,
d) der Weisheit des Schöpfers widersprechende,
e) der sittlich verbindlichen Ordnung des Schöpfers widersprechende,
f) dem sittlich gebietenden Willen Gottes widersprechende,
   d. h. mißbräuchliche und sittlich falsche Empfängnisverhütung.

Nur Satz (1a) ist synthetischer Art, d. h. seine Wahrheit – wenn er wahr sein sollte – ergibt sich nicht allein aus der Bedeutung der in ihm verwendeten Wörter. Alle Folgesätze ergeben sich analytisch aus Satz (1a). Falls Satz (1a) wahr ist, sind auch alle Folgesätze wahr; falls Satz (1a) falsch ist, sind auch alle Folgesätze falsch. Satz (1a) wäre zu beweisen, wird aber in den Folgesätzen nicht bewiesen, sondern nur erläutert.

Übrigens: Wenn sich der Verweis auf die ›Natur‹ in diesem Fall der behaupteten Sittenwidrigkeit der künstlichen Empfängnisverhütung eindeutig als ein Scheinargument erweist, dann ist er es auch in allen anderen Fällen. Ein Menschenrecht, eine Erziehungsmethode, eine Ernährungsweise, ein Hautpflegemittel, ein Verhalten usw. sind nicht schon deswegen besser, richtig oder empfehlenswert, weil man sie ›natürlich‹ nennt; die Behauptung, daß sie es sind, ist damit aufgestellt, nicht aber der Beweis dafür erbracht.

Wenn sich also in dieser Weise zeigen läßt, daß die traditionellen Überlegungen zur Empfängnisverhütung logisch fehlschlüssig sind, dann folgt daraus – jedenfalls solange kein anderes schlüssiges Argument an deren Stelle treten könnte, wofür es allerdings keine Anhaltspunkte gibt –, daß zwischen künstlicher und natürlicher Empfängnisverhütung an sich kein ethisch bedeutsamer Unterschied besteht. Das heißt: Wenn gute Gründe für eine Empfängnisverhütung sprechen – dies zu beurteilen ist Sache beider Partner –, dann ist nur zu überlegen, welche Art der Empfängnisverhütung für beide, aufs Ganze gesehen, die geeignetste oder die am wenigsten nachteilige ist. Dabei scheinen im wesentlichen folgende Gesichtspunkte eine Rolle zu spielen: 1. Die notwendige Sicherheit der Methode: Wenn eine Empfängnis aus gesundheitlichen Gründen auf jeden Fall vermieden werden muß, wäre die alleinige Anwendung der Methode Knaus-Ogino in der Regel zu unsicher. 2. Die notwendige Dauer: Wenn nach mehreren Kaiserschnitten eine Geburt nicht mehr möglich ist, also eine weitere Empfängnis auf Lebenszeit ausgeschlossen werden muß, wäre eine Sterilisation in der Regel wohl allen anderen Methoden vorzuziehen. 3. Gesundheitliche Nebenwirkungen: Nicht jede Frau verträgt die Pille gleich gut; die Partner hätten sich dann nach alternativen Methoden umzusehen. 4. Die Annehmbarkeit einer Methode von der emotionalen Seite beider Partner her: Die Einnahme der Pille über lange Zeit bedeutet für die Frau oft eine große psychische Belastung; auch ist die Anwendung des Kondoms für viele gefühlsmäßig kaum annehmbar. Ganz gewiß gibt es keine empfängnisverhütende Methode oder Kombination von Methoden, die keinerlei Nachteile mit sich brächte. Die Partner werden nach der für sie beide geeignetsten Ausschau halten müssen. Wichtig scheint hier nur noch die Bemerkung zu sein, daß Empfängnisverhütung, wo gute Gründe dafür sprechen, Aufgabe beider Partner ist, nicht einseitig nur die der Frau.

Es gibt also sehr gute Gründe für die Ansicht, der Unterschied zwischen natürlicher und künstlicher Empfängnisverhütung als solcher sei sittlich irrelevant. Wenn dies aber richtig sein sollte, dann ist dem Traditionsargument gegen jeglichen nichtehelichen Geschlechtsverkehr, das sich auf die nicht auszuschließende Möglichkeit einer unerwünschten Empfängnis stützt, weitgehend die Grundlage entzogen. Wie hätten nun unter dieser Voraussetzung einer sittlich legitimen sicheren Empfängnisverhütung die Überlegungen zur sittlichen Beurteilung geschlechtlicher Beziehungen auszusehen?

4. Zwei Gesichtspunkte für die sittliche Beurteilung geschlechtlicher Beziehungen

Neben das genannte sehr stark sozialethisch gefaßte Argument tritt besonders in den letzten Jahrzehnten eine völlig andersgeartete Begründungsweise, in der sich u. a. auch eine veränderte Sicht von Ehe oder quasi-ehelichen Beziehungen widerspiegelt. Man geht bei dieser Überlegung nicht mehr von den zu befürchtenden unerwünschten Folgen aus, sondern vom möglichen Ausdruckscharakter geschlechtlicher Beziehungen. Man sagt, seinem inneren Gehalt nach sei Geschlechtsverkehr nur sinnvoll als Ausdruck dauerhafter Zuneigung und Liebe, wie sie nur im Rahmen der Ehe in gesellschaftlicher Breite möglich sei. Geschlechtsverkehr ohne diese auf Dauer gewollte Liebe habe etwas Unehrliches an sich. In ihm werde etwas vorgetäuscht, was gar nicht vorhanden sei, nämlich eine innere Beziehung, die fehle; man setze ein Zeichen der Liebe, ohne wirklich zu lieben.

Um dieses Argument zu verstehen, scheint es zweckmäßig, zwei Probleme, die hier miteinander verquickt sind, klar auseinanderzuhalten. Die erste rein sexualethische Frage ließe sich etwa so formulieren: Kommt geschlechtlichen Beziehungen in sich eine besondere Qualität zu? Die darauf gegebene Antwort lautet: Ja, sie dienen nicht nur der Befriedigung sexueller Wünsche und der Weckung neuen Lebens, sondern sind in sich sinnvoll als Ausdruck gegenseitiger Zuneigung und Liebe, und zwar einer auf Lebenszeit gewollten Liebe. Die zweite Frage betrifft die Institutionalisierung einer solchen Beziehung in Form der Ehe; sie könnte etwa lauten: Fügt der äußere Eheabschluß solchen auf Dauer gewollten Beziehungen noch Wesentliches hinzu? Gibt es gute Gründe, die deren Institutionalisierung als wünschenswert erscheinen lassen? Die hierauf gegebene Antwort lautet: Ja, denn nur die Ehe als Institution macht auf lange Sicht solche dauerhaften Beziehungen in gesellschaftlicher Breite möglich. Die erste Frage ist also mehr individual-, die zweite mehr sozialethischer Art.

Je nachdem, welches Gewicht man den beiden Gesichtspunkten meint zusprechen zu sollen, ergeben sich unterschiedliche Handlungsanweisungen: Kommt man zu dem Urteil, der Ausdruckscharakter des Geschlechtsverkehrs sei nicht besonders hoch einzustufen, dann wird man in vielen Fällen auch außereheliche Beziehungen und Beziehungen mit wechselnden Partnern für richtig halten müssen. Veranschlagt man zwar den Ausdruckscharakter als sehr hoch, nicht aber die Bedeutsamkeit der Ehe als Institution, so wird man den Geschlechtsverkehr in der Regel allen dauerhaften Beziehungen vorbehalten, auch wenn sie nicht oder noch nicht zur Ehe geführt haben. Nur wenn man zugleich sowohl die Bedeutung des Ausdruckscharakters als auch die der Ehe als Institution sehr hoch einschätzt, gelangt man in die Nähe der traditionellen Schlußfolgerung, der Geschlechtsverkehr solle allein der Ehe vorbehalten sein.

Im folgenden sind also nacheinander zwei Fragen zu klären: Erstens: Wie steht es mit dem behaupteten Ausdruckscharakter geschlechtlicher Beziehungen? Zweitens: Welche Bedeutsamkeit kommt der Ehe als Institution zu? Bei der Behandlung des ersten

Problems wird folglich noch kein Unterschied zwischen Ehe und eheähnlichen Beziehungen gemacht.

5. Der Ausdruckscharakter geschlechtlicher Beziehungen

Dass wir in unserer Kultur geschlechtlichen Beziehungen gemeinhin einen besonderen Ausdruckscharakter zusprechen, läßt sich vielleicht an folgender Überlegung testen: Warum lehnen die meisten Prostitution ab oder halten sie allenfalls für eine sehr verkümmerte Form geschlechtlicher Beziehung? Allein von den Folgen her betrachtet, scheint man kaum etwas dagegen einwenden zu können. Die Zeugung eines Kindes kann völlig ausgeschlossen sein. Die Prostituierte verdient ihr Geld; ihr Besucher findet seine Befriedigung; niemand wird übervorteilt; beide gehen den Handel freiwillig ein; beide wissen und sind damit einverstanden, daß keine weiteren Beziehungen persönlicher Art daraus erwachsen. (Wir sehen hier ab von dem oft schweren Schicksal von Prostituierten, das sie auf diesen Weg gebracht hat, auch von dem Druck, dem sie etwa durch Zuhälter ausgesetzt sind usw. Unter ›Prostitution‹ verstehen wir hier nur Geschlechtsverkehr gegen Bezahlung.) Warum sollte Prostitution – nur so verstanden – falsch sein? Es fehlt hier, so scheint es, etwas Entscheidendes, nämlich gerade das, was beide wissen und womit beide einverstanden sind: Es fehlt jegliche Beziehung persönlicher Art, die wir auch nur im entferntesten als Liebe bezeichnen könnten. Wir meinen also – und das wohl in größter gesellschaftlicher Breite –, geschlechtliche Beziehungen sollten etwas mit Liebe zu tun haben, sie sollten integriert werden bzw. integriert sein in eine geistig-seelische Beziehung zwischen den beiden Partnern. Geschlechtsverkehr wird von uns im Sinne einer Ausdruckshandlung verstanden.

Bereits im voraufgehenden Kapitel wurde dieser zweite Aspekt menschlichen Handelns kurz gestreift. Für die sittliche Beurteilung geschlechtlicher Beziehungen ist er von ausschlaggebender Bedeutung – doch nicht nur für sie. Daher soll an dieser Stelle am Beispiel des Ausdruckscharakters des Geschlechtsverkehrs etwas ausführlicher auf diesen zweiten möglichen Aspekt menschlichen Handelns eingegangen werden.

a) Wirkhandlung und Ausdruckshandlung

Angenommen, wir würden jemanden bitten, eine Reihe von Handlungen spontan aufzuzählen. Wahrscheinlich würde er zunächst vornehmlich Beispiele der folgenden Art nennen: Laufen, Springen, Essen, Trinken, Schreiben, Rechnen, Schlachten, Sich-Mitteilen, ein Konzert besuchen usw. Damit hätte er Beispiele für jene Art von Handlungen aufgezählt, die sich uns am ehesten aufdrängt. Denn worin besteht der gewöhnliche Sinn solcher Verhaltensweisen? Offenbar darin, daß durch sie im weitesten Sinn irgend etwas in der Welt zum Guten oder zum Schlechten gewendet werden soll. Wer einem anderen eine Mitteilung macht, will erreichen, daß dieser nachher etwas weiß, von dem er vorher noch nichts wußte. Wer ein Tier schlachtet, will damit für seinen eigenen oder für anderer Leute Kochtopf sorgen. Wer in ein Konzert geht, sucht damit sich und seine Begleiter zu erfreuen. Wer ißt, möchte seinen Hunger stillen, wer trinkt, seinen Durst usw. In Handlungen dieser Art geht es hauptsächlich darum, bestimmte gute oder schlechte Wirkungen zu erzielen, und daher sollen sie als ›Wirkhandlungen‹ bezeichnet werden.

Hier sei sofort vor einem möglichen Mißverständnis gewarnt. Wirkhandlungen sind nicht immer nur Mittel zum Zweck. Wenn sich jemand ein Motorrad kauft und nicht gerade an Kaufwut leidet, dann ist selbstverständlich der Abschluß des Kaufgeschäfts ein bloßes Mittel, um in den Besitz des Motorrads zu gelangen. Wenn er sich dann aber mit seinem Motorrad auf eine Spazierfahrt begibt, dann ist diese Fahrt für ihn nicht mehr nur Mittel zu irgend etwas anderem (er will ja kein bestimmtes Ziel erreichen), sondern sie trägt ihren Sinn und Wert in sich selbst. Er freut sich daran, mit seinem Motorrad zu fahren. Es gibt also Wirkhandlungen, die bloßes Mittel zu einem Zweck sind, daneben aber auch solche, die in sich selbst die Verwirklichung von etwas Gutem oder Schlechtem darstellen.

Nebenbei bemerkt, scheint es höchst wichtig, daß wir bei möglichst vielen Handlungen, die zunächst bloße Mittel zu irgendwelchen Zwecken sind, auch dafür sorgen, daß wir an ihnen selbst Freude gewinnen. Ein Student, der sein Studium als bloßes Mittel zum Zweck der Berufsausbildung versteht und nicht am Studieren selbst seine Freude hat, wird wohl niemals sehr erfolgreich studieren können. Eine Hausfrau, die Kochen, Spülen, Waschen usw. nur als Mittel versteht, um die Familie durchzubringen, wird unter ihrer Last stöhnen. Könnte sie am Kochen und an ihren anderen Aufgaben Spaß gewinnen, würde es ihr leichter. Es scheint ein wichtiger Punkt für die Erziehung und Selbsterziehung zu sein, sich und andere dazu anzuleiten, an dem, was notwendig zu tun ist, auch als solchem Freude zu gewinnen. Dies, wie gesagt, nur als Nebenbemerkung.

Man stelle sich vor, unser Leben bestände in einer Abfolge ausschließlich solcher Wirkhandlungen. Vermutlich wäre es dann sehr, sehr arm. Unter dieser Voraussetzung müßten wir es beispielsweise für vollkommen richtig halten, daß der österreichische Kaiser Joseph II. in seinen Religionsdekreten in den Jahren um 1785 seinen Untertanen verboten hat, die Leichen ihrer Angehörigen in Särgen zu bestatten – das sei eine ungeheuerliche Holzverschwendung –, daß er dafür plädierte, die Leichen mit ungelöschtem Kalk zu bestreuen, um so den Verwesungsprozeß zu beschleunigen und die Friedhöfe möglichst klein halten zu können, oder daß er Hochämter, Grabansprachen usw. verbot, weil so die Menschen von der Arbeit abgehalten würden. Hoch vernünftig wäre dann auch der Vorschlag Moleschotts und Liebigs aus dem vorigen Jahrhundert, die Toten nicht mehr zu begraben, sondern zu verbrennen, um mit ihrer Asche dann die Heidegebiete Deutschlands wieder fruchtbar machen zu können. Oder man stelle sich ein jungverheiratetes Ehepaar vor: Nach einjähriger Ehe äußerte der Mann seine Liebe gegenüber seiner Frau, und sie würde ihm darauf antworten: ›Diese Mitteilung hast du mir im vergangenen Jahr wenigstens zweimal im Monat gemacht. Ich habe es allmählich verstanden – ich leide doch nicht an Gedächtnisschwund!‹

Die Pointe dieser Beispiele ist deutlich: Man mißversteht unser Verhalten gegenüber Verstorbenen, man mißversteht die Liebeserklärung als Wirkhandlungen. Doch worin liegt genau der Sinn solcher Verhaltensweisen? Warum erklären wir unsere Liebe, obwohl der andere längst darum weiß? Warum trägt man Blumen auf das Grab seiner Angehörigen? Warum betet jemand oder besucht Gottesdienste, obwohl er keineswegs mit Wundern rechnet? Warum setzt sich der Mann ans Bett seiner sterbenden Frau, obwohl diese aus ihrer Bewußtlosigkeit nicht mehr erwachen wird? Warum verbrannte sich Jan Pallach 1968 in Prag, obwohl er wußte, daß er mit seinem Protest nichts mehr ausrichten konnte? Der Grund ist darin zu sehen, daß wir in solchen Verhaltensweisen unsere inneren Einstellungen zum anderen, zu Gott oder zu irgendwelchen guten oder üblen Ereignissen zum Ausdruck bringen wollen. Wir sind mit unseren Handlungsmöglichkeiten eben noch nicht ans Ende gekommen, wenn sich nichts oder nichts mehr zum Guten oder Schlechten wenden läßt. Niemand kann für Gott etwas Gutes tun; aber er kann ihm seine Dankbarkeit zum Ausdruck bringen. Die Frau, die ihren Mann verloren hat, kann für ihn nichts mehr tun; aber in der Pflege seines Grabes manifestiert sich ihre über den Tod hinausreichende Liebe. Jan Pallach konnte gegen den Einmarsch der Armee des Warschauer Pakts nichts unternehmen; doch konnte er durch seine Selbstverbrennung noch seinen ohnmächtigen Protest zum Ausdruck bringen. Diese Beispiele mögen genügen, um zu zeigen, daß es eine Fülle von Handlungsmöglichkeiten gibt, die sich nicht als ›Wirkhandlungen‹ verstehen lassen, sondern als eigengeartete ›Ausdruckshandlungen‹ zu gelten haben.

Wer einmal bewußt darauf achtet, wird überrascht sein, wie oft er sich (auch) im Bereich der Ausdruckshandlungen bewegt. Wenn wir uns begrüßen, bringen wir zum Ausdruck, daß zwischen uns wenigstens ein Minimum an Gemeinsamkeit besteht. Wesentlich vom Ausdruckscharakter her bestimmt sind auch Lob und Tadel, Lachen und Weinen, Trösten und Trauern, Feiern und Protestieren. An diesen Beispielen wird auch deutlich, daß Ausdruckshandlungen nur selten rein für sich bestehen; oft zeitigen sie auch gute oder üble Wirkungen. So kann ein Lob für den anderen einen Ansporn bedeuten oder ein Protest zur Änderung bestehender Verhältnisse beitragen. Dennoch lassen sich Ausdrucks- und Wirkhandlung wenigstens idealtypisch, manchmal aber auch in der Realität, klar voneinander unterscheiden.

b) Kostspielige und überformte Ausdruckshandlungen

Ethische Probleme hinsichtlich der Ausdruckshandlungen scheinen sich in zweierlei Hinsicht zu ergeben. *Ein* Problembereich betrifft die sogenannten kostspieligen Ausdruckshandlungen. In sehr vielen Fällen gewinnen Handlungen gerade dadurch ihren Ausdruckswert, daß sie sehr viel kosten. Zur Erläuterung einige Beispiele: Janusz Korczak, der in Treblinka umgekommene Arzt und Pädagoge, wurde bereits erwähnt. Aus Solidarität mit den ihm anvertrauten, doch dem Tod geweihten Waisenkindern wies er die Möglichkeit, dem Warschauer Ghetto zu entkommen, zurück. Von dem am 23. Juni 1944 in Kopenhagen hingerichteten dänischen Widerstandskämpfer Christian Ulrik Hansen ist ein Abschiedsbrief an seine Freunde erhalten, in dem er auf die Gründe eingeht, weshalb er sich weigerte, einigen Kampfgefährten zu folgen, die sich, um ihn zu retten, als Maurer verkleidet ins Gefängnis eingeschmuggelt hatten: »Auf dem Schwert, das General von Döbeln vom Kronprinzen überreicht wurde, stand sein Motto: Pflicht, Ehre, Treue ... Auch ich habe meine Waffe mit diesem Motto rein und fleckenlos zu halten versucht – darum muß ich bleiben, Erward – ich war an meine Pflicht gegenüber den Menschen gebunden, die sich der gleichen Sache gewidmet hatten.« Aus Solidarität also mit seinen Kameraden, die nicht freikommen konnten, war er geblieben. Auch Marianne Collin hätte sich ihrer Hinrichtung am 8. Juli 1944 entziehen können. Sie war, als sie einen Transport jüdischer Kinder in die Schweiz begleitete, mit diesen in ein Konzentrationslager umgeleitet worden. Dort hatte sie das Anerbieten, sie ohne die Kinder freizulassen, abgelehnt. Schließlich soll hier noch Jochen Klepper erwähnt werden. Mit seiner jüdischen Frau und seiner jüdischen Stieftochter wählte er unmittelbar vor deren Deportation in ein Vernichtungslager aus Solidarität mit ihrem Schicksal den Tod.

Wenige werden diese Handlungsweisen für falsch erklären. Jeweils wird aus Solidarität mit dem unabwendbaren Geschick anderer der Tod in Kauf genommen. Die Hinnahme des eigenen Todes gewinnt gerade dadurch ihren Ausdruckswert, daß der Tod ein fundamentales Übel darstellt. Dies ist auch bei jedem Martyrium der Fall. Die Frage bei allen kostspieligen Ausdruckshandlungen lautet dann: Wie weit darf man mit der Inkaufnahme schlimmster Übel gehen?

Dieses Problem soll hier nicht weiter erörtert werden. Doch lassen sich wohl auch kostspielige Ausdruckshandlungen nur *bei* Berücksichtigung der Folgen rechtfertigen. Irgendwie muß noch zu sehen sein, daß die Kosten einer Handlung in einem angemessenen Verhältnis zu ihrem Ausdruckswert stehen. Daß wir in dieser Weise Kosten und Ausdruckswert gegeneinander abwägen, ist gar nicht so selten. Im voraufgehenden Kapitel haben wir selbst es bei der Problematik des Schwangerschaftsabbruchs getan (Verzicht auf die sittliche Relevanz der Unterscheidung zwischen Töten und Sterbenlassen für diesen Fall). Ganz ähnlich hält es auch die Bundesregierung, wenn sie sich sträubt, allzu scharf gegen Menschenrechtsverletzungen in manchen Staaten zu protestieren; sie denkt dabei an die Folgen, etwa daran, daß es ihr dann schwerlich gelingen würde, politisch Einfluß zu nehmen. Beispiele dieser Art ließen sich häufen.

Nun der zweite Problembereich der Ausdruckshandlungen. Es geht hierbei nicht mehr um die kostspieligen Ausdruckshandlungen, sondern um eine weitere Art, die ich ›überformte‹ Ausdruckshandlungen nennen möchte. Was ist damit gemeint? Gedacht ist hier an Beispiele wie Essen und Trinken, Sich-Kleiden und Geschlechtlich-miteinander-Verkehren. Es fällt auf, daß diesen Handlungsweisen von ›Natur aus‹ überhaupt keine Ausdrucksqualität zukommt. Sie dienen der Befriedigung ganz fundamentaler Bedürfnisse, und ihnen entspricht eine sehr starke Neigung. Man ißt und trinkt, um sich zu ernähren. Man braucht Kleidung, um sich vor den Unbilden der Witterung zu schützen. Der Geschlechtsverkehr dient der Befriedigung des Sexualtriebs und der Zeugung neuen Lebens. Doch kleiden wir uns nicht nur, um uns zu schützen; dann kämen wir mit Schafsfellen aus. Wir kleiden uns auch, um uns dadurch selbst darzustellen. Eine bestimmte Kleidung kann z. B. ein Statussymbol sein. Desgleichen essen und trinken wir nicht nur, um unseren Hunger und Durst zu stillen; wir tun es auch – meist in Gesellschaft –, um z. B. ein Fest zu feiern. Und wenn die bisherige Beurteilung des Geschlechtsverkehrs richtig sein sollte, dient er nicht nur der Befriedigung sexueller Wünsche, sondern wesentlich auch dem Ausdruck gegenseitiger Liebe. Demnach gewinnen solche zunächst ganz ›natürlichen‹ Verhaltensweisen sekundär einen völlig neuen Sinnbezug, sie sind kulturell umgeprägt, umgestaltet oder überformt.

Im Unterschied zu diesen ›überformten‹ Ausdruckshandlungen liegen den wirklich kostspieligen keine fundamentalen Bedürfnisse zugrunde; wir verspüren daher keinerlei Neigung, sie zu vollziehen. Ein Märtyrer, der sich zum Martyrium drängt, ist eine rare Erscheinung. Wir müssen uns zwingen, solche Handlungen auch gegen unsere stärksten Neigungen zu vollziehen. Ganz anders verhält es sich mit den überformten Ausdruckshandlungen. Sie kosten nichts, sondern in ihrem Vollzug wird einem gegeben. Da sie von ›Natur aus‹ der Befriedigung eines ursprünglichen Bedürfnisses dienen, drängt in uns alles auf sie hin. Das Problem für unser Wollen ist hier gerade umgekehrt: Damit solche Verhaltensweisen für uns überhaupt Ausdruckscharakter gewinnen können, müssen wir entgegen unserer Neigung in vielen Situationen auf sie verzichten. Sie kosten also auch etwas; aber ihr Preis liegt nicht in ihnen selbst, sondern außerhalb ihrer – in dem Verzicht, der sich aus der notwendigen Beschränkung ergibt. Ein Schlemmer ist nicht mehr in der Lage, ein Fest wirklich zu genießen. Wer sich mit jedem ins Bett legt, für den kann Geschlechtsverkehr kaum noch Ausdruck einer qualifizierten Liebe sein. Inflationen von Handlungen dieser Art zerstören ihren Ausdruckswert; sie scheinen diesen ihren Charakter gerade in dem

Maße zu gewinnen, wie man ihnen – entgegen seiner Neigung – eine gewisse Exklusivität verleiht.

Als sich der deutsche Offizier Josef Schulz am 20. Juli 1941 in Jugoslawien weigerte, 16 Geiseln zu erschießen und dafür den eigenen Tod (wegen Gehorsamsverweigerung) in Kauf nahm, brachte er gerade so seine persönliche Gewissensüberzeugung zum Ausdruck. Kostspielige Ausdruckshandlungen sind *selbst* das Echtheitskriterium für den Ernst der ihnen zugrundeliegenden persönlichen Einstellungen. Da sexuelle Ausdruckshandlungen in sich selbst nichts kosten, können sie als solche auch nicht Echtheitskriterium für Liebe sein. Ob zwei Partner miteinander schlafen, ist für sie in der Regel gewiß keine Probe auf ihre Liebe. Echtheitskriterium ist hier das, was sie füreinander tun oder zu tun bereit sind, allerdings auch das Maß der von ihnen gewollten Exklusivität ihrer Beziehung. Der Bewährungsfall ist immer dann gegeben, wenn wir zu fundamentalen Verzichten aufgerufen sind.

c) Die partnerschaftliche Konzeption des Verhältnisses zwischen Mann und Frau

Ich gehe also davon aus, daß wir faktisch in unserer Gesellschaft den geschlechtlichen Beziehungen in steigendem Maß einen Ausdruckswert zusprechen. Die Wurzeln für diese Auffassung reichen weit in unsere Geschichte zurück (monogame Ehestruktur), doch scheint sie erst seit der Zeit der Romantik mehr oder weniger allgemein akzeptiert und praktiziert zu sein. *Eine* Voraussetzung für diese Sichtweise ist wohl eine partnerschaftliche Konzeption des Verhältnisses zwischen Mann und Frau, die durch die sozialen Entwicklungen im vergangenen und in diesem Jahrhundert sehr stark gefördert wurde.

In allen hochentwickelten Kulturen, vor allem aber in der unsrigen, hat sich die soziale Reife immer weiter von der biologischen Reife entfernt, und zwar heute sowohl für den Mann als auch für die Frau. Bei uns beträgt der Abstand inzwischen 10–15 Jahre oder mehr. Er ist wesentlich bedingt durch die Gleichheit der Bildungschancen von Mann und Frau – und dies wiederum wurde in unserer Gesellschaft erst möglich, seitdem die Frau durch die Fortschritte der Medizin im vergangenen Jahrhundert sehr stark von ihren Mutterpflichten entlastet wurde. Soziale Reife bedeutet, daß der einzelne seine Persönlichkeit in einer solchen Weise entwickelt und entfaltet, daß er weder in den überkommenen Traditionen seiner Vorfahren weiterlebt und sich mit ihnen identifiziert (wie es etwa bei Naturvölkern der Fall ist) noch sich den Triebmächten seines eigenen Innern ausliefert, wodurch er wiederum sehr stark von außen her manipulierbar wird. Soziale Reife umfaßt also die Entwicklung eines eigenständigen Charakters oder einer eigenständigen Persönlichkeit, eines eigenen Ichs, das relativ frei ist sowohl gegenüber dem Druck überkommener Traditionen als auch gegenüber dem Druck unmittelbar drängender Triebwünsche in jeglicher Form. Das heißt dann auch: Soziale Reife bedeutet die Fähigkeit zu eigenständiger, aus freiem Entschluß entspringender Liebe (im Unterschied zur abhängigen Liebe eines Kindes oder eines Menschen, der sich weitgehend in die Traditionen seines Stammes integriert).

Diese Tatsache der weitgehenden Eigenständigkeit von Mann *und* Frau hat dazu geführt, daß Ehe und Familie, überhaupt die Beziehungen zwischen Mann und Frau, nicht mehr wie früher sehr stark von äußeren sozialen Regelmechanismen getragen werden (Auswahl der Ehepartner durch ihre Eltern, wirtschaftliche Abhängigkeiten, Eingebundensein in eine Großfamilie, Kontrolle durch die Dorfgemeinschaft), sondern weitgehend von der persönlichen Liebe beider Partner zueinander. Persönliche Liebe meint hier wesentlich den dauerhaften, aus freiem Entschluß entspringenden Willen zur Bindung. Und zwar umfaßt diese Bindung zugleich die folgenden Bereiche: Bindung zu einer Lebensgemeinschaft, zu einer Wirtschaftsgemeinschaft, zu einer Geschlechts- und Erziehungsgemeinschaft; darüber hinaus aber auch zu einer emotionalen Gemeinschaft in der Form einer dauerhaften Freundschaft. Gerade dieser Freundschaftscharakter macht das Partnerschaftliche im Verhältnis zwischen Mann und Frau aus. Freundschaft zwischen Mann und Frau war für Menschen vergangener Jahrhunderte kaum vorstellbar (vor allem wohl wegen des bestehenden Bildungsgefälles). Das Hinzutreten dieses letzten Faktors (emotionaler Gemeinschaft in Form einer Freundschaft) zu den Kennzeichen einer Ehe oder Quasi-Ehe scheint eine der bedeutendsten Errungenschaften unserer Kultur der letzten 150 Jahre zu sein.

Zusammenfassend heißt das: Ein Leitbild für eine geglückte Beziehung zwischen zwei erwachsenen Menschen ist in unserer Gesellschaft eine dauerhafte (auf Lebenszeit gewollte) Wirtschafts-, Lebens- und Erziehungsgemeinschaft, die weitgehend getragen wird von einer emotionalen Freundschaft, die sich im geschlechtlichen Verhalten zueinander ausdrückt.

Bisher wurde das in unserer Gesellschaft herrschende Leitbild der partnerschaftlichen Beziehung zwischen Mann und Frau, deren Fundament die emotionale Freundschaft ist, die sich im geschlechtlichen Verhalten zueinander ausdrückt, weitestgehend nur beschrieben und erläutert. Nun geht es um die ethische Wertung: Ist eine solche Partnerschaft tatsächlich ein erstrebens*wertes* Ziel, und zwar ein solches, das man nicht nur für sich persönlich akzeptiert, sondern auch für möglichst viele Glieder unserer Gesellschaft wünscht? Ich selbst würde diese Frage bejahen: Es wäre wünschenswert, wenn möglichst viele Menschen in einer solchen Beziehung ihr Glück oder eine Teilerfüllung ihrer irdischen Wünsche finden könnten. Gibt es auch gute Gründe dafür, diese Frage zu bejahen?

Einige wichtige sollen im folgenden genannt werden. Bei gelungener Realisierung scheint kein anderes Leitbild in demselben Maß geeignet zu sein, Mann, Frau und Kindern in gleicher Weise ein gutes und zufriedenstellendes Leben zu ermöglichen: Aufgrund der partnerschaftlichen Freundschaftsstruktur kommen Mann und Frau nach diesem Leitbild prinzipiell die gleichen Rechte und Pflichten zu; grundsätzlich herrscht in keiner Hinsicht ein Gefälle von Überlegenheit zu Unterlegenheit vor. Zweitens scheint nach dieser Konzeption sowohl für die leiblichen als auch mehr noch für die seelischen Grundbedürfnisse des Menschen Sorge getragen zu sein. Im Unterschied zur Vergangenheit gehört die Absicherung gegenüber Armut und Not allerdings nicht mehr zu den primären Aufgaben von Ehe und Familie; in dieser Hinsicht ist eine Entlastung durch die weit wirksameren sozialen Großinstitutionen wie Staat und Versicherungen eingetreten. Doch für all das, was sich nicht mit finanziellen Mitteln absichern läßt, können solche Großinstitutionen nicht sorgen. Keine noch so großen Geldsummen können einen Menschen vor seelischer Vereinsamung bewahren, vor allem nicht in Zeiten der Krankheit oder im Alter, wenn er von sich aus nicht oder nicht mehr aktiv sein kann. Doch auch für die Zeit des aktiven Lebens scheint zum glücklichen Leben wesentlich auch ein Bereich zu gehören, in dem man sich aufeinander verlassen, einander vertrauen, sich weitgehend so geben kann, wie man ist, ohne befürchten zu müssen, deswegen mehr oder weniger deutlich abgelehnt oder ausgestoßen zu werden. Ein emotional geprägtes Freundschaftsverhältnis umfaßt auch diesen Bereich. Damit ist schon ein dritter Punkt angedeutet. Man kann einem Menschen nur dann persönliche Geborgenheit bieten, wenn man zu seiner möglichen Zukunft steht, wenn er nicht befürchten muß, zu jedem Zeitpunkt fallengelassen zu werden. Gefühlsmäßige Zuneigung und Sympathie sind als solche bekanntlich recht schwankend, auf sie ist kein Verlaß; sie brauchen zu ihrer Stabilisierung den entschiedenen Willen auf Dauer, der einen befähigt, auch noch in Zeiten einer Gefühlskrise an einem Menschen festzuhalten. Genau diesen entschiedenen Willen auf Dauer (eine Form der Selbstbindung) schließt das hier zur Diskussion stehende Leitbild wesentlich mit ein. Und schließlich ein letzter Gesichtspunkt: Die Sorge für die nachfolgende Generation ist gewiß die wichtigste soziale Aufgabe der gegenwärtig lebenden. Für ein Kind scheint es aber von größter Wichtigkeit zu sein, daß es in einem relativ kleinen, überschaubaren und beständigen Kreis von Bezugspersonen aufwächst. Die hier beschriebene partnerschaftliche Konzeption des Verhältnisses zwischen Mann und Frau würde auch dieser Anforderung genügen. Der Schluß scheint also berechtigt, daß es sich bei einer solchen partnerschaftlichen, auf Lebenszeit intendierten Liebe (in Form einer emotionalen Freundschaft) um eines der wichtigsten und höchsten Lebensgüter überhaupt handelt.

Vermutlich werden viele dieser Bewertung zustimmen. Fraglich bliebe nur noch, ob solchen mehr oder weniger exklusiven Beziehungen auch ein eigener exklusiver Ausdrucksbereich, nämlich der des Geschlechtsverkehrs, vorbehalten bleiben sollte. Ein Beispiel mag die Richtung der Antwort andeuten: Vor zwei Jahrzehnten haben sich viele im Westen über den auffälligen Eifer der staatlichen Vertreter der DDR gewundert, mit dem sie auf die eigene Hymne, die eigene Fahne, die eigene Sportmannschaft usw. – in Abgrenzung zu den staatlichen Symbolen der Bundesrepublik – beharrt haben. Stritt man hier – auch aus der Sicht der DDR – nicht für Belanglosigkeiten? Wahrscheinlich nicht. Man wollte allmählich ein eigenes Staatsbewußtsein schaffen, meinte dies aber nur dadurch erreichen zu können, daß man dafür auch eigene exklusive Ausdrucksformen schuf. Solange wir Menschen leiblich-seelische Wesen sind, brauchen wir äußere leibliche Vollzugsweisen, in denen sich unser inneres seelisches Erleben manifestiert. Die äußere Form ist dabei keine bloße Zutat zum seelischen Empfinden, das auch ohne diese Zutat in voller Weise vorhanden sein könnte, sondern beide, leibliche und seelische Komponente bilden eine Einheit; beide leben miteinander und voneinander. Man kann sich zwar eine Liebesbeziehung zwischen Mann und Frau auch ohne alle äußeren Zeichen der Zuneigung vorstellen; dennoch hielten wir dies für eine sehr unvollkommene oder verkürzte Form der Liebe. Ausdrucksformen zwischenmenschlicher Liebe scheinen notwendig zu sein, damit es sie überhaupt geben kann; entsprechend scheinen auch exklusive Ausdrucksformen notwendig zu sein, damit exklusive Formen der Liebe möglich sind. Der geeignetste oder angemessenste Ausdruck exklusiver Zusammengehörigkeit kann aber sicherlich nicht die Umarmung oder der Kuß sein, sondern am ehesten der Geschlechtsverkehr. Sobald man also eine besondere exklusive partnerschaftliche Beziehung in der geschilderten Weise für wünschenswert hält, kann man wohl nicht anders als auch wünschen, ihr möge der Geschlechtsverkehr als eigene exklusive Begegnungsform generell vorbehalten bleiben. Viele Menschen in unserer Gesellschaft denken genau in dieser Weise; sie empfinden oder empfänden geschlechtliche Beziehungen ihres Partners mit anderen als einen schwerwiegenden Affront gegen ihr eigenes Verhältnis oder gar als dessen Zerstörung. Insgesamt scheint also dem Geschlechtsverkehr zu Recht ein sehr intensiver Ausdruckswert zuzukommen.

7. Die Bedeutung der Ehe als Institution

Alle bisherigen Überlegungen würden nicht nur für förmlich abgeschlossene Ehen gelten, sondern in gleicher Weise auch für alle eheähnlichen Verhältnisse (›Ehen ohne Trauschein‹) oder für Beziehungen zwischen Partnern, die zur Ehe entschlossen sind, aber noch nicht geheiratet haben. Denn in allen diesen Fällen sind die hier genannten persönlichen Voraussetzungen erfüllt: beide Partner haben sich ernsthaft auf Dauer füreinander entschieden, so daß von daher auch der geschlechtliche Ausdruck als angemessen erscheint. Welche Bedeutung kommt dann noch dem förmlichen Eheabschluß zu? Ist er nicht aus der Sicht derjenigen, die einmal füreinander entschieden sind und für ein Leben lang in guten und in bösen Tagen zueinander stehen wollen, völlig belanglos? Warum also förmliche Ehe, wenn auch ohne sie dieselbe intensive Beziehung gelebt werden kann?

Zunächst ist zuzugeben, daß unverkennbar dieselbe Beziehung gelebt werden kann, ob mit oder ohne förmlichen Eheabschluß. Viele empfinden die Ehe, insofern sie Institution ist, sogar als eine Belastung für ihr persönliches Verhältnis zueinander. Sie fürchten nicht ganz zu Unrecht die drohende Banalität eines Ehealltags. Die relative Stabilität und Sicherheit, die die Ehe der Beziehung von zwei Menschen verleihen soll, bringt die Gefahr mit sich, daß beide aufhören, sich immer wieder von neuem umeinander zu bemühen. Auch ist der soziale Druck, der von Verwandten und Freunden wie selbstverständlich auf ein verheiratetes Paar ausgeübt wird, für dieses selbst oft weniger eine Hilfe als eine ernste Belastung, insofern es sich dadurch unter Umständen bis in Kleinigkeiten hinein in die Schablone überkommener Ehevorstellungen gepreßt fühlt, die es bewußt oder unbewußt ablehnt. Schließlich schreckt manche auch der Vertragscharakter der Ehe, der sie an eine dingliche Eigentumsübertragung erinnert.

Bei diesen negativen Aspekten der Ehe scheint es sich allerdings um die mehr oder weniger unvermeidliche Kehrseite von etwas Positivem zu handeln. Der Sinn der Ehe kann wie der jeder Institution nur darin liegen, daß sie denjenigen, die sich in sie hineinstellen oder sich ihrer bedienen, dazu verhilft, ihre Aufgaben besser oder leichter zu erfüllen. Vermutlich wird die Bedeutung der Ehe als einer hilfreichen Institution deswegen häufig übersehen, weil man nicht wahrnimmt, daß sie im wesentlichen nichts anderes als die Zusammenfassung einer ganzen Reihe von Regelungen darstellt, die getroffen werden sollten, wenn man tatsächlich ernsthaft gewillt ist, Verantwortung füreinander zu übernehmen. Was müßte geschehen, wenn zwei Partner in der beschriebenen Weise ernsthaft entschlossen sind, für ihr Leben in guten und in bösen Tagen zueinander zu stehen? Sie müßten Regelungen treffen, etwa für den Fall des Todes, für den Fall, daß Kinder geboren werden, auch für den Fall des möglichen Scheiterns ihrer Beziehung. Diese Regelungen sollten selbstverständlich nicht nur für sie privat – selbst dann noch, wenn sie anderen Sinnes würden –, sondern auch nach außen hin für andere verbindlich sein. In einer sogenannten Ehe ohne Trauschein wäre demnach, wenn sie verantwortlich füreinander und für die Kinder gelebt würde, eine Vielzahl von festen vertraglichen Regelungen zu vereinbaren. Dies liefe aber mehr oder weniger auf genau das hinaus, was in Kurzform beim Eheabschluß geschieht. Zwischen der Ehe mit und der in dieser Weise verantworlich geführten Ehe ohne Trauschein bestünde kein großer Unterschied mehr. Beide unterschieden sich nicht darin, daß die eine institutionell gefaßt wäre, die andere dagegen nicht, sondern nur darin, daß die eine ausdrücklich, die andere dagegen nur unausdrücklich institutionell gelebt würde. Eine solche partnerschaftliche Beziehung ohne

Trauschein scheint ganz und gar der förmlichen Ehe nachgebildet zu sein.

Vielleicht übersehen viele auch, daß es ihnen weitestgehend nur deswegen möglich ist, ein dauerhaftes partnerschaftliches Verhältnis zu wollen und auch zu realisieren, weil sich diese Form des Zusammenlebens seit Jahrhunderten in unserer Gesellschaft allmählich herausgebildet hat und durch die Mitwirkung von Generationen vor uns institutionell abgesichert worden ist. Wären wir einige tausend Kilometer südlicher geboren und lebten wir z. B. in einem kongolesischen Stamm, dann wäre es uns gewiß unmöglich, eine partnerschaftliche Beziehung der beschriebenen Art überhaupt nur zu wünschen, geschweige denn zu realisieren. Daß uns diese Möglichkeit gegeben ist, ist also nicht unser persönliches Verdienst, sondern das Verdienst des kulturellen Bemühens von Generationen. Ist man nun der Überzeugung, es handle sich dabei wirklich um eine kulturelle Leistung, so ergibt sich ganz von selbst die Forderung, alles zu tun, was an einem selbst liegt, sie auch weiterhin zu stützen und an nachkommende Generationen zu vermitteln.

Was hier gemeint ist, mag ein einfaches Beispiel verdeutlichen: Angenommen, für die nächste Bundestagswahl hätte sich jemand für die SPD entschieden; weiter angenommen, die letzten Meinungsumfragen hätten einen so großen Vorsprung der SPD in der Wählergunst ergeben, daß eine absolute Mehrheit vollauf gesichert erschiene. Unter dieser Voraussetzung könnte er versucht sein, folgende Überlegung anzustellen: ›Auch ohne meine Stimme wird die SPD die Wahl haushoch gewinnen. Meine Stimme fällt also nicht ins Gewicht. Daher werde ich, statt zum Wahllokal zu gehen, mit meiner Familie einen Ausflug machen.‹ Warum wäre diese Überlegung falsch? Einfach deswegen, weil es sich bei einer Wahl um ein institutionelles Geschehen handelt. Wenn dieser Mann nämlich vom sittlichen Standpunkt aus urteilt, muß sein Urteil unparteiisch (unegoistisch) sein. Er müßte also folgende Überlegung anstellen: Was ergäbe sich, wenn *alle*, die gerne einen Ausflug machen würden, der Wahl fernblieben? Wahrscheinlich würden sehr viele Wahlberechtigte einen Ausflug dem Gang ins Wahllokal vorziehen. Wenn nun alle wie er diese Ausnahmeklausel für sich in Anspruch nähmen, so würde ganz gewiß die SPD nicht die Wahl gewinnen, aber bei entsprechender Überlegung der Wähler der CDU und der anderen Parteien auch diese nicht. Eine demokratische Wahl könnte gar nicht mehr stattfinden. Seine erste Überlegung klingt also nur deshalb auf den ersten Blick hin vernünftig, weil fast alle anderen die von ihm angeführte Ausnahmeklausel nicht akzeptieren; nur deshalb hätte sein Verhalten keine erheblichen negativen Folgen. Es wäre parasitär, d. h. er könnte nur deswegen ohne große Nachteile so handeln, weil fast alle anderen es nicht tun; mit anderen Worten: Auf Kosten der vielen würde er für sich selbst eine Ausnahme machen, ohne bereit zu sein, dies auch allen anderen zuzugestehen.

Angewandt auf die hier diskutierte Frage der ›Ehe ohne Trauschein‹ hieße das: Zur gesellschaftlichen Stützung der Institution der partnerschaftlich konzipierten Ehe gehört in der Regel u. a. auch, daß man sie ausdrücklich auch für sich selbst übernimmt. Wer es nicht tut, muß sich darüber im klaren sein, daß er damit auf Kosten derjenigen lebt, die es tun. In manchen Fällen können selbstverständlich gute Gründe vorliegen, weswegen man nicht heiratet – wie es auch gute Gründe geben kann, nicht zur Wahl zu gehen –, obwohl man genau das leben möchte, was in der Ehe vorgezeichnet ist. Ob der vorliegende Grund tatsächlich ein guter Grund ist, läßt sich an der Frage prüfen: Würde sich ein beträchtlicher, nicht zu vertretender Schaden für die Ehe als Institution (und damit für die Gesellschaft) ergeben, wenn *alle*, die *denselben* Grund vorzuweisen hätten, auf den äußeren Eheabschluß verzichteten?

Nicht jede Beanspruchung einer Ausnahme untergräbt die faktische Geltung einer legitimen Institution in schwerwiegender Weise. Wir sind uns beispielsweise alle darüber einig, daß man in der Regel seine Versprechen halten sollte. Das schließt aber nicht die Legitimität bestimmter Ausnahmen aus, in denen man berechtigt oder sogar verpflichtet ist, ein gegebenes Versprechen nicht zu halten. Ein Arzt, der seinem Freund einen vielleicht wichtigen Besuch versprochen hat, dürfte sein Versprechen nicht einhalten, wenn ihn ein Notruf erreichte. Wir urteilen so, weil wir sagen würden, es wäre, aufs Ganze gesehen, von Vorteil, wenn sich *alle* in ähnlichen Situationen genauso verhielten. Anderseits würden wir aber nicht der Ausnahmeregel zustimmen, man brauche ein Versprechen dann nicht zu halten, wenn man in derselben Zeit irgend etwas Nützlicheres tun könnte. Denn wenn *alle* diese Regel akzeptierten und demgemäß handelten, würde es sinnlos, überhaupt noch etwas zu versprechen. Der Sinn des Versprechens besteht darin, sich im vorhinein selbst für den Fall, daß einem anderes als angenehmer, nützlicher oder zweckmäßiger erschiene, auf ein bestimmtes Verhalten festzulegen. Darin besteht auch die Quintessenz des Eheversprechens: Es besagt nicht: Ich halte zu dir, bis sich etwas Besseres findet, sondern: Ich halte selbst dann noch zu dir, wenn sich etwas Besseres finden sollte.

Aufgrund der beiden genannten Gesichtspunkte (die öffentlich geschlossene Ehe als von der Gesellschaft angebotene Hilfe für die jeweiligen Partner und als deren Beitrag zur Stützung der Institution Ehe in der Gesellschaft) ergäbe sich dann als sittliche Richtschnur: Eine auf Lebenszeit gewollte partnerschaftliche Beziehung sollte *in der Regel* auch in der Form der förmlichen Ehe gelebt werden. Die Behauptung einer solchen Norm schließt selbstverständlich nicht aus, daß man einige Regeln oder Bestimmungen der überkommenen Institution Ehe möglicherweise für überholt und reformbedürftig hält. Doch die Ablehnung bestimmter Einzelregelungen schließt nicht die Ablehnung der Institution als solcher ein – ein häufig vorkommendes Mißverständnis.

8. Konkurrierende Gesichtspunkte

Die bisherigen Erörterungen haben zwei wichtige Kriterien für die sittliche Bewertung geschlechtlicher Beziehungen ergeben: einmal den Ausdruckscharakter des Geschlechtsverkehrs und dann die Bedeutung der Ehe als gesellschaftlicher Institution. Bei ausschließlicher Berücksichtigung nur dieser beiden Gesichtspunkte ergäbe sich als sittliche Handlungsanweisung die Norm, geschlechtliche Beziehungen sollten in aller Regel exklusiv der Ehe vorbehalten bleiben. Diese Folgerung ergibt sich – um noch einmal zusammenzufassen –, wenn man erstens eine auf Lebenszeit angelegte partnerschaftliche Beziehung zwischen Mann und Frau für wünschenswert hält, wenn man zweitens meint, der Geschlechtsverkehr sollte in diesen Intimbereich als sein intensivster Ausdruck exklusiv integriert sein, und wenn man drittens die institutionelle Fassung einer solchen Beziehung als sehr bedeutsam ansieht.

Diese beiden Gesichtspunkte wurden hier so ausführlich dargestellt, weil sie für jeden in unserer Gesellschaft gelten und weil sie allzuoft übersehen werden. Unverkennbar gibt es aber auch bisher nicht erwähnte gegenläufige Gesichtspunkte, die eine weitere Modifizierung des bislang formulierten Urteils als notwendig erscheinen lassen. Da sie weitestgehend ohne große Erläuterungen verständlich sind, sollen sie hier in Form einiger Fragen angefügt werden:

1. Wie ist das Verhalten von Menschen zu beurteilen, die in einer

Gesellschaft leben, in der die monogame und partnerschaftliche Eheform nicht institutionalisiert ist und in der geschlechtliche Beziehungen nicht in demselben Maß als Ausdruck gegenseitiger Liebe verstanden werden?

2. Wie ist das Verhalten von Menschen in unserer eigenen Gesellschaft zu beurteilen, die aus irgendwelchen Gründen die hier als wünschenswert beschriebene Beziehung nicht oder noch nicht leben können? Ist für sie die einzige sittlich legitime Alternative der Verzicht auf geschlechtliche Beziehungen überhaupt?
3. Wie ist zu urteilen, wenn man berücksichtigt, daß auch geschlechtliches Verhalten erlernt werden muß, daß einerseits starke Neigungen seiner Integration entgegenwirken, anderseits aber eine Integration einen Reifungs*prozeß* voraussetzt?
4. Wie ist zu urteilen, wenn man ferner berücksichtigt, daß das Lebensglück in einer Zweierbeziehung wesentlich davon abhängt, daß man sich sexuell versteht und einander kennenlernt?
5. Wie ist zu urteilen, wenn man bedenkt, daß sich häufig Menschen begegnen, die hinsichtlich sexualethischer Fragen unterschiedlicher Ansicht sind oder die auf unterschiedlicher Reifungsstufe, was die Integration der Sexualität betrifft, stehen?
6. Wie ist schließlich für den Fall mehr oder weniger schwerer psychischer Störungen zu urteilen?

Den in diesen Fragen angesprochenen, zum Leitbild in Konkurrenz stehenden Gesichtspunkten scheint man ein moralisches Gewicht nur dann absprechen zu können, wenn man an der traditionellen Auffassung, geschlechtliche Beziehungen seien nur in der Ehe sittlich legitim, als einer sittlichen Regel, die ohne Rücksicht auf die Folgen zu Recht Geltung beanspruchen könne, festhält. Hat man jedoch Bedenken, die beiden traditionell zugunsten einer solchen Position angeführten Überlegungen (Berufung auf die ›Weisheit‹ Gottes, der sich das sittliche Urteil für bestimmte Handlungssituationen vorbehalten habe; Berufung auf die ›Weisheit‹ der Natur, die dem Menschen in einigen Bereichen mit ihrer Zweck- und Zielbestimmtheit die sittliche Richtung vorgezeichnet habe) zu akzeptieren oder auf diese Frage anzuwenden, und meint man, diese Regel sei auch nicht mehr im Sinne eines Gesetzes zur Verhinderung einer allgemeinen Gefahr auszulegen, dann wird man auch solchen gegenläufigen Gesichtspunkten eine mehr oder weniger große Bedeutsamkeit einräumen müssen. Ihr jeweiliges Gewicht hängt gewiß zu sehr von den konkreten Umständen, von der persönlichen Einstellung und Einschätzung ab, als daß sich sehr ins einzelne gehende generelle Weisungen formulieren ließen. Vielfach scheinen nur Ermessensurteile der jeweiligen Partner für ihre Situation, die nur sie in ihrer Vielschichtigkeit überblicken können, möglich zu sein.

Trotz dieser Einschränkung scheint man wenigstens in bezug auf einige typische Lebenssituationen Handlungsorientierungen genereller Art formulieren zu können. Ein solcher Versuch soll – mit aller gebotenen Zurückhaltung – noch unternommen werden.

9. Das Leitbild in dichterischer Sprache

Das Ziel oder das anzustrebende und vielfach auch realisierbare Ideal läßt sich nach der hier vertretenen Auffassung jedenfalls klar benennen: die auf Lebenszeit ernsthaft gewollte partnerschaftliche Liebe, die sich spezifisch im geschlechtlichen Verhalten zueinander ausdrückt.

Was mit einer solchen Beziehung gemeint sein könnte, läßt sich in dichterischer Sprache sicherlich eindrücklicher sagen als in der exakten Sprache der wissenschaftlichen Ethik. Daher soll hier zunächst noch ein Text aus Antoine de Saint-Exupéry, Der kleine Prinz, folgen. Dieser Text dient nicht als weiteres Argumentationsmittel, sondern soll zumindest *einen* wichtigen Aspekt des anzustrebenden Leitbilds – nun eben in dichterischer Form – neu sagen:

Der kleine Prinz hatte in den vorausgegangenen Abschnitten des Buches bereits einiges von seiner Blume erzählt, die als einzige auf seinem Stern blüht. Er hatte sie sorgsam und mit viel Mühe aufgezogen und gepflegt. Er hielt sie für einzigartig in der Welt. Auf seiner Wanderung über die Erde trifft er nun auf einen großen Garten:

»Guten Tag«, sagte er.

Da war ein blühender Rosengarten.

»Guten Tag«, sagten die Rosen.

Der kleine Prinz sah sie an. Sie glichen alle seiner Blume.

»Wer seid ihr?« fragte er sie höchst erstaunt.

»Wir sind Rosen«, sagten die Rosen.

»Ach?« sagte der kleine Prinz ...

Und er fühlte sich sehr unglücklich. Seine Blume hatte ihm erzählt, daß sie auf der ganzen Welt einzig in ihrer Art sei. Und siehe! da waren fünftausend davon, alle gleich, in einem einzigen Garten! ...

Dann sagte er sich . . .: Ich glaubte, ich sei reich durch eine einzigartige Blume, und ich besitze nur eine gewöhnliche Rose. Sie und meine drei Vulkane, die mir bis ans Knie reichen und von denen einer vielleicht für immer erloschen ist, das macht aus mir keinen sehr großen Prinzen . . .

Und er warf sich ins Gras und weinte.

In diesem Augenblick erschien der Fuchs:

»Guten Tag«, sagte der Fuchs.

»Guten Tag«, antwortete höflich der kleine Prinz, der sich umdrehte, aber nichts sah.

»Ich bin da«, sagte die Stimme, »unter dem Apfelbaum . . .«

»Wer bist du?« sagte der kleine Prinz. »Du bist sehr hübsch . . .«

»Ich bin ein Fuchs«, sagte er Fuchs.

»Komm und spiel mit mir«, schlug ihm der kleine Prinz vor. »Ich bin so traurig . . .«

»Ich kann nicht mit dir spielen«, sagte der Fuchs. »Ich bin noch nicht gezähmt!«

»Ah, Verzeihung!« sagte der kleine Prinz.

Aber nach einiger Überlegung fügte er hinzu: »Was bedeutet das: ›zähmen‹?« . . .

»Das ist eine in Vergessenheit geratene Sache«, sagte der Fuchs. »Es bedeutet: sich ›vertraut machen‹.«

»Vertraut machen?«

»Gewiß«, sagte der Fuchs. »Du bist für mich noch nichts als ein kleiner Knabe, der hunderttausend kleinen Knaben völlig gleicht. Ich brauche dich nicht, und du brauchst mich ebensowenig. Ich bin für dich nur ein Fuchs, der hunderttausend Füchsen gleicht. Aber wenn du mich zähmst, werden wir einander brauchen. Du wirst für mich einzig sein in der Welt . . .«

»Ich beginne zu verstehen«, sagte der kleine Prinz. »Es gibt eine Blume . . . ich glaube, sie hat mich gezähmt . . .«

»Man kennt nur die Dinge, die man zähmt«, sagte der Fuchs. »Die Menschen haben keine Zeit mehr, irgend etwas kennenzulernen. Sie kaufen sich alles fertig in den Geschäften. Aber da es keine Kaufläden für Freunde gibt, haben die Leute keine Freunde mehr. Wenn du einen Freund willst, so zähme mich!«

»Was muß ich da tun?« sagte der kleine Prinz.

»Du mußt sehr geduldig sein«, antwortete der Fuchs. »Du setzt dich zuerst ein wenig abseits von mir ins Gras. Ich werde dich so verstohlen, so aus dem Augenwinkel anschauen, und du wirst nichts sagen. Die Sprache ist die Quelle der Mißverständnisse.

Aber jeden Tag wirst du dich ein bißchen näher setzen können . . .«

Am nächsten Morgen kam der kleine Prinz zurück.

»Es wäre besser gewesen, du wärst zur selben Stunde wiedergekommen«, sagte der Fuchs. »Wenn du zum Beispiel um vier Uhr nachmittags kommst, kann ich um drei Uhr anfangen, glücklich zu sein. Je mehr die Zeit vergeht, um so glücklicher werde ich mich fühlen. Um vier Uhr werde ich mich schon aufregen und beunruhigen; ich werde erfahren, wie teuer das Glück ist. Wenn du aber irgendwann kommst, kann ich nie wissen, wann mein Herz da sein soll . . . Es muß feste Bräuche geben . . .«

So machte denn der kleine Prinz den Fuchs mit sich vertraut . . .

Der kleine Prinz ging, die Rosen wiederzusehn:

»Ihr gleicht meiner Rose gar nicht, ihr seid noch nichts«, sagte er ihnen. »Niemand hat sich euch vertraut gemacht, und auch ihr habt euch niemandem vertraut gemacht. Ihr seid, wie mein Fuchs war. Der war nichts als ein Fuchs wie hunderttausend andere. Aber ich habe ihn zu meinem Freund gemacht, und jetzt ist er einzig in der Welt.«

Und die Rosen waren sehr beschämt.

»Ihr seid schön, aber ihr seid leer«, sagte er noch. »Man kann für euch nicht sterben. Gewiß, ein Irgendwer, der vorübergeht, könnte glauben, meine Rose ähnle euch. Aber in sich selbst ist sie wichtiger als ihr alle, da sie es ist, die ich begossen habe. Da sie es ist, die ich unter den Glassturz gestellt habe. Da sie es ist, die ich mit dem Wandschirm geschützt habe. Da sie es ist, deren Raupen ich getötet habe . . . Da sie es ist, die ich klagen oder rühmen gehört habe oder auch manchmal schweigen. Da es meine Rose ist.«

Und er kam zum Fuchs zurück:

»Adieu«, sagte er . . .

»Adieu«, sagte der Fuchs. »Hier mein Geheimnis. Es ist ganz einfach: Man sieht nur mit dem Herzen gut. Das Wesentliche ist für die Augen unsichtbar.«

»Das Wesentliche ist für die Augen unsichtbar«, wiederholte der kleine Prinz, um es sich zu merken.

»Die Zeit, die du für deine Rose verloren hast, sie macht deine Rose so wichtig.«

»Die Zeit, die ich für meine Rose verloren habe . . .«, sagte der kleine Prinz, um es sich zu merken.

»Die Menschen haben diese Wahrheit vergessen«, sagte der Fuchs. »Aber du darfst sie nicht vergessen. Du bist zeitlebens für das verantwortlich, was du dir vertraut gemacht hast. Du bist für deine Rose verantwortlich ...«

»Ich bin für meine Rose verantwortlich ...«, wiederholte der kleine Prinz, um es sich zu merken.

10. Sexualethische Handlungsnormen

Nun zu dem angekündigten Versuch, aus den angestellten Überlegungen einige konkreter formulierte Handlungsnormen abzuleiten.

Zunächst wird man auf die kaum zu überschätzende Bedeutung einer sogenannten ›Pubertätsaskese‹ hinweisen müssen, d. h. auf die Abstinenz von geschlechtlichen Beziehungen, bevor überhaupt so etwas wie eine dauerhafte partnerschaftliche Beziehung angestrebt und gelebt werden kann. Ganz sicher ist der langdauernde Verzicht auf geschlechtliche Beziehungen eine elementare Voraussetzung für die Persönlichkeitsentfaltung und für die beherrschte Einübung in ein erwachsenes, d. h. integriertes Sexualverhalten.

Wer dies bestreitet, müßte u. a. grundlegende Erkenntnisse der Psychoanalyse in Frage stellen. Zum Beleg hier eine Berufung auf die Autorität Sigmund Freuds, dem man gewiß keine Prüderie vorwerfen kann: Der Psychotherapeut steht oft vor dem Problem, einem erwachsenen neurotischen Menschen, also einem biologisch reifen, doch psychisch partiell kindlich gebliebenen Menschen, die Möglichkeit zur Nachreifung zu geben. Im Verlauf der Behandlung kommt es dann sehr häufig dazu, daß starke sexuelle Wünsche in dem betreffenden Patienten aufsteigen, die mit größter Heftigkeit (infolge des noch nicht wirklich gelebten Lebens) nach sofortiger Befriedigung verlangen, ähnlich wie der Sexualtrieb zu Beginn der Pubertät auf ein noch unentwickeltes Ich trifft. Nach Freud wäre es grundfalsch, diesem Drängen nach Befriedigung in seiner noch unreifen Form nachzugeben. Freud vergleicht ein solches Verhalten damit, daß jemand während eines Hunderennens ein Bündel Würstchen in die Rennbahn wirft. Die Hunde würden ganz gewiß das Rennen Rennen sein lassen. Demgemäß stellt er für die psychotherapeutische Behandlung die Abstinenzregel auf: Der Patient soll an seinen Triebwünschen arbeiten, ihre kindlichen, noch nicht integrierten Formen ablegen, sie zu einem möglichen Ausdruck einer reifen Bindung umgestalten, auch: sie sublimieren. Wie die Nachreifung des Neurotikers wesentlich am Triebverzicht hängt, so auch die normale Reifung des Jugendlichen. Wegen der Bedeutung des Verzichts für die Persönlichkeitsreifung und vom Leitbild einer dauerhaften partnerschaftlichen Bindung her scheint man demnach eindeutig zugunsten einer äußersten Zurückhaltung gegenüber geschlechtlichen Beziehungen im jugendlichen Alter plädieren zu können (nach einem Vortrag von E. Drewermann).

Im folgenden geht es dann um die Beurteilung geschlechtlicher Beziehungen von sozial reifen Menschen, also von Erwachsenen:

Außereheliche Beziehungen und solche außerhalb einer gelebten dauerhaften Partnerschaft (Quasi-Ehe) widersprechen nicht nur fundamental dem Leitbild solcher Partnerschaften, sondern auch den berechtigten Hoffnungen und dem gewährten Vertrauen eines bestimmten Menschen. Der Verzicht ist hier um des Partners willen gefordert. Legitime Ausnahmen scheinen nur in äußerst seltenen schwierigsten Konfliktsituationen denkbar zu sein.

Geschlechtsverkehr zwischen wechselnden Partnern, die um die Kurzfristigkeit ihrer Beziehung wissen und damit einverstanden sind, die also die Entwicklung auf eine dauerhafte Liebe hin von vornherein ausschließen, widersprechen offenbar dem hier dargestellten Leitbild einer auf Lebenszeit intendierten Partnerschaft. Der sittliche Mangel liegt hier primär nicht in der Aufnahme geschlechtlicher Beziehungen, sondern in der zugrundeliegenden Haltung, daß eine dauerhafte Bindung von vornherein ausgeschlossen wird.

Von dem genannten Leitbild her scheint weiterhin auch der Verzicht auf geschlechtliche Beziehungen dann sinnvoll zu sein, wenn sich zwischen zwei Partnern noch keine auf Dauer angelegte Liebe entwickeln konnte, obwohl ihre Beziehung dafür offen ist. Liebe als persönliches Ja zum andern fällt ganz gewiß nicht vom Himmel, sondern braucht Zeit, sich zu entwickeln. Eine Liebe auf den ersten Blick ist eine psychische Unmöglichkeit; möglich ist wohl nur ein Verliebtsein auf den ersten Blick. Ernsthaft und dauerhaft kann man mit einem anderen Menschen nur verbunden sein wollen, wenn man sich ihm in vielen Dimensionen ›vertraut‹ gemacht hat und, umgekehrt, auch er dies bereits tun konnte. Dazu braucht es Zeit. Zu diesen Dimensionen gehört auch die geschlechtliche Seite. Doch ist zu bedenken, daß die Ausdrucksmöglichkeit für Zuneigung und Liebe in geschlechtlicher Hinsicht viele Stufen aufweist, angefangen von der Zärtlichkeit bis zum Geschlechtsverkehr im vollen Sinn. Ein Überspringen dieser Stufen scheint in der Regel eine Verarmung zu bedeuten. Im Vergleich zu den bereits genannten drei Beziehungssituationen mögen hier legitime Ausnahmen häufiger sein.

Schwieriger fällt es, in den beiden folgenden Situationen zu einem generellen Urteil zu gelangen. Es handelt sich dabei um die Frage nach der sittlichen Beurteilung des vorehelichen Geschlechtsverkehrs im eigentlichen Sinn, d. h. geschlechtlicher Beziehungen vor dem öffentlichen Eheabschluß, wenn also der Entschluß zu einer dauerhaften Bindung bei beiden Partnern bereits gefallen ist. Der Grund, weswegen die Partner bisher nicht geheiratet haben, könnte einmal darin gelegen sein, daß sie ihre Beziehung noch eine Zeitlang überprüfen möchten, oder auch darin, daß Bedenken anderer Art gegen die Institutionalisierung ihrer Beziehung in der Form der Ehe bestehen. Im zweiten Fall handelte es sich nicht mehr um eine sexualethische Frage im eigentlichen Sinn, sondern hier wäre ausschließlich all das zu bedenken, was über die Bedeutung der Ehe als Institution gesagt wurde. Hingegen bezöge sich die sexualethische Fragestellung durchaus noch auf den ersten Fall: Persönliche Beziehungen sind sehr vielschichtig und verwickelt. Sexuelle Zurückhaltung, die im einen Fall gut sein kann, mag im anderen falsch sein. Heute scheinen mehr Beziehungen daran zu scheitern, daß man zu früh und ohne zureichendes persönliches Fundament zum Geschlechtsverkehr übergeht. Früher scheinen mehr Beziehungen daran gescheitert zu sein, daß man zu spät, punktuell mit dem Eheabschluß, und unvermittelt geschlechtliche Beziehungen aufgenommen hat. Beide Verhaltensweisen können in gleicher Weise zu einem unbefriedigenden geschlechtlichen Zusammenleben führen – und jeder weiß, wie zerstörend sich dies für eine Beziehung auswirken kann. Deswegen ist in dieser Frage ein klares sittliches Urteil genereller Art kaum möglich.

11. Die Unterschiede im Gewicht falschen Verhaltens sowie im physischen oder psychischen Können

Gerade, doch keineswegs nur in Hinblick auf die sittliche Beurteilung sexuellen Verhaltens scheinen noch zwei Anmerkungen wichtig. Die erste betrifft das mögliche unterschiedliche Gewicht sittlich falschen Verhaltens, die zweite das unterschiedliche physische oder psychische Können ein und desselben Menschen in unterschiedlichen Situationen bzw. verschiedener Menschen in derselben Situation.

Bezeichnet man ein Verhalten als ›falsch‹, so heißt dies, es sei ›nicht richtig‹. Die Unterscheidung ›richtig – falsch‹ stellt also eine vollständige Disjunktion dar wie etwa auch die zwischen ›wahr‹ und ›falsch‹ oder zwischen ›Frau‹ und ›Nicht-Frau‹. Die Behauptung, die Kaiserkrönung Karls d. Gr. habe im Jahr 800 stattgefunden, ist wahr; jede davon abweichende Datierung wäre falsch. Allerdings würde sich derjenige, der meinte, sie habe im Jahr 801 stattgefunden, der Wahrheit beträchtlich mehr nähern als jemand, der sie ins 19. Jh. verlegen würde. Auch steht ein Mann der Frau bei weitem näher als ein Stein, obgleich sowohl der Mann als auch der Stein zu den ›Nicht-Frauen‹ zu zählen sind. Ähnlich verhält es sich auch bei der Unterscheidung zwischen sittlich richtigem und falschem Verhalten. In jeder Situation ist immer nur eine einzige Handlungsweise die richtige, alle anderen sind falsch. Doch kann das Gewicht ihrer Falschheit beträchtliche Unterschiede aufweisen: Hitler, der für den Tod von Millionen von Juden verantwortlich ist, hat zweifellos falsch gehandelt, ebenso aber auch ein Mitläufer, der einen Juden nur deswegen, weil er Jude war, angeschrieen oder sonstwie beleidigt hat. Das Verhalten des Mitläufers war übel, das Handeln Hitlers bei weitem übler. Es bedarf wohl keiner weiteren Erläuterung, um deutlich zu machen, daß dieser Gesichtspunkt des unterschiedlichen Gewichts von gleicherweise als falsch zu qualifizierenden Verhaltensweisen gerade auch in der Sexualmoral von großer Bedeutung ist: Viele Verhaltensweisen sind gleicherweise falsch, aber nicht in gleicher Weise übel.

Zweitens ist gerade auch im sexualethischen Fragebereich zu beachten, daß nicht jeder in jeder Lebenssituation dasselbe leisten kann. Bei der sittlichen Beurteilung menschlichen Verhaltens fragen wir gewöhnlich ganz selbstverständlich zunächst danach, wozu jemand überhaupt fähig ist: Wenn ein Arzt einem Schwerverletzten keine ärztliche Nothilfe leistet, werfen wir ihm das zu Recht vor; denn von seiner Ausbildung her könnte er das hier und jetzt Erforderliche tun. Einem medizinischen Laien würden wir einen solchen Vorwurf nicht machen; denn von ihm erwarten wir nicht, daß er eine ärztliche Notversorgung vornehmen kann. Gegenstand einer sittlichen Forderung kann immer nur das sein, wozu jemand auch in der Lage ist. Würde jemand ernsthaft sagen: ›Du bist unbedingt dazu verpflichtet, dieses oder jenes zu tun, aber ich weiß, du *kannst* es überhaupt nicht‹ oder konkret: ›Es ist deine unbedingte Pflicht und Schuldigkeit, diesem Schwerverletzten durch eine sofortige Bauchoperation das Leben zu retten, aber ich weiß, du bist kein Arzt und daher dazu gar nicht in der Lage‹, so wäre uns ohne weiteres klar, daß derjenige, der so redete, Unsinniges forderte. Auf eine Kurzformel gebracht, heißt das: Sittliches Sollen setzt ein entsprechendes Können voraus.

Nicht in allen Lebenssituationen liegt das, was jemand kann bzw. nicht kann, so klar auf der Hand wie in unserem Beispiel. Gerade auch dann, wenn es um die Beurteilung psychischen Könnens geht, bewegt man sich häufig in einer Grauzone. Daß dies auch für sexuelles Verhalten zutrifft, ist offensichtlich. Oft läßt sich im vorhinein nicht eindeutig sagen, wozu man selbst oder wozu ein anderer psychisch in der Lage ist und wozu nicht. Erst der ernsthafte Versuch und das stetige Bemühen können hier weiteren Aufschluß bringen.

Diese Tatsache ist in den traditionellen Ausführungen zur Ethik immer berücksichtigt worden. Man empfiehlt dort zu Recht, nüchtern die eigenen Kräfte einzuschätzen und wegen drohender Überforderung die Situation nächster Versuchung zu sittlichem Fehlverhalten nach Möglichkeit zu meiden. In einer der Vater-unser-Bitten heißt es entsprechend: »Und führe uns nicht in Versuchung.« Für die eigene seelische Hygiene scheint die Beachtung dieser Regel von kaum zu überschätzender Bedeutung zu sein.

12. Folgerungen für die Entwicklung einer allgemeinen ethischen Normierungstheorie

Zunächst ist festzuhalten, daß sich auch eine zweite Argumentationsweise, nach der etwas richtig sein soll ohne Rücksicht auf noch so üble Folgen, als falsch erwiesen hat: Das hinsichtlich der direkten künstlichen Empfängnisverhütung (Sterilisation) verwendete Argument, etwas sei sittlich richtig, weil naturgemäß, bzw. falsch, weil naturwidrig, hat sich (nicht nur für diesen Problembereich) als eindeutig fehlschlüssig nachweisen lassen.

Zweitens hat sich gezeigt, daß für die sittliche Beurteilung bestimmter Verhaltensweisen nicht nur die guten und schlechten Folgen, sondern auch die positive bzw. negative Ausdrucksqualität dieser Handlungen eine wesentliche Rolle spielt.

Drittens scheint bei zahlreichen Handlungen berücksichtigt werden zu müssen, daß sie innerhalb eines institutionellen Kontextes vollzogen werden: Die sittliche Grundfrage lautet nämlich nicht: ›Was soll *ich* tun, um das Wohl aller auf bestmögliche Weise zu fördern?‹, sondern: ›Was sollen wir *alle* tun, um dies zu erreichen, und welchen Beitrag habe ich im Kontext des Handelns aller anderen zu leisten?‹

Schließlich hat sich am Ende noch gezeigt, daß nur eine solche Verhaltensweise sittlich gefordert sein kann, die demjenigen, der vor der Handlungswahl steht, auch möglich ist.

IV. Menschenwürde und Menschenrechte: Berufung auf sie – Appell oder Argumentation?

1. *Beispieltext*

Georgios Mangakis, Brief an die Europäer, aus: Amnesty International, Bericht über die Folter, Frankfurt/M. 1975, 26:

Ich habe das Schicksal des Opfers erfahren. Ich habe das Gesicht des Folterers aus der Nähe gesehen. Es war in einem schlimmeren Zustand als mein eigenes blutiges, aschfahles Gesicht. Das Gesicht des Folterers war von einer Art Zucken entstellt, das nichts Menschliches mehr an sich hatte. Er war in einem solchen Zustand der Spannung, daß er einen Ausdruck hatte ähnlich jenem, den wir an chinesischen Masken sehen; ich übertreibe nicht. Es ist nicht so einfach, Menschen zu foltern. Es erfordert innere Beteiligung. In dieser Situation war ich der Glücklichere. Ich wurde erniedrigt. Ich erniedrigte nicht andere. Ich trug nur eine zutiefst unglückliche Menschlichkeit in meinen schmerzenden Eingeweiden, während die Männer, die andere erniedrigen, zuerst den Begriff der Menschlichkeit in sich selbst erniedrigen müssen. Es hat nichts zu bedeuten, wenn sie in ihren Uniformen herumstolzieren, geschwellt von dem Bewußtsein, daß sie die Leiden, die Schlaflosigkeit, den Hunger und die Verzweiflung ihrer Mitmenschen kontrollieren können, vergiftet durch die Macht in ihren Händen. Ihre Vergiftung ist nichts anderes als die Erniedrigung ihrer Menschlichkeit. Die äußerste Erniedrigung. Sie haben teuer bezahlen müssen für meine Qualen. Nicht ich war in der schlimmsten Lage. Ich war nur ein Mensch, der stöhnte, weil er Schmerzen hatte. Ich ziehe das vor. In diesem Augenblick bin ich des Vergnügens beraubt, sehen zu können, wie Kinder zur Schule gehen oder im Park spielen. Sie hingegen müssen ihren eigenen Kindern ins Gesicht sehen.

2. *›Menschenrecht‹ und ›Menschenwürde‹*

Der Folterer verletzt primär nicht die Menschenwürde (Menschlichkeit) des Gefolterten, sondern seine eigene – das ist die auf den ersten Blick sehr überraschende Aussage dieses Berichts. Auf diese für unsere Ohren seltsam klingende Behauptung eines Gefolterten wird später noch ausführlicher einzugehen sein. Doch zunächst muß noch das Feld für eine fruchtbare Diskussion bestellt werden.

Ich möchte mit einer persönlichen Bemerkung beginnen: Seit mehr als 10 Jahren befasse ich mich fast ausschließlich mit ethischen und moraltheologischen Fragen; dennoch habe ich mich in dieser Zeit bisher nicht veranlaßt gesehen, ausdrücklich über die Menschenrechte nachzudenken. Das ist verwunderlich, hat auch mich selbst zunächst verwundert – angesichts der Tatsache, daß in der Öffentlichkeit die Menschenrechte vor allem seit dem Ende des Zweiten Weltkriegs heftig diskutiert werden. Ich habe nun versucht, mir nachträglich Klarheit darüber zu verschaffen, worin vielleicht die Gründe dafür liegen könnten, daß man offenbar Ethik und Moraltheologie betreiben kann, ohne ausdrücklich das Wort ›Menschenrecht‹ zu verwenden. Einiges von diesen Überlegungen soll nun folgen.

Die Ausgangsfrage lautet also: Wie läßt es sich erklären, daß man in Vergangenheit und Gegenwart alle wesentlichen inhaltlichen ethischen Fragen diskutieren konnte und kann, ohne auf das Wort ›Menschenrecht‹ zurückgreifen zu müssen? Es ist möglich, daß man die Sache der Menschenrechte immer schon erörtert hat, ohne jedoch in der Diskussion das Wort ›Menschenrecht‹ zu gebrauchen.

a) ›Menschenrecht‹

Was meinen wir, wenn wir von ›Menschenrechten‹ sprechen? In sehr vielen Zusammenhängen reden wir ganz selbstverständlich davon, daß jemand ein Recht auf etwas hat. Beispielsweise habe ich dem Verlagslektor versprochen, das fertige Manuskript dieses Buches bis zum Herbst 1981 abzuliefern. Der Lektor verläßt sich darauf, daß ich mich entsprechend verhalte, und meint sogar, er habe ein Anrecht auf die Fertigstellung, es sei meine Pflicht und Schuldigkeit, alles daranzusetzen, um der eingegangenen Verpflichtung zu genügen. Oder: Viele Schüler und Studenten erwarten für die Zeit ihrer Ausbildung eine finanzielle Unterstützung von ihren Eltern. Sie meinen, sie hätten einen Anspruch darauf, und es sei Pflicht der Eltern, diesem Anspruch nachzukommen. Und ein letztes Beispiel: Ein Schüler hat u. a. das Recht, die Schulbibliothek zu benutzen. Er hat einen Anspruch auf Benutzung, und diesem Anspruch entspricht auf seiten der zuständigen Lehrer die Pflicht, ihn erstens nicht an der Benutzung zu hindern und ihm zweitens dabei noch behilflich zu sein. Anhand dieser Beispiele läßt sich eine allgemeine Definition versuchen: Wenn jemand ein Recht hat, so hat er eine Befugnis oder einen Anspruch, dem auf seiten irgendwelcher anderen immer eine Pflicht entspricht, nämlich die negative, ihn in seiner Befugnis nicht zu hindern, und/oder die positive, seinen Anspruch zu befriedigen.

Veranschaulicht am fundamentalsten Menschenrecht, dem Recht auf Leben und auf körperliche Unversehrtheit, heißt das: Jeder Mensch hat einen Anspruch auf Leben. Dies besagt, als Pflicht formuliert, erstens generell: Jeder hat die negative Pflicht, alle anderen leben zu lassen, sie also nicht zu töten (sonst wird ihm moralisch und rechtlich z. B. Mord vorgeworfen). Zweitens besagt dies spezifisch: Jeder, der in einer konkreten Situation Leben erhalten kann, hat die positive Pflicht, es auch zu tun (sonst wirft man ihm moralisch und rechtlich z. B. unterlassene Hilfeleistung vor). In dieser Weise ließen sich alle Menschenrechte durchgehen; man wird dabei immer feststellen: Den Rechten auf der einen Seite entsprechen Pflichten auf der anderen Seite.

Alle oder – vorsichtiger formuliert – fast alle Menschenrechte scheinen nun von solcher Art zu sein, daß sie zwar in der Regel der Fälle beansprucht werden dürfen, nicht aber ausnahmslos; entsprechendes wäre von den Pflichten zu sagen: ihnen hat man in der Regel der Fälle Genüge zu tun, nicht aber ausnahmslos in allen Fällen – was in manchen Situationen sogar unmöglich wäre. Zur Veranschaulichung diene noch einmal das Recht auf Leben. Angenommen, das Leben der Mutter stünde gegen das des kurz vor der Geburt stehenden Kindes. Beide, Mutter und Kind, haben ein Recht auf Leben; aufgrund dessen hat der Arzt die Pflicht, Leben nach Möglichkeit zu retten. Ist man nun der (im zweiten Kapitel näher begründeten) Auffassung, das Leben der Mutter habe Vorrang vor dem des Kindes, so hätte man sich folgendermaßen auszudrücken: Beide, Mutter und Kind, haben in gleicher Weise ein Recht auf Leben; doch unter den besonderen Umständen dieser Situation darf zwar die Mutter ihr Lebensrecht beanspruchen, nicht aber das Kind oder sein Vertreter. Man muß also unterscheiden zwischen der *Legitimität eines Rechts* und *der Legitimität der Beanspru-*

chung eines Rechts. Entsprechendes gilt dann vom Arzt: Es ist zwar seine generelle Pflicht, Leben nach Möglichkeit zu erhalten, doch seine konkrete Pflicht hier und jetzt, sich für das Leben der Mutter und damit zugleich gegen das des Kindes zu verwenden. Heute spricht man in bezug auf Normen dieser Art gewöhnlich von *prima-facie-Rechten* und *prima-facie-Pflichten* (prima facie = auf den ersten Blick). Man will damit sagen, diese Rechte dürften in der Regel der Fälle beansprucht werden und diesen Pflichten sei in der Regel der Fälle Genüge zu tun – allerdings seien (seltene) Ausnahmen denkbar. Bei allen oder fast allen Menschenrechten handelt es sich demnach um prima-facie-Rechte, denen prima-facie-Pflichten entsprechen.

b) ›Menschenwürde‹

IM ZUSAMMENHANG mit den Menschenrechten stellt sich ein schwieriges Begründungsproblem. Es läßt sich anhand der bisher genannten Beispiele zureichend verdeutlichen: Wenn man nach dem Grund des Anspruchs fragt, daß ich mein Manuskript beizeiten abliefern soll, daß Eltern ihre in der Ausbildung befindlichen Kinder zu unterstützen haben oder daß ein Schüler die Bibliothek seiner Schule benutzen darf, so wird man ohne Zögern auf eine rechtlich-soziologische (institutionelle) Tatsache verweisen: Auf die Tatsache, daß ich einen Vertrag abgeschlossen habe, daß den Eltern durch die Geburt ihrer Kinder die elterliche Sorge zugefallen ist und daß der Schüler Schüler gerade dieser Schule ist.

Doch scheinen wenigstens die fundamentalsten Menschenrechte nicht von der Art zu sein, daß sich die Antwort auf die Frage nach ihrem Geltungsgrund so zwanglos geben läßt oder daß immer schon klar ist, wem gegenüber der Anspruch besteht. Wieso soll man einen bestimmten Kambodschaner nicht verhungern lassen? Wieso hat er einen Anspruch auf Leben und darum auf Nahrung? Und wer hat die Pflicht, diesem seinem Anspruch zu genügen? Ich? Sie, der Leser? Oder wir alle? Jedenfalls nicht spezifisch ich, nicht spezifisch Sie! Also vielleicht doch wir alle. Und worin ist sein Anspruch begründet? Wir haben ihm nichts versprochen. Auch ist er mit uns nicht im rechtlichen Sinn verwandt. Überhaupt steht er zu uns in keiner irgendwie gearteten rechtlichen (institutionellen) Beziehung. Sein Anspruch sei einfach darin begründet, so sagt man gewöhnlich, daß er Mensch ist: Er hat ein Anrecht auf Leben und zureichende

Ernährung, nicht weil er diese oder jene Eigenschaft besitzt, nicht weil er in dieser oder jener institutionellen Beziehung zu uns steht, auch nicht weil wir dieses oder jenes Interesse an ihm haben könnten, sondern deswegen, weil er ein Mensch ist. Im Vergleich zur Antwort im Fall der zuerst genannten Beispiele ist dies eine höchst seltsame Auskunft, mag sie uns auch noch so geläufig sein.

Die Merkwürdigkeit dieser Antwort läßt sich noch etwas schärfer herausheben: Warum räumen wir einem hungernden Hund in Kambodscha nicht ein gleiches Recht auf Leben und Nahrung ein wie dem hungernden Kambodschaner? Die gewöhnliche Antwort würde lauten: Beim Kambodschaner handelt es sich um einen Menschen, beim Hund um ein Tier. Wenn man die Position der Umweltschützerin im ersten Kapitel vertritt, wird man zwar auch sagen, ein Hund verdiene, um seiner selbst willen versorgt zu werden, wenn dies möglich sein sollte. Doch im Konkurrenzfall wird man immer dem Menschen den Vorrang einräumen. Warum aber verdient der Mensch den Vorrang vor dem Tier? Gewöhnlich antwortet man darauf: Im Unterschied zum Tier besitzt der Mensch eine eigene Menschenwürde. Der gemeinsame Grund aller Menschenrechte, so scheint es, ist die gemeinsame und gleiche Menschenwürde aller, die Menschenantlitz tragen. So jedenfalls haben wohl auch die Mitglieder des Parlamentarischen Rats gedacht, als sie im ersten Artikel des Grundgesetzes festschrieben: »Die Würde des Menschen ist unantastbar, . . . darum bekennt sich das deutsche Volk zu den . . . Menschenrechten.« Ein Menschenrecht haben scheint also zu bedeuten: aufgrund der allen Menschen gemeinsamen und gleichen Menschenwürde einen Anspruch auf (oder eine Befugnis zu) etwas haben, dem auf irgendeiner Seite eine Pflicht entspricht.

Damit scheinen die wesentlichen Elemente eines Menschenrechts genannt zu sein. Es handelt sich dabei a) um einen Anspruch (oder eine Befugnis), dem b) eine Pflicht entspricht, der c) in der allen Menschen gemeinsamen Menschenwürde begründet ist und der d) gewöhnlich nur prima facie, d. h. in der Regel der Fälle, eingefordert werden darf.

c) Die wesentliche inhaltliche Deckungsgleichheit einer Pflichten- und einer Menschenrechtsethik

Nach diesen Erläuterungen läßt sich die zu Anfang gestellte Frage sehr leicht beantworten. Sie lautete: Wieso scheint man alle normativen ethischen Fragen diskutieren zu können, ohne dabei das Wort ›Menschenrecht‹ gebrauchen zu müssen? Dies liegt darin begründet, daß Rechte (Ansprüche und Befugnisse) und Pflichten einander genau entsprechen: Wir sind verpflichtet, Hungernden zu essen zu geben, wenn wir genug Nahrungsmittel zur Verfügung haben, weil auch sie in gleicher Weise wie wir einen Anspruch auf Leben haben. Die Pflicht ist zunächst im Anspruch begründet: *Weil* der (prima-facie-)Anspruch zu Recht besteht, *darum* besteht auch die entsprechende (prima-facie-)Pflicht zu Recht.

Man kann dann selbstverständlich eine ganze Ethik als ›Pflichtenethik‹ entwickeln, genauso aber auch als ›Menschenrechts-‹ oder ›Ansprücheethik‹. Man formuliert nur dieselbe Sache von zwei verschiedenen Seiten her: einmal aus dem Blickwinkel dessen, der in die Pflicht genommen wird, und dann aus dem Blickwinkel dessen, dem das Geforderte zugute kommt. Verwendet man das Pflichtenvokabular, so betont man stärker den Forderungscharakter, verwendet man das Menschenrechtsvokabular, so hebt man mehr die Begründungszusammenhänge hervor. In der Art ihrer Formulierung stellt sich unsere ethische Tradition weitestgehend als eine Pflichtenethik dar; doch sobald man begründete, formulierte man in der Sache genau dasselbe, was wir heute als ›Menschenrechte‹ bezeichnen. Und umgekehrt wird man in einer ›Menschenrechtsethik‹ das Pflichtenvokabular verwenden müssen, sobald man den Nachdruck auf das konkrete Tun legt.

So läßt sich beispielsweise der gesamte Pflichtenkatalog der zweiten Tafel des Dekalogs ohne wesentliche Abstriche in Menschenrechtsforderungen umformulieren. Er könnte dann etwa lauten:

Eltern haben Anspruch auf Gehorsam und Fürsorge von seiten ihrer Kinder.
Jeder hat ein Recht auf Leben und körperliche Unversehrtheit.
Jeder hat ein Recht auf Ehe und Familie.
Jeder hat ein Recht auf Eigentum.
Jeder hat ein Recht auf seinen guten Ruf.

Man sieht, diese Formulierungen stellen nichts anderes dar als die Begründungen der entsprechenden Pflichten, wie sie im Dekalog (z. T. etwas enger) formuliert sind.

In unserer Umgangssprache verwenden wir auch für den Bereich des Sittlichen gewöhnlich nur Kurzformeln. Wollten wir eine sittliche Norm genau ausformulieren, so müßten wir außer der Handlungsanweisung (z. B.: Du sollst nicht töten!) auch die relevanten

Begründungen (z. B.:. . . weil es sich beim Leben um den fundamentalsten Wert überhaupt handelt und darum jeder ein Recht auf Leben hat) sowie alle denkbaren Ausnahmen einschließlich ihrer Begründungen (z. B.:. . . es sei denn in Notwehr, es sei denn . . ., weil . . .) mitnennen. Sowohl Menschenrechts- als auch Pflichtenkataloge stellen demnach bloße Kurzformeln für dieselben ethischen Sachverhalte dar.

3. Der geringe argumentative, zumeist appellative Charakter der Berufung auf die Menschenwürde und die Menschenrechte

a) Menschenwürde

Als ich mir die Frage stellte, wieso ich bisher noch nie ausdrücklich über die Menschenrechte nachgedacht habe, ist mir aufgefallen, daß ich gewöhnlich innerlich in Abwehrstellung gehe, wenn sich Theologen, Ethiker oder Politiker – gleich welcher Richtung – öffentlich auf die Menschenwürde oder auf irgendwelche Menschenrechte berufen. Ich fürchte nämlich, man wolle mir jeweils unbemerkt eine ganz bestimmte ethische Auffassung unterschieben. Dabei braucht es durchaus nicht immer so plump zuzugehen wie bei dem Slogan: ›Freie Fahrt dem freien Bürger‹, mit dem man gegen eine mögliche Geschwindigkeitsbegrenzung auf 130 km/h polemisiert hat. Nein, die appellative Berufung auf die Menschenrechte und die Menschenwürde kann viel verfeinertere und weniger durchschaubare Formen annehmen. Daß in solchen Fällen etwas nicht stimmen kann, merkt man gewöhnlich daran, daß man mit derselben Berufung auf die Menschenrechte und die Menschenwürde auch die entgegengesetzte Forderung ›begründen‹ könnte oder tatsächlich ›begründet‹.

Einige Beispiele mögen das verdeutlichen: Katholische Gegner jeder direkten künstlichen Empfängnisverhütung berufen sich für ihre Ablehnung u. a. auch auf die Menschenwürde von Mann und Frau; das gleiche ›Argument‹ findet sich aber auch bei den Befürwortern. Manchmal plädiert man heute für ein ›menschenwürdiges‹ Sterben und versteht darunter wesentlich auch die Tötung auf Verlangen; umgekehrt berufen sich viele Ärzte für ihre gegenteilige Auffassung ebenfalls auf die Menschenwürde, die eine aktive Euthanasie ausschließe. Einen solchen Disput beobachtet man heute in fast allen öffentlichen ethischen Diskussionen. Ob es um die Fristenregelung beim Schwangerschaftsabbruch geht, um die Todesstrafe, um den gerechten Krieg, um die Folter, um die Mitbestimmung in den Betrieben oder um den Umweltschutz: alle Seiten berufen sich einhellig auf die Menschenwürde oder auf irgendein bestimmtes Menschenrecht, fordern aber im Ergebnis nicht nur Unterschiedliches, sondern häufig genug Gegenteiliges.

Es scheint, daß es sich mit dem Wort ›Menschenwürde‹ ähnlich verhält wie mit dem uns schon bekannten Wort ›Natur‹ oder auch mit dem Wort ›Vernunft‹ in ethischen Kontexten. Heute sagen wir, die Folter widerspreche der Würde des Menschen oder sie sei unmenschlich; früher sagte man eher, sie widerspreche der rechten Vernunft oder sei widernatürlich. Gemeint ist dasselbe: die Folter entspreche nicht der Würde des Menschen, sie sei der recht verstandenen Natur des Menschen (natura humana) nicht gemäß, sie stehe im Widerspruch zur rechten Vernunft (recta ratio), sie sei also sittlich falsch oder verwerflich. ›Menschenwürdig‹, ›naturgemäß‹, ›vernunftgemäß‹ und ›sittlich richtig‹ sind demnach Synonyma; unter dem ›Menschenwürdigen‹, dem ›Naturgemäßen‹ und dem ›Vernunftgemäßen‹ verstehen wir all das, was dem Menschen als Menschen zu Recht zukommt, worauf er aufgrund seiner Menschennatur zu Recht einen Anspruch hat, was wir kraft unserer recht geleiteten Vernunft als für ihn gut und richtig erkennen. Das ›Menschenwürdige‹, ›Naturgemäße‹ und ›Vernunftgemäße‹ wäre zu umschreiben als Inbegriff des für den Menschen als Menschen Guten und Richtigen? Doch worin besteht im einzelnen das für den Menschen Gute und Richtige? Auf diese Frage gibt uns die Rede von der ›Menschenwürde‹, von der rechten ›Natur‹ und ›Vernunft‹ keine Antwort.

Mit diesen normativen Wörtern verhält es sich ähnlich wie mit dem Sammelbegriff ›Obst‹. Wäre man sich etwa uneinig darüber, ob eine bestimmte Frucht genießbar sei oder nicht, so trüge die bloße Behauptung, es handle sich dabei um Obst, zur Klärung dieser Frage nichts bei. Man wiederholte dann nur mit anderen Worten seine Auffassung, die Frucht sei genießbar; denn ›Obst‹ bedeutet u. a. ›genießbare Frucht‹. Tatsächlich hätte man zunächst nachzuweisen, daß die betreffende Frucht genießbar ist und den übrigen Kriterien für Obst entspricht; ist das nachgewiesen, so hat man zugleich gezeigt, daß sie zu Recht dem zuzuzählen ist, was wir ›Obst‹ nennen.

Entsprechendes gilt von der Berufung auf die Menschenwürde (auf die Natur und die Vernunft). Ist die Legitimität der Folter umstritten, so kann der Verweis auf die Verletzung der Menschenwürde durch die Folter nicht als Argument gegen sie zugelassen werden. Denn mit diesem Verweis behauptete man nur die sittliche Verwerflichkeit der Folter, begründete sie aber nicht. Statt dessen müßte man etwa so vorgehen, wie es Christian Thomasius (1655–1728) in einer Zeit getan hat, in der die Illegitimität der Folter tatsächlich noch umstritten war. Er nennt drei Gründe: erstens das Ausmaß des Mißbrauchs; zweitens die Unzuverlässigkeit der unter der Folter gemachten Aussagen; drittens die Verletzung des Rechts der Angeklagten auf Selbstverteidigung – durch die Folter würden sie gezwungen, durch ihr eigenes Geständnis gegen sich selbst zu kämpfen, würden sie zu Verrätern an sich selbst. Das sind gewiß durchschlagende Argumente. Falls also in dieser Weise nachgewiesen ist, daß sich die Folter nicht moralisch legitimieren läßt, ist zugleich auch nachgewiesen, daß sie unmenschlich und vernunftwidrig ist, also die Menschenwürde verletzt. Die Berufung auf die Menschenwürde kann demnach gewöhnlich nicht als Argument gelten, sondern nur als eindringliche Behauptung der moralischen Richtigkeit der vorgetragenen Überzeugung; denn das ›Menschenwürdige‹ ist im wesentlichen gleichbedeutend mit dem ›sittlich Richtigen‹.

b) Menschenrechte

Bei der Berufung auf einzelne Menschenrechte verhält es sich etwas anders. Ihre Ausformulierungen sind jedenfalls keine bloßen Synonyma für das ›für den Menschen Gute und Richtige‹; vielmehr benennen sie im einzelnen, was für ihn gut und richtig ist. Dennoch verdient die Berufung auf sie nur selten die Bezeichnung ›Argumentation‹. Wie läßt sich das erklären?

In Auseinandersetzungen um ein bestimmtes Menschenrecht kann dieses selbst in seiner Geltung umstritten sein (der seltenere Fall), oder es besteht keine Einigkeit über die Lösung möglicher Konfliktsituationen. In beiden Fällen hat die Berufung auf das betreffende Recht offenbar keinen argumentativen Wert.

Zwischen Ost und West sind u. a. einige politische Freiheits- und Mitwirkungsrechte wie Pressefreiheit, Freiheit von Wissenschaft, Forschung und Lehre, Versammlungs- und Vereinigungsfreiheit, wenn nicht als solche, so doch wenigstens in ihrer Interpretation stark umstritten. Zur argumentativen Klärung dieser Fragen ist selbstverständlich die bloße Berufung auf die entsprechenden Rechte unzulänglich. Damit wiederholte man nur immer wieder von neuem die eigene Auffassung. Erforderlich wäre demgegenüber ein begründeter Nachweis der Geltung und des Geltungsumfangs der jeweils umstrittenen Rechte. Alle Menschenrechte sind selbst noch einer Begründung fähig und bedürftig. Verhältnismäßig leicht ist sie im Fall der fundamentalsten Rechte wie des Rechts auf Leben und körperliche Unversehrtheit, auf Glaubens- und Gewissensfreiheit usw., solange nur ihre (prima-facie-)Geltung zur Diskussion steht. Schwieriger wird es dann schon bei den genannten politischen Freiheits- und Mitwirkungsrechten.

Demgegenüber bereitet in allen Fällen die genaue Bestimmung der legitimen Beanspruchung der Menschenrechte sehr große Schwierigkeiten. Wie gesagt, handelt es sich ja bei fast allen um prima-facie-Ansprüche und -Befugnisse, für deren Beanspruchung Eingrenzungen und Ausnahmen denkbar sind. Steht diese Frage zur Diskussion, kollidieren also verschiedene prima-facie-Rechte miteinander, etwa die Pressefreiheit mit dem Recht auf den guten Ruf, oder kollidiert ein und dasselbe Recht in verschiedenen Rechtsträgern, etwa das prima-facie-Lebensrecht der Mutter mit dem des Kindes, so ist ebenfalls eine bloße Zitation der betreffenden Rechte argumentativ irrelevant. Notwendig wäre dann gerade die Erörterung der darüber hinaus noch ethisch relevanten unterscheidenden Merkmale, so wie wir es für einige Probleme des Tötungsverbots getan haben, ohne dort allerdings auf das Menschenrechtsvokabular zurückzugreifen. Die normative Begründung der einzelnen (prima-facie-)Rechte und des Umfangs ihrer legitimen Beanspruchung in Konfliktsituationen gehört zu den Hauptaufgaben der normativen Ethik. Betreibt man dieses Geschäft, so kommt man mit der bloßen Berufung auf die Menschenwürde und die Menschenrechte keinen Schritt voran, sondern verdunkelt eher die Problemlage.

Es mag der Eindruck entstanden sein, die voraufgehenden Bemerkungen stellten ein Plädoyer zugunsten der Streichung der Wörter ›Menschenwürde‹ und ›Menschenrechte‹ aus unserem ethischen Vokabular dar. Eine solche Deutung wäre völlig verkehrt. Nicht gegen den Gebrauch dieser Wörter als solchen muß man Bedenken haben, sondern gegen ihre Verwendung am falschen Platz, nämlich in argumentativen Zusammenhängen. ›Menschenwürde‹ wird, wie gezeigt, sehr häufig im Sinne eines Verweises auf all das, was für den Menschen als Menschen gut und richtig ist, verstanden; in den einzelnen Menschenrechten hat man dann das, was für den Menschen als gut und richtig gilt, in (prima-facie-)Einzelansprüche und -befugnisse ausformuliert; darüber hinaus ist dieses gesamte Vokabular stark ethisch wertend. Aus diesen Gründen ist es wegen der Gefahr der Fehlschlüssigkeit für die Verwendung innerhalb der nomativen Ethik, also dort, wo man noch zweifelt oder nicht weiß, was denn das Richtige und Gute ist, in der Regel untauglich.

Dennoch gibt es zahlreiche Situationen, in denen auch die Berufung auf die Menschenwürde und die Menschenrechte berechtigt und notwendig ist. Diese Berufung hat dann zwar keinen argumentativen, wohl aber zu Recht einen appellativen Charakter. Man lese etwa die folgenden Abschnitte aus Dom Helder Câmara, Die Spirale der Gewalt, 13–19: »Niemand ist geboren, um Sklave zu sein. Niemand erduldet gern Ungerechtigkeiten, Demütigungen, Zwang. Ein menschliches Wesen, das in einer menschenunwürdigen Lage steckt, erinnert an ein Tier – einen Ochsen, einen Esel –, das im Schlamm versinkt. Nun hat aber der Egoismus einiger privilegierter Gruppen breiten Massen menschenunwürdige Lebensbedingungen gebracht, in denen sie Zwang, Demütigungen, Ungerechtigkeiten erleiden, in denen sie ohne Zukunftsaussichten und ohne Hoffnung leben, wie es für Sklaven kennzeichnend ist. Diese installierte Gewalt, die Gewalt Nr. 1, zieht die Gewalt Nr. 2 nach sich: die Revolte der Unterdrückten selbst oder die Revolte der Jugend, die entschlossen ist, für eine gerechtere und menschlichere Welt zu kämpfen ... Gewalt zieht Gewalt nach sich. Wiederholen wir es ohne Furcht und immer wieder: Die Ungerechtigkeiten haben die Revolte der Unterdrückten oder der Jugend zur Folge, die entschlossen ist, für eine gerechtere und menschlichere Welt zu kämpfen. Wenn der Protest gegen die Ungerechtigkeiten auf die Straße gelangt, wenn die Gewalt Nr. 2 der Gewalt Nr. 1 die Stirn zu bieten versucht, dann glauben die Autoritäten die Verpflichtung zu haben, die öffentliche Ordnung zu wahren oder wiederherzustellen, auch wenn sie harte Mittel anwenden müssen: Das ist die Gewalt Nr. 3. Manchmal gehen sie noch weiter, und es gibt sogar eine Tendenz in dieser Richtung: Um Informationen zu erhalten, die vielleicht für die öffentliche Sicherheit entscheidend sind, führt die Logik der Gewalt dazu, moralische und physische Torturen anzuwenden, als ob Informationen, die durch Folterungen erpreßt wurden, auch nur das geringste Vertrauen verdienen könnten ... Haben wir den Mut und die Ehrlichkeit, angesichts des Vergangenen und vielleicht da und dort auch angesichts einiger exemplarischer und typischer Reaktionen zuzugeben, daß die Gewalt Nr. 3 – die Repression der Regierung unter dem Vorwand, die öffentliche Ordnung, die nationale Sicherheit und die freie Welt zu retten – kein Monopol der unterentwickelten Länder ist. Es gibt kein Land auf der Welt, das völlig davor geschützt wäre, in das Räderwerk der Gewalt zu geraten.«

Dom Helder Câmara will in diesem Text ganz gewiß nicht die normative Frage erörtern, welche sozialen Strukturen menschenwürdig sind und welche nicht. Auch diskutiert er nicht, welche Formen von Gewalt gegen sie eingesetzt werden dürfen und welche als moralisch verwerflich zu gelten haben. Weiterhin fragt er nicht, welche Maßnahmen zur Aufrechterhaltung von Ordnung und Sicherheit sittlich legitim sind und welche nicht. Sein Anliegen ist ein ganz anderes. Er geht davon aus, daß wir wissen, daß es solche ungerechten, menschenunwürdigen Strukturen gibt, daß sie durch repressiven Druck aufrechterhalten werden, und daß wir auch ungefähr sagen können, welche es sind. Eindringlich sucht er uns dazu zu bewegen, das, was wir als menschenunwürdige Unterdrückung erkennen, auch mit ganzem Einsatz, dort wo wir es können, zu bekämpfen. Sein Ziel ist nicht, offene moralische Fragen argumentativ zu beantworten, sondern uns durch sittlichen Appell zur Tat aufzurufen. Solange wir keine vollkommenen Heiligen sind, bedürfen wir ständig des sittlichen Appells, der Mahnung zum Tun. In solchen Kontexten moralischen Appells scheint die Berufung auf die Menschenwürde und die Menschenrechte primär ihren legitimen Ort zu haben.

Wegen der großen praktischen Bedeutung sittlicher Mahnung, vor allem aber auch wegen ihres häufigen Gebrauchs am falschen Platz sollen im folgenden idealtypisch zwei Arten sittlicher Rede voneinander unterschieden werden: die sittliche Paränese und die moralische Argumentation (oder normative Ethik). Man verwendet hier besser das aus dem Griechischen stammende Wort ›Paränese‹, weil es mehr als das deutsche Wort ›Mahnung‹ auch auf die positiven Aspekte moralischer Appellation verweist. Unter ›Paränese‹ wird also sowohl das moralische Tadeln, Verurteilen, Anklagen, Entlarven, Bloßstellen und Beschwören als auch das stärker aufbauend wirkende Loben, Aufmuntern und Bestärken verstanden. Die Wichtigkeit dieser Unterscheidung und die Tatsache, daß sie kaum ausdrücklich gewußt ist und daher selten beachtet wird, mögen die folgende ausführlichere Darstellung rechtfertigen.

4. Sittliche Paränese und normative Ethik

a) Zwei Beispiele

ZUR ILLUSTRATION zunächst für jede Form sittlicher Rede ein Beispiel aus dem Neuen Testament:

Das Beispiel für sittliche Paränese ist dem ersten Johannesbrief entnommen (1. Joh. 3, 11–18):

»Dies ist die Botschaft, die ihr von Anfang an gehört habt: Wir sollen einander lieben und nicht wie Kain handeln, der von dem Bösen stammte und seinen Bruder erschlug. . . . Wir wissen, daß wir aus dem Tod in das Leben hinübergegangen sind, weil wir die Brüder lieben. Wer nicht liebt, bleibt im Tod. Jeder, der seinen Bruder haßt, ist ein Mörder, und ihr wißt: Kein Mörder hat das ewige Leben so, daß es in ihm bleibt. Die Liebe haben wir daran erkannt, daß er sein Leben für uns gegeben hat. So müssen auch wir das Leben hingeben für die Brüder. Wie kann die Liebe Gottes in dem bleiben, der Vermögen hat und sein Herz vor dem Bruder verschließt, den er in Not sieht? Kinder, wir wollen nicht lieben mit Wort und Zunge, sondern in Tat und Wahrheit.«

Das Beispiel für sittliche Argumentation (oder normative Ethik) stammt aus dem ersten Brief an die Korinther (1. Kor. 8, 4–13). Paulus geht hier auf die ihm von der Gemeinde gestellte Frage ein, ob die Christen Fleisch essen dürfen, das von Götzenopfern stammt, aber öffentlich auf dem Markt angeboten wird. Paulus argumentiert hier mit dem, was wir das Recht eines jeden Menschen auf Gewissensfreiheit nennen:

»Was nun das Essen von Götzenopferfleisch angeht, so wissen wir, daß es keine Götzen gibt in der Welt und keinen Gott außer dem einen . . . Aber nicht alle haben die Erkenntnis. Einige, die von ihren Götzen nicht loskommen, essen das Fleisch noch als Götzenopferfleisch, und so wird ihr schwaches Gewissen befleckt. Zwar kann uns keine Speise vor Gottes Gericht stellen. Wenn wir nicht essen, verlieren wir nichts, und wenn wir essen, gewinnen wir nichts. Doch gebt acht, daß die Freiheit, die ihr euch nehmt, den Schwachen nicht zum Anstoß wird. Wenn nämlich einer dich, der du Erkenntnis hast, im Götzentempel beim Mahl sieht, wird dann nicht sein Gewissen, da er schwach ist, verleitet, auch Götzenopferfleisch zu essen? Der Schwache geht an deiner ›Erkenntnis‹ zugrunde . . . Wenn darum eine Speise meinem Bruder zum Anstoß wird, will ich niemals mehr Fleisch essen, um meinem Bruder keinen Anstoß zu geben.«

Paulus argumentiert also folgendermaßen: Erstens stellt er fest, daß der Christ grundsätzlich von jedem Fleisch essen darf; denn da es keine Götter gibt, ist auch der Unterschied zwischen normalem Fleisch und Götzenopferfleisch irrelevant. Dann aber macht er eine Einschränkung aufgrund der Tatsache, daß nicht alle Christen so denken, sondern einige noch der irrigen Gewissensüberzeugung sind, man dürfe vom Götzenopferfleisch nicht essen. Aufgrund dieser ihrer irrigen Überzeugung wäre es für sie dann falsch, es dennoch zu tun. Auf sie haben nun die anderen, die die grundsätzliche Irrelevanz einsehen, insofern Rücksicht zu nehmen, als sie ihnen nicht durch ihr an sich richtiges Verhalten Anlaß geben dürfen, aus Schwachheit gegen ihre eigene Überzeugung zu handeln. Paulus plädiert hier also für den Schutz auch des irrigen Gewissens – jedenfalls so lange, wie es sich nur um die unbedeutende Frage des Fleischessens handelt.

b) Die Kennzeichen sittlicher Paränese im Unterschied zur sittlichen Argumentation

In beiden Fällen handelt es sich unverkennbar um sittliche Rede. Worin besteht nun zunächst ihr jeweiliger Ausgangs- und Zielpunkt? Der Abschnitt im ersten Johannesbrief geht von der dem Verfasser und seinen Lesern gemeinsamen Überzeugung aus, daß es gut und richtig ist, ausnahmslos alle Menschen zu lieben, d. h. ihnen wohlzuwollen und ihnen nach Möglichkeit auch wohlzutun. Der Verfasser erinnert nur an das, was alle schon wissen; er will nichts Neues sagen. Demgegenüber bildet bei Paulus eine Frage oder ein Zweifel oder die Uneinigkeit über das, was gut und richtig ist, den Ausgangspunkt; denn die Gemeinde in Korinth ist sich nicht im klaren darüber, ob man als Christ vom Götzenopferfleisch essen dürfe oder nicht. Paulus versucht nun, diese Frage zu klären; sein Ziel besteht demnach darin, eine begründete Einsicht in das, was richtig oder gefordert ist, der Gemeinde zu vermitteln. Dem Verfasser des Johannesbriefes dagegen geht es nicht um die Erkenntnis des Richtigen, denn diese wird ja schon vorausgesetzt, sondern um die handelnde Verwirklichung dessen, was man als richtig erkannt hat, ihm geht es um das Tun des als richtig Gewußten.

Voraussetzung für die sittliche Paränese ist also die gemeinsame Überzeugung oder das gemeinsame Wissen um die sittliche Forderung, Voraussetzung der sittlichen Argumentation dagegen die

Frage, der Zweifel, die Uneinigkeit über das, was gut und richtig ist.

Folglich wendet sich sittliche Paränese nicht primär an die Vernunft des Menschen, sondern an seinen Willen. Paränetische Rede stellt einen Appell an den Willen dar, das immer schon Gewußte zu beherzigen und in die Tat umzusetzen. Demgegenüber dient die normative Ethik der rechten sittlichen Urteilsbildung; sie wendet sich primär an die Vernunft oder das sittliche Einsichtsvermögen desjenigen, der zwar vorgängig bereits dazu entschlossen ist, das Richtige zu tun, sich aber noch fragt, was denn hier und jetzt das Richtige ist. Die Notwendigkeit der Paränese über die sittliche Einsichtsvermittlung hinaus ergibt sich daraus, daß bei uns Menschen, solange wir keine Heiligen sind, Wollen und Tun nicht immer unmittelbar aus der entsprechenden Einsicht folgen; denn dem als sittlich gefordert Erkannten können wir uns sowohl aufgrund freier Entscheidung als auch aufgrund von Willensschwäche zu entziehen suchen.

Nach dem bisher Gesagten ist es wohl offensichtlich, daß die ethische Argumentation der sittlichen Paränese logisch vorgeordnet ist: Erst muß die Einsicht vermittelt sein, dann kann man sinnvollerweise auch zum Tun aufrufen. Ein klassisches Beispiel für die logisch richtige Abfolge von Argumentation und Paränese findet sich in der Perikope mit dem Gleichnis vom barmherzigen Samariter (Lk. 10,25–37). Seine Frage, was er tun solle, um das ewige Leben zu erlangen, beantwortet sich der Gesetzeslehrer selbst mit der Zitation des Doppelgebotes der Gottes- und Nächstenliebe. Jesus bestätigt ihm zunächst die Richtigkeit seiner Antwort und knüpft daran die Mahnung, nun auch danach zu handeln: »Du hast richtig geantwortet. Handle danach, und du wirst leben.« Doch der Gesetzeslehrer ist sich noch im unklaren darüber, wen er denn als seinen Nächsten anzusehen habe. Nachdem Jesus diese Frage durch die Erzählung des Gleichnisses geklärt hat, erneuert er seine Mahnung: »Geh und handle genauso!« An diesem Gleichnis zeigt sich übrigens auch, daß sittliche Argumentation als Einsichtsvermittlung auch in der Form von Erzählungen erfolgen kann, durchaus nicht nur in schlußfolgernden Syllogismen.

Die unterschiedlichen Stilmittel, deren man sich in sittlicher Paränese und Argumentation bedient, ergeben sich aus ihrer unterschiedlichen Funktion. Ein Argument soll überzeugen, mit paränetischer Rede will man werben; in ihr geht es nicht um möglichst klare Einsicht in sittliche Sachverhalte, sondern um ein existentielles Erfassen und willentliches Aufnehmen von sittlichen Forderungen, denen man bereits begrifflich zustimmt. Von daher ist paränetische Rede oft wie in unserem Beispiel aus dem ersten Johannesbrief pleonastisch, d. h. derselbe Sachverhalt wird in immer neuen und nahezu synonymen Wendungen dem Hörer nahegebracht. Innerhalb einer Argumentation hätte man solches ständige Wiederholen als völlig unpassende Weitschweifigkeit, die jeder Klarheit abträglich ist, zu vermeiden; Argumentation muß in der Regel *nüchtern* sein, sich am Ende auf wenige Sätze bringen lassen. Mit dem Pleonasmus verbindet sich naturgemäß eine deutliche begriffliche Unschärfe; hieb- und stichfeste Definitionen sucht man in der Paränese im Unterschied zur Argumentation vergeblich. Ein Beispiel dafür sind etwa die Tugend- und Lasterkataloge im Neuen Testament. Im Kolosserbrief heißt es (Kol. 3,5–12): »Darum tötet, was irdisch an euch ist: die Hurerei, die Schamlosigkeit, die Leidenschaft, die bösen Begierden und die Habsucht, die ein Götzendienst sind . . . Jetzt sollt ihr das alles ablegen: Zorn, Wut und Bosheit; auch Lästerungen und Zoten sollen nicht mehr über eure Lippen kommen. Belügt einander nicht, denn ihr habt den alten Menschen mit seinen Taten abgelegt und seid ein neuer Mensch geworden . . . Ihr seid von Gott geliebt, seid seine auserwählten Heiligen: darum bekleidet euch mit aufrichtigem Erbarmen, mit Güte, Demut, Milde, Geduld! Ertragt euch und vergebt einander . . .« Wollte man hier etwa fragen: Was ist denn genau mit ›Hurerei‹ gemeint und worin unterscheidet sich hurerisches Verhalten im einzelnen von schamlosem? so würde man Fragen stellen, die in bezug auf argumentative Texte durchaus notwendig, hinsichtlich paränetischer Texte jedoch unpassend sind. Kennzeichnend für diese begriffliche Unschärfe der Paränese ist auch die häufige Verwendung von Gleichnissen, Metaphern, überhaupt von einprägsamer bildhafter Rede, weiterhin von überzogenen und sehr scharf kontrastierenden Formulierungen. Weite Passagen der Bergpredigt weisen diese Merkmale auf.

Doch nicht immer ist es der Pleonasmus, der paränetische Rede kennzeichnet; manchmal ist es – ganz im Gegenteil – eine außergewöhnliche Prägnanz: Lange Erläuterungen der Umstände und Bedingungen, unter denen eine sittliche Forderung nur gilt, sind überflüssig; denn man kann davon ausgehen, daß der Hörer diese oft komplizierten Sachverhalte von selbst versteht, und häufig genügt es, an die oft recht verwickelte sittliche Pflicht mit nur einem einzigen Wort zu erinnern. Ein Beispiel wäre der Dekalog im Alten Testament: ›Du sollst nicht morden, nicht ehebrechen, nicht stehlen . . .!‹ Das Volk Israel verstand etwa das Gebot: ›Du sollst nicht morden!‹ ohne weiteres als ›Du sollst nicht töten, es sei denn du tötest im Krieg, in gerechtfertigter Notwehr, durch Vollzug der Todesstrafe usw.‹ Diese Prägnanz verdankt die paränetische Rede der Fähigkeit unserer Sprache, oft sehr komplizierte Sachverhalte in einem einzigen Wort auszudrücken.

Zum Schluß ist noch auf ein wichtiges logisches Merkmal der Paränese aufmerksam zu machen: In ihr bedient man sich, wie die bisher genannten Beispiele deutlich zeigen, durchgängig sittlicher Wertungswörter – was, wie schon öfter erwähnt, für ein ethisches Argument fatal wäre. Das heißt dann, die Sätze paränetischer Rede sind zum großen Teil analytisch wahr. Im logischen Sinn führen sie zu keinem Gedankenfortschritt, da sich ihre Wahrheit allein aus der Bedeutung der in ihnen verwendeten Wörter ergibt. ›Du sollst nicht morden‹ stellt, logisch gesehen, eben die Formulierung einer Selbstverständlichkeit dar, ein bloßes Erläuterungsurteil (vgl. Kap. II, 4). Das, was innerhalb paränetischer Rede kein Mangel ist, wäre für Sätze innerhalb normativer Erörterungen tödlich. Soll in ihnen ein Gedankenfortschritt erzielt werden, muß ihre Wahrheit synthetischer Art sein, d. h. das Prädikat einer Aussage muß ihrem logischen Subjekt eigens hinzugefügt werden, es muß sich bei ihr um ein Erweiterungsurteil handeln. Beispielsweise wäre der Satz: ›Du darfst keinen Menschen nur deswegen töten, weil es dir Freude macht‹ ein solches synthetisches Urteil. Denn anders als beim Wort ›Mord‹ ergibt sich aus der bloßen Bedeutung des Ausdrucks ›Töten, weil es Freude macht‹ noch nicht die Charakterisierung einer solchen Handlungsweise als sittlich verwerflich. ›Du sollst nicht morden‹ ist, logisch gesehen, von derselben Art wie der Satz: ›Dieser Schimmel ist weiß‹; demgegenüber besitzt der Satz: ›Du darfst keinen Menschen nur deswegen töten, weil es dir Freude macht‹ denselben Status wie: ›Dieses Pferd ist ein Schimmel‹ oder: ›Dieses Pferd ist weiß‹.

Aus dem bisher Gesagten und den herangezogenen Beispielen geht wohl eindeutig hervor, daß es sich bei der Paränese im Vergleich zur moralischen Argumentation keineswegs um eine weniger hochstehende oder gar depravierte Form sittlicher Rede handelt. Da beide Sprachformen in unterschiedlichen Situationen unterschiedliche Aufgaben zu erfüllen haben, ist es sinnlos, sie in der genannten Weise wertend einander gegenüberzustellen. Sittliche Erkenntnis läßt sich durch Argumentation, nicht durch Paränese vermitteln, existentielle Eindringlichkeit dagegen durch Paränese, nicht aber durch Argumentation. Beide Aufgaben aber müssen erfüllt werden, und zwar gewöhnlich, wie etwa in der moralischen Erziehung, gleichzeitig. Schließlich kommt es darauf an, daß das Gute und Richtige nicht nur erkannt, sondern auch getan wird. Damit wir es tun, bedürfen wir ständig auch der sittlichen Mahnung.

In normalen moralischen Redesituationen soll sowohl sittliche Erkenntnis vermittelt als auch existentielle Eindringlichkeit erzielt werden. Daher lassen sich Paränese und normative Ethik gewöhnlich nicht so säuberlich voneinander abheben, wie es hier geschehen ist. Fast immer durchdringen beide Formen einander. Doch scheint es höchst wichtig, sie als Typen voneinander unterscheiden gelernt zu haben, da es auch ganz normal ist, daß diese oder jene Redesituation eindeutig überwiegt und damit nach dieser oder jener Redeform verlangt. In einer ethischen Abhandlung wie der vorliegenden wird man z. B. eher Argumentation, in einer Predigt eher Paränese erwarten dürfen.

c) Paränese am falschen Platz

»Moral predigen ist leicht, Moral begründen schwer.« Dieses Motto setzte Arthur Schopenhauer seinem Buch ›Die Grundprobleme der Ethik‹ voran. Es ist nun durchaus zweifelhaft, ob Moral predigen im besten Sinn tatsächlich leicht ist; denn die Bedingungen für erfolgreiche Paränese sind erstens sehr vielfältig, zweitens für denjenigen, der sie übt, schwer zu verwirklichen und daher drittens nur selten erfüllt.

Um erfolgreich ethisch zu argumentieren, bedarf es bei allen Diskussionspartnern gewöhnlich nur eines wachen und klaren Verstandes sowie einer existentiellen Aufgeschlossenheit für ethische Probleme. Allein schon diese Bedingungen sind selten genug erfüllt. Geistiges Unvermögen und Willensschwäche, geistige und willentliche Trägheit spielen uns allzuoft einen Streich. Hinzu kommt noch die ›Normativität des Faktischen‹, die unsere Einbildungskraft lähmt und uns daran hindert, sittliche Einsichten zu gewinnen, die vielleicht für kommende Generationen ethische Selbstverständlichkeiten darstellen werden. Die meisten Menschenrechte, der ethische Universalismus, Glaubens- und Gewissensfreiheit, Religionsfreiheit, Gleichberechtigung von Mann und Frau, das Recht auf körperliche Unversehrtheit (Folter und Todesstrafe) waren in ihrer Geltung über Jahrhunderte hin umstritten. Es wurde schon an anderer Stelle auf solche fundamentalen sittlichen Irrtümer hingewiesen, die Millionen von Menschen das Leben gekostet haben. Die Menschen vergangener Generationen waren sicherlich nicht einfach dümmer als wir, auch nicht moralisch schlechter; dennoch haben sie geirrt. Aufgrund dieser geschichtlichen Erfahrung ist nicht auszuschließen, daß auch wir uns in fundamentalen Fragen irren, da auch unsere existentielle Aufgeschlossenheit sehr beschränkt sein kann.

Wenn nun schon erfolgreiches ethisches Argumentieren so schwer ist, wie schwer muß dann erst sittliche Paränese sein. Zu ihren Bedingungen gehören menschliche Eigenschaften und zwischenmenschliche Beziehungen, die nicht allzuoft verwirklicht sind. Man frage sich selbst, in welcher Situation und von wem man sich in einer ernsten moralischen Frage etwas sagen läßt, und zwar so, daß man sich nicht vor den Kopf gestoßen und beleidigt fühlt, nicht aufbegehrt und opponiert, sondern tatsächlich in sich geht und den Appell beherzigt. Die Situationen, in denen dies überhaupt nur möglich ist, und die Menschen, denen dies überhaupt nur gelingen kann, werden nicht sehr zahlreich sein.

Es genügt nicht, daß derjenige, der einen mahnt, es ernst meint, die betreffende Forderung selbst erfüllt oder ihm das sittliche Bemühen um ihre Erfüllung anzumerken ist; gewöhnlich muß man zu ihm auch persönlichen Kontakt gefunden haben, auch muß er eine Sprache sprechen, der gegenüber man aufgeschlossen ist; er muß die richtigen Worte finden usw. Nicht jeder kann also für jeden und auch nicht für einen bestimmten Menschen in jeder Hinsicht paränetische Autorität sein.

Obwohl Paränese, weil sie sehr viel Menschenkenntnis, Engagement und Einfühlungsvermögen voraussetzt, demnach nur in verhältnismäßig seltenen Situationen erfolgversprechend geübt werden kann, scheint sie doch tatsächlich gegenüber ethischer Argumentation bei weitem zu überwiegen: In Familie, Kirche, Politik und Öffentlichkeit predigt man sich gegenseitig an, ruft sich zu Umkehr und Besserung auf, unterstellt einander unlautere Motive – und das oft in der allerbesten Absicht. Ob es um die Auseinandersetzung um ein außenpolitisches Vertragswerk (Ostpolitik), eine Strafrechtsreform (strafrechtliche Regelung des Schwangerschaftsabbruchs), eine Neufassung des Familien- oder Jugendrechts (Ehescheidungsrecht; elterliches Sorgerecht), um ein Immissions- oder Wasserschutzgesetz geht – von allen Seiten wird in unangenehmster Weise moralisiert. Gerade dann, wenn die Argumente ausgehen oder ganz fehlen, scheint es nahezuliegen, zur Sprache des Moralpredigers seine Zuflucht zu nehmen. Es sei noch einmal mit Nachdruck daran erinnert: Paränese setzt Einmütigkeit voraus. Solange diese Einmütigkeit nicht oder noch nicht besteht, ist Paränese nicht nur überflüssig, sondern wirkt geradezu vergiftend. Ist man sich in der Lösung politischer, rechtlicher oder unmittelbar sittlicher Fragen uneins, bedarf es der Argumente, der nüchternen Auseinandersetzung, nicht der Predigt. Tritt Paränese an die Stelle der hier und jetzt geforderten inhaltlichen Auseinandersetzung, so wird sie mißbraucht und kann nur als Scheinparänese gelten, die im bloßen Moralisieren steckenbleibt. Im Sinne solchen Moralisierens ist Moral predigen wirklich leicht, dagegen Moral begründen schwer.

d) Ethisches Argumentieren am falschen Platz

Doch nicht nur Paränese wird allzuoft am falschen Platz geübt, sondern umgekehrt wird auch oft genug dort noch bewußt oder unbewußt (dem Schein nach) weiterargumentiert, wo im eigentlichen Sinn Paränese, Aufruf zum rechten Tun oder zur Umkehr, notwendig wäre. Scheinparänese ist gewöhnlich an andere adressiert, Scheinargumentation dient häufiger der ›Selbstrechtfertigung‹. Indem man die abwegigsten ›Argumente‹ an den Haaren herbeizieht, entzieht man sich dem Tun dessen, was man längst als richtig und gefordert erkannt hat; durch Scheinargumente versucht man, seiner eigenen Unmoral einen moralischen Anstrich zu geben, sie dienen wesentlich auch dem Selbstbetrug.

Die berühmte Fabel vom Lamm und vom Wolf mag hier zur Erläuterung dienen. Meine Übertragung folgt der lateinischen Fassung von Heinrich Steinhöwel (1412–1478) aus: R. Dithmar (Hrsg.), Fabeln, Parabeln und Gleichnisse, München ^{5}1978, 117 f.:

Bei Äsop findet sich folgende Fabel vom Unschuldigen und vom Bösewicht: Durstig trafen sich ein Lamm und ein Wolf an einem Bach, um zu trinken. Der Wolf trank oberhalb, das Lamm weit unterhalb. Als der Wolf das Lamm sah, sprach er zu ihm: »Du trübst mir mein Wasser!« Das geduldige Lamm antwortete: »Wie kann ich dir dein Wasser trüben, da es doch von dir zu mir fließt?« Doch der Wolf wurde noch nicht einmal rot und fuhr fort: »Aber du hast mich einmal beleidigt!« Darauf das Lam: »Noch nie habe ich dir Böses nachgesagt.« Der Wolf: »Dann muß es vor sechs Monaten dein Vater gewesen sein!« – »Da lebte ich doch noch gar nicht.« Doch der Wolf ließ nicht locker: »Du hast aber beim Grasen meinen Acker zertrampelt!« Das Lamm dagegen: »Wie sollte das möglich sein, da mir noch die Zähne fehlen?« Da geriet der Wolf in blinde Wut und sprach: »Obwohl ich deine Argumente und Ausflüchte nicht widerlegen kann, will ich mir doch ein Nachtmahl aus dir bereiten!« Und er schlug das Lamm und fraß es. – Die Moral dieser Fabel: Bösewichter sind um Ausreden nicht verlegen.

Im Unterschied zu allen bisherigen Ausführungen hatten die letzten beiden Abschnitte c) und d) einen sehr stark paränetischen Charakter.

5. Die Menschenwürde als Argument für das Menschenrecht auf Gewissens- und Glaubensfreiheit

Nach diesem Exkurs zum Thema sittliche Paränese und normative Ethik soll nun wieder die Erörterung der Menschenrechte und der Menschenwürde aufgegriffen werden. Bisher hatten wir unter dem, was der ›Menschenwürde‹ entspricht, nur den Inbegriff all dessen verstanden, was für den Menschen gut und richtig ist. Es ließ sich zeigen, daß die einzelnen ›Menschenrechte‹, die selbst noch begründungsbedürftig sind, dem ›Menschenwürdigen‹ erst eine inhaltliche Füllung geben; denn durch die Formulierung einzelner Menschenrechte versucht man, das, was für den Menschen gut ist, näherhin zu spezifizieren. Die Berufung auf die Menschenwürde ist dann allerdings kein Argument für irgendwelche Menschenrechte. Eine Aussage wie: ›Die Benachteiligung von Menschen allein wegen ihrer Geschlechts-, Rassen- oder Religionszugehörigkeit verletzt ihre Menschenwürde und ist daher sittlich falsch oder verwerflich‹ ist demnach analytisch wahr. Definitionsgemäß bedeutet ›Verletzung der Menschenwürde‹ bisher eben nichts anderes als ›ungerechtfertigter Angriff auf fundamentalste Güter menschlichen Lebens oder ihre ungerechtfertigte Verweigerung‹.

a) Moralität als Grund der besonderen Würde des Menschen

Es bleibt zu fragen, ob damit tatsächlich schon alles genannt ist, was wir gemeinhin unter ›Menschenwürde‹ verstehen. Nach den bisherigen Überlegungen leuchtet es zwar unmittelbar ein, wenn in dem Beispieltext zu Anfang dieses Kapitels die Folter als eine Verletzung der Menschenwürde des gequälten und geschundenen Opfers beschrieben wird; denn dem Gefolterten werden ungerechtfertigterweise einige der fundamentalsten Bedingungen für ein auch nur halbwegs erträgliches Leben auf Zeit oder auf Dauer vorenthalten bzw. genommen. Aber der Nachdruck der Aussageabsicht des Textes liegt auf etwas ganz anderem, nämlich darauf, daß der Folterer zunächst seine *eigene* Menschenwürde verletzt. Unrecht leiden ist besser als Unrecht tun – für diesen Satz des Sokrates könnte der Bericht beispielhaft stehen. Biblisch hieße das: Man hat Gott zu gehorchen, nicht den Menschen. Oder: Was nützte es dem Menschen, wenn er die ganze Welt gewänne, aber an seiner Seele Schaden litte? Heute würden wir uns vielleicht eher so ausdrücken: Man darf niemals gegen seine eigene Gewissensüberzeugung handeln. Oder eben auch: Gegen seine Gewissensüberzeugung zu handeln bedeutet die schlimmste Verletzung der eigenen Menschenwürde. Oder: Die Menschenwürde kann im Kern immer nur von einem *selbst* verletzt werden.

Würde man unter dem, was der ›Menschenwürde‹ entspricht, tatsächlich niemals mehr verstehen als den Inbegriff dessen, was für den Menschen gut ist, dann wäre nicht mehr zu sehen, weswegen wir gerade in bezug auf den Menschen noch das erhabene Wort ›Würde‹ gebrauchen sollten. Würde sich darin dann nicht nur eine ungeheure und durch nichts zu rechtfertigende Anmaßung gegenüber allen anderen Lebewesen ausdrücken? Eine ›menschenwürdige‹ Wohnung, Umwelt und Behandlung wäre dann die dem Menschen ›gemäße‹, so wie es eben auch eine den Hühnern oder den Rindern gemäße Unterbringung, Umwelt und Behandlung gibt. Zwischen Tier und Mensch gäbe es selbstverständlich immer noch Gradunterschiede, auch wäre ihr jeweiliges Wohl spezifischer Art, doch bliebe es unerfindlich, weswegen man weiterhin noch von einer besonderen oder einzigartigen ›Würde‹ jedes Menschen gegenüber allen anderen Lebewesen sprechen sollte.

Was also meinen diejenigen, die ganz bewußt an der Rede von der Würde jedes Menschen festhalten möchten? Offenbar wollen sie damit auf ein wichtiges Merkmal aufmerksam machen, in dem alle Menschen, ob Sklave oder Freier, Mann oder Frau, Grieche oder Barbar, Schwarzer oder Weißer, Arier oder Jude, Kind oder Erwachsener einander gleichwertig und zugleich allen anderen uns bekannten Lebewesen überlegen sind.

Wie ließe sich dieses Merkmal näher umschreiben? Kant würde sagen, jeder Mensch sei Zweck an sich selbst, die Bibel spricht in diesem Zusammenhang von der Gottebenbildlichkeit jedes Menschen. Was ist damit gemeint? Wesentlich scheint damit gemeint zu sein, daß jeder Mensch, im Unterschied etwa zum Tier, ein moralisches Wesen ist, d. h., daß er prinzipiell dazu fähig und berufen ist, in Einsicht und Freiheit seinen sittlichen Stand selbst zu bestimmen. Die besondere Würde des Menschen scheint demnach darin zu bestehen, daß sein Leben nicht völlig darin aufgeht, als Exemplar seiner Gattung so glücklich wie möglich zu leben, sondern daß jedem einzelnen darüber hinaus eine spezifisch nur ihn betreffende Aufgabe zukommt, nämlich kraft seiner Freiheit ein im moralischen Sinn guter Mensch zu sein.

Das Verhalten des deutschen Offiziers Josef Schulz, der sich 1941 geweigert hatte, 16 Geiseln zu erschießen, und dafür den eigenen Tod in Kauf nahm, wurde bereits in anderem Zusammenhang erwähnt. Wer ein solches Verhalten für richtig, vorbildlich oder heroisch hält und sagen würde, einerseits sei die Menschenwürde des Offiziers durch den auf ihn ausgeübten Gewissenszwang verletzt worden, anderseits aber habe dieser sie gerade durch seine Weigerung und die Hinnahme seines Todes gewahrt, muß selbstverständlich unter ›Menschenwürde‹ mehr verstehen als nur das Gesamt der Ansprüche auf all das, was das Wohl eines Menschen ausmacht. Er wird sagen müssen, der Sinn menschlichen Lebens bestehe letztlich nicht nur darin, daß es dem Menschen gut *gehe*, sondern vorrangig darin, daß er gut *sei*.

Wegen der weitreichenden Konsequenzen dieser Konzeption von der Würde jedes Menschen als eines moralischen Wesens sei sie noch etwas eingehender erläutert: Gesagt wird damit zunächst rein beschreibend, daß jeder Mensch, so wie er ›von Natur aus‹ ein soziales, musisches oder forschendes Wesen ist, auch das Vermögen oder die Fähigkeit besitzt, die sittliche Ausrichtung seines Lebens selbst zu bestimmen. Nach dieser Konzeption wird demnach zunächst rein deskriptiv behauptet, jedem Menschen komme (falls nicht besondere Umstände dies verhindern) die Freiheit zu, seinen moralischen Stand selbst zu wählen. Doch wird dann zweitens darüber hinaus eine Wertung hinzugefügt: So wie wir gewöhnlich meinen, es sei gut, seine musischen Anlangen zu entfalten und nicht verkümmern zu lassen, so wird auch gesagt, es sei gut, sich eine ganz *bestimmte* moralische Grundausrichtung zu geben. Drittens wird diese Wertung noch in besonderer Weise qualifiziert: Denn man sagt, indem sich ein Mensch in Einsicht und Freiheit diese bestimmte moralische Grundausrichtung gebe und sie auch in Konfliktsituationen durchhalte, erfülle er den eigentlichen Sinn seines Lebens; es sei *über alles* gut, ein moralisch guter Mensch zu sein, oder im Konkurrenzfall habe man darauf zu verzichten, daß es einem gut gehe, um so noch moralisch gut sein zu können.

b) Sittlicher Wert und nicht-sittliche Werte

Diese zweite (Kern)bedeutung von ›Menschenwürde‹ (als Vermögen und Berufung jedes Menschen zur Moralität) schließt demnach wie die erste (›Menschenwürde‹ als Inbegriff jener Ansprüche, die das Wohl des Menschen ausmachen) ein Werturteil ein; doch ist es hinsichtlich der zweiten Bedeutung von anderer Art als hinsichtlich der ersten: Um zu wissen, was der Menschenwürde im ersten Sinn entspricht bzw. widerspricht, müssen wir herauszufinden suchen, was im einzelnen für den Menschen gut ist, was sein Glück, sein Wohl und Wehe ausmacht. Um dagegen herauszufinden, was ihr im zweiten Sinn entspricht bzw. widerspricht, müssen wir festzustellen suchen, was den Menschen, auch abgesehen davon, ob es ihm gut geht, gut macht. Zur klaren terminologischen Unterscheidung zwischen diesen beiden Werturteilen soll im ersten Fall von einem Urteil über *nicht-sittliche Werte*, im zweiten von einem Urteil über den *sittlichen Wert* gesprochen werden. Dabei ist sogleich anzumerken, daß ›nicht-sittlich‹ keineswegs ›unsittlich‹ oder ›sittlich bedeutungslos‹ meint; es wird sich sogar zeigen, daß die sogenannten ›nicht-sittlichen‹ Werte ethisch von höchster Bedeutsamkeit sind. Mit dieser Bezeichnung soll nur angezeigt werden, daß von der Verwirklichung bzw. Nicht-Verwirklichung solcher nicht-sittlichen Werte keinesfalls die moralische Qualität eines Menschen abhängt.

Wahrscheinlich würden nur wenige Josef Schulz, Jan Pallach, Christian Ulrik Hansen, Marianne Collin, Jochen Klepper oder Janusz Korczak angesichts ihres Lebensopfers als glückliche Menschen bezeichnen; ihnen fehlte oder wurde eben all das genommen, was das Glück und Wohlergehen eines Menschen ausmacht; sie wurden, wie wir jetzt sagen wollen, aller nicht-sittlichen Werte beraubt. Dennoch käme niemand auf die Idee zu sagen, sie seien deswegen schlechte Menschen gewesen, sondern genau umgekehrt müßte man sagen, sie seien, soweit uns das überhaupt zu beurteilen möglich ist, im moralischen Sinn gute und vorbildliche Menschen gewesen, sie hätten in diesen Extremsituationen gerade durch ihren Verzicht auf alle nicht-sittlichen Güter oder Werte ihren persönlichen sittlichen Wert, ihre Moralität verwirklicht. Wer arm, machtlos, krank, verachtet und gehaßt ist (nicht-sittliche Übel), ist deswegen noch kein schlechter Mensch (allerdings auch noch kein guter), und wer reich, mächtig, gesund, angesehen und geliebt ist (nicht-sittliche Werte), deswegen noch kein guter (allerdings auch kein schlechter). Glück und Unglück, Wohl und Wehe als Inbegriff aller nicht-sittlichen Werte und Übel sind weder notwendige noch zureichende Bedingung für den sittlichen Wert bzw. Unwert (theologisch gesprochen: für das Heil bzw. Unheil) eines Menschen.

Die sittliche Qualität eines Menschen hängt allein an seiner Grundeinstellung oder Grundgesinnung, ist allein abhängig von seinem guten oder bösen Wollen und damit von seiner freien Entscheidung oder freien Selbstbestimmung. Unter dem ›sittlichen Wert‹ bzw. ›Unwert‹ soll also jene Qualität eines Menschen verstanden werden, die er sich *allein* kraft seiner freien Entscheidung selbst gibt. Unter den ›nicht-sittlichen Werten‹ bzw. ›Übeln‹ sollen demgegenüber alle Güter bzw. Übel verstanden werden, deren Realisierung *nicht oder nicht allein* von der freien Selbstbestimmung des Menschen, sondern von noch vielen anderen Umständen abhängt.

Ist man also der Auffassung, die Würde eines Menschen realisiere sich im Kern in seiner moralischen Grundgesinnung, so wird man wie im Beispieltext zu Anfang auch sagen müssen: Kein anderer und keine Umstände können meine eigene Menschenwürde im Kern verletzen; der einzige, der sie verletzen kann, bin ich selbst, und zwar nur durch meine Entscheidung zur Unmoral.

Immanuel Kant hat diese Unterscheidung in seiner ›Grundlegung zur Metaphysik der Sitten‹ (BA 1–3) erläutert:

»Es ist überall nichts in der Welt, ja überhaupt auch außer derselben zu denken möglich, was ohne Einschränkung für gut könnte gehalten werden, als allein ein guter Wille. Verstand, Witz, Urteilskraft, und wie die Talente des Geistes sonst heißen mögen, oder Mut, Entschlossenheit, Beharrlichkeit im Vorsatze, als Eigenschaften des Temperaments, sind ohne Zweifel in mancher Hinsicht gut und wünschenswert; aber sie können auch äußerst böse und schädlich werden, wenn der Wille, der von diesen Naturgaben Gebrauch machen soll und dessen eigentümliche Beschaffenheit darum Charakter heißt, nicht gut ist. Mit den Glücksgaben ist es ebenso bewandt . . .

Der gute Wille ist nicht durch das, was er bewirkt, oder ausrichtet, . . . sondern allein durch das Wollen, d. i. an sich, gut, und, für sich selbst betrachtet, ohne Vergleich weit höher zu schätzen, als alles, was durch ihn . . . nur immer zu Stande gebracht werden könnte. Wenn gleich durch eine besondere Ungunst des Schicksals, oder durch kärgliche Ausstattung einer stiefmütterlichen Natur, es diesem Willen gänzlich an Vermögen fehlete, seine Absicht durchzusetzen; wenn bei seiner größten Bestrebung dennoch nichts von ihm ausgerichtet würde, und nur der gute Wille ... übrig bliebe: so würde er wie ein Juwel doch für sich selbst glänzen, als etwas, das seinen vollen Wert in sich selbst hat.«

In diesem Text macht Kant einschlußweise auch auf die innere Bezogenheit des guten Willens (des sittlichen Werts) auf alle nicht-sittlichen Güter aufmerksam. Obwohl beide einerseits klar auseinander gehalten werden müssen, gehören sie anderseits doch auch ganz eng zusammen. Unter den nicht-sittlichen Gütern verstanden wir all das, was unser aller Leben angenehm, glücklich und zufriedenstellend macht. Von deren Realisierung, so sagten wir weiter, hänge aber nicht der sittliche Wert unserer Persönlichkeit ab. Kurz gefaßt, scheint unsere sittliche Aufgabe nun darin zu bestehen, diese Güter, die unser aller Leben glücklich machen, in gerechter Weise zu verteilen und nach Kräften zu mehren sowie die Übel nach Möglichkeit zu mindern. Die tatsächliche Erfüllung dieser Aufgabe hängt allerdings von zwei Faktoren ab: erstens von unserem Entschluß, daß wir dies überhaupt realisieren *wollen*; zweitens von den vielen Umständen und Zufällen, die es uns möglich machen, dies auch erreichen zu *können*. Ob wir diese Aufgabe erfüllen wollen, ist ganz unsere eigene Sache, liegt ganz an uns selbst, hängt von nichts anderem ab als von unserem freien Wollen. Ob wir sie dann aber auch erfüllen können, ist wesentlich auch eine Sache des guten bzw. schlimmen Geschicks. Der gute Wille oder der sittliche Wert wird also definiert von der grundsätzlichen Entschlossenheit eines Menschen her, das im nicht-sittlichen Sinn Gute in dieser Welt mehren und gerecht verteilen zu wollen. Ein Mensch guten Willens kann nur derjenige sein, der ernsthaft eine für alle bessere, glücklichere und erträglichere Welt will. Dem sittlichen Wert dieses Wollens können Erfolg oder Mißerfolg weder etwas hinzufügen noch nehmen. Wer ›Menschenwürde‹ in dem genannten zweiten Sinn versteht, vertritt eindeutig eine Gesinnungs- im Unterschied zu einer Erfolgsethik: Die moralische Qualität eines Menschen hängt *allein* vom guten bzw. schlechten Wollen ab, nicht aber vom zufälligen Eintritt von Erfolg oder Mißerfolg.

c) Der Vorrang des sittlichen Werts vor allen nicht-sittlichen Werten: Gewissens- und Glaubensfreiheit

SOWOHL DER TEXT KANTS als auch der Beispieltext zu Anfang und die bisher genannten Beispiele standen nicht nur für die These, es sei *gut*, die moralische Gesinnung zu haben, sondern auch für die weitergehende These, dies sei *über alles* gut: Im Konkurrenzfall habe die sittliche Integrität des Gewissens Vorrang vor allem, was Menschen glücklich mache. Daher auch die schon erwähnte sokratische Formel: Unrecht leiden ist besser als Unrecht tun.

Gibt es eine Begründung für diese Bewertung? Läßt sich vielleicht durch ein schlußfolgerndes Verfahren nachweisen, daß es sich so und nicht anders verhält, daß es also auf die Realisierung sittlicher Güte unbedingt, auf die der nicht-sittlichen Werte (des Glücks) demgegenüber nur bedingt ankommt?

Meines Erachtens ist eine schlußfolgernde Argumentation hier nicht mehr möglich. In einem schlußfolgernden Argument wird aus gegebenen Prämissen eine Folgerung abgeleitet. Um ein einfaches Beispiel zu nennen: Aus den beiden Prämissen: ›Schmerzen sind ein Übel‹ und: ›Kleine Kinder mit schweren Gegenständen zu schlagen verursacht große Schmerzen und u. U. gesundheitliche Dauerschäden‹ folgt die generelle Verwerflichkeit von Kindesmißhandlungen. Wie aber beweist man die angenommenen Prämissen eines Arguments? Möglicherweise wieder durch schlußfolgerndes Argumentieren. Schließlich scheinen aber Prämissen so beschaffen sein zu müssen, daß sie als letzte Ausgangsprämissen dienen können und so eines schlußfolgernden Beweises weder fähig noch bedürftig sind. Die Prämisse: ›Schmerzen sind ein Übel‹ ist von dieser Art, desgleichen alle Urteile, in denen ein Sachverhalt als *in sich* gut bzw. schlecht oder als im Vergleich zu einem anderen besser oder schlechter bezeichnet wird. Demnach müßte auch das hier zur Diskussion stehende Urteil, es sei über alles gut, den Standpunkt der Moral einzunehmen oder die Integrität seines Gewissens zu wahren, eines schlußfolgernden Beweises weder fähig noch bedürftig sein.

Diese Frage nach der Begründung letzter Werturteile soll an dieser Stelle nun nicht weiter verfolgt werden, sondern dem VIII. Kapitel vorbehalten bleiben. Hier mag es genügen, wenn eine Art indirekten Beweisverfahrens angewandt wird. Wir können uns nämlich – wie wir es schon öfter getan haben – fragen, ob diese These vom Vorrang des sittlichen Werts vor allen nicht-sittlichen Werten in Einklang mit anderen von uns vertretenen wichtigen sittlichen

Überzeugungen steht oder nicht. Wir fragen also nach der inneren Konsistenz unseres sittlichen Bewußtseins.

Diese These steht erstens, wie schon erwähnt, mit der wohl von vielen vertretenen Auffassung in Einklang, die Verhaltensweisen eines Josef Schulz, Janusz Korczak, einer Marianne Collin usw. seien im moralischen Sinn vorbildlich und achtenswert. Zweitens scheint sich auch nur unter Voraussetzung ihrer Richtigkeit das Menschenrecht auf Gewissens- und Glaubensfreiheit als ein unbedingtes, nicht nur prima-facie geltendes Recht erweisen zu lassen.

Dieses Menschenrecht bezieht sich nicht, wie etwa das Recht auf Leben und körperliche Unversehrtheit, nur auf das Wohl und Wehe des Menschen, sondern auf ihn, insofern er ein sittliches Wesen ist. Geschützt wird er in seiner sittlichen, auch irrigen sittlichen Überzeugung, wobei die Glaubensfreiheit nur einen Sonderfall der Gewissensfreiheit darstellt. Was ist genau mit diesem Recht gemeint? Gemeint ist folgendes: Es ist immer falsch, wenn man einen Menschen durch Versprechungen oder Drohungen zu etwas zu bringen oder zu zwingen sucht, was seiner ernsten Gewissensüberzeugung *wider*spricht. So darf man einen Menschen unter Umständen zwar daran *hindern*, das zu tun, was er für richtig hält, man darf ihn aber niemals zu einer Handlungsweise verleiten, die klar *gegen* sein Gewissen ist. So dürfte man Wehrdienstverweigerer aus Gewissensgründen unter Umständen zwar daran hindern, für ihre Auffassung öffentlich zu werben, man dürfte sie aber nicht zwingen – etwa unter Androhung der Todesstrafe –, Waffendienst zu leisten. (Die Klarheit dieser Unterscheidung als solcher schließt nicht aus, daß Abgrenzungen im Einzelfall oft sehr schwierig sein können.)

Warum aber ist es immer falsch, Gewissenszwang auszuüben? Nach der hier zur Diskussion stehenden These folgt dies daraus, daß der sittliche Wert Vorrang vor allem anderen verdient. Denn wer den Versuch unternähme, einen Menschen dazu zu bewegen, gegen seine (irrige) Gewissensüberzeugung zu handeln, würde um irgendwelcher anderen Dinge willen sich dessen Unmoral zum Ziel setzen; er würde dasjenige, was er nur bedingt schätzen sollte, demjenigen vorziehen, was er unbedingt schätzen sollte. In der theologischen Redeweise heißt das schlicht, es sei immer unerlaubt, einen Menschen zur Sünde zu verführen, und zwar deswegen, weil man durch die Sünde sein Heil verliere. Die These vom unbedingten Wert der Moralität erklärt demnach ohneweiters das ausnahmslose Recht auf Gewissens- und Glaubensfreiheit. Dieses Grundrecht läßt sich also mit der Menschenwürde im zweiten Sinn zutreffend begründen.

6. Gelassenheit

Nach der hier eingeführten Terminologie läßt sich nun auch sagen: Unter ›Menschenwürde‹ im ersten Sinn verstehen wir die Bestimmung jedes Menschen, die für ihn wichtigen nicht-sittlichen Güter (sein Glück) zu realisieren, im zweiten Sinn seine Berufung zur Realisierung des sittlichen Werts (sittliche Güte, Moralität). Auf die Realisierung sittlicher Güte kommt es für jeden reifen Menschen unbedingt, auf die des Glücks nur bedingt an; dabei liegt die Verwirklichung sittlicher Güte ganz allein in der Freiheit jedes einzelnen begründet, dagegen hängt die des Glücks (auch) von zahlreichen Umständen ab.

Diese Unterscheidung und ihre Beherzigung scheint – wenn sie richtig ist – von sehr großer praktischer Bedeutung zu sein. Daraus ergibt sich nämlich einerseits, daß es nichts Wichtigeres für jeden einzelnen gibt, als nach Kräften, d. h. soweit es in seiner Macht steht, danach zu trachten, daß das Leben aller erträglicher, besser, glücklicher wird. Vorrang vor allem anderen hat dieses ernsthafte sittliche Bemühen. Anderseits ist nach dieser Konzeption aber auch niemand überfordert oder in die Verzweiflung getrieben, weil er feststellen muß, daß es weder ihm noch anderen jemals gelingen wird, für alle eine erträgliche und glückliche Welt zu schaffen. Die sittliche Aufgabe erscheint hier nicht wie ein Kampf gegen Windmühlen, für den von vornherein schon feststeht, daß er niemals gewonnen werden kann. Das heißt dann aber, jeder kann seine sittliche Aufgabe mit innerer Gelassenheit angehen. Denn letztlich hängt die Erfüllung des Sinns unseres eigenen Lebens nur von uns selbst, von unserem guten Wollen ab, nicht von anderen Menschen oder Umständen. Entsprechend hängt auch die Erfüllung des letzten Sinns des Lebens jedes Mitmenschen nicht von uns und unserem Zutun ab, sondern einzig und allein von ihm selbst, von seinem guten sittlichen Wollen.

Diese Gelassenheit findet sich im Neuen Testament an zahlreichen Stellen nachdrücklich (selbstverständlich in theologischer Sprache) formuliert. In der Bergpredigt heißt es: »Sorgt euch nicht ängstlich um euer Leben und darum, daß ihr etwas zu essen habt, noch um euren Leib und darum, daß ihr etwas anzuziehen habt . . . Macht euch also keine Sorgen und fragt nicht: Was sollen wir essen? Was sollen wir trinken? Was sollen wir anziehen? Denn um all das geht es den Heiden. Euer Vater im Himmel weiß, daß ihr das alles braucht. Euch soll es zuerst um sein Reich und seine Gerechtigkeit gehen; dann wird euch alles andere dazugegeben« (Mt. 6, 25.31–33).

Was Gelassenheit im sittlichen Bemühen bedeutet, läßt sich am ehesten am Gegenbild des sittlichen Fanatikers ablesen. Er begegnet uns in zwei verschiedenen Varianten, in einer eher historischen und einer eher modernen. In der eher historischen Form geht man von der irrigen Auffassung aus, die Moralität oder das Heil des Mitmenschen, also das, worauf es unbedingt ankommt, hänge nicht allein von dessen freier Stellungnahme ab, sondern auch vom Zutun anderer. Aus Nächstenliebe fühlt man sich dann dazu gedrängt, alles zu unternehmen, um das Heil des Nächsten zu sichern. Notfalls müssen Feuer und Schwert herhalten, um wahre sittliche Güte oder den wahren Glauben, von dem man sich das Heil abhängig denkt, zu erzwingen. Man steht vor dem Phänomen der Ketzerverbrennung, der Kreuzzüge und der Religionskriege.

Wie sich ein solcher durchaus ehrlich gemeinter Fanatismus ausmacht, läßt sich an der kurz vor der sogenannten Bartholomäusnacht (Ermordung der Hugenotten in Paris in der Nacht vom 23. auf den 24. 8. 1572) gehaltenen Predigt des Père Panigarola ablesen, wie sie C. F. Meyer in seiner Erzählung ›Das Amulett‹ historisch zutreffend nachzeichnet: »Christen, was ist die Duldung, welche man von uns verlangt? Ist sie christliche Liebe? Nein, sage ich, dreimal nein! Sie ist eine fluchwürdige Gleichgültigkeit gegen das Los unserer Brüder! Was würdet ihr von einem Menschen sagen, der einen andern am Rande des Abgrunds schlummern sähe und ihn nicht weckte und zurückzöge? Und doch handelt es sich in diesem Falle nur um Leben und Sterben des Leibes. Um wie viel weniger dürfen wir, wo ewiges Heil oder Verderben auf dem Spiele steht, ohne Grausamkeit unsern Nächsten seinem Schicksal überlassen! Wie? es wäre möglich, mit den Ketzern zu wandeln und zu handeln, ohne den Gedanken auftauchen zu lassen, daß ihre Seelen in tödlicher Gefahr schweben? Gerade unsre Liebe zu ihnen gebietet uns, sie zum Heil zu überreden und, sind sie störrisch, zum Heil zu zwingen, und sind sie unverbesserlich, sie auszurotten, damit sie nicht durch ihr schlechtes Beispiel ihre Kinder, ihre Nachbarn, ihre Mitbürger in die ewigen Flammen mitreißen!«

Religiös gefärbte moralische Fanatiker sind heute zwar nicht ausgestorben, doch seltener als früher. Dafür herrscht allerdings eine andere Form moralischen Fanatismus vor: Ist man der Überzeugung, der letzte Sinn menschlichen Lebens bestehe nicht bzw. nicht nur in sittlicher Güte, im guten Willen oder in der Integrität des persönlichen Gewissens, ist man also der Auffassung, der letzte Sinn des Lebens erfülle sich allein bzw. auch in der Realisierung innerweltlichen Glücks (nicht-sittlicher Werte), dann wird man – wiederum aus Nächstenliebe – im Extremfall den Weg von Zwang und Gewalt einschlagen müssen: Heutige politische ›Heilslehren‹ zeigen zur Genüge, was es heißt, seine Mitmenschen (gewöhnlich keineswegs aus Menschenverachtung, sondern gerade aus irrender Menschenliebe) zu ihrem Glück zu zwingen. Sittliches Bemühen in voller Ernsthaftigkeit, doch ohne Fanatismus, also in Gelassenheit, scheint nur möglich, wenn man einerseits anerkennt, daß die Erfüllung des letzten Sinns menschlichen Lebens, also der sittliche Wert eines Menschen, allein in seinem eigenen freien Wollen gelegen ist, niemals abhängig von etwas oder von irgend jemandem außer ihm selbst, und wenn man anderseits zugleich sieht, daß der sittliche Wert in nichts anderem besteht als in dem ernsthaften Bemühen, das Leben aller erträglicher und glücklicher zu machen, also in dem ehrlichen Bemühen um die Realisierung der nicht-sittlichen Güter.

7. Der theistische Hintergrund der Rede von Menschenwürde und Menschenrechten

Zum Schluss möchte ich auf einen Sachverhalt aufmerksam machen, der uns im VIII. Kapitel noch weiter beschäftigen wird: Die Redeweise von Menschenwürde und Menschenrechten, ihre Fassung und Begründung, wie sie hier versucht wurde und wie sie meines Erachtens auch üblich ist, scheint mit einer atheistischen Weltanschauung logisch unvereinbar und nur auf der Basis einer theistischen Position verständlich zu sein. Entscheidend ist folgender Gesichtspunkt: Die Menschenrechte werden hier als vorpositive Rechte, als jeder staatlichen Gesetzgebung vorgeordnet und entzogen verstanden. Oder anders: Man versteht den Menschen als ein Wesen, dem eine Bestimmung oder eine sinnvolle Ausrichtung vor jeglicher Festlegung durch irgendeine menschliche Gemeinschaft, ja sogar vor jeder Festlegung durch ihn selbst zukommt. Solche vorgegebenen Sinnzusammenhänge erscheinen als Maßstab für das, was jeder einzelne zu tun und zu lassen hat und wie die Gesellschaft mit ihm verfahren darf bzw. nicht verfahren darf. Die Frage, die sich hier stellt, ließe sich etwa folgendermaßen formulieren: Wie ist es möglich, daß es in dieser Welt vorgängig zum Menschen und zu seinen Aktivitäten Sinn- oder Wertzusammenhänge gibt? Vielfach hat man auf diese Frage geantwortet, dies sei nur möglich, wenn man die Existenz eines Wesens voraussetze, das Sinn und Wert in sich selbst sei.

8. Folgerungen für die Entwicklung einer allgemeinen ethischen Normierungstheorie

DURCH DIE UNTERSCHEIDUNG zwischen sittlicher Paränese und normativer Ethik ist in diesem Kapitel deutlicher geworden, daß es sich bei einer allgemeinen ethischen Normierungstheorie um die Zusammenstellung jener allgemeinen Gesichtspunkte handelt, mit deren Hilfe sich sittliche Konflikte oder Zweifelsfragen einer angemessenen argumentativen Lösung zuführen lassen.

Zweitens hat uns die Erörterung der Menschenwürde und der Menschenrechte darauf aufmerksam gemacht, daß es beim sittlichen Handeln und Verhalten keineswegs nur um die Schaffung einer besseren Welt, in der sich glücklicher leben läßt, geht (Realisierung nicht-sittlicher Werte), sondern darin eingeschlossen um die Selbstverwirklichung des Menschen im letzten Sinn, d. h. um die Realisierung sittlicher Güte (des sittlichen Werts). (Nebenher bemerkt, hat man auch bei der Verwendung des Wortes ›Selbstverwirklichung‹ wie bei der von ›Menschenwürde‹ zwei unterschiedliche Aspekte zu unterscheiden: einmal die Verwirklichung von Talenten, Anlagen und Fähigkeiten im Sinne einer Realisierung nicht-sittlicher Werte und dann die Selbstbestimmung des Menschen zu wahrer sittlicher Güte, die zum ersten Aspekt unter Umständen in Konkurrenz treten kann.)

V. Der Standpunkt der Moral: Selbstlosigkeit oder Selbstsucht

1. Beispielgeschichte

Das Zwiebelchen, aus F. M. Dostojewskij, Die Brüder Karamasow, Stuttgart 1974, 474 f.

»Es war einmal ein Weib, eine sehr, sehr böse Frau, und die starb. Und sie hatte in ihrem Leben keine einzige gute Tat vollbracht. Da packten sie die Teufel und warfen sie in den Feuersee. Ihr Schutzengel aber stand dabei und dachte: Welcher guten Tat von ihr könnte ich mich wohl erinnern, um sie Gott zu erzählen? Da fiel ihm etwas ein, und er sprach zu Gott: ›Sie hat einmal in ihrem Gemüsegarten ein Zwiebelchen aus der Erde gezogen und es einer Bettlerin gegeben.‹ Und Gott antwortete ihm: ›Nimm dieses Zwiebelchen und halte es ihr in den See, damit sie sich daran klammere, und wenn es dir gelingt, sie aus dem See herauszuziehen, so möge sie ins Paradies eingehen. Wenn aber das Zwiebelchen abreißt, so soll das Weib bleiben, wo es jetzt ist.‹ Der Engel lief zu dem Weibe und hielt ihm das Zwiebelchen hin: ›Hier Weib‹, sprach er, ›faß an und laß dich daran herausziehen.‹ Und er begann vorsichtig zu ziehen und hätte sie beinahe herausgezogen; als aber die anderen Sünder im See das sahen, klammerten sie sich alle an sie, damit man auch sie mit ihr zusammen herauszöge. Doch das Weib war ein böses, sehr böses Frauenzimmer, es stieß sie mit den Füßen von sich: ›Mich zieht man heraus, nicht euch, es ist mein Zwiebelchen und nicht eures.‹ Kaum hatte sie das gesagt, riß das Zwiebelchen ab. Und das Weib fiel in den See zurück und brennt dort noch bis auf den heutigen Tag. Der Engel aber weinte und ging von dannen.«

2. Die Einnahme des moralischen Beurteilungsstandpunkts als Voraussetzung für eine ernsthafte Erörterung moralischer Probleme

Im Verlauf der Diskussion um Menschenrechte und Menschenwürde wurden im zweiten Teil wie selbstverständlich die Ausdrücke ›sittliche Güte‹, ›Moralität‹, ›guter Wille‹, ›Standpunkt der Moral‹, ›moralische Grundgesinnung‹, ›Heil‹ usw. verwendet, ohne daß sie vorher näher erläutert worden wären. Außerdem haben wir in allen voraufgegangenen Kapiteln z. T. schwierigste Probleme von einer ganz bestimmten Warte oder von einem ganz bestimmten Standpunkt aus erörtert, ohne uns darüber Rechenschaft abzulegen. Moralische Probleme als Suche nach dem sittlich richtigen Verhalten können sich einem nur dann ernsthaft stellen, wenn man bereits den moralischen Standpunkt eingenommen hat: Mit jemandem, der kein Interesse am Fußballspiel hat, wird man nicht über Sinn oder Unsinn der Abseitsregel diskutieren können. Selbstverständlich kann man mit ihm die Frage erörtern, ob überhaupt Fußball gespielt werden sollte – aber dies ist unverkennbar eine Frage anderer Art. Ebenso kann man mit jemandem, der sich an der Moral völlig uninteressiert zeigt, zwar die Frage erörtern, ob es nicht doch sinnvoll ist, den Standpunkt moralischen Urteilens und Handelns einzunehmen, doch solange er sich weigerte, dies zu tun, wäre es sinnlos, mit ihm über moralische Einzelprobleme zu sprechen.

Die bisherigen Erörterungen setzen also bereits stillschweigend die Einnahme des moralischen Beurteilungsstandpunkts voraus. Ihn klarer zu beschreiben und abzugrenzen, ist Aufgabe dieses Kapitels; denn bisher wurde gewöhnlich nur in positiv wertendem Sinn von ihm gesprochen (›sittliche Güte‹, ›Moralität‹ usw. sind sittliche Wertungswörter), es wurde aber noch nicht rein deskriptiv erläutert, worin er denn besteht.

3. Unparteiische Wertschätzung (Liebe)

Ein Blick zurück auf die bisher erörterten normativen Einzelprobleme zeigt, wieso überhaupt spezifisch ethische Probleme entstehen konnten: Umweltschutzfragen moralischer Art ergeben sich nur dann, wenn man davon ausgeht, daß auch zukünftige Generationen, daß u. U. auch Tiere und Pflanzen Ansprüche uns gegenüber haben. Der Schwangerschaftsabbruch wird zu einem moralischen

Problem, sobald man auch Ungeborenen ein Recht auf Leben zuerkennt. Sexualethische Fragen stellen sich nur demjenigen, der nicht ausschließlich die Befriedigung der eigenen Wünsche im Blick hat. Am deutlichsten zeigt sich die vorausgesetzte moralische Grundeinstellung in der Diskussion um Menschenwürde und Menschenrechte: Ernsthafter Diskussionspartner kann nur jemand sein, der zunächst anerkennt, daß alle seinesgleichen dieselben (prima-facie-) Rechte und Pflichten haben.

a) Rationalität

Für jemanden, der den Standpunkt der Frau in Dostojewskijs Legende einnähme, würden sich zwar auch noch Handlungsprobleme stellen, doch wären diese nicht mehr ethischer Art, sondern nähmen die Form bloßer, auf das Eigeninteresse bezogener Klugheitserwägungen an. Denn wer nur sich selbst und sein eigenes Wohl und Wehe im Blick hat, wird, wenn er zugleich klug ist, nicht einfach nach Lust und Laune leben, sondern sich jeweils Gedanken darüber machen, welche Verhaltensweise, aufs Ganze gesehen, in seinem langfristigen und aufgeklärten Eigeninteresse liegen würde.

Solche Überlegungen über das, was auf lange Sicht und aufs Ganze gesehen am ehesten zur Erreichung jener Ziele führt, die man sich gesteckt hat, muß jeder anstellen, der nicht allein dem Augenblick leben, also nicht Sklave seiner momentanen Wünsche, Antriebe und Einfälle sein möchte. Rationales (überlegtes, aufgeklärtes) Handeln im Unterschied zu nicht-rationalem Verhalten ist also noch keineswegs spezifisch moralischer Art. Der Standpunkt der Moral ist nicht identisch mit der durchgängigen Bereitschaft, sein Verhalten von rationalen Gesichtspunkten bestimmt sein zu lassen.

b) Unparteilichkeit

Spezifisch moralisch wird sein Verhalten erst durch die Bereitschaft, den angelegten Maßstab seines Denkens, Urteilens und Handelns nicht nur für sich selbst unter den hier und jetzt herrschenden Umständen gelten zu lassen, sondern sowohl für sich selbst als auch für alle anderen unter allen relevant ähnlichen Umständen. Der Standpunkt der Moral wäre demnach der Standpunkt unparteiischen Urteilens und Handelns – wobei hier mit ›Unparteilichkeit‹

durchaus nicht ›Gleichgültigkeit‹ oder ›Desinteressiertheit‹ gemeint ist. Die Frau in unserer Beispielgeschichte nimmt für sich eine Gunst in Anspruch, die sie ihren Leidensgenossen nicht zukommen lassen will. (Anders als im Vaterunser, in dem um die Gunst der Schuldvergebung gebeten und zugleich die Bereitschaft erklärt wird, anderen dieselbe Gunst zu erweisen.) Ihre Einstellung ist ichbezogen im krassesten Sinn. Sie wäre unparteiisch, wenn die Frau ein gleich starkes Interesse für ihr eigenes wie für das Schicksal der anderen zeigen würde.

Versteht man ›Liebe‹ im Sinne der allgemeinsten positiven Stellungnahme – so wie wir etwa sagen, wir liebten eine Landschaft, ein Bild, unsere Arbeit, ein Buch, unsere Mitmenschen usw. –, so ließe sich die moralische Grundeinstellung auch als ›unparteiische Liebe‹ beschreiben. Was genau damit gemeint ist, läßt sich vielleicht deutlicher machen, wenn man dieses Unparteilichkeitsprinzip zunächst als Schlußfolgerung aus einer rein logischen Regel entwickelt, die dann durch bestimmte Wertannahmen in der Art, wie sie die Umweltschützerin im ersten Kapitel gemacht hat, inhaltlich gefüllt und spezifiziert wird.

c) Universalisierungsregel

Die Universalisierungsregel des englischen Philosophen Richard M. Hare, nach der sittliche Urteile in ihrem Begründungsteil nur Allgemeinbegriffe, doch keine Individualbegriffe enthalten dürfen, macht am ehesten deutlich, daß dem moralischen Unparteilichkeitsprinzip zunächst eine logische Regel zugrunde liegt. Was Hare mit dieser Universalisierungsregel meint, verdeutlicht er an einem fiktiven Dialog zwischen einem Existentialisten und einem Kantianer (Universalisability, in: Proceedings of the Aristotelian Society 55 (1954/55), 304 f.):

E. Du sollst das nicht tun!

K. Du meinst also, *man* solle nicht *in dieser Weise* handeln?

E. Das meine ich nicht; ich sage nur, daß *du das* nicht tun sollst.

K. Meinst du nicht wenigstens einschlußweise, *jemand wie ich* solle *in einer ähnlichen Situation*, in der *vergleichsweise ähnliche Personen* betroffen sind, nicht in dieser Weise handeln?

E. Nein, ich sage nur, daß *du das* nicht tun sollst.

K. Verstehst du dein Urteil als ein sittliches Urteil?

E. Ja.

K. In diesem Fall verstehe ich deinen Gebrauch des Wortes ›sittlich‹ nicht.

Hares Angriff richtet sich zunächst gegen die Ansicht vieler Existentialisten, alle sittlichen Verpflichtungsurteile seien wegen der ›Einzigartigkeit‹ jeder Handlungssituation reine *Einzel*urteile von der Form: ›*Du* sollst in *dieser* Situation *so* handeln.‹ (›Du‹, ›diese Situation‹ und ›so‹ sind Individualbegriffe.) Dagegen meint Hare mit dem Kantianer, alle moralischen Urteile müßten wegen ihrer allgemeinen Begründungsfähigkeit und -bedürftigkeit die Form annehmen: ›*Jeder* soll in *relevant ähnlichen Situationen* in *ähnlicher Weise* handeln.‹ (Alle Individualbegriffe sind durch Allgemeinbegriffe ersetzt.) Man könnte auch so sagen: Im Begründungsteil sittlicher Urteile dürfen keine Eigennamen wie ›ich‹, ›heute‹, ›Deutschland‹ usw. als Konstanten vorkommen, d. h. die bloße Individualität, der Zeitpunkt und der Ort der Handlung, die die Einzigartigkeit jeder Handlungssituation konstituieren, scheiden von vornherein als mögliche moralische Begründungen aus.

Mit diesem Ausschluß des Verweises auf bloße Individualität als möglicher moralischer Begründung ist selbstverständlich auch der Egoismus in seiner krassen Form ausgeschlossen; d. h., nichts kann deswegen richtig sein, nur weil *ich* der Nutznießer bin; niemand hat Vorrang vor irgendeinem anderen, nur weil er er selbst ist. Oder positiv formuliert: Wer sich in bezug auf seine bestimmte Situation fragt, was er selbst oder was ein anderer tun oder lassen solle, muß nach einem Handlungsgrundsatz Ausschau halten, den er auch für alle relevant ähnlichen Situationen als Vorschrift akzeptieren würde. Die Universalisierungsregel in dieser Form erinnert nicht nur an die erste Formulierung des kategorischen Imperativs bei Kant, sondern ist ihr ausdrücklich nachgebildet. Bei Kant heißt es (Grundlegung zur Metaphysik der Sitten BA 52): »Handle nur nach derjenigen Maxime, durch die du zugleich wollen kannst, daß sie ein allgemeines Gesetz werde.«

Bei der Forderung nach Universalisierbarkeit scheint es sich zunächst um die bloße Anwendung einer uns selbstverständlichen logischen Regel zu handeln, nämlich des Prinzips, daß in den relevanten Gesichtspunkten Gleiches als gleich und Ungleiches als ungleich zu beurteilen ist. Wenn jemand beispielsweise einen PKW, der eine Höchstgeschwindigkeit von 50 km/h erreicht, der auf 100 km mehr als 30 Liter Benzin verbraucht und bei seiner Höchstgeschwindigkeit einen Bremsweg von 100 m aufweist, ein schlechtes Auto nennt, dann ist er gehalten, auch jeden anderen PKW ein schlechtes Auto zu nennen, der dem ersten in den relevanten Merkmalen gleicht. Würde er einen Wagen mit diesen Merkmalen dennoch gut nennen, müßte er weitere Merkmale angeben (etwa daß es sich um eines der ersten um die Jahrhundertwende gebauten Automobile handelt), die ihn veranlassen, diesen Wagen im Unterschied zu allen anderen, die ebenfalls die genannten Eigenschaften aufweisen, dennoch als gut zu bezeichnen. Bemängelt jemand die Installation einer elektrischen Leitung, weil der Elektriker sie nicht unter Putz verlegt, die Isolierschicht an manchen Stellen verletzt hat usw., dann muß er auch jede andere derartige Installation als höchst unzulänglich bemängeln. Und noch ein drittes, nun ethisches Beispiel: Verurteilt jemand ein faschistisches Regime, weil es politische Gegner durch Hinrichtung, Folterung oder Ermordung ausschaltet, dann legt er sich damit darauf fest, auch in jedem anderen Fall diese Art der Ausschaltung politisch Andersdenkender zu verurteilen, also auch dann, wenn Vertreter der von ihm bevorzugten politischen Richtung solche Methoden praktizieren.

Jeder, der moralische Wertungen für begründungsfähig und -bedürftig hält, muß in dieser Weise an der Universalisierbarkeitsforderung festhalten; denn eine Begründung stellt eben nichts anderes als den Verweis auf einen allgemein zu handhabenden Grundsatz dar. Daß wir moralische Wertungen tatsächlich für begründungsfähig und -bedürftig halten, zeigt sich auch an folgender Beobachtung: Wir verwenden sittliche oder nicht-sittliche Wertungswörter wie ›gut‹ und ›schlecht‹, ›richtig‹ und ›falsch‹ nicht wie ›rot‹, ›rund‹ oder ›hart‹ zur Bezeichnung von Primäreigenschaften, sondern zur Bezeichnung von nachfolgenden oder Sekundär›eigenschaften‹. Zwei Stühle können sich in allem gleichen außer darin, daß der eine rot, der andere dagegen nicht rot ist; zwei Handlungen aber können nicht in jeder relevanten Hinsicht gleich sein außer darin, daß die eine richtig, die andere dagegen falsch wäre. Die Wertung ›richtig‹ bzw. ›falsch‹ ergibt sich erst nachfolgend aus bestimmten Primärqualitäten: Bezeichne ich einen Schwangerschaftsabbruch in dem einen Fall als richtig, dagegen in einem anderen, der diesem zunächst in allem gleich zu sein scheint, als falsch, so erwartet jeder von mir, daß ich für meine unterschiedliche sittliche Wertung auch ihr zugrundeliegende unterschiedliche Merkmale, Umstände oder Eigentümlichkeiten, in denen sich beide Fälle voneinander unterscheiden, angebe. Die einzigen Gesichtspunkte, die nach der Universalisierungsregel keine Relevanz beanspruchen können, sind bloße Individualität und bloße Orts- und Zeitbestimmungen.

d) Die Goldene Regel und das Doppelgebot der Gottes- und Nächstenliebe

ALS BLOSSE LOGISCHE REGEL enthält die Universalisierbarkeitsforderung noch keinerlei Werturteil, d. h. von keinem Sachverhalt wird gesagt, er sei von Wert bzw. von Übel. Anders verhält es sich mit der Formulierung des Unparteilichkeitsprinzips im Doppelgebot der Gottes- und Nächstenliebe und in der Goldenen Regel, wie sie sich im Neuen Testament finden, sowie in der zweiten Formel des kategorischen Imperativs Kants.

Diese Formulierungen sagen nämlich nicht nur, Gleiches sei als gleich und Ungleiches als ungleich zu beurteilen, sondern fügen darüber hinaus noch das nicht-sittliche Werturteil hinzu, (Gott und) alle Menschen seien Selbstzweck und daher um ihrer selbst willen zu lieben: Mt. 22, 37–40: »Du sollst den Herrn, deinen Gott, lieben mit deinem ganzen Herzen und mit deiner ganzen Seele und mit deinem ganzen Denken. Das ist das wichtigste und erste Gebot. Ebenso wichtig ist das zweite: Du sollst deinen Nächsten lieben wie dich selbst! Auf diesen beiden Geboten beruhen das ganze Gesetz und die Propheten (= die Gesamtheit aller sittlichen Forderungen des Alten Testaments).« Durch die gleichartige Schlußformel zeigt sich, daß die Goldene Regel im Sinne des Gebotes der Nächstenliebe auszulegen ist: Mt. 7, 12: »Alles nun, was ihr (zu Recht) wollt, daß euch die Menschen tun, das sollt auch ihr ihnen tun. Darin besteht das Gesetz und die Propheten.«

Gefordert werden hier also sowohl die Liebe zu sich selbst als auch die zu den Mitmenschen, und zwar gleiche, im Sinne von unparteiischer Liebe: Du *sollst* deinen Nächsten lieben, wie du dich selbst lieben *sollst*. Deutlicher als in diesen beiden Formeln kommt der gemeinsame Grund und Maßstab von Selbst- und Nächstenliebe in der Formulierung Kants zum Vorschein: »Handle so, daß du die Menschheit (= Menschenwürde) sowohl in deiner Person, als in der Person eines jeden andern, jederzeit zugleich als Zweck, niemals bloß als Mittel brauchest« (Grundlegung zur Metaphysik der Sitten BA 66 f.). Um der allen Menschen gemeinsamen Menschen- oder Personwürde willen – das ist die Konzeption – verdient jeder Mensch gleicherweise als Mensch geschätzt und geachtet zu werden: »Jeder zähle als einer, und keiner zähle als mehr als einer«, so lautet die Fassung dieses Unparteilichkeitsprinzips bei Jeremy Bentham.

e) Die Feindesliebe als Ernstfall der Nächstenliebe

Ein Ernst- oder Probefall für die Unparteilichkeit der Liebe ist die Einstellung gegenüber dem Feind. Würde jemand den Unterschied zwischen Freund und Feind für ethisch relevant halten, dann würde er sich damit auf den Standpunkt des parteiischen Egoismus stellen. Denn worin unterscheiden sich Freund und Feind? Der Freund will einem wohl, der Feind will einem übel. Der Gesichtspunkt, nach dem zwischen Freund und Feind unterschieden wird, ist also das eigene Wohl und Wehe: Der Freund will nützen, der Feind schaden. Würde jemand nur den Freund, nicht auch den Feind lieben, so würde er letztlich nur sich selbst lieben; denn auch den Freund liebte er dann nur als Mittel zur Sicherung seines eigenen Wohlergehens. Bloße Freundesliebe ist parteiischer Egoismus, in dem man sich selbst einen Vorrang vor allen anderen deswegen einräumt, weil man man selbst ist. Und damit stehen wir wieder bei der logischen Regel, daß der Verweis auf die bloße Individualität kein moralisches Argument und entsprechendes Verhalten deswegen kein moralisches sein kann. Genau diese Identifizierung der bloßen Freundesliebe unter Ausschluß der Feindesliebe mit dem sittlich nicht zu rechtfertigenden Egoismus nimmt das Neue Testament vor. In Lk. 6, 27–33 heißt es: »Liebt eure Feinde, tut denen Gutes, die euch hassen. Segnet die, die euch verfluchen. Betet für die, die euch mißhandeln . . . Wenn ihr nur die liebt, die euch lieben, welchen Dank wollt ihr dafür erwarten? Auch die Sünder lieben die, von denen sie geliebt werden. Und wenn ihr nur denen Gutes tut, die euch Gutes tun, welchen Dank wollt ihr dafür erwarten? Das tun auch die Sünder.«

Wenn demnach die Feindesliebe als eine Echtheitsprobe unparteiischer Gesinnung oder wahrer Moralität angesehen werden muß, so erscheint es unsinnig, in ihr – wie es vielfach geschieht – eine besonders hohe Stufe von Moralität oder eine besonders radikale Sittlichkeit zu sehen. Wirkliche moralische Gesinnung ist von genau dem Ernst, wie er sich in der Feindesliebe zeigt. Wer nicht gewillt ist, auch seine Feinde zu lieben, steht damit nicht auf einer niedrigeren moralischen Stufe, sondern steht außerhalb der Moral. Ferner kann es sich beim neutestamentlichen Gebot der Feindesliebe auch nicht um eine spezifisch christliche Forderung handeln – wie man manchmal sagt –; denn wenn, wie gezeigt, wahre Moralität definitionsgemäß die Bereitschaft zur Feindesliebe einschließt, würde man mit einer solchen Annahme zugleich behaupten, nur Christen seien zu wahrer Moralität fähig. Das aber scheint absurd.

f) Eine logische Analyse des Doppelgebotes der Gottes- und Nächstenliebe

Zum Schluss sei noch ein kurzes Wort zum Gebot der Gottesliebe angefügt. Gerade dieser erste Teil des Doppelgebotes zeigt deutlich, daß hier mit ›Liebe‹ zunächst nur die Gesinnung allgemeinster Achtung, Wertschätzung und Anerkennung gemeint sein kann, nicht primär die daraus möglicherweise entspringenden Taten der Liebe. Denn für jeden aufgeklärten Theisten steht fest, daß Gott nicht bedürftig, nicht auf unsere Wohltaten angewiesen sein kann. Doch warum sollen wir nach theistischer Auffassung Gott in diesem Sinn lieben? Die Antwort kann nicht lauten, er sei doch der Schöpfer von allem; denn wäre ein böswilliger Dämon unser Schöpfer, so dürften wir ihn deswegen noch lange nicht lieben. Nicht weil Gott unser Schöpfer, sondern weil er über alles gut ist, haben wir Grund, ihn anzuerkennen und zu ehren.

Genau besehen, ergibt sich das Doppelgebot der Liebe (und entsprechend die Goldene Regel) demnach aus zwei unterschiedlichen Prämissen: erstens aus der auf eine logische Regel zurückführbaren Unparteilichkeitsforderung, in der die moralische Grundgesinnung, -haltung oder -einstellung ausformuliert ist, und zweitens aus Urteilen über nicht-sittliche Wertsachverhalte:

sittliche Grundnorm:	1. Du sollst *unparteiisch* alles Gute gemäß seinem Wert lieben.
nicht-sittl. Wertprämisse:	2. a) Gott *existiert* und ist über alles gut.
	b) *Jeder* Mensch besitzt in gleicher Weise Personwürde.
Doppelgebot:	3. Du sollst Gott über alles lieben und deinen Nächsten wie dich selbst.

An dieser Aufschlüsselung zeigt sich deutlich, daß sowohl ein Theist als auch ein Atheist, sowohl ein ethischer Universalist (jemand, der von der gleichen Personwürde *aller* Menschen überzeugt ist) als auch ein ethischer Partikularist (jemand, der irrigerweise meint, nur einigen Menschen, etwa seinen eigenen Stammesangehörigen oder den freien Bürgern im Unterschied zu den Fremden oder den Sklaven komme die gleiche Personwürde zu) die moralische Grundeinstellung besitzen, also ein sittlich guter Mensch sein kann. Denn ob jemand die sittliche Grundeinstellung besitzt oder nicht, hängt, falls er überhaupt die Reife erlangt hat, den Unterschied zwischen unparteiischer und egoistisch-parteiischer Liebe zu erfassen, *allein* davon ab, ob er sie besitzen will oder nicht, also von seiner freien Entscheidung; ob aber jemand Theist ist oder nicht, ethischer Universalist oder nicht, hängt nicht ausschließlich von seinem freien Wollen, sondern primär von der entsprechenden rechten Einsicht in diese nicht-sittlichen (allerdings sittlich hochbedeutsamen) Sachverhalte ab. Im moralischen Sinn gut sein kann jeder, er muß es (bei entsprechender Reife) nur wollen; dagegen hängt die rechte Einsicht in die sittlich relevanten Sachverhalte nicht nur vom guten Willen, sondern auch von vielen anderen glücklichen Umständen ab.

4. Die Bedeutung des Unparteilichkeitsprinzips

Der Standpunkt der Moral besteht demnach in der Bereitschaft zu unparteiischer Liebe oder – wie sich vom Doppelgebot der Liebe her formulieren läßt – in der Grundgesinnung, alles Gute genau in dem Maß, wie es gut ist, zu lieben und alles Schlechte genau in dem Maß, wie es schlecht ist, zu hassen. Von demjenigen, der so gesinnt ist, sagen wir wertend, er sei ein selbstloser, uneigennütziger, moralischer oder sittlich guter Mensch. Demgegenüber bezeichnen wir denjenigen, der nur an sich selbst denkt, der nur um sein eigenes Ich kreist, der alles nur daran bemißt, wie es ihm gefällt und nützt, als einen selbstsüchtigen, unmoralischen oder sittlich schlechten Menschen.

Die Entschiedenheit zu unparteiischer Liebe hatten wir auch als die Bereitschaft bezeichnet, die eigenen moralischen Urteile zu universalisieren: Jeder, der ernsthaft behauptet, eine Handlung sei sittlich richtig oder falsch, gut oder schlecht, geboten oder verboten, erlaubt oder unerlaubt, ist damit gehalten, dieselbe Ansicht in bezug auf jede in den relevanten Gesichtspunkten ähnliche Handlung zu vertreten. Was ist im einzelnen mit dieser Bereitschaft, unparteiisch zu urteilen oder seine moralischen Urteile zu universalisieren, gemeint? Es lassen sich wenigstens vier Stufen der Unparteilichkeit oder der Universalisierung voneinander unterscheiden. Veranschaulicht man sich alle vier Stufen, so wird deutlich werden, daß die Schwierigkeit für uns alle nicht darin besteht, das Unparteilichkeitsprinzip in seiner Geltung einzusehen, sondern es im eigenen Urteilen und Handeln durchgängig zu beachten. Es stellt ein Problem nicht so sehr für unsere Vernunft, sondern für unser Wollen dar.

a) Die erste Stufe der Unparteilichkeit: Sich selbst und sein Urteil in allen relevant ähnlichen Situationen prüfen

Wir hatten schon gesagt, daß bloße Individualität oder rein numerische Unterschiede sittlich irrelevant sind. Etwas, was für mich in dieser Situation richtig ist, kann für mich in einer anderen Situation oder für einen anderen falsch sein. Doch sollte dies zutreffen, so muß zwischen dieser und jener Situation oder zwischen mir und dem anderen ein Unterschied bestehen, der unter den gegebenen Umständen zu Recht als sittlich relevant zu gelten hätte. Etwas, was in jener Situation oder was für einen anderen falsch ist, kann nicht in dieser Situation oder für mich nur deswegen richtig sein, weil es diese Situation ist und nicht jene oder weil ich ich selbst bin und nicht der andere. Schon häufig haben Vertreter der südafrikanischen Apartheid den moralischen Anspruch kritisiert, mit dem sich einige Regierungen gegen diese Form der Rassenpolitik wenden, und zwar mit dem Hinweis darauf, daß solche Regierungen entweder im eigenen Land eine ganz ähnliche Rassenpolitik vertreten oder eine solche in anderen Ländern nicht oder nicht mit demselben Nachdruck verurteilen. Ein solcher Einspruch ist zweifellos berechtigt; denn wer einen moralischen Grundsatz vertritt, kann ihn nur dann ernsthaft vertreten, wenn er ihn in allen ähnlichen Handlungssituationen und gegenüber jedermann, also unparteiisch, ohne Ansehen der Person, vertritt. Seinen moralischen Ernst kann man nur dadurch zum Ausdruck bringen, daß man keinerlei Abstriche an der für richtig gehaltenen sittlichen Forderung vornimmt – weder gegenüber sich selbst noch gegenüber irgendwelchen Freunden. Bei einem Interview wurde einem Vertreter der irischen Untergrundbewegung der Vorwurf gemacht, ihr Kampf koste zahllose unschuldige Menschen das Leben. Diesem Vorwurf begegnete der IRA-Mann mit dem Hinweis, auch er selbst sei bereit, sein eigenes Leben und das seiner Familienangehörigen zu riskieren. Auf der ersten Stufe der Unparteilichkeit fragt man sich also, ob man bereit ist, die moralische Überzeugung, die man in einer bestimmten Situation vertritt, auch für alle ähnlichen Situationen aufrechtzuerhalten, und zwar selbst dann noch, wenn sich dies für einen selbst nicht mehr auszahlt oder sich gar als nachteilig erweist.

Daß schon diese erste Stufe in argumentativer Hinsicht viel ausrichten kann, zeigt ein kurzer Text Abraham Lincolns mit der Überschrift ›Fragment über die Sklaverei‹ (A. Lincoln, The collected Works, Bd. II, New Brunswick (N. J.) 1953, 222 f.):

»Wenn A. auch noch so schlüssig beweisen könnte, daß er zu Recht B. versklaven kann, warum sollte dann nicht B. sich des gleichen Arguments bemächtigen und auf die gleiche Weise beweisen, daß er A. versklaven kann. –

Sie sagen vielleicht, A. ist weiß und B. ist schwarz. Dann ist es also *die Farbe* (die den Rechtsgrund für die Versklavung abgeben soll); der Hellere wäre berechtigt, den Dunkleren zu versklaven? Aber Vorsicht! Auf Grund dieses Prinzips könnten Sie auch der Sklave des ersten besten Mannes werden, der zufällig eine (noch) hellere Hautfarbe besitzt als Sie.

Sie meinen nicht genau die *Farbe*? – Sie meinen, daß die Weißen den Schwarzen gegenüber *intellektuell* überlegen seien und daher das Recht hätten, jene zu versklaven? Vorsicht auch hier. Auf Grund dieses Prinzips könnten Sie zum Sklaven des ersten besten Mannes mit einem besseren Intellekt werden, der Ihnen begegnet. Sie sagen, es sei letztlich eine Frage des *Interesses*, und wenn Sie es als Ihr *Interesse* erweisen können, dann hätten Sie das Recht, einen anderen zu versklaven. Nun gut, aber wenn der andere zeigen kann, daß es (noch mehr) in seinem Interesse liegt, Sie zu versklaven?« (Übersetzung von Iring Fetscher).

b) Die zweite Stufe der Unparteilichkeit: Sich vorstellen, alle würden nach dem eigenen Handlungsgrundsatz vorgehen

Solange man seine sittlichen Überzeugungen nur an realen oder real möglichen Situationen überprüft, kommt gewöhnlich eine besondere Form von egoistischer Parteilichkeit nicht in den Blick, nämlich jene, die wir bereits im Zusammenhang mit der Erörterung der Ehe als einer Institution erwähnt haben. Denn vielfach wird übersehen, daß bei institutionellen oder institutionsbestimmten Handlungen eine gefahrlose oder wenig nachteilige Beanspruchung von Ausnahmen nur deswegen möglich ist, weil die meisten anderen solche Ausnahmen nicht für sich beanspruchen. Wir hatten schon angemerkt, daß die Institution des Versprechens keine Überlebenschance hätte, wenn alle die Regel akzeptierten und praktizierten, man brauche seine Versprechen nur dann zu halten, wenn man in derselben Zeit nichts Nützlicheres tun könnte. Oder die Institutionen ›Freundschaft‹ und ›Ehe‹ würden aufhören zu existieren, wenn alle die Regel befolgten, man solle genau so lange zum anderen stehen, wie sich einem keine vorteilhaftere Beziehung anbiete. Jeder weiß, daß es Menschen gibt, die nach diesem Prinzip leben. Auf Dauer ist dies aber nur deswegen möglich, weil sich die Mehrzahl der Menschen anders verhält.

Um herauszufinden, ob der Entschluß zu einer bestimmten institutionellen oder institutionsbestimmten Handlungsweise tatsächlich unparteiisch und nicht egoistisch ist, müssen wir uns fragen, was denn geschähe, wenn alle nach dem betreffenden Handlungsgrundsatz vorgingen, und ob wir ihm auch dann noch zustimmen würden. Wir müssen also eine kontrafaktische Frage im Irrealis stellen. Angenommen, ein Ehepaar sage sich, angesichts der Möglichkeit von Atomkriegen und einer totalen Umweltverseuchung sei es besser, kinderlos zu bleiben. Da dieser sein Handlungsgrund für alle jetzt und vielleicht zukünftig lebenden Menschen zutreffen würde, müßte es ganz allgemein vorschreiben, in Zukunft keine Kinder mehr zu zeugen und zu gebären. Was aber geschähe, wenn sich – entgegen jeder Wahrscheinlichkeit – alle an diese Vorschrift hielten? In spätestens drei oder vier Jahrzehnten müßte die jetzt lebende Generation wegen Überalterung allmählich an kollektiven Selbstmord denken oder damit einverstanden sein, daß sie verhungert, verdurstet oder an mangelnder medizinischer Versorgung zugrunde geht. Das Ehepaar hätte sich also zu fragen, ob es auch noch angesichts der *vollen* Tragweite seines Handlungsgrundsatzes – würde er von allen Betroffenen ernst genommen und befolgt – an seinem Entschluß zur Kinderlosigkeit festhalten würde. Mit einer Versorgung im Alter könnte es nur dann rechnen und sie nur dann akzeptieren, wenn es seinen Handlungsgrundsatz parteiisch nur für sich selbst und wenige andere gelten ließe.

Auf der ersten Stufe der Unparteilichkeit stellt man sich die Frage, ob man bereit ist, zu einer behaupteten sittlichen Norm in allen real möglichen Handlungssituationen zu stehen; der Blick geht hier auf die Folgen, die sich unmittelbar aus dem eigenen Verhalten ergeben oder ergeben würden. Auf der zweiten Stufe fragt man, ob man an seinem Grundsatz auch dann noch festhalten würde, wenn sich – kontrafaktisch – alle anderen, für die derselbe Handlungsgrund zuträfe, genauso verhielten; hier geht es also darum, sich die gesamte Tragweite seines Verhaltens zu vergegenwärtigen, die nur deswegen verdeckt bleibt, weil fast alle anderen, die denselben Handlungsgrund für sich beanspruchen könnten, es tatsächlich nicht tun.

Beide Stufen der Universalisierung schließen bestimmte Formen unfairen Verhaltens aus; andere aber werden davon überhaupt noch nicht berührt. Wir halten es beispielsweise unter fast allen Umständen für ungerecht und unfair, die Rassenzugehörigkeit als Kriterium für unterschiedliche Behandlung heranzuziehen; auch hielten wir es für unfair, dem Mann allein aufgrund des Geschlechtsunterschieds größere Bildungschancen zu gewähren als der Frau; und schließlich wird auch eine Ungleichbehandlung ausschließlich aufgrund des religiösen oder weltanschaulichen Bekenntnisses von den ersten beiden Stufen der Universalisierung kaum berührt.

Die sittliche Bedeutsamkeit von Regeln, die eine bestimmte Rassen-, Geschlechts-, Klassen-, Standes- oder Religionszugehörigkeit als Kriterium für bevorzugte Behandlung enthalten, wird gewöhnlich von Menschen vertreten, die diesen bevorzugten Gruppen angehören. Einer solchen Bevorzugung kann vor allem die dritte Stufe der Universalisierung entgegenwirken – obwohl sie durchaus nicht nur diese Formen von Parteilichkeit untergräbt.

c) Die dritte Stufe der Unparteilichkeit: Sich in die Lage der Betroffenen versetzen

Wenn man zu einer Gruppe von Menschen gehört, der von einer als sittlich behaupteten Regel größere Vorteile eingeräumt werden, oder wenn man sittliche Überzeugungen vertritt, die bestimmten Menschen große Verzichte oder Opfer abverlangen, ohne daß man selbst hier und jetzt zu den Betroffenen zählt, tut man gut daran, sich einen Rollentausch vorzustellen und sich zu fragen, ob man auch noch als Betroffener an der zu prüfenden Regel festhalten würde.

Würde man als überzeugter Nazi auch dann noch an der Behauptung festhalten, alle Juden seien Untermenschen und daher mit Recht zu vernichten, wenn man sich vorstellte, aufgrund des späten Bekenntnisses einer Säuglingsschwester stünde plötzlich fest, daß man selbst unzweifelhaft jüdischer Abstammung sei und den Schein arischer Rassenzugehörigkeit nur durch Vertauschung unmittelbar nach der Geburt erlangt habe? Würde man als weißer Südafrikaner und Anhänger der Apartheid auch dann noch für den Ausschluß der Schwarzen von allen politischen Mitwirkungsrechten plädieren, wenn man sich vorstellte, die eigenen Eltern wären zufällig Schwarze gewesen? Oder man denke an den hier diskutierten Fall des Schwangerschaftsabbruches: Es ist natürlich sehr schwer, sich in die Lage eines Menschen vor der Geburt zu versetzen. Aber es ist durchaus möglich, sich als Schwangere, als deren Partner, als Arzt usw. jetzt zu fragen: Wie würde ich selbst, nach dem Leben, wie ich es bisher gelebt habe, über meine eigenen Eltern, den Arzt usw. urteilen, wenn sie mit mir, als ich noch nicht geboren war, vor einem ähnlichen Konflikt gestanden hätten wie ich jetzt? Könnte ich jetzt damit einverstanden sein, wenn mir damals ein frühzeitiger Tod bereitet und jegliche Lebenschance genommen worden wäre?

Nach der Rettung französischer Schiffbrüchiger, die Robinson Crusoe dafür ihr letztes Geld als Gegenleistung anbieten, läßt Daniel Defoe (dt. Übers., München 1976, 357) seinen Helden in dieser Weise eines vorgestellten Rollentauschs antworten: »Daher antwortete ich dem französischen Kapitän, es sei wohl richtig, daß wir sie aus ihrer Notlage gerettet hätten, doch sei das nur unsere Pflicht und Schuldigkeit gewesen, denn sie seien ja unsere Mitmenschen, und wir hofften ebenso gerettet zu werden, wenn uns einmal das gleiche oder ein ähnliches Unglück zustieße. Wir hätten für sie nichts anderes getan als sie für uns, wenn wir in ihrer und sie in unserer Lage gewesen wären; wir hätten sie aufgenommen, um ihnen zu helfen, nicht um sie auszuplündern.«

Das Unparteilichkeitsprinzip fordert uns also auf, eine Situation aus allen Sichten zu beurteilen, nicht nur aus der Sicht dessen, der handelt und daraus einen Vorteil zieht oder der glücklicherweise nicht unter die behauptete Norm fällt, sondern auch aus der Sicht dessen, der erleidet und die Nachteile zu tragen hat. Eine sittliche Norm muß aus jeder Perspektive – mit Ausnahme der egoistischen – akzeptabel sein.

Auf dieser Stufe fordert das Unparteilichkeitsprinzip von demjenigen, der sich ernsthaft auf den Standpunkt der Moral stellt, daß er nach Kräften sein Vorstellungs- und Einbildungsvermögen aktiviert; denn Voraussetzung dafür, daß man sich in die Lage der Betroffenen versetzen und auch ihre Verzichte und Opfer in ihrem ganzen Gewicht ermessen kann, ist die Fähigkeit, mitzufühlen, mitzuleiden und sich mitzufreuen. Es geht also darum, daß der sittlichen Überzeugung, die jemand vertritt und die er vielleicht sehr nachdrücklich in die Tat umzusetzen sucht, nicht nur ein rein theoretisches oder begriffliches Wissen über ihre Folgen und Auswirkungen zugrunde liegt, sondern ein reales, praktisches oder einfühlendes: Die Begeisterung, mit der die Soldaten auf beiden Seiten 1914 in den Krieg zogen, ist wahrscheinlich zum Teil darauf zurückzuführen, daß sie alle nur ein begriffliches, aber kein reales Wissen vom Krieg und vom Kriegsgegner hatten. Das persönliche Erleben des Krieges mit all seinen Schrecken machte aus der begrifflichen eine einfühlende Erkenntnis, so daß 1939 von einer solchen Begeisterung wie 1914 nichts mehr zu spüren war. Ähnlich hat jeder ein begriffliches Wissen von der Todesstrafe. Wie vielfach bezeugt, kann sich die eigene Einstellung ihr gegenüber dadurch grundlegend ändern, daß man an einer Exekution teilnimmt und so aus dem begrifflichen ein reales Wissen wird. In Bernard Shaws ›Heilige Johanna‹ bricht der Kaplan, der hartnäckig für Johannas Tod plädiert hatte, zusammen, als er sie auf dem Scheiterhaufen sieht, und ruft: »Ich wollte nichts Böses. Ich wußte nicht, wie es aussehen würde . . ., ich wußte nicht, was ich tat . . . Hätte ich es gewußt, so hätte ich sie aus ihren Händen gerissen. Ihr wißt nichts. Ihr habt nicht gesehen: Es ist so leicht reden, wenn man nichts weiß. Ihr betäubt euch mit Worten . . . Aber wenn die Stunde der Abrechnung kommt, wenn ihr seht, was ihr getan habt, wenn eure Tat eure Augen blendet, euren Atem hemmt, eure Herzen zerreißt, dann – dann – oh Gott, nimm diesen Anblick von mir!«

Charakteristisch für rein begriffliches oder theoretisches Wissen ist seine einseitige Zuordnung zur urteilenden Vernunft. In ihr geht es primär um das Erfassen der Existenz, des Wesens, auch des allgemeinen Wertes von Sachverhalten sowie um schlußfolgerndes Denken. Demgegenüber geht es beim realen Wissen primär um das Erfassen der Bedeutsamkeit und des spezifischen Wertgehalts von Dingen und Sachverhalten. Reales Wissen ist viel stärker dem affektiven oder dem Gemütsbereich zugeordnet und drängt, wenn möglich, zum Handeln. *Daß* beispielsweise Magenkrebs ein Übel darstellt, ist auch rein verstandesmäßig einsehbar, insofern nämlich diese Krankheit zu schwersten gesundheitlichen Schäden oder zum Tod führt. Doch *was* es für einen Menschen wirklich *bedeutet*, an dieser Krankheit zu leiden und zu sterben, erschließt sich nur demjenigen, der sein gesamtes Vorstellungsvermögen aktiviert und sich so in die Lage des Kranken mit dessen Gedanken, Gefühlen, Empfindungen und Stimmungen hineinversetzt. Daß diese Unterscheidung nicht willkürlich ist, wird auch an bestimmten pathologischen Persönlichkeitsstrukturen sichtbar: Es gibt Menschen, die zwar den Unwert eines bestimmten Verhaltens in begrifflicher Weise klar erkennen, dennoch unfähig sind, ihn auch in dem eben beschriebenen Sinn zu ›realisieren‹.

Begriffliches Wissen erwirbt man durch Nachdenken, reales Wissen vor allem durch persönliches Erleben, aber auch durch die Lektüre von ungeschminkten Tatsachenberichten, von Romanen usw. und schließlich durch die darauf aufbauende Aktivierung des Vorstellungs- und Einbildungsvermögens. Einem guten Menschen persönlich zu begegnen ist für die eigene moralische Entwicklung weitaus wertvoller als die Lektüre zahlreicher Tugendlehren. Ein Arzt, der eine schwere Krankheit noch nie am eigenen Leib erlebt hat, wird in der Regel Schwerkranken in anderer Weise begegnen als ein Arzt, der diese Erfahrung an sich selbst schon einmal machen mußte. Ein Lehrer, der als Schüler in irgendeinem Fach selbst mit Lernschwierigkeiten zu kämpfen hatte, wird in der Regel mehr Verständnis für Schüler haben, die sich da oder dort schwertun, als jemand, dem früher alles in den Schoß gefallen ist. Und ein Schüler, der noch nie vor der Klasse gestanden hat, wird gewöhnlich die Schwierigkeiten, einen Unterricht interessant zu gestalten, bei weitem unterschätzen.

Wenn wir an dieser Stelle noch einmal die Unterscheidung zwischen sittlicher Paränese und normativer Ethik aufgreifen, so können wir jetzt sagen, normative Ethik dient eher dem Erwerb begrifflichen Wissens, sittliche Paränese hingegen eher der Umformung dieses begrifflichen Wissens in ein auf das Tun hin drängendes reales Wissen.

d) Die vierte Stufe der Unparteilichkeit: Die unterschiedlichen Wünsche, Interessen und Ideale anderer berücksichtigen

Bei bewusst moralisch lebenden Menschen wird man häufig feststellen, daß sie durchaus nach Kräften versuchen, ihr Vorstellungsvermögen zu aktivieren und sich in die Lage auch der Betroffenen hineinzuversetzen; oft aber mangelt es gerade ihnen noch an der vierten Stufe der Universalisierung, auf die ein bitterer Kommentar Bernard Shaws zur Goldenen Regel ein Licht werfen kann: »Behandle andere nicht so, wie du von ihnen behandelt werden möchtest; denn ihre Ideale, Interessen und Vorlieben könnten andere sein.«

Zu den unangenehmsten Erscheinungen moralisch durchaus gutwilliger Menschen gehören jene, die erstens aus allem und jedem eine moralische Frage machen und dann zweitens wie selbstverständlich davon ausgehen, daß ihre eigenen sehr ins einzelne gehenden Ideale und Überzeugungen auch die aller anderen sind oder sein sollten. Solche Menschen versetzen sich durchaus in die Lage anderer, aber sie tun es mit den *eigenen* Vorlieben und Wertvorstellungen, sie rechnen nicht damit, daß andere Menschen zu Recht anders leben möchten. Der Abstinenzler schreibt auch allen anderen mit größtem Nachdruck vor, sie sollten Spirituosen, Wein und Bier nicht anrühren; der Vegetarier verurteilt jeden, der noch mit Genuß ein Steak verzehrt; der Umweltschützer fordert auch von allen anderen, sie sollten ihren Wagen in der Garage stehen lassen; der Opernfreund hält jeden für einen Banausen, der nicht seine eigene Vorliebe für Verdi teilt; einem Kind geschieht schlimmstes, nicht wiedergutzumachendes Unrecht, wenn sein Vater ihm einen Klaps gibt usw.

Es ist gewiß unmöglich, genau abzugrenzen, wann eine Frage ein moralisches Problem ist und wann nur ein solches von Sitte, Anstand, Gepflogenheit oder Mode, in denen eine gewisse Vielfalt der Auffassungen gerade erwünscht ist. Gewöhnlich scheinen wir auftretende Konflikte dann primär dem Bereich der Moral zuzuordnen, wenn fundamentale Werte oder Interessen von Mensch bzw. Tier (etwa Leib und Leben) oder sehr hohe Güter (etwa persönliche Beziehungen), aber auch wenn fundamentale Regeln gesellschaftlichen Zusammenlebens (Vertrag, Versprechen, Ehe, Recht) ins Spiel kommen. Wir stehen also durchaus nicht in jedem Augenblick vor schwierigsten moralischen Entschlüssen, die in der bisher genannten Weise universalisierbar sein müssen. Vieles in unserem Tun und Lassen ist berechtigterweise auch eine Sache der persönlichen Vorliebe und des je eigenen Geschmacks.

Darüber hinaus ist auch noch das zu bedenken, was schon an anderer Stelle erwähnt wurde, daß man nämlich auch in moralischen Fragen vielfach nur zu einem Ermessensurteil gelangen kann. In solchen Fällen gesteht man ausdrücklich zu, daß andere beim Abwägen derselben Gründe pro und contra vielleicht einer anderen Auffassung zuneigen.

Und schließlich gehört zu den fundamentalsten Lebensgütern auch die Freiheit, das eigene Leben selbst gestalten zu dürfen. Diese Freiheit zur freien Entfaltung der eigenen Persönlichkeit hat selbstverständlich ihre Grenzen (vor allem dort, wo in fundamentale Rechte anderer eingegriffen wird); doch sie beinhaltet auch, daß man sich nicht von jedem X-beliebigen moralisch kritisieren zu lassen braucht. Oder anders gesagt: Der Respekt vor der freien Selbstbestimmung des anderen verlangt vielfach selbst dann noch die schweigende Duldung seines Denkens, Urteilens und Handelns, wenn man anderer moralischer Auffassung ist als er.

Wer moralisch denkt und handelt, braucht kein moralischer Fanatiker zu sein; auch in moralischen Fragen kann er Gelassenheit üben. Im voraufgegangenen Kapitel hatten wir bereits *ein* Argument für diese Grundeinstellung kennengelernt, nämlich die Tatsache, daß wir in bezug auf andere überhaupt nicht die Möglichkeit haben, ihnen die Menschenwürde (den sittlichen Wert, das Heil) im eigentlichen Sinn zu nehmen oder zu geben. Hier lernen wir nun ein zweites Argument kennen, nämlich die sich aus der sittlichen Grundnorm der Unparteilichkeit ergebende Forderung nach angemessener Berücksichtigung auch der unterschiedlichen Wünsche, Interessen und Ideale anderer.

5. *Selbstsucht und Selbstliebe*

In der vorangegangenen Darstellung wurde die moralische Grundeinstellung unparteiischer Liebe ausdrücklich und unausdrücklich beständig gegen die zweite mögliche Grundhaltung abgesetzt, nämlich gegen die egoistische Parteilichkeit, wie sie in der Legende Dostojewskijs besonders deutlich hervortritt. Parteiischer Egoismus bildet den konträren Gegensatz zur unparteiischen Liebe: In all seinem Denken, Urteilen und Handeln kreist der Egoist in diesem Sinn nur um sich selbst; letzter Maßstab seiner Liebe, seines Tuns und Lassens ist ausschließlich sein eigenes Wohl und Wehe.

Charakteristisch ist für den Egoisten nicht, daß er sich selbst anerkennt, sich selbst liebt, sich seines Lebens, seiner Erfolge usw. freut – das tut auch derjenige, der selbstlos (im Sinne von ›unparteiisch‹) liebt –, kennzeichnend ist vielmehr für ihn, daß er *ausschließlich* sich im Blick hat, daß er *allein* sich selbst als Zweck, alle Mitmenschen und alles andere demgegenüber nur als Mittel betrachtet. Insofern trifft die biblische Charakterisierung des Sünders als eines Menschen, der wie Gott sein will (Gen. 3, 5), die egoistische oder, wie wir weiterhin auch sagen wollen, die selbstsüchtige Grundhaltung sehr gut. Der Selbstsüchtige hat kein wirkliches Interesse an anderen um ihrer selbst willen; er ist nur an sich selbst interessiert, will alles nur für sich, findet keine unmittelbare Freude im Geben, sondern nur im Nehmen; er ist wie ein Schwamm, der alles in sich hineinzieht.

Demgegenüber verstehen wir unter ›Selbstliebe‹ die Zuwendung zu sich selbst in *demselben* Maß wie zu anderen. Wer sich selbst liebt, bejaht das eigene Leben, das eigene Glück, die Entfaltung der eigenen Persönlichkeit genauso wie das Leben, das Glück und die Persönlichkeitsentfaltung seiner Mitmenschen. Wer sich selbst liebt, findet unmittelbare Freude am Geben wie am Nehmen.

Oft, besonders in der kalvinischen Theologie, hat man die Selbstliebe mit der Selbstsucht identifiziert. Man meinte, ›Selbstlosigkeit‹, wortwörtlich verstanden als Liebe zu allen Mitmenschen unter Ausschluß der Liebe zu sich selbst, sei die sittlich geforderte Grundhaltung. Eine solche Einstellung widerspräche selbstverständlich genauso den Regeln der Logik, nämlich Gleiches als gleich und Ungleiches als ungleich zu beurteilen, wie die Einstellung egozentrischer Selbstsucht: Wenn es für mich richtig und gut ist, meinen Nächsten zu lieben, weil er Mensch ist und als solcher Personwürde besitzt, dann muß es auch richtig und gut sein, mich selbst zu lieben, weil ja auch ich selbst Mensch bin und Personwürde besitze. Und umgekehrt: Wenn es für mich falsch und schlecht ist, ausschließlich mich selbst und nicht auch jeden anderen meinesgleichen zu lieben, dann muß es auch falsch und schlecht sein, jeden meinesgleichen und nicht auch mich selbst zu lieben. Die Liebe zu sich selbst ist mit der Liebe zu anderen logisch untrennbar verbunden. Die moralische Grundeinstellung kann also nach den Regeln der Logik nur in der unparteiischen Liebe sowohl zu sich selbst als auch zu allen anderen bestehen. (Wenn im folgenden das Wort ›Selbstlosigkeit‹ gebraucht wird, ist immer diese unparteiische Liebe gemeint.)

Muß man dann sagen, es gebe *zwei* der moralischen Grundhaltung entgegengesetzte Grundeinstellungen, nämlich einmal das Leben und Streben nur für sich selbst, aber nicht für andere und dann dasjenige nur für andere, aber nicht für sich selbst? Als Äußerungsform gibt es unzweifelhaft auch diesen ›selbstlosen‹ Menschen, der ›nur für andere da ist‹ und ›sich selbst nicht wichtig nimmt‹. In unserem Kulturkreis finden wir ihn wohl am häufigsten in der ›Affenliebe‹ der ›selbstlosen‹ Mutter, die Sklavin ihrer Kinder ist, alles für sie tut, immer bereit ist, helfend einzuspringen, wenn etwas schiefgeht oder es an etwas fehlen sollte, und sich für sie bis zum Letzten aufopfert. Doch schon an den Früchten solcher ›Uneigennützigkeit‹ läßt sich ablesen, daß ihr eine unbewußte Egozentrik zugrunde liegt: Die Kinder werden in Abhängigkeit gehalten, sind überängstlich, fürchten die Mißbilligung der Mutter und leben unter dem dauernden Druck, sie nicht enttäuschen zu dürfen. Psychologisch scheint es sich bei solchen Formen von ›Selbstlosigkeit‹, denen auch die Figur des zwanghaften Helfers zuzuzählen wäre, um verdeckte Äußerungsformen von Selbstsucht zu handeln. Der moralischen Grundhaltung der Unparteilichkeit steht also allein die Selbstsucht als ihre konträre (auch psychisch mögliche) Alternative entgegen.

6. *Primitiver und aufgeklärter Egoismus*

Zu Anfang dieses Kapitels wurde bereits zwischen dem gewöhnlichen primitiven Egoismus und seiner aufgeklärten oder rationalen Form unterschieden. Der primitive Egoist lebt dem Augenblick, seinen momentanen Wünschen, Interessen und Antrieben; ihm fehlen Klugheit und Selbstbeherrschung, die es einem Menschen ermöglichen, um fernerer, höhergesteckter oder dauerhafterer Ziele willen die Befriedigung kurzfristiger Wünsche und Antriebe zurückzustellen. Der aufgeklärte Egoist sucht demgegenüber sein langfristiges und umfassendes Eigeninteresse zu sichern. Sein Egoismus ist mit Klugheit und Selbstbeherrschung gepaart.

Würde man auf der Basis eines aufgeklärten Egoismus ein System von Klugheitsregeln entwickeln und dieses System mit dem Regelsystem einer aufgeklärten Moral vergleichen, so wären die Unterschiede gewiß minimal. Ein aufgeklärter Egoist würde kaum jemals etwas von dem tun, was nach dem Dekalog, was nach den Handbüchern der Moral oder was nach unserem Strafrecht als sittlich verwerflich gilt. In aller Regel würde er weder seine Frau prügeln noch sie betrügen, weder seine Kinder tyrannisieren noch seine Freunde verraten; er würde weder stehlen noch morden, weder verleumden noch liebedienerisch kriechen, weder trunksüchtig noch drogenabhängig sein. Um seines eigenen Vorteils und seines glücklichen Lebens willen würde er in der Regel keineswegs Angst und Schrecken um sich verbreiten, sondern alles tun, um die Menschen seiner Umgebung glücklich und sie sich so geneigt zu machen. Ein aufgeklärter Egoist wäre weder ein Robespierre noch ein Napoleon, weder ein Hitler noch ein Stalin, weder ein Schah noch ein Khomeini. Eine Welt voller aufgeklärter Egoisten würde sich von der uns bekannten Welt sicherlich in wohltuendster Weise unterscheiden.

Allerdings wäre ein aufgeklärter Egoist auch kein Janusz Korczak, kein Maximilian Kolbe, kein Dietrich Bonhoeffer, kein Jan Pallach, kein Josef Schulz usw. Sein Regelsystem wäre zwar dem Regelsystem einer aufgeklärten Moral zum Verwechseln ähnlich – allerdings bis auf einen Punkt: Zwar enthielte es als wesentlichen Bestandteil auch den kalkulierten Verzicht, der sich langfristig auszahlt, nicht aber den fundamentalen Verzicht wie etwa das Lebensopfer für andere. Dennoch bleibt es dabei: In einer Welt von aufgeklärten Egoisten ließe es sich bei weitem glücklicher und zufriedener leben als in der uns bekannten Welt. Den aufgeklärten Egoisten hätte man in aller Regel als einen Wohltäter der Menschheit zu betrachten; er wäre der selbstsüchtige Wohltäter oder der wohltätige Sünder; denn aus selbstsüchtigen Motiven, d. h. aus sittlich schlechter Gesinnung, würde er, aufs Ganze gesehen, das Richtige tun. Daß dem so ist, daß also der Kodex egoistischer Klugheitsregeln bis auf einen Randbereich, in dem es um fundamentale Verzichte geht, mit dem Regelsystem einer aufgeklärten Moral zusammenfiele, liegt daran, daß wir faktisch zu unserem wahren Glück nur so beitragen können, indem wir zugleich das Glück anderer fördern. Dies aber ist wiederum darauf zurückzuführen, daß wir unser persönliches Glück wesentlich in sozialen Beziehungen finden.

Demgegenüber gleicht der primitive Egoist im Extremfall viel mehr dem Bild eines normalen Verbrechers. Er handelt nicht nur aus selbstsüchtiger Gesinnung, sondern ist in seinem Egoismus zugleich kurzsichtig und unbeherrscht. Er ist derjenige, der rücksichtslos alles an sich zu raffen sucht und so auf seine Umgebung zerstörend wirkt. Aufgrund seines Mangels an Einsicht und Selbstbeherrschung zerstört er nicht nur das Glück anderer, sondern verfehlt damit auch sein eigenes – wenn es richtig sein sollte, daß das wahre Glück des Menschen wesentlich sozialer Natur ist. Eine Welt voller primitiver Egoisten wäre unerträglich: Jeder wäre dem anderen ein Wolf.

7. *Uneinsichtige (irrige) und einsichtige Liebe*

Diese Unterscheidung zwischen aufgeklärt und unaufgeklärt muß natürlich in ähnlicher Weise auch auf denjenigen angewandt werden, der sich auf den Standpunkt der Moral stellt. Denn nichts spricht dafür, daß die Hinwendung zu selbstloser Liebe zugleich auch unser Einsichtsvermögen in das, was das wahre Glück der Menschen ausmacht, was hier und jetzt das Beste ist und was die geeignetsten Mittel zu seiner Verwirklichung sind, erheblich stärkt. Auch ist nicht damit zu rechnen, daß Selbstlosigkeit ohneweiters schon Selbstbeherrschung nach sich zieht. So wie wir zwischen dem unaufgeklärten und aufgeklärten Egoisten unterschieden haben, müssen wir auch zwischen dem uneinsichtigen und einsichtigen Altruisten unterscheiden.

Der Idealfall für das Leben in dieser Welt ist natürlich der wohltätige Heilige, d. h. derjenige, der aus bester Gesinnung das Glück aller auch tatsächlich fördert. Dieser Idealfall kann selbstverständlich nach dem System egoistischer Klugheitsregeln nicht vorkommen. Doch angenommen, Janusz Korczak, Maximilian Kolbe, Josef Schulz oder Marianne Collin stünden beispielhaft für diesen Idealfall, und zwar gerade auch in der Hinsicht, daß sie bereit waren, zugunsten anderer fundamentale Verzichte auf sich zu nehmen, so müßte man unzweifelhaft sagen: In einer Welt solcher aufgeklärter, einsichtiger und zugleich heiliger Menschen zu leben wäre noch besser als in einer Welt nur aufgeklärter Egoisten.

Leider aber gibt es nicht nur den Idealfall, bei dem moralische Güte und sittliche Einsicht zusammenfallen, sondern häufig genug auch den Fall, daß jemand sich trotz besten Willens in einer sittlichen Frage fundamental irrt. Ist der Einfluß eines solchen Menschen besonders groß und sind seine Irrtümer besonders schwerwiegend, dann wird er zur ›heiligen‹ Geißel der Menschheit; aus reinster Menschenliebe bringt er ungeheures Leid über die Menschen. Bernhard von Clairvaux dürfte wohl als begeisterter Kreuzzugsprediger hier zu nennen sein, vielleicht auch Robespierre, der Unbestechliche, ebenso viele Anführer in den Religionskriegen (vgl. die Predigt des Père Panigarola in Kap. IV, 6) und ganz sicher zahlreiche Inquisitoren. Die schlimmsten von Menschen selbst herbeigeführten Katastrophen (rassistische Pogrome, Kreuzzüge, Hexen- und Ketzerverfolgung, Inquisition, Religionskriege, französische und russische Revolution, Kolonisation, Nazismus . . .) lassen sich in ihren Ausmaßen wohl kaum erklären, wenn man nicht auch die Tatsache mitberücksichtigt, daß sie weithin von Menschen mitgetragen wurden, die besten Gewissens handelten und sich zugleich fundamental irrten. Das Glück der Menschen, ihr umfassendes Wohl wird in der Regel nicht am meisten durch den primitiven Egoisten gefährdet, sondern durch den uneinsichtigen Heiligen; denn ein Egoist wird, wenn er nicht einer ganz besonders seltenen Art angehört, spätestens dann Rückzieher machen, wenn seine Handlungsweise ihn sehr viel, etwa das Leben, kosten würde. Wer dagegen aus irriger moralischer Überzeugung handelt, wird gerade auch in dem Maß, wie es ihm moralisch Ernst ist, bereit sein, sein Leben aufs Spiel zu setzen. Eine Welt voller heiliger Überzeugungstäter wäre noch weitaus schrecklicher als eine Welt von primitiven Egoisten.

8. Die nur beschränkte Wichtigkeit der Moralität für die Realisierung einer besseren Welt

Wenn so zwar die größte Förderung des Glücks in dieser Welt vom guten und auch einsichtigen, doch zugleich auch seine größte Gefährdung vom guten, doch uneinsichtigen Menschen ausgeht und wenn sich ein System von egoistischen Klugheitsregeln nur für Extremsituationen von einem Regelsystem aufgeklärter Moral unterscheidet, dann kann die Realisierung des größtmöglichen Glücks für möglichst viele Menschen nicht primär von der moralischen Grundeinstellung der einzelnen, sondern muß weitaus mehr von ihrer rechten Einsicht und ihrer Fähigkeit, ihr selbstbeherrscht zu folgen, abhängen. Oder kurz gesagt: Die größte Gefährdung des Glücks der Menschen geht nicht von der Unmoral, sondern von der Dummheit und der Willensschwäche aus.

Man muß zwar sagen, der letzte Sinn des Lebens jedes einzelnen erfülle sich in seiner moralischen Gesinnung oder jeder realisiere seine Menschenwürde im eigentlichen Sinn dadurch, daß er sich auf den Standpunkt der Moral stelle; doch heißt das nicht auch, Moralität sei das einzige, auf das es in dieser Welt ankomme. Wenn es um das Glück der Menschen in dieser Welt geht, kommt es viel mehr noch auf Einsicht und Selbstbeherrschung an.

Fachlich ausgedrückt, heißt das: Die Erfüllung des Doppelgebotes der Liebe oder die Einnahme des Standpunktes der Moral oder die Selbstlosigkeit in der Gesinnung ist die notwendige und zugleich zureichende Bedingung für sittliches Gutsein oder für die Erfüllung des letzten Sinns des Lebens; sie ist aber nur notwendige, jedoch nicht zugleich zureichende Bedingung für das Tun des Richtigen. (Notwendige Bedingung: Es gilt: Wenn nicht B, dann auch nicht E; doch gilt nicht: Wenn B, dann auch E. Beispiel: Wenn kein Sauerstoff, dann auch kein Feuer; aber nicht: Wenn Sauerstoff, dann auch Feuer. Zureichende Bedingung: Es gilt: Wenn B, dann auch E; doch gilt nicht: Wenn nicht B, dann auch nicht E. Beispiel: Wenn Regen, dann auch Nässe; aber nicht: Wenn kein Regen, dann auch keine Nässe. Notwendige und zugleich zureichende Bedingung: Es gilt sowohl: Wenn nicht B, dann auch nicht E; als auch: Wenn B, dann auch E. Beispiel: Wo Sauerstoff, Kohlenstoff und Hitze, da auch Feuer; und umgekehrt: Wo Feuer, da auch Sauerstoff, Kohlenstoff und Hitze.)

Daß der gute Wille allein noch nicht genügt, um die Welt besser zu machen, ist eine Binsenweisheit. Allerdings wird sie häufig genug übersehen, wie das schon erwähnte große Übergewicht der moralisierenden Paränese über die sittliche Einsichtsvermittlung zur Genüge zeigt. Manches ließe sich wohl im Leben des einzelnen und der Gesellschaft leichter zum Guten wenden, wenn man, statt immer wieder an die Moral zu appellieren, alles daransetzte, um Einsichten zu vermitteln und die Willenskräfte zu stärken. Wenn die bessere Welt tatsächlich viel weniger vom guten Willen des einzelnen abhängt, als man geneigt ist anzunehmen, dann stünde uns eine ›Entmoralisierung‹ der zwischenmenschlichen Beziehungen und des öffentlichen Lebens gut an.

9. Die Einheit der Moral

Zum Schluss möchte ich noch auf einen Sachverhalt aufmerksam machen, der bisher nur beiläufig erwähnt wurde. Das Neue Testament versteht sowohl das Doppelgebot der Liebe als auch die Goldene Regel als Inbegriff aller sittlichen Forderungen; denn beide Gebotsformulierungen enden mit derselben Schlußformel: »Darin besteht« bzw. »darauf beruhen das ganze Gesetz und die Propheten.« Hier wird also – nach der bisherigen Deutung – die unparteiische Liebe, die kein Ansehen der Person kennt, als der einheitliche Grund aller sittlichen Forderungen verstanden.

Eine sehr pointierte Formulierung dieses Sachverhalts findet sich im Jakobusbrief (2, 8–11). Der Verfasser tadelt mit scharfen Worten die Praxis in den Gemeindeversammlungen, daß Arme geringschätzig, Reiche dagegen mit äußerster Zuvorkommenheit behandelt werden. Das sei verwerfliche Parteilichkeit. Dann fährt er fort: »Wenn ihr dagegen das königliche Gebot erfüllt, wie in der Schrift steht: ›Liebe deinen Nächsten wie dich selbst!‹, dann verhaltet ihr euch recht. Wenn ihr aber nach dem Ansehen der Person urteilt, so sündigt ihr und werdet vom Gesetz als Übertreter gebrandmarkt. Denn wer das ganze Gesetz (= alle sittlichen Forderungen) erfüllt und sich nur gegen ein einziges Gebot verfehlt, der hat sich gegen alle verfehlt. Denn er, der sagt: ›Du sollst nicht ehebrechen!‹, sagt auch: ›Du sollst nicht töten!‹ Wenn du nun zwar nicht die Ehe brichst, aber tötest, bist du zum Übertreter des ganzen Gesetzes (= aller sittlichen Forderungen) geworden.«

Jakobus nennt hier als den einheitsstiftenden Grund aller sittlichen Forderungen nicht unmittelbar die unparteiische Liebe oder

Selbstlosigkeit, die in jedem Einzelgebot in gleicher Weise gefordert wird, sondern den sittlich gebietenden Willen Gottes – was sachlich natürlich auf dasselbe hinausläuft. Diese Überzeugung von der inneren Einheit des Sittlichen findet sich auch sehr deutlich in der Tugendlehre der Stoa formuliert. Es stehe fest, so meint etwa Cicero, daß, wer eine einzige Tugend wahrhaft besitze, damit zugleich alle besitze (De officiis II 10 § 35) und, so Seneca, wer ein einziges Laster ablege, damit zugleich alle ablege (Ad Helviam de cons. 13, 2).

Was ist damit gemeint? Wir würden heute vielleicht so sagen: Ein Spezialistentum ist im Bereich des Sittlichen unmöglich. Als Philosoph kann man Spezialist für die Philosophie der Aufklärungszeit sein, als Philatelist kann man sich auf die Sammlung von Tiermotiven spezialisieren, als Schüler kann man Englisch, Französisch oder welches Fach auch immer zu seinem Spezialfach machen; es wäre aber höchst merkwürdig, würde jemand sagen: ›Mit der ehelichen Treue kann ich es nicht so genau nehmen, denn ich habe mich ganz darauf konzentriert, weder vorsätzlich noch fahrlässig andere zu verletzen oder gar zu töten; mein sittliches Spezialgebiet ist das fünfte Gebot, nicht das sechste.‹ Wer eine Spezialisierung im Bereich der Moral anstreben würde, würde sie damit ganz aufgeben. Wie ist das zu erklären?

So vielfältig auch die moralischen Ansprüche im einzelnen sein mögen, die in ihnen wirksam werdende sittliche Forderung ist immer nur eine einzige: Denke, urteile und handle unparteiisch; sei kein Egoist; stelle dich in eine Reihe mit allen anderen! Es gibt nur dieses eine sittliche Sollen.

In den unterschiedlichsten Situationen stehen wir vor den unterschiedlichsten sittlichen Handlungsanweisungen: Ihr Inhalt ist verschieden, doch der in ihnen an uns gerichtete unbedingte Appell, ihr spezifischer Sollenscharakter ist immer derselbe: Sei und bleibe unparteiisch!

Alle moralischen Einzelweisungen sind von derselben logischen Struktur (wie sie beispielsweise für das Doppelgebot der Gottes- und Nächstenliebe in Abschnitt 3 f dieses Kapitels dargelegt wurde): Sie enthalten immer *dieselbe* sittliche Grundnorm und empfangen dann ihre jeweils *spezifische* inhaltliche Füllung durch je unterschiedliche nicht-sittliche Wertaussagen und bei gemischten sittlichen Normen weiterhin durch unterschiedliche reine Tatsachenbehauptungen. Der vollständige Aufbau eines sittlichen Handlungsurteils sei noch einmal an folgendem Beispiel erläutert: ›Es ist sittlich falsch, einen Menschen nur deswegen, weil er politisch anderer Überzeugung ist und weil man den Ablauf der Malaria studieren möchte, mit Malariaerregern zu infizieren.‹

1. sittliche Grundnorm:		Denke, urteile und handle unparteiisch, d. h. berücksichtige alle relevanten Gesichtspunkte selbstlos, unegoistisch.
2. nicht-sittliche Wertaussagen	a)	Jeder Mensch besitzt in gleicher Weise Personwürde
	b)	Der bloße Unterschied in den politischen Überzeugungen ist für die Frage nach der Beurteilung medizinischer Experimente am Menschen irrelevant
	c)	Tod und Krankheit sind fundamentale Übel; medizinisches Wissen ist etwas Gutes.
	d)	Im Konkurrenzfall haben Leben und Gesundheit Vorrang vor dem Erwerb medizinischen Wissens.
3. reine Tatsachenbehauptung:		Die Infektion mit Malariaerregern führt mit größter Wahrscheinlichkeit zu schweren gesundheitlichen Dauerschäden und langfristig zum Tod.

Während die sittliche Grundnorm in jede moralische Einzelforderung unverändert und gleichbleibend eingeht, sind die nicht-sittlichen Wertaussagen und reinen Tatsachenbehauptungen situationsabhängig und damit variabel. Erst durch die sittliche Grundnorm empfängt jede moralische Einzelweisung ihren kategorisch gebietenden oder Unbedingtheitscharakter, wodurch sie sich von Normen anderer Art unterscheidet; denn, wie wir in Kap. IV, 5 gesehen haben, realisiert derjenige, der die sittliche Grundnorm erfüllt, den sittlichen Wert, seine Menschenwürde im eigentlichen Sinn oder den letzten Sinn seines Lebens – worauf es im Unterschied zur Realisierung aller anderen Werte unbedingt ankommt. Die Einheit der Moral wird demnach durch den einzigartigen Wert sittlicher Güte konstituiert. Dieser macht sich in jeder sittlichen Einzelnorm gegenüber dem zum Egoismus neigenden Menschen als kategorische Aufforderung zur Überwindung der Selbstsucht in jeglicher Spielart geltend.

10. Folgerungen für die Entwicklung einer allgemeinen ethischen Normierungstheorie

Es GIBT NUR zwei mögliche Grundstandpunkte allen Denkens, Urteilens und Handelns, nämlich einmal den Standpunkt der Moral oder den unparteiischer Selbstlosigkeit und dann den Standpunkt parteiischer Selbstsucht. Der Standpunkt der Moral oder sittliche Güte besteht in der Bereitschaft, alles unparteiisch seinem Wertcharakter nach zu lieben bzw. seinem Charakter als Übel nach zu hassen und demgemäß zu handeln, oder dasselbe direkt auf den Menschen und sein Wohl hin formuliert: unparteiisch auf das Wohl eines jeden Menschen (auch auf sein eigenes) bedacht zu sein. Man könnte dann auch sagen: Der gute Wille besteht in der ernsten Bereitschaft, nach dem Richtigen zu suchen, um es dann auch zu tun. Demgegenüber besteht sittliche Bosheit oder der schlechte Wille in der Entschlossenheit, alles nur parteiisch, bezogen auf das eigene Wohl und Wehe zu beurteilen, d. h. letztlich nur auf das eigene Wohl bedacht zu sein. Selbstlosigkeit und Selbstsucht stellen demnach als sittlicher Wert und sittliches Übel den fundamentalen sittlichen Gegensatz dar.

Insofern sich die sittliche Grundgesinnung auch als ernsthafter Wille zum sittlich richtigen Handeln umschreiben läßt, besteht sie in der Bereitschaft erstens zu persönlicher Uneigennützigkeit, zweitens zur Aktivierung der gesamten Einbildungskraft und des Vorstellungsvermögens, drittens zur Mobilisierung aller Willenskräfte und viertens zur Vergegenwärtigung der vollen Tragweite aller Handlungsfolgen.

Wie die Analyse sittlicher Handlungsurteile zeigt, ist das logische Erfordernis der Universalisierbarkeit, das der Haltung der Unparteilichkeit entspricht, *ein* notwendiges Kriterium für die sittliche Richtigkeit von Handlungen; doch kann es sich bei ihm nicht um das einzige Kriterium handeln. Ihren spezifischen Inhalt verdanken sittliche Urteile den für die jeweilige Handlungssituation charakteristischen nicht-sittlichen Wertgesichtspunkten und den relevanten Tatsachen.

VI. Eine allgemeine ethische Normierungstheorie: Kann etwas recht sein ohne Rücksicht auf noch so üble Folgen? Eine Moral ohne fundamentalen Verzicht?

1. Beispielgeschichte

Der Moderator spürte, wie ihm die Hände feucht wurden. Ihm drohte das Schlimmste, was einem Diskussionsleiter geschehen kann: Nach einer halben Stunde sind sich die Gesprächspartner weitgehend einig – doch die Sendung läuft noch eine weitere Viertelstunde. Krampfhaft versuchte er, sich an die Fragen zu erinnern, von denen er die größte Brisanz erwartet hatte. Währenddessen geht der Kardinal als Repräsentant der Katholischen Kirche ruhig auf die Ausführungen Prof. Bungarts von der Humanistischen Union ein:

»Ich stimme mit Ihnen völlig überein, wenn Sie sagen, moralische Normen seien dazu da, das Glück der Menschen zu fördern. In der Sprache Jesu hieße das: Nicht nur der Sabbat, sondern alle sittlichen Forderungen sind um des Menschen willen da – und nicht der Mensch um der Normen willen. Sicherlich auch im Namen meines protestantischen Mitbruders glaube ich sagen zu dürfen, daß wir als Theologen die sittlichen Forderungen als Gebote Gottes auslegen müssen, weil wir uns Gott nur als moralisches Wesen denken können, der sich das Wohl und das Heil der Menschen im umfassendsten Sinn zum Ziel gesetzt hat. Ich denke also, in der Bestimmung des letzten Sinns inhaltlicher sittlicher Normen sind wir uns einig. Ein Streitpunkt wäre gewiß die nähere Umschreibung dessen, was denn das Glück eines Menschen im einzelnen ausmacht. Doch möchte ich diese Frage hier nicht anschneiden. Vielmehr habe ich schwerwiegende Bedenken gegen ihre Grundposition, Herr Prof. Bungart. Sie sagten, alle Moral gründe sich letztlich auf dem Eigeninteresse – selbstverständlich unter gebührender Respektierung der Interessen anderer. Sollte dies aber richtig sein, dann können die von Ihnen vertretenen sittlichen Normen keine Forderungen zu fundamentalen Verzichten enthalten. Sie können nicht zeigen, daß es richtig und gut ist, etwa wie Janusz Korczak oder Maximilian Kolbe zu handeln, und selbst bei Androhung schlimmster Repressalien falsch und schlecht, die Ausführung von Mordbefehlen nicht zu verweigern.«

Der Moderator atmete sichtlich auf; endlich wurde die Diskussion kontrovers.

»Herr Kardinal«, warf Prof. Bungart ein, »Sie wissen doch auch, daß es solche Heiligen nicht allzu häufig gibt. Von meiner Theorie her hindert mich nichts, solche Menschen im höchsten Maß zu bewundern. Ihr Verhalten aber zur sittlichen Norm zu machen, scheint mir völlig nutzlos; denn nur die allerwenigsten Menschen wären fähig, solche Aufforderungen zu fundamentalen Verzichten zu erfüllen. Sittliche Regeln sind dazu da, unser normales Leben zu steuern; wir können von ihnen nicht erwarten, daß sie sich auch in Extremsituationen noch als wirksam erweisen.«

»Ob im allgemeinen wirksam oder nicht, ist hier nicht die Frage«, schaltete sich Landesbischof Klever ein, »Sie können jedenfalls für keine einzige Situation annehmen, hier und jetzt sei von einem Menschen das Lebensopfer sittlich gefordert. Sollte diese Deutung Ihrer auf dem universalisierten Eigeninteresse basierenden Theorie richtig sein, dann widerspricht sie jedenfalls ganz eindeutig dem allgemeinen sittlichen Bewußtsein. Für einen Christen – meines Erachtens aber nicht nur für ihn – gehören fundamentale Verzichte mit zum Wesen der Moral. Der Glaube an Jesus Christus ist ja wesentlich auch der Glaube an einen Menschen, der um seiner Sendung willen das Lebensopfer in Kauf genommen hat. Doch so weit brauchen Sie gar nicht zu gehen: Erwarten wir nicht alle ganz selbstverständlich von einem Polizisten, einem Feuerwehrmann oder einem Arzt, daß er bereit ist, unter Umständen auch seine Gesundheit und sein Leben zu riskieren? Wenn Sie einwenden, es werde ja niemand gezwungen, solche risikoreichen Berufe zu wählen, so könnten wir uns auch fragen, ob wir es nicht für die sittliche Pflicht von Eheleuten halten, ihrem unheilbar kranken Partner über Jahre beizustehen, oder für die Pflicht von Eltern, für ihr schwer behindertes Kind nach Kräften zu sorgen? Ich kann mir kein Erwachsenenleben vorstellen, in dem nicht irgendwann einmal fundamentale Verzichte gefordert wären. Zum normalen Leben gehören auch solche Situationen – die zugestandenermaßen nicht so dramatisch zu sein brauchen wie etwa bei Korczak und Maximilian Kolbe.«

Prof. Bungart fühlte sich etwas verunsichert, ging dann aber zum

Gegenangriff über: »Darf ich Sie noch einmal versichern, daß ich allergrößte Achtung vor Menschen habe, die das, was Sie ›fundamentale Verzichte‹ nennen, auf sich zu nehmen bereit sind. Von meinen Grundüberzeugungen her – Sie wissen, ich bin Agnostiker – sehe ich allerdings keine Möglichkeit, eine Pflichtenethik, wie Sie sie vertreten, zu akzeptieren. Meines Erachtens ist sie in ihren Konsequenzen sogar unmenschlich. Darf ich Ihnen dies an einem Beispiel veranschaulichen, für dessen Wahrheit ich Ihnen aus eigener Erfahrung manche detaillierte Angabe machen könnte. In seinem Buch ›Der SS-Staat‹ schreibt Eugen Kogon, einer meiner Mithäftlinge in Buchenwald bis 1945, daß einzelnen Gefangenen in den Konzentrationslagern zur Verhütung von Schlimmerem nur die Möglichkeit zu aktiver Beihilfe offenstand – und aktive Beihilfe konnte für uns u. a. auch das Aussondern von nicht mehr arbeitsfähigen Mithäftlingen zur vorbestimmten Tötung bedeuten. Ich hatte damals das Glück, noch zu jung zu sein, um vor eine solche Alternative gestellt zu werden. Allerdings hatte ich auch das Glück, durch einen solchen Mithäftling, der im Krankenbau als Pfleger tätig war, gerettet zu werden. Ich vermute, Sie, Herr Kardinal, würden angesichts dieser Alternative: entweder aktive Beihilfe zum Mord mit der Möglichkeit zur Rettung von Menschenleben oder vermeintlicher Rückzug aus der Verantwortung mit der vorauszusehenden Folge von noch Schlimmerem, eindeutig gegen die erste Möglichkeit plädieren; Sie würden sagen, kein noch so guter Zweck heilige ein schlechtes Mittel, und in solchen Fällen habe man die Folgen Gott anheimzustellen. Damit habe ich wohl Ihre Ansicht getroffen?«

»Ja, ganz gewiß.«

»Sie, Herr Landesbischof, werden vielleicht in einem solchen Fall auch eine aktive Beihilfe für moralisch vertretbar halten. Wenn ich es richtig sehe, werden Sie aber hinzufügen, in einer solchen Situation schwerster moralischer Konflikte werde man notwendig sittlich schuldig; gleichgültig wie man handle, man könne es nur in der Hoffnung auf die Vergebungsbereitschaft Gottes.«

»Sie haben recht; so denke ich etwa auch in bezug auf die Widerstandsbewegung vom 20. Juli 1944.«

»Beide Auffassungen halte ich für falsch: die erste, weil es mir auch vom theistischen Standpunkt aus nicht einleuchtet, welchen Trost es bedeuten sollte, ein Unglück, das man hätte verhindern können, Gott anheimzustellen; die zweite, weil Gott ein Despot wäre, würde er jemanden für etwas verantwortlich machen, was gar nicht in dessen Macht läge. Den ersten Standpunkt halte ich für den übriggebliebenen Rest eines unaufgeklärten blinden Gehorsams gegenüber vermeintlichen göttlichen Geboten, im zweiten sehe ich so etwas wie die Lust am schlechten Gewissen. – Doch jetzt habe ich sicherlich schon viel zu lange geredet.«

»Nein, keineswegs«, schaltete sich der Moderator ein, »ich denke sogar, unsere Zuschauer erführen gerne von Ihnen noch Ihren eigenen Lösungsvorschlag für einen solchen Konflikt, wie Sie ihn angesprochen haben.«

»Ja, ich habe fast alles schon gesagt. Unser moralisches Regelsystem bezieht sich auf unser gewöhnliches menschliches Zusammenleben. Jeder von uns hat gute Gründe, es zu befolgen: Seine Befolgung liegt nämlich in seinem langfristigen und aufgeklärten Eigeninteresse. Dabei setze ich selbstverständlich voraus, daß wir auch jedem anderen zugestehen, nach seinem aufgeklärten Eigeninteresse zu handeln. Was dann die beschriebene Situation im Konzentrationslager angeht, so wird diese meines Erachtens von moralischen Regeln überhaupt nicht betroffen; denn weder für eine aktive Beihilfe zur Verhinderung von noch Schlimmerem – ein äußerst gefährliches Unterfangen, zu dem nur ganz wenige fähig waren – noch für die duldende Hinnahme selbst des Martyriums durch jene wenigen Menschen, die es fertigbrachten, alles Schlechte von sich abzutun, lassen sich Gründe des Eigeninteresses anführen. Ich kann nur sagen: Die einen haben sich *dazu* entschlossen, die anderen *dazu*. Ich werde aber nicht die einen deswegen moralisch loben und die anderen tadeln. Ich habe die Menschen beider Gruppen bewundert – und daran kann mich meine normative Theorie nicht hindern.«

Mit wenigen Worten bedankte sich der Moderator bei seinen Gesprächspartnern. Ohne daß er hätte eingreifen müssen, schienen die unterschiedlichen Grundpositionen gerade in der letzten Viertelstunde einigermaßen deutlich geworden zu sein.

2. *Übereinstimmungen und Differenzen*

In dieser Diskussion werden jene beiden Fragen angesprochen, die in der Auseinandersetzung um die allgemeine Begründung sittlicher Normen meines Erachtens die entscheidende Rolle spielen: Läßt sich erstens zu Recht behaupten, irgendwelche sittlichen Normen würden ohne jede Rücksicht auf noch so üble Folgen gelten? Und ist es zweitens denkbar, daß im Extremfall auch fundamentale Verzichte wie das Lebensopfer sittlich gefordert sein können? Aus der unterschiedlichen Beantwortung dieser beiden Fragen ergeben sich die entscheidenden Differenzen zwischen den verschiedenen vorgeschlagenen ethischen Normierungstheorien; alle anderen Unterschiede sind bei weitem nicht so erheblich.

Ansonsten besteht zunächst einmal eine auffällige Übereinstimmung zwischen allen Versuchen, eine allgemeine Theorie zur Begründung sittlicher Normen zu entwerfen. Sie betrifft sowohl die Bestimmung des allgemeinsten Zwecks moralischer Handlungsregeln als auch die Formulierung der weitaus meisten inhaltlichen Einzelnormen. Es gibt keinen Ethiker, der ernsthaft behauptet hätte, der letzte Zweck eines moralischen Regelsystems bestehe in etwas anderem als in der Sicherung und der Förderung des Glücks und des Wohls der Menschen. Ferner wird all das, was wir üblicherweise zum Grundbestand eines moralischen Regelsystems zählen, unterschiedslos von den Vertretern aller Theorien für richtig erklärt: Nach jeder Theorie sind Versprechen und Verträge in aller Regel zu halten, sind Leib und Leben, Ehe und Familie, guter Ruf und Eigentum zu schützen; alle Theorien kennen Pflichten der Wiedergutmachung, der Dankbarkeit, der Gerechtigkeit, der Entfaltung der eigenen Fähigkeiten und Anlagen. Hinsichtlich der Bestimmung der sittlichen Alltagspflichten scheinen zwischen den verschiedenen Theorien kaum Unterschiede zu bestehen.

3. Die Aufgabe einer allgemeinen ethischen Normierungstheorie

Worum geht es nun in einer allgemeinen ethischen Normierungstheorie? Im voraufgegangenen Kapitel wurde unterschieden zwischen der Ebene der moralischen Gesinnung und der Ebene des moralischen Handelns oder Tuns. Die Grundnorm für die moralisch gute Gesinnung lautete: Denke und urteile unparteiisch, d. h. achte, schätze und liebe alles in selbstloser Weise, also nicht ausschließlich unter dem Blickwinkel deines eigenen Wohls und Wehes. Die sittliche Forderung ist also sehr einfach und immer nur eine einzige. Sie zu begreifen bedarf es keiner großen gedanklichen Anstrengung; denn in bezug auf sie ergeben sich kaum theoretische Probleme. Das Problem der sittlichen Grundnorm ist wesentlich praktischer Art; denn es stellt sich für jeden moralisch reifen Menschen die schwierige praktische Aufgabe, seine Gesinnung immer mehr und immer reiner an dieser Grundnorm auszurichten, d. h., die eigene Selbstsucht immer mehr und nachhaltiger zu überwinden. Um ein guter Mensch zu sein, braucht man keinen großen Verstand, aber ein großes Herz. Daher ist die sittliche Qualität eines Menschen auch fast völlig unabhängig von seinem Intelligenzquotienten, von seinem Wissen und von seiner Bildung.

Anders verhält es sich, wenn wir dann übergehen auf die Ebene des Handelns oder Tuns. Auch hier ist die sittliche Grundnorm einfach und immer dieselbe; sie ergibt sich unmittelbar aus der Grundnorm für die gute Gesinnung und lautet schlicht: Handle in allem unparteiisch oder selbstlos! Doch niemand kann allein aus dieser Anweisung schon herauslesen, was er dann konkret in dieser oder jener Situation tun soll. Wie wir bei der Erörterung moralischer Einzelprobleme gesehen haben, braucht er noch weitere, oft sehr komplizierte Gesichtspunkte, die ihm als Kriterien für sein Handeln dienen können. Welche Gesichtspunkte allgemeiner Art sind für die sittliche Urteilsbildung in bezug auf unser Handeln relevant und welche nicht? So ließe sich die Frage nach einer allgemeinen ethischen Normierungstheorie umschreiben. Oder anders formuliert: Welche Gesichtspunkte kommen als Rechtfertigungsgründe für unser Handeln in Frage, welche dagegen nicht?

4. Rechtfertigungsgrund und Erklärungsgrund

Eine allgemeine ethische Normierungstheorie stellt also den Versuch dar, eine Antwort auf die Frage nach den allgemeinen Rechtfertigungsgründen für sittlich richtiges Verhalten zu geben, nicht dagegen auf die nach seinen möglichen Erklärungsgründen – dies gehörte zum Aufgabenbereich der deskriptiven Wissenschaften wie der Moralsoziologie oder -psychologie. Obgleich diese Unterscheidung zwischen rechtfertigenden und erklärenden Gründen zu den Selbstverständlichkeiten jedes disziplinierten Denkens gehört, wird sie doch gerade in den Auseinandersetzungen um moralische und politische Fragen allzu häufig mißachtet (Beispiele dafür firmieren heute oft unter der Überschrift der ›Ideologiekritik‹); daher soll auf sie hier kurz eingegangen werden.

Im Kapitel über den Schwangerschaftsabbruch z. B. wurde zunächst durchgängig die Frage nach den möglichen Rechtfertigungsgründen für die Tötung ungeborenen menschlichen Lebens erörtert, dann aber in II, 12 eine Frage völlig anderer Art gestellt, nämlich die nach einer Erklärung für das auffällig starke Abweichen des durchschnittlichen sittlichen Bewußtseins von dem, was sich in bezug auf die Frage des Schwangerschaftsabbruchs als sittlich gerechtfertigt erweisen läßt und was nicht. Auf die Frage: ›Warum haben Sie damals einen Schwangerschaftsabbruch vornehmen lassen?‹ könnte man zwei Antworten von völlig verschiedener Art erhalten. Die erste: ›Weil das Kind nicht lebend hätte geboren werden können‹; die zweite: ›Weil ich damals nicht mehr ein noch aus wußte und in panischer Angst nur noch diesen Ausweg sah‹. Mit der ersten Antwort nimmt eine Frau Stellung zu einer moralischen Frage, vor der sie selbst gestanden hat; sie gibt ein moralisches Urteil ab und nennt den Grund, weswegen ihr Urteil richtig war und ist; damit rechtfertigt sie ihr Verhalten. Mit der zweiten Antwort erläutert die Frau die psychische Situation, in der sie sich befunden hat, sie erklärt die psychische Genese ihrer Zustimmung zum Schwangerschaftsabbruch. Mit dieser Antwort nimmt sie aber zum Schwangerschaftsabbruch selbst als einem moralischen Problem in keiner Weise Stellung. Dieser prinzipielle Unterschied zwischen dem Rechtfertigen und dem Erklären eines moralischen oder moralisch bedeutsamen Sachverhalts wird durch die ununterschiedene Verwendung nicht nur des Wortes ›Grund‹, sondern auch des Wortes ›Motiv‹ verdeckt. Wir sagen sowohl, ihr Motiv sei die Angst, als auch, ihr Motiv sei das klar vorhersehbare Absterben des Fötus gewesen; dabei verwenden wir das Wort ›Motiv‹ einmal im Sinne eines Erklärungsgrunds und dann im Sinne eines Rechtfertigungsgrunds.

In Fragebereichen nicht-wertender Art haben wir gewöhnlich keine Schwierigkeiten, zwischen Erklärungs- und Rechtfertigungsgründen zu unterscheiden und einen illegitimen Übergang von den einen zu den anderen zu vermeiden. Wenn als Lösung für die mathematische Aufgabe ½ × ½ von einem Schüler 1 angegeben wird, so stellen wir zunächst fest, daß diese Antwort falsch ist. Sie müßte ¼ lauten, und wir können dem Schüler die (Rechtfertigungs)gründe (den Beweis) dafür nennen, daß nur diese und keine andere Antwort richtig ist. Wir können uns aber auch die Frage stellen, weshalb der Schüler eine falsche Antwort gegeben hat, und als (Erklärungs)gründe anführen: mangelnde Intelligenz, fehlendes Interesse, Konzentrationsschwäche oder auch unzulängliche Erklärung von seiten des Lehrers. Die Lösung einer mathematischen Aufgabe wäre keineswegs schon deswegen als richtig oder falsch erwiesen, weil man gezeigt hätte, der Schüler sei fleißig oder faul, intelligent oder dumm, interessiert oder uninteressiert, konzentriert oder unkonzentriert usw. Mit der bloßen genetischen Erklärung einer Ansicht, Auffassung oder Überzeugung, also mit der Antwort auf die Frage, wie es zu dieser Überzeugung gekommen ist, hat man hinsichtlich der Frage ihrer Rechtfertigung, also hinsichtlich der Antwort auf die Frage, ob diese Überzeugung richtig oder falsch ist, noch nichts ausgesagt. Meint man jedoch illegitimerweise, man hätte mit der Darlegung von Erklärungsgründen dennoch auch etwas über den Wahrheitswert einer Überzeugung ausgesagt, so erliegt man dem sogenannten genetischen Fehlschluß.

Wie gesagt, kommt er in Fragebereichen nicht-wertender Art kaum vor, dafür aber um so häufiger, wenn es um moralische oder politische Wertungsfragen geht. Hier einige Beispiele: ›Dieses Gutachten wurde von den Kraftwerksbetreibern angefordert, also kann man sich auf seine Angaben nicht verlassen‹; ›Die katholischen Bischöfe haben scharf gegen die immer großzügigere Handhabung der sozialen Indikation beim Schwangerschaftsabbruch protestiert – kein Wunder, sie leben ja zölibatär‹; ›Die SPD setzt sich für die paritätische Mitbestimmung ein – wie könnte es anders sein, ist sie doch unter den Arbeitnehmern auf Stimmenfang aus‹; ›Ihre Eltern sträuben sich dagegen, daß sie mit ihrem Freund zusammenzieht – klar, sie sind schon ziemlich alt und neiden ihr ihre Jugend‹. Das beim genetischen Fehlschluß angewandte Verfahren: Die gegnerische Meinung wird nicht durch Argumente widerlegt (sie wird gar nicht erst als Überzeugung ernst genommen), sondern durch Hinweis auf denjenigen, der sie vertritt, und aufgrund offensichtlicher oder nur vermeintlicher genetischer Zusammenhänge diskreditiert. Die bereits mehrfach erwähnte Motivverdächtigung stellt somit eine Form des genetischen Fehlschlusses dar.

Wie sich im Zusammenhang der Diskussion des Schwangerschaftsabbruchs gezeigt hat, kann es durchaus sehr wichtig sein (etwa um Einfluß auf die öffentliche Meinung nehmen zu können), die Frage zu prüfen, wie es zu einer bestimmten moralischen Überzeugung gekommen ist, also nach den erklärenden Gründen einer moralischen Meinung zu fragen. Nur sollte man sich auch klar vor Augen halten, daß man damit zu der Frage, ob die vertretene Meinung richtig oder falsch ist, überhaupt nicht Stellung genommen hat.

5. *Erstes Kriterium: Unparteilichkeit des Handlungsgrundsatzes*

Die Frage nach einer allgemeinen ethischen Normierungstheorie ist also die Frage nach den allgemeinen Rechtfertigungsgründen für sittlich richtiges Verhalten oder die Frage nach den Kriterien, anhand deren die Auswahl unter den verschiedenen Handlungsalternativen getroffen werden soll.

Das grundlegende sittliche Auswahlkriterium wurde bereits ausführlich dargestellt und wird in allen ethischen Normierungstheorien anerkannt – allerdings nicht immer in gleich umfassender Weise ausgelegt. Es ergibt sich aus der moralischen Grundgesinnung: Die Auswahl unter den Handlungsalternativen darf nicht nach selbstsüchtigen Gesichtspunkten erfolgen, d. h., die richtige Handlung ist so beschaffen, daß prinzipiell jeder, der die Handlungsgründe vollständig kennt, sich nicht irrt, unparteiisch und unvoreingenommen urteilt, ihr zustimmen könnte, sei er nun selbst betroffen oder nur Beobachter, sei er selbst der Nutznießer oder aber derjenige, der die Lasten zu tragen hat.

Zu diesem Kriterium der Unparteilichkeit braucht hier nichts weiteres mehr gesagt zu werden. Es sei nur noch einmal daran erinnert, daß die Erfüllung der Unparteilichkeitsforderung zwar notwendige *und* zureichende Bedingung für sittliche Güte, nicht aber auch zugleich zureichende Bedingung für die Richtigkeit einer Handlung ist. Die Richtigkeit von Handlungen hängt davon ab, daß noch weitere notwendige Bedingungen erfüllt sind. (Im folgenden gilt es, sie noch ausdrücklich zu benennen.) Dieser Sachverhalt wird von manchen modernen Theologen übersehen: Ausdrücklich oder unausdrücklich behaupten sie, es gebe nur einen einzigen Maßstab, an dem wir unser Tun und Lassen zu messen hätten, nämlich an dem Gebot der Liebe. Ich meine im voraufgegangenen Kapitel (V, 8) deutlich genug gezeigt zu haben, daß diese Theorie des Agapismus (von griech. agape = Liebe) unzulänglich ist und wesentlicher Ergänzungen bedarf. Die Probleme der normativen Ethik beginnen erst, wenn man sich auf den Standpunkt der Moral oder den des Doppelgebotes der Liebe gestellt hat.

6. *Zweites Kriterium: Das Mögliche*

Welche Handlungsalternativen kommen nun für die zu treffende unparteiische Wahl in Frage – alle denkbaren oder nur alle hier und jetzt möglichen?

Man sollte meinen, die Antwort wäre für jeden klar: Sittlich gefordert könne immer nur das hier und jetzt Mögliche sein, oder wie Kant sagen würde: Sittliches Sollen setze ein entsprechendes Können voraus. Dies ist aber durchaus nicht der Fall, wie auch unsere Beispielgeschichte zeigt: Landesbischof Klever und mit ihm zahlreiche, vor allem protestantische Theologen (aber auch einige wenige Philosophen) sind der Auffassung, es gebe Situationen, in denen man notwendig sittlich schuldig werde. Gleichgültig wie sich ein Häftling auch verhalten hätte, ob er zur Verhinderung von noch Schlimmerem aktive Beihilfe zu krassestem Unrecht geleistet oder aber unter ausdrücklicher Inkaufnahme des Schlimmeren das Unrecht nur erduldet hätte, er wäre sittlich schuldig geworden. Für solche Konfliktsituationen wird also von den Vertretern dieser Auffassung gesagt, mehrere einander ausschließende Handlungsalternativen, die nicht zugleich ergriffen werden könnten, seien dennoch zugleich unbedingt sittlich geboten: Der Häftling habe zugleich Schlimmeres zu verhindern und sich jeder Mitwirkung an schreiendem Unrecht zu verweigern.

Diese Ansicht, auch Unmögliches könne sittlich geboten sein, scheint, offen vorgetragen und auf alle Handlungssituationen angewandt, völlig unplausibel. Denn immer und überall ist sehr vieles wünschenswert, aber nur weniges davon durch uns auch handelnd realisierbar. Würden wir in jeder Situation das Bestmögliche tun, so blieben wir immer noch weit hinter dem denkbar Besten zurück; bei allem und jedem, was wir täten oder nicht täten, machten wir uns sittlich schuldig.

Einen Schein von Plausibilität gewinnt diese Ansicht allein in solchen moralischen Konfliktsituationen, in denen man nur die Wahl zwischen zwei oder mehreren schlimmsten Übeln hat: Beispielsweise ist es im Normalfall unbedingte Pflicht eines Arztes, sowohl das Leben einer Mutter als auch das eines Kindes zu retten; die Erfüllung beider Pflichten ist ihm im Normalfall auch möglich. Der Konfliktfall besteht aber gerade darin, daß er das Leben des einen nur auf Kosten des anderen retten kann, und zwar deswegen, weil beider Leben ursächlich in fataler Weise miteinander verknüpft ist, ohne daß der Arzt dies zu ändern vermöchte. Genau besehen, kollidieren in solchen Konfliktsituationen nicht zunächst Pflichten miteinander, sondern Verpflichtungsgründe: Weil Leben gegen Leben steht, steht Pflicht gegen Pflicht; weil Wertekollision, darum Pflichtenkollision. Bestreitet oder übersieht man, daß jeder Pflicht ein Können entsprechen muß, so hat es den Anschein, gleichgültig, was der Arzt tue, er handle notwendig sittlich falsch, verletze immer eine Pflicht und werde dadurch notwendig sittlich schuldig.

Gegen eine solche Konzeption lassen sich wenigstens drei gewichtige Einwände erheben: Erstens wird hier nicht unterschieden zwischen Gesinnungs- und Handlungsebene, also zwischen sittlich gut und schlecht einerseits sowie sittlich richtig und falsch anderseits: Unter sittlicher Schuld versteht man die moralisch verkehrte Grundeinstellung, die sich zwar in Handlungen manifestieren kann, aber dort nicht eigentlich ihre Wurzeln hat. Von daher ist es unangemessen, von einem notwendigen ›Schuldigwerden‹ zu sprechen; vielmehr dürfte man höchstens sagen, in solchen Situationen handle man notwendig falsch.

Aber auch eine solche Redeweise ließe sich zweitens nur unter der Voraussetzung verteidigen, daß man den Satz vom ausgeschlossenen Widerspruch aufgibt, nach dem ein und dasselbe nicht in derselben Hinsicht sein und zugleich nicht sein kann. Es ist logisch unsinnig, von ein und derselben Handlung (etwa von der des Arztes oder der des Häftlings in unserer Beispielgeschichte) zu sagen, sie sei zugleich sittlich richtig und falsch (= nicht richtig), unbedingt geboten und verboten, gefordert und untersagt.

Besonders Theologen lassen sich gelegentlich von einer einschlußweisen Mißachtung logischer Regeln kaum beeindrucken. Gegen alle Logik halten sie an der unbedingten Verpflichtung zum Unmöglichen und damit an der Rede vom notwendigen Schuldigwerden (jedenfalls für bestimmte schwere Konfliktsituationen) fest. Sie tun es gewiß besten Wissens und Gewissens. Ihr Anliegen besteht darin, die Barmherzigkeit und Vergebungsbereitschaft Gottes, auf die der Mensch in allen Lebenssituationen angewiesen ist, zu preisen: Je auswegloser die Situation des Menschen, desto leuchtender erscheint die Gnade Gottes. Aber die Leuchtkraft der Erlösung ist hier teuer erkauft – zu teuer; denn Prof. Bungart hat recht, wenn er einen solchen Gott, der Unmögliches fordern würde, als einen Despoten bezeichnet – und das wäre hier der dritte Einwand.

Aussagen, die man über Gott macht, lassen sich hinsichtlich ihrer Annehmbarkeit manchmal dadurch überprüfen, daß man sie auf Menschen überträgt und sie so dem sich einstellenden Verfremdungseffekt aussetzt: Welche Gottesvorstellung müßte man akzeptieren, wenn man an der These vom notwendigen Schuldigwerden aufgrund einiger unser Können überfordernder Gebote Gottes festhalten wollte? Das Bild, das sich ergäbe, wäre noch schlimmer als das, was Eugen Kogon (Der SS-Staat, München 1974,93) von einem SS-Mann zeichnet: »Wladislaw Schezmit, ein Pole, war einer Gruppe von Steinträgern zugeteilt, die ihre Last aus der Gärtnerei im Laufschritt zur Kläranlage schleppen mußten. Ein SS-Posten befahl dem Polen, eine Steinplatte von erheblicher Größe aufzunehmen, was dem Mann einfach nicht möglich war; er konnte sie nicht einmal von der Stelle rühren, geschweige denn aufheben. ›Los!‹ brüllte der Posten und warf einen Ziegelstein nach dem Polen. Blutüberströmt brach der Häftling zusammen. ›Nimm den Stein auf, du polnischer Hund! Den Stein sollst du aufnehmen!‹ Mehrere SS-Leute brachten den Ohnmächtigen mit einem Kübel voll Wasser, das sie über ihn ausschütteten, zur Besinnung, zerrten ihn hoch, lehnten ihn an einen Baum und exekutierten ihn nun – wegen ›Sabotage‹, indem sie ihn als Zielscheibe benutzten und langsam erschossen.« Eine Gottesvorstellung dieser Art wäre deswegen noch furchtbarer, weil Gott es ja aus ›reiner Barmherzigkeit und Güte‹ nicht bis zur Exekution kommen lassen würde. Deswegen sollten wir ihn dann noch preisen! Ein Gott, der Unmögliches forderte, wäre ein Willkür-Gott – wäre aus moralischen Gründen abzulehnen.

Ich gehe also davon aus, daß nur das jeweils hier und jetzt Mögliche Inhalt einer sittlichen Forderung sein kann. Daher kann es keine Pflichtenkollisionen in dem Sinn geben, daß mehrere miteinander unvereinbare Pflichten zugleich unbedingt gefordert wären. Möglich sind nur Kollisionen von Verpflichtungsgründen und von sich daraus ergebenden prima-facie-Pflichten, wie sie in Kap. IV, 2 a erläutert wurden.

7. *Drittes Kriterium: Wert und Unwert aller Folgen im weitesten Sinn*

a) Teleologische und deontologische Begründungsweise

Wenn die jeweils richtige Handlung nur im Bereich des Möglichen zu suchen ist, nach welchen Gesichtspunkten hat man in diesem Bereich dann seine unparteiische Wahl zu treffen? Sind es allein Wert und Unwert der Folgen im weitesten Sinn oder auch noch andere Merkmale einer Handlung?

Sowohl auf der Ebene der wissenschaftlichen als auch auf der der alltäglichen Auseinandersetzung um moralische Probleme geht der Streit wesentlich um diese Frage. Ausdrücklich oder unausdrücklich sind wir bei der Erörterung moralischer Einzelprobleme immer wieder auf sie gestoßen: Läßt sich zu Recht behaupten, jeder direkte Schwangerschaftsabbruch, jede direkte Selbsttötung, jede direkte aktive Euthanasie, jede direkte künstliche Empfängnisverhütung oder Sterilisation, jeder nicht-eheliche Geschlechtsverkehr – und wir könnten jetzt fortfahren: jede Falschaussage und jedes täuschende Versprechen (nach Ansicht Kants, Fichtes und vieler Protestanten), jede Wiederheirat zu Lebzeiten des Partners aus einer gescheiterten sakramentalen und als solcher vollzogenen Ehe (nach katholischer Auffassung), jedes Schwören (nach Ansicht der Quäker), jede militärische Gewaltanwendung und jede Bluttransfusion (nach Ansicht der Zeugen Jehovas) – seien ausnahmslos falsch ohne jede Rücksicht auf noch so schreckliche Folgen? Läßt sich zu Recht behaupten, bestimmte Handlungsweisen seien unerlaubt, gleichgültig, was sich daraus ergeben mag? Gilt für sie zu Recht der Satz: Fiat iustitia, pereat mundus (Die Gerechtigkeit nehme ihre Lauf, selbst wenn die Welt darüber zugrunde geht)?

Von demjenigen, der das behauptet, der also meint, bestimmte Handlungsweisen seien richtig oder falsch *nicht* bzw. *nicht allein* aufgrund des Werts oder Unwerts ihrer Folgen im weitesten Sinn, sondern (auch) aufgrund irgendwelcher anderen Merkmale, sagt man, er begründe die diesbezüglichen Normen deontologisch (von griech. deon = Pflicht). Demgegenüber sagt man von jedem, der die sittliche Richtigkeit einer Handlung *allein* vom Wert und Unwert ihrer Folgen her bestimmt, er begründe die diesbezügliche Norm teleologisch (von griech. telos = Ziel, Zweck). Diese Unterscheidung stellt eine weithin gebräuchliche terminologische Festlegung dar, die weitgehend ohne Rücksicht auf die Etymologie der Wörter vorgenommen wurde. Wie bei der Unterscheidung zwischen richtig und falsch handelt es sich auch bei ihr um eine vollständige Disjunktion (allein – nicht allein von den Folgen her), d. h. ein Mittleres ist logisch ausgeschlossen.

Ob es sich im konkreten Fall um eine deontologische oder teleologische Norm handelt, erkennt man nicht an der Art ihrer sprachlichen Fassung, sondern an der Art und Weise ihrer Begründung. Das heißt: Die Ausnahmslosigkeit, in der jemand eine Norm formuliert (z. B.: Jeder direkte Schwangerschaftsabbruch ist sittlich verwerflich), ist kein Kennzeichen dafür, daß er sie auch deontologisch begründet. Auch ein Teleologe kann sittliche Normen sprachlich so fassen, daß sie in dieser Form ausnahmslos gelten – er muß eben nur darauf achten, daß alle gerechtfertigten oder denkbaren ›Ausnahmen‹ durch die Art seiner Formulierung von vornherein ausgeschlossen sind (z. B.: Die Tötung von Menschen allein wegen ihrer Rassenzugehörigkeit ist ausnahmslos sittlich falsch).

Unter einer *teleologischen Normierungstheorie* wird im folgenden also eine Theorie verstanden, nach der die Richtigkeit von Handlungen letztlich allein aus den für eine Situation charakteristischen Werten und Übeln abzuleiten ist. Unter *deontologischen Theorien* sind dann alle jene zu verstehen, nach denen sich die Richtigkeit von Handlungen nicht allein anhand dieses einen Kriteriums von Wert und Übel bestimmt, sondern darüber hinaus noch anhand weiterer davon unabhängiger Kriterien (beispielsweise anhand der ›Naturwidrigkeit‹ oder der ›mangelnden Berechtigung‹). Eine Theorie, in der die Folgen überhaupt keine Rolle spielten, ist selbstverständlich undenkbar.

Diese terminologische Festlegung mit Hilfe einer vollständigen Disjunktion bringt es mit sich, daß unter der gemeinsamen Bezeichnung ›deontologisch‹ die untereinander verschiedensten Theorien zusammengefaßt werden; sie alle kommen eben nur in dem einen Punkt überein, daß sie nicht-teleologisch sind. Jede dieser Theorien stellt als solche einen Einwand gegen eine rein teleologische Normierung dar. Wollte man daher die hier vertretene These, die sittliche Richtigkeit von Handlungen hänge letztlich allein von der für eine Situation charakteristischen Wertlage ab, völlig absichern, so wäre es nötig, jeden einzelnen Einwand der Deontologen zu erörtern und zu entkräften.

Der Streitpunkt zwischen Teleologen und Deontologen läßt sich logisch folgendermaßen charakterisieren: Sind alle Verpflichtungsurteile wie: ›Du sollst‹, ›Es ist geboten‹, ›Es ist richtig‹ usw. letztlich auf Werturteile wie ›Es ist gut‹ oder ›Es ist achtens-, liebens- oder wünschenswert‹ zurückführbar oder nicht? Für einen Teleologen läßt sich die Verpflichtung logisch zurückführen auf den Begriff des Guten oder Wertvollen. Alle sittlichen Normen sind nach ihm letztlich von der Form, wie wir sie bei der Erörterung des Doppelgebotes der Liebe kennengelernt haben: Du *sollst* Gott über alles lieben, weil er über alles *gut* ist; du *sollst* jeden Mitmenschen lieben, wie du dich selbst lieben sollst, weil jeder Mensch in gleicher Weise *Selbstzweck* ist oder *Personwürde* besitzt. Nach dem Teleologen besitzt alles Gute und Wertvolle in bezug auf den Menschen als ein strebendes Wesen einen gerundivischen Charakter (Gerundivum: im Lateinischen Verbaladjektiv, das die Gesolltheit einer Stellungnahme oder eines Tuns ausdrückt; z. B. homo laudandus: ein zu lobender Mensch; jemand, der gelobt werden soll), der *allein* die Pflicht begründet. Dieser Zusammenhang zwischen Wert und Pflicht sei noch einmal am Beispiel des Tötungsverbots erläutert:

1. Jeder Mensch ist Selbstzweck, seine Existenz bedeutet etwas in sich Gutes (Behauptung eines Wertsachverhalts).
2. Insofern verdient er in seiner Existenz bejaht, anerkannt, geachtet und respektiert zu werden; denn alles Gute ist zu bejahen, anzuerkennen usw. (Entfaltung des gerundivischen Charakters des Guten bezogen auf die Ebene der Einstellung und Gesinnung).
3. Insofern verdient er in seiner Existenz erhalten und gefördert (nicht vernichtet) zu werden; denn alles Gute ist (prima facie) in seiner Existenz zu erhalten und zu fördern (Entfaltung des gerundivischen Charakters des Guten bezogen auf die Ebene des Handelns).
4. Töten bedeutet die Vernichtung menschlichen Lebens; daher ist es (prima facie) falsch.

Ein Deontologe braucht diesen Zusammenhang zwischen Wert und Sollen nicht zu bestreiten; er muß aber bestreiten, daß diese Verknüpfung in *allen* Fällen zureichender Grund einer Verpflichtung ist. Wenigstens für einige Fälle nimmt er an, der Pflichtcharakter einer Norm gründe in irgend etwas anderem als in der für die Handlungssituation charakteristischen Wertlage. Weil er so urteilt, kann er für bestimmte Situationen sagen, etwas sei sittliche Pflicht, selbst wenn die Welt (= alle nicht-sittlichen Güter oder Werte) darüber zugrunde ginge.

b) Die Behauptung unbedingt oder nur bedingt geltender deontologischer Normen

Die deontologische Position wurde bisher nur an ihren klarsten Ausprägungen illustriert, nämlich an Argumentationsweisen, nach denen die Richtigkeit wenigstens einiger Handlungen völlig unabhängig von ihren Folgen ist. Im Verlauf der Erörterung moralischer Einzelprobleme hatten wir bereits ein Verfahren kennengelernt, den nur schwer annehmbaren Konsequenzen deontologisch begründeter Normen soweit wie möglich zu entgehen: Von den Folgen her engte man ihren Geltungsbereich immer weiter ein. So scheint aus der deontologischen Begründung, nur Gott als Schöpfer – und nicht der Mensch – dürfe über menschliches Leben verfügen, zu folgen, es sei unter allen denkbaren Umständen verboten, eine Handlung zu setzen, von der man voraussehe, daß sie den Tod eines Menschen zur Folge habe. Den völlig unannehmbaren Konsequenzen einer solchen Norm entging man dadurch, daß man sie mit Hilfe einiger Unterscheidungen auf das Verbot der aktiven direkten Tötung ›Unschuldiger‹ einengte. Es heißt dann nicht mehr: Ohne Rücksicht auf noch so schlimme Folgen darf man niemals durch irgendeine Handlung den voraussehbaren Tod eines Menschen herbeiführen (eine Norm, die notwendig zu widersprüchlichen Einzelanweisungen führen würde, z. B.: ›Schaffe jeden Verkehr zu Wasser, zu Lande und in der Luft ab, denn er kostet Menschenleben!‹ – ›Tue es nicht, denn die Wirtschaft würde zusammenbrechen und als Folge den Tod vieler nach sich ziehen!‹), sondern: Jede direkte Tötung eines ›Unschuldigen‹ ist falsch, selbst wenn die Welt darüber zugrunde ginge (nach einer solchen Einschränkung sind Weltuntergangssituationen, die auf die Beachtung dieser enggefaßten Norm zurückgingen, nur noch schwer vorstellbar).

Es gibt aber noch einen anderen Weg, um die kaum akzeptablen Folgerungen, die sich aus deontologischen Begründungen ergeben, zu vermeiden, ohne daß man solche Begründungsweisen ganz aufgeben müßte. Die gemeinchristliche Tradition, aber auch Philosophen wie Kant und Fichte verstehen die wenigen von ihnen vertretenen deontologisch begründeten Pflichten (die allerdings sehr hart in das Leben des einzelnen eingreifen können) als *unbedingte*, aktuelle sittliche Forderungen. Grundsätzlich lassen sich deontologisch begründete Normen aber auch anders verstehen, nämlich als *bedingte* prima-facie-Pflichten, die nicht ohne, sondern nur *unter* Berücksichtigung auch der Folgen zu erfüllen sind.

Ein ausdrücklich offengehaltenes System von prima-facie- oder präsumtiven Pflichten hat der bedeutende englische Ethiker Sir William David Ross (1877–1971) entwickelt. Im einzelnen nennt er Treue- und Wiedergutmachungspflichten, die Pflichten der Dankbarkeit und der verteilenden Gerechtigkeit, die Pflichten des Wohltuns und der Entfaltung der eigenen Persönlichkeit sowie die Pflicht, anderen nicht zu schaden. Befinde man sich in einer Lage, in der man von mehr als einer dieser präsumtiven Pflichten betroffen sei, so habe man seine Handlungssituation so gründlich wie möglich zu prüfen, bis man zu einem Ermessensurteil gelange (mehr sei gewöhnlich nicht möglich), nach dem unter den gegebenen Umständen eine dieser Pflichten stärker sei als alle anderen. Die Erfüllung dieser stärksten prima-facie-Pflicht sei dann als die aktuelle oder unbedingte Pflicht anzusehen.

Demnach hätte man nach Ross in bezug auf die Situation des Arztes, der nur das Leben entweder der Mutter oder des Kindes retten kann, zu sagen: In dieser Situation kollidieren zwei präsumtive Pflichten des Wohltuns, nämlich Leben zu retten, miteinander; der Arzt habe nun von der Gesamtsituation her zu prüfen, welche Pflicht hier und jetzt stärker, gewichtiger oder vorrangig sei, und demgemäß zu handeln. Unter einer prima-facie- oder präsumtiven Pflicht versteht Ross also den sittlich bedeutsamen Teilaspekt einer Handlung, aufgrund dessen sie zwar nicht Pflicht *ist*, jedoch dahin *tendiert*, Pflicht zu sein. Die aktuelle oder unbedingte Pflicht ergibt sich dann aus der Gesamtheit der sittlich erheblichen Teilaspekte einer Handlung, also aus der Zusammenschau aller relevanten präsumtiven Pflichten. Während die jeweilige aktuelle Pflicht zurückführbar sei auf irgendwelche präsumtiven Pflichten, seien diese selbst nicht mehr weiter zurückführbar, sondern müßten als unmittelbar evident gelten (und das macht den deontologischen Charakter dieser prima-facie-Pflichten aus).

Ich habe bereits darauf hingeweisen, daß unter der Bezeichnung ›deontologisch‹ die unterschiedlichsten Theorien zusammengefaßt werden. Für sich betrachtet steht jede einzelne einer rein teleologischen Normierung mehr oder weniger nahe bzw. fern. Ganz offenbar ist dieses hier dargestellte Ross'sche System von prima-facie Pflichten in seiner praktischen Handhabung kaum noch von einer rein teleologischen Normenbegründung zu unterscheiden. Wie wir im Verlauf der Diskussion der Menschenrechte gesehen haben (IV, 2 a), dürfte vor allem der von Ross erstmals eingeführte Begriff der prima-facie- oder präsumtiven Pflicht für keine plausible ethische Theorie entbehrlich sein. Es bleibt nur die Frage, ob man Ross zugestehen muß, daß solche prima-facie-Pflichten unmittelbar in sich evident sind, oder ob man nicht doch noch einen Argumentationsschritt zurückgehen kann, um sie auf das einheitliche (teleologische) Prinzip des Guten oder Wertvollen zurückzuführen, wie es hier versucht wird.

Zweckmäßigerweise sollte man also drei normative Positionen auseinanderhalten: 1. Die *rein teleologische Position*, nach der die Richtigkeit aller Handlungen letztlich allein von ihren Folgen (von den für die jeweilige Handlungssituation charakteristischen Werten und

Übeln) abhängt. 2. Die *deontologische Position präsumtiver* (bedingter) *Pflichten*, nach der die Richtigkeit aller Handlungen immer auch, aber nicht immer allein von ihren Folgen abhängt. 3. *Die deontologische Position unbedingter Pflichten*, nach der die Richtigkeit wenigstens einiger Handlungen völlig unabhängig von ihren Folgen ist. Der Streit um die Positionen 1 und 2 ist mehr akademischer Art, der um die Positionen 1 und 3 zutiefst auch praktischer Natur. Von daher erscheint es verständlich, wenn ich mich hier vornehmlich auf die Erörterung von 1 und 3 konzentriere.

c) Argumente für und wider eine rein teleologische Normierungsweise

GIBT ES GUTE GRÜNDE DAFÜR, die Position 3 zurückzuweisen und stattdessen die Position 1 einzunehmen?

Im Verlauf der Diskussion moralischer Einzelprobleme sind wir auf die drei wichtigsten traditionellen deontologischen Begründungsversuche gestoßen und mußten sie ausnahmslos als nicht stichhaltig fallenlassen. Damit haben wir in einer Art von Ausschlußverfahren wenigstens negativ gezeigt, daß die Position 3, nach der bestimmte Handlungsweisen ohne Rücksicht auf die Folgen richtig sein sollen, jedenfalls in ihren bisherigen wichtigsten Begründungsformen unhaltbar ist. Zur Erinnerung seien diese drei Begründungsversuche hier noch einmal zusammengestellt.

Erstens läßt sich die sittliche Richtigkeit und Verbindlichkeit einer Norm nicht mit der bloßen Tatsache begründen, Gott (oder irgendein anderer) habe so und nicht anders angeordnet (vgl. II, 8 a). Einen solchen *theonomen Moralpositivismus* unterstellt man zwar häufig genug den Vertretern einer theologischen Ethik, doch wird diese These – jedenfalls im christlichen Bereich – seit Jahrhunderten von niemandem mehr theoretisch vertreten. Da es immer falsch ist, Werturteile auf rein deskriptive Tatsachenurteile zurückzuführen – man spricht hierbei vom naturalistischen Fehlschluß –, kann auch die Berufung auf den bloßen Willen Gottes zur Begründung einer sittlichen Norm nicht richtig sein. Nichts ist deswegen richtig und gut, weil Gott es gebietet, sondern Gott gebietet etwas, weil es richtig und gut ist.

Die beiden folgenden deontologischen Begründungsversuche sind sachlich als mißlungene teleologische Argumentationsweisen zu qualifizieren. In ihnen beruft man sich letztlich nicht auf die Tatsache irgendeines positiven Willens, sondern auf die überlegene Weisheit und Einsicht in moralischen Fragen, die in einer positiven göttlichen Anordnung (vgl. II, 8 b und c) oder in der Ordnung der ›Natur‹ (vgl. III, 3) zum Ausdruck kämen. So weist beispielsweise J. G. Fichte völlig klar auf das teleologische Fundament seiner deontologischen Argumentation hin (Das System der Sittenlehre, 1798, Hamburg ²1969, 337): »Wir sollen schlechthin tun, was die Pflicht gebeut, ohne über die Folgen zu klügeln: aber um es nur tun zu können, müssen wir notwendig annehmen, daß dieselben in der Hand Gottes zum Guten ausfallen werden.«

Die theologische Variante dieser mißlungenen teleologischen Argumentationsweise haben wir am Beispiel des Tötungsverbots kennengelernt (weiterhin wird sie noch angewendet z. B. auf die Frage der Polygamie, des Inzestverbots und der Unauflöslichkeit der Ehe): Es sei ausnahmslos, d. h. ohne Rücksicht auf die Folgen, falsch, einen ›unschuldigen‹ Menschen direkt zu töten, weil man damit *in ein Herrschaftsrecht Gottes eingreife*, das er sich aufgrund seiner überlegenen Weisheit und Einsicht vorbehalten habe. Wir hatten gesehen, daß dieser Überlegung eine unzutreffende anthropomorphe Gottesvorstellung zugrunde liegt: Fälschlicherweise werden die Rechte Gottes in Konkurrenz zu denjenigen der Menschen gesehen, so wie tatsächlich die Rechte des einen Menschen in Konkurrenz zu denjenigen aller anderen stehen.

Die philosophische Variante haben wir dann am Beispiel der sittlichen Beurteilung der künstlichen Empfängnisverhütung veranschaulicht (sonst findet sie sich etwa bei der Erörterung der sittlichen Problematik der Falschaussage, bestimmter sexueller Verhaltensweisen, der Organtransplantation, der künstlichen Insemination, der Menschenrechte): Jede direkte künstliche Empfängnisverhütung sei ohne Rücksicht auf noch so üble Folgen sittlich falsch, weil sie der ›natürlichen‹ Zweckbestimmung menschlicher Geschlechtlichkeit widerspreche, also *falsch, weil naturwidrig* oder weil der überlegenen Weisheit der Natur zuwider. Dieser Argumentationsversuch scheitert daran, daß in ihm die Richtigkeit bestimmter Verhaltensweisen nur behauptet, nicht aber begründet wird. Denn in der Natur begegnen uns zunächst nur faktische Gegebenheiten. Diese haben wir dann wertend zu beurteilen, also daraufhin zu prüfen, ob sie dem Wohl der Menschen dienen oder nicht, ob sie in sich gut, wünschens- und erstrebenswert sind oder nicht. Nicht die Natur kann sich in überlegener Weisheit und Einsicht ein wertendes Urteil bilden – denn sie ist vernunftlos –, sondern wir selbst haben dies zu besorgen, und zwar kraft unserer eigenen fehlbaren Vernunft – keine andere Möglichkeit ist denkbar.

Dies mag hier genügen, um negativ zu zeigen, daß jedenfalls die drei wichtigsten in Vergangenheit und Gegenwart vorgetragenen deontologischen Argumentationsversuche der Kritik nicht standzuhalten vermögen. Läßt sich nicht aber noch ein positiver Grund zugunsten einer rein teleologischen Normierungsweise anführen? Vielleicht der folgende: Man wird schwerlich bestreiten können, daß wir ein System inhaltlicher sittlicher Normen nur deswegen brauchen, weil wir in einer sehr kärglich ausgestatteten Welt leben, die für jeden einzelnen viel zu wünschen übrigläßt. In einer Welt, in der es an nichts fehlte, in der alle Güter reichlich vorhanden und gerecht verteilt wären, in der es auch keine Wertekonkurrenzen gäbe, also in einer himmlischen oder paradiesischen Welt, brauchten wir gewiß keine sittlichen Handlungsnormen. Das Wohl aller in unparteiischer Weise zu fördern scheint demnach der Zweck eines moralischen Regelsystems zu sein. Soll dieser Zweck erreicht werden, so muß das Regelsystem sowohl insgesamt als auch im einzelnen auf diesen Zweck hin ausgerichtet und an ihm gemessen werden, der Zweck hat also als Maßstab oder Kriterium zu dienen. Damit ist aber nichts anderes als die teleologische Normierungsweise charakterisiert.

Vielleicht stellen solche Überlegungen kein eigenständiges Argument, sondern nur eine umfassendere Erläuterung der teleologischen Begründungsweise dar. Sollte dies der Fall sein, so würden sie die Richtigkeit dieser Theorie zwar nicht argumentativ beweisen, wohl aber ihre Annahme nahelegen.

d) »Der Zweck heiligt die Mittel«

Ein immer wieder vorgetragenes Gegenargument, das auch in unserer Beispielgeschichte erwähnt wird, muß hier noch eigens erörtert werden. Es lautet: Die Zustimmung zu einer rein teleologischen Normierungstheorie laufe auf die Annahme des ganz und gar unmoralischen Grundsatzes hinaus, der Zweck heilige die Mittel. Was ist von diesem Einwand zu halten?

Um ihn richtig verstehen und ihm angemessen begegnen zu können, muß die bisherige Erläuterung der teleologischen Normierungsweise noch um einen Schritt weitergeführt werden, der allerdings fast selbstverständlich ist: Wenn, wie gesagt, Grund und Maßstab des Richtigen allein das unparteiisch beurteilte Gute ist, welche der verschiedenen möglichen Handlungsalternativen hat man dann jeweils zu wählen? Fraglos sollte es immer die bestmögliche sein, d. h. jene Handlung, durch die das jeweils Bestmögliche im weitesten Sinn realisiert wird.

Das Bessere ist der Feind des Guten, das Beste der Feind des Besseren. Dieser Satz ist definitionsgemäß wahr. Denn wenn das Gute dasjenige ist, was geschätzt und nach Möglichkeit handelnd realisiert zu werden verdient, dann ist das Bessere dasjenige, was mehr geschätzt und eher realisiert zu werden verdient, und entsprechend das Beste dasjenige, was am meisten geschätzt und am ehesten realisiert werden sollte. Ein Teleologe kann also gar nicht anders als das Bestmögliche für den Maßstab des Richtigen erklären; daher muß er wohl auch den Satz unterschreiben, der Zweck heilige die Mittel – wenn er ihn in dem Sinn versteht, daß im Konkurrenzfall um des Besseren willen das Gute zurückzustehen hat.

Aber gehört es denn nicht seit dem Beginn der abendländischen Philosophie zu den ethischen Selbstverständlichkeiten, daß kein noch so guter Zweck ein schlechtes Mittel zu heiligen vermöge? Selbstverständlich, diesen Satz findet man überall zitiert. Dennoch ist er weder wahr noch falsch. Er leidet nämlich an einer fatalen Mehrdeutigkeit: Die beiden Adjektive ›gut‹ und ›schlecht‹ lassen nicht erkennen, wie sie genau verwendet werden, ob im Sinne von ›sittlich gut bzw. schlecht‹ oder von ›nicht-sittlich gut bzw. schlecht‹. Unterscheidet man in dieser Weise, so ergeben sich offenbar vier verschiedene Auslegungsmöglichkeiten dieses Satzes:

1.		nicht-sittlich		nicht-sittlich	
2.	Kein	nicht-sittlich	guter Zweck	sittlich	schlechtes
3.	(noch so)	sittlich	heiligt ein	nicht-sittlich	Mittel
4.		sittlich		sittlich	

Dazu einige Erläuterungen:

Zur ersten Deutungsmöglichkeit: In einem Ärzteteam werde überlegt, ob zur Rettung eines Patienten eine Gehirnoperation vorgenommen werden sollte oder nicht. Die wahrscheinliche Folge wäre eine ganzseitige Lähmung. Wir wären nun sicherlich höchst erstaunt, würde einer der Ärzte eine Operation *allein* mit dem Hinweis ablehnen, kein noch so guter Zweck heilige ein schlechtes Mittel.

Dieser Einwand des Arztes gegen eine Operation muß uns deswegen so sehr verwundern, weil es unbegreiflich ist, wie jemand bei Beachtung dieses Handlungsgrundsatzes überhaupt noch als Arzt tätig sein, ja als Mensch überleben kann. Denn in vielen Situationen haben Ärzte nur unter Inkaufnahme zeitweiliger oder dauernder gesundheitlicher Beeinträchtigungen, also unter Hinnahme nicht-sittlicher Übel die Möglichkeit, Leben zu erhalten, d. h. den nicht-sittlich guten Zweck zu realisieren. Wer den Grundsatz verträte, das größere oder umfassendere Wohl rechtfertige niemals die Inkaufnahme geringerer Übel, wäre nicht nur als Arzt ungeeignet, sondern überhaupt lebensunfähig. Der Zweck heilige die Mittel, verstanden in dem Sinn, daß die Verursachung oder Hinnahme nicht-sittlicher Übel genau dann sittlich gerechtfertigt ist, wenn diese die unvermeidbaren Mittel zur Realisierung wichtigerer nicht-sittlicher Güter darstellen, ist unzweifelhaft richtig. Genau das ist die These, für die sich ein Teleologe einsetzt: Das Bessere ist im Konkurrenzfall der Feind des Guten, das geringere Übel der Feind des größeren.

Zur zweiten Deutungsmöglichkeit: Während der Satz, kein noch so guter Zweck heilige ein schlechtes Mittel, interpretiert in diesem ersten Sinn, zweifellos falsch ist, kann man seine Richtigkeit im zweiten Sinn, wenn man an den Vorrang des sittlichen Werts vor allen nicht-sittlichen Werten festhält, nicht bestreiten. Die sittliche Integrität seiner selbst und anderer hat immer Vorrang vor allen nicht-sittlichen Gütern. Am Beispiel der Glaubens- und Gewissensfreiheit wurde auf diese Frage bereits im Kapitel über Menschenwürde und Menschenrechte eingegangen (Kap. IV, 5 c). Politikern, die versucht wären, etwa das Recht auf Wehrdienstverweigerung aus Gewissensgründen um der größeren Schlagkraft der Bundeswehr willen ganz abzuschaffen oder wesentlich zu unterhöhlen, könnte man zu Recht entgegenhalten, der zugestanden achtenswerte und wichtige Zweck der Erhaltung der Verteidigungsfähigkeit rechtfertige nicht das schlechte Mittel des Gewissenszwangs. Denn Ausübung von Gewissenszwang bedeutet den Versuch, Menschen moralisch zu korrumpieren; man setzt also ihre moralische Korruption (= moralisches Übel = das, was unbedingt zu vermeiden ist) als Mittel zur Sicherung irgendwelcher nicht-sittlichen Güter (= das, worauf es nur bedingt ankommt) ein. (Ob für Extremsituationen eine Modifizierung denkbar ist, mag hier offenbleiben.) In dieser zweiten Deutung wird also nichts anderes als die Unbedingtheit des sittlich Guten formuliert; in diesem Sinn stellt der Satz eine Parallele zu der sokratischen Äußerung dar, Unrecht leiden sei besser als Unrecht tun.

Deontologen beziehen diesen Satz nun auch auf Situationen anderer, doch sehr ähnlicher Art, nämlich auf all jene Situationen, für die sie behaupten, eine bestimmte Handlungsweise sei richtig ohne Rücksicht auf die Folgen: Künstliche Empfängnisverhütung sei und bleibe unerlaubt, selbst wenn der Untergang der Menschheit durch Überbevölkerung drohte; denn der Zweck heilige eben nicht die Mittel. Der Einsatz militärischer Gewalt sei niemals zu rechtfertigen, selbst wenn nur so ein Volk vor der Ausrottung bewahrt werden könnte (man denke an Kambodscha); denn kein noch so guter Zweck heilige ein schlechtes Mittel. Die Beihilfe zum Mord sei sittlich verwerflich, selbst wenn nur so Hunderte von Menschenleben gerettet werden könnten; denn der Zweck heilige nicht die Mittel – dies war die Überzeugung des Kardinals in unserer Beispielgeschichte.

Genau besehen müßte ein Deontologe für Situationen dieser Art – im Unterschied etwa zur Situation des Gewissenszwangs – nach unserer Terminologie sagen: Kein noch so guter nicht-sittlicher Zweck heilige ein *in sich falsches*, weil in seiner sittlichen Qualität von allen Folgen unabhängiges Mittel. Dann aber stellt der Satz kein Argument mehr dar, sondern nur noch die Behauptung der deontologischen These; denn gerade in diesem Punkt, ob bestimmte Handlungen richtig sein können ohne Rücksicht auf die Folgen, unterscheiden sich Deontologen von Teleologen. Ein Teleologe kann durchaus dem Satz zustimmen, kein noch so guter nicht-sittlicher Zweck heilige ein sittlich *schlechtes* Mittel (= moralische Korruption; moralische Bosheit); er muß aber den Satz ablehnen, kein noch so guter Zweck heilige ein *in sich falsches*, weil in seiner sittlichen Qualität von den Folgen unabhängiges Mittel. In diesem Sinn stellt der Satz also keinen Einwand gegen eine rein teleologische Normierungstheorie dar, sondern nur die Behauptung ihrer Falschheit oder Unzulänglichkeit.

Zur dritten Deutungsmöglichkeit: Wenn der Satz in seiner zweiten Bedeutung wahr ist, muß seine Umkehrung, d. h. seine dritte Deutungsmöglichkeit, falsch sein. Es wäre grotesk, hätte jemand einem Josef Schulz, einem Thomas Morus oder sonst einem Märtyrer um der eigenen Gewissensüberzeugung willen den Vorwurf gemacht, ihre Entschlossenheit, die eigene Moralität (= sittlicher Wert) auch unter Inkaufnahme des Lebensopfers (= nicht-sittliches Übel) zu wahren, bedeute die Annahme des unmoralischen Grundsatzes, der Zweck heilige die Mittel. Natürlich bedeutet ein solches Verhalten genau das; nur ist der Satz in dieser Interpretation nicht als Ausdruck der Unmoral abzulehnen, sondern als der höchster Moralität zu akzeptieren: Im Konkurrenzfall ist es um der Wahrung der eigenen sittlichen Integrität willen richtig, selbst sein Lebensglück zu opfern.

Zur vierten Deutungsmöglichkeit: In ihr wird unterstellt, es seien Situationen denkbar, in denen die Moralität (der sittliche Wert) verschiedener Menschen in Konkurrenz zueinander treten könne. Denn der Satz, der Zweck heilige nicht die Mittel, liefe nach dieser vierten Deutungsmöglichkeit auf das Verbot hinaus, eigene oder fremde Moralität als Mittel zur Realisierung der Moralität eines anderen einzusetzen. Wenn Moralität oder sittliche Güte, wie dargelegt, allein im Wollen des einzelnen begründet ist, dann sind Konfliktsituationen dieser Art unmöglich. Vom Glück der Menschen muß man zugestehen, daß das Glück des einen häufig nur auf Kosten des Glücks eines anderen zu realisieren ist. Doch von der Moralität der Menschen darf man sagen, ihre Verwirklichung gehe niemals auf Kosten der Moralität anderer (vgl. Kap. IV, 5 und 6).

Zusammenfassend heißt das: Der Satz, kein noch so guter Zweck heilige ein schlechtes Mittel, beschreibt in seiner vierten Deutungsmöglichkeit eine logisch undenkbare Situation; falsch ist er in seiner ersten und dritten, richtig nur in seiner zweiten Deutungsmöglichkeit, d. h. wenn man in ihm den unbedingten Vorrang des sittlichen Werts vor allen nicht-sittlichen Glücksgütern formuliert findet.

Dies mag zur Erläuterung des Einwandes, der Zweck heilige nicht die Mittel, – soweit er sich in argumentativen Redezusammenhängen findet – genügen. Vielfach scheint seine Funktion aber eine ganz andere zu sein: Vom Reichspropagandaminister Joseph Goebbels sagt man, er sei völlig prinzipienlos gewesen, habe keine irgendwie gearteten Grundsätze gekannt und sich ausschließlich nach dem Motto, der Zweck heilige die Mittel, gerichtet. Beispielsweise habe er 1942 die Richter des Volksgerichtshofs folgendermaßen instruiert: Im Krieg gehe es nicht darum, ob ein Urteil gerecht oder ungerecht sei, sondern nur um die Frage, ob es zweckmäßig oder unzweckmäßig, nützlich oder schädlich sei; man habe nicht von den bestehenden Gesetzen her zu urteilen, sondern von dem Entschluß auszugehen, der Angeklagte müsse weg. Was will man mit einem solchen Vorwurf sagen? Offenbar stellt man in solchen Redezusammenhängen erst gar nicht ernsthaft die Frage nach dem Richtigen und nach der Angemessenheit des Verhältnisses zwischen positiven und negativen Aspekten einer Handlung, sondern verurteilt den Adressaten des Vorwurfs in seiner unmoralischen Gesinnung, man brandmarkt sie als opportunistisch: Zur Erreichung seiner *egoistisch* gesetzten Ziele sei ihm jedes Mittel recht. In Redesituationen dieser Art dient der Einwand, der Zweck heilige nicht die Mittel, nicht als Gegenargument, sondern als Aufruf zur Umkehr. Seine Funktion ist nicht normativ-argumentierend, sondern paränetisch. Der Grundsatz, der Zweck heilige die Mittel, wird hier als Umschreibung des Standpunkts der Unmoral oder des egoistischen Opportunismus verstanden. Da jede ernsthafte Diskussion um die richtige Normierungstheorie bereits die Einnahme des Standpunkts der Moral voraussetzt, kann der Satz, in diesem Sinn verstanden, in ihr selbst nicht mehr Gegenstand der Erörterung sein.

e) Der Vorwurf prinzipieller moralischer Erpreßbarkeit bei Annahme einer teleologischen Normierungstheorie

Aber bleibt nach dieser Analyse nicht dennoch der Rest eines Vorwurfs bestehen? Ist ein Teleologe nicht aufgrund seiner Theorie prinzipiell moralisch erpreßbar? Wenn für ihn allein das Übergewicht der guten über die üblen Folgen einer Handlung deren sittliche Richtigkeit bestimmt, kann man ihn dann nicht durch erpresserische Häufung der Übel dazu nötigen, aufgrund seines auch dies mitberücksichtigenden Gewissensurteils an den schlimmsten Verbrechen mitzuwirken? Hebt sich in solchen Situationen das teleologische Prinzip nicht dadurch selbst auf, daß seine allgemeine Befolgung zu weitaus größeren Übeln führen würde als seine Nicht-Befolgung?

In unserer Beispielgeschichte erwähnt Prof. Bungart die aktive Beihilfe von Häftlingen in den Konzentrationslagern zur Vernichtung ihrer Schicksalsgenossen, um dadurch wenigstens einige vor der Vernichtung bewahren zu können. Vom SS-Arzt Dr. Eduard Wirths, Standortarzt in Auschwitz von 1942 bis zur Evakuierung des Lagers im Januar 1945, wird Ähnliches berichtet. Sowohl aus seinen Briefen als auch aus zahlreichen Zeugenaussagen geht hervor, daß er diese Funktion wahrgenommen hat, um so viele Menschen wie möglich vor dem Tod zu retten. Hermann Langbein (Menschen in Auschwitz, Frankfurt 1980, 411–432), sein Häftlingsschreiber, schätzt, daß ohne ihn weitere Zehn- oder Hunderttausende Auschwitz nicht überlebt hätten. Wirths meinte, aus moralischen Gründen in Auschwitz bleiben zu sollen, weil es keinen Ort in der Welt gebe, an dem er so vielen Menschen helfen könne – und das, obwohl er bei den Selektionen Hunderttausende in den Gastod schicken mußte. Im September 1945 stellte er sich den Engländern und erhängte sich in der darauffolgenden Nacht.

Sowohl der Standortarzt als auch die Häftlinge leisteten aufgrund teleologischer Erwägungen mehr oder weniger aus sich heraus aktive Beihilfe zu schlimmsten Verbrechen. Eine solche für den Teleologen unter Umständen als gerechtfertigt erscheinende Beihilfe könnte selbstverständlich auch durch direkte Androhung von Repressalien erreicht werden – die angedrohten Übel müßten nur soweit gesteigert werden, daß im Vergleich zu ihnen die Beihilfe als das geringere Übel erschiene. (In allen totalitären Regimen finden sich dafür erschreckende Beispiele: Der stärkste Gewissensdruck wird dadurch ausgeübt, daß nicht diejenigen, die sich weigern, offensichtliches Unrecht mitzumachen, die schlimmsten Folgen zu tragen haben, sondern ihre Familienangehörigen, ihre Freunde, Kameraden usw.) Wer demnach mächtig und skrupellos genug ist, kann sich andere zur Beihilfe an seinen Untaten im Gewissen gefügig machen und die Übel dadurch insgesamt steigern, wenn er darauf zählen kann, daß diese sich ihr Gewissensurteil nach teleologischen Gesichtspunkten bilden. Bedeutet das aber nicht die Selbstaufhebung dieser Begründungsweise?

Zunächst kann auch ein Teleologe, wie wir gesehen haben, dem sittlichen Wert unbedingten Vorrang vor allen nicht-sittlichen Gütern einräumen und das Einstehen für die eigene sittliche Überzeugung in seiner Ausdrucksqualität für so gewichtig halten, daß dafür auch größte Übel bis hin zum Lebensopfer in Kauf genommen werden sollten. Auch auf teleologischer Basis läßt sich für die meisten Extremsituationen begründen, man habe eher den eigenen Tod in Kauf zu nehmen als etwa an der Tötung unschuldiger Menschen mitzuwirken. Dennoch läßt sich nicht prinzipiell ausschließen, daß Menschen in Situationen wie die geschilderten geraten, in denen die entstehenden oder für den Fall der Weigerung angedrohten Übel von so großem Gewicht sind, daß aktive Beihilfe eher gerechtfertigt erscheint als Weigerung.

Doch haben wir am Beispiel der Unterscheidung zwischen Töten und Sterbenlassen eine Möglichkeit des Teleologen kennengelernt, der Gefahr des Mißbrauchs oder der irrtümlichen Auslegung bzw. Anwendung des teleologischen Normierungsprinzips wirksam zu begegnen: Nichts hindert ihn daran, in bestimmten Situationen sittliche Normen nach der Art eines Gesetzes zur Verhinderung einer allgemeinen Gefahr zu fassen (vgl. II, 10 a). Charakteristisch war für dieses Verfahren, daß das Prinzip der bestmöglichen Folgen nicht unmittelbar auf die jeweilige Einzelhandlung angewandt wird, sondern auf eine (zumeist institutionelle) Regel, die die Gesamtheit aller ähnlichen Handlungssituationen betrifft. Solche Regeln zur Verhinderung einer allgemeinen Gefahr lassen gewöhnlich nur ganz seltene, gelegentlich aber auch keinerlei Ausnahmen zu. Beispiele dafür wären etwa die Abschaffung der Todesstrafe durch das Grundgesetz, das ausnahmslos geltende Verbot der Anwendung der Folter oder auch das für Italien geltende Verbot der Erfüllung von Geldforderungen bei räuberischer Erpressung mit Geiselnahme. Immer dann also, wenn sich zeigen läßt, daß es aus teleologischen Gründen langfristig als zweckmäßig erscheint, für eine bestimmte Klasse von Handlungen eine ausnahmslos (oder nahezu ausnahmslos) geltende Regel zu akzeptieren und nicht unmittelbar jede Einzelhandlung nach dem Prinzip der bestmöglichen Folgen zu beurteilen, wird ein Teleologe dem ohneweiters zustimmen. Das heißt dann: Sobald ein Deontologe nachweisen kann, daß bestimmte von ihm auf deontologischer Basis akzeptierte ausnahmslos geltende Regeln tatsächlich einem erpresserischen oder sonstigen Mißbrauch weniger zugänglich sind als eine isolierte teleologische Beurteilung jeder Einzelsituation, wird ein Teleologe diese sogleich als auf teleologischer Basis gerechtfertigt übernehmen. Der hier zur Diskussion stehende Vorwurf des Deontologen läßt sich offensichtlich überhaupt nur auf der Basis einer grundsätzlich teleologischen Begründungsweise erheben. Ein Deontologe, der von den üblen Folgen des möglichen Mißbrauchs einer teleologischen Normierungsweise her gegen diese Einwände erhebt, hat seine Position bereits verlassen und sich in das Lager des Gegners begeben. Sein Gegenargument ist teleologischer Art, das, wenn es zutrifft, vom Teleologen berücksichtigt werden kann und muß.

Ein Teleologe hat also gewisse Möglichkeiten, die von ihm vertretenen sittlichen Regeln im einzelnen so zu modifizieren, daß sie zu skrupellosen moralischen Erpressungen so wenig Ansätze wie möglich bieten. Eine vollständige Absicherung gegen ein skrupelloses Unterlaufen moralischer Regeln zu unmoralischen Zwecken scheint aber so lange unmöglich, wie man daran festhält, daß ein moralisches Regelsystem insgesamt (auch) der Mehrung des Guten und der Minderung des Schlechten dienen soll. Dies aber muß jeder, ob Teleologe oder Deontologe, behaupten. Die Mißbrauchsmöglichkeit ist demnach kein Charakteristikum eines spezifisch teleologisch begründeten, sondern jedes überhaupt nur denkbaren moralischen Regelsystems. Wie alles in der Welt, so läßt sich auch die Moral zu unmoralischen Zwecken mißbrauchen. Moralische Normen sollen dem Mißbrauch wehren, können ihn aber nicht unmöglich machen.

f) Das langfristig und im Kontext des Handelns aller anderen Bestmögliche

Die Entgegnung auf den Einwand möglicher Erpreßbarkeit hat bereits zwei Aspekte der teleologischen Begründungsweise deutlicher werden lassen, die von ihren Gegnern häufig übersehen werden: Ein Teleologe berücksichtigt nicht nur die unmittelbar sich aufdrängenden, sondern auch die langfristigen Handlungsfolgen; darüber hinaus beachtet er aber vor allen Dingen auch, daß er nicht als ein einzelner, isoliert von allen anderen, moralisch handelt, sondern daß er sein Verhalten als einen kleinen Beitrag zum Bemühen aller anderen zu verstehen hat. Es geht hier um das, was wir bereits früher den ›institutionellen Charakter‹ vieler Handlungsweisen genannt haben.

Unter einer ›Institution‹ verstehen wir ein bestimmtes von einer mehr oder weniger großen Zahl von Menschen ausdrücklich oder unausdrücklich vereinbartes und anerkanntes Regelsystem, das bestimmte Handlungen erstmals ermöglicht und insofern den Umfang unseres Könnens erweitert. Ein einfaches Beispiel mag zur Veranschaulichung dienen: Auf dem Hof liegt eine aufgepumpte, runde Lederblase; ein Junge kann sie mit dem Fuß wegtreten, sie mit der Hand auf- und abspringen lassen oder sie auch mit einem Messer durchstoßen; d. h., das natürliche Können des Wegtretens, des Auftippens oder des Durchstoßens der Lederblase wird dem Jungen durch ihr bloßes Vorhandensein ermöglicht. Doch insgesamt kann er mit ihr, was das natürliche Können angeht, nicht allzuviel anfangen. Etwas ganz Neues geschieht dann, wenn der Junge sich noch einen zweiten herbeiholt, wenn sie mit zwei Steinen ein ›Tor‹ markieren, der eine sich hineinstellt und der andere mit dem ›Ball‹ ›Tore‹ zu ›schießen‹ sucht. Jetzt spielen sie ›Fußball‹, d. h., sie richten sich nach den Regeln der von ihnen geschaffenen oder übernommenen Institution ›Fußballspiel‹ – zweifellos haben sie so ihre Spielmöglichkeiten immens erweitert.

Auf die Bedeutung der Institutionen wurde bereits im Zusammenhang der Erörterung der Ehe (Kap. III, 7) hingewiesen. Wie wichtig die Beachtung des institutionellen Charakters zahlreicher Handlungen ist, läßt sich an dem folgenden häufig gegen eine rein teleologische Normierung vorgetragenen Einwand deutlich machen: Ein Teleologe, so sagt man, müsse in bestimmten Fällen eine zweifellos ungerechte ›Bestrafung‹ dennoch für sittlich gerechtfertigt halten. In ›Krieg und Frieden‹ erzählt Leo Tolstoi folgende Begebenheit: Moskau brennt und muß aufgegeben werden; viele Einwohner haben die Stadt bereits verlassen. Vor dem Haus des Oberkommandierenden Rastoptschin rottet sich eine riesige Menschenmenge zusammen und sucht nach den Schuldigen. Es droht ein Volksaufruhr, dem vielleicht viele Menschen zum Opfer fallen würden (hier sei davon abgesehen, daß auch Rastoptschin selbst um sein Leben fürchtet). ›Geistesgegenwärtig‹ läßt der Oberkommandierende der Menge einen Gefangenen vorführen, der gerade in sein Haus gebracht wird, bezeichnet diesen als den Hauptschuldigen und läßt ihn von der Masse lynchen. Die Menge beruhigt sich und läuft auseinander. Ganz und gar in ›teleologischer‹ Manier ›rechtfertigt‹ Rastoptschin sein Verhalten vor sich selbst mit den Worten: »Man mußte das Volk beruhigen. So viele andere Opfer fielen schon und fallen noch für das Wohl der Allgemeinheit.«

Das also soll die Konsequenz einer rein teleologischen Normierung sein. Verhielte es sich tatsächlich so, hätte sie damit als widerlegt zu gelten. Doch ist dies keineswegs der Fall. Nur wenn man die teleologische Sichtweise sehr verkürzt interpretiert, ergeben sich solche unannehmbaren Konsequenzen. Ein Teleologe fragt nicht nur: ›Welche Folgen werden meine Handlungen hier und jetzt haben?‹ sondern auch: ›Welche Folgen ergäben sich, wenn sich alle so verhielten?‹ Er muß so fragen, weil bei der sittlichen Beurteilung institutioneller Handlungen nur so die Unparteilichkeit gewahrt wird. In dem von Tolstoi erzählten Fall hätte sich der Oberkommandierende also nicht zu fragen, ob nicht die ›Bestrafung‹ eines einzelnen Unschuldigen hier und jetzt insgesamt weniger schlimm wäre, als es die unabsehbaren Folgen eines drohenden Aufruhrs sein würden, sondern er müßte sich fragen: ›Wären die Gesamtfolgen besser, wenn mein Handlungsgrundsatz als eine für alle verbindliche Regel in die Institution Strafrecht aufgenommen würde? Würde diese Institution dem allgemeinen Wohl insgesamt besser dienen, wenn sie reformiert würde und eine solche Regel in sich enthielte?‹ Dabei müßte er etwa folgende Fragen beantworten: Wer soll in der Institution des Strafrechts so etwas wie eine unumschränkte Macht zur ›Bestrafung‹ Unschuldiger haben, wenn man alle Welt von deren ›Schuld‹ überzeugen könnte? Unter welchen genauen Bedingungen soll ihm diese unumschränkte Macht zukommen? Soll es Kontrollinstanzen geben, um dem Amtsmißbrauch Riegel vorzuschieben? Welche Maßnahmen dürften ergriffen werden, um die Aufdeckung der Unschuld so ›Bestrafter‹ zu verhindern (weitgehende Einschränkung der Pressefreiheit und der Öffentlichkeit der Justiz)? Wären alle diese Regeln geheimzuhalten oder sollten sie öffentlich bekannt sein? Welche Auswirkungen hätte es auf das allgemeine Vertrauen in die Rechtsprechung, wenn allgemein bekannt wäre oder wenn es durchsickerte, daß gelegentlich ›um des Gemeinwohls willen‹ auch Unschuldige ›bestraft‹ würden? Vermutlich wird kaum ein Teleologe nach Beantwortung dieser und ähnlicher Fragen der Handlungsweise des Oberkommandierenden zustimmen.

Für eine allgemeine ethische Normierungstheorie heißt das dann: Als sittlich richtig ist nicht das kurzfristig und isoliert betrachtet Bestmögliche anzusehen, sondern das langfristig und im Kontext des (institutionellen) Handelns aller anderen Bestmögliche.

g) Wirkungs-, Verteilungs- und Ausdrucksaspekt von Handlungen

Bisher wurde das Wort ›Handlungsfolge‹ gewöhnlich im weitesten Sinn verstanden. Die Formulierung, nach einer teleologischen Normierungstheorie seien allein die Folgen einer Handlung zu berücksichtigen, war gleichbedeutend mit der genaueren, doch schwerfälligeren Umschreibung, nach ihr leite sich die Richtigkeit einer Handlung letztlich allein aus den für eine Situation chrakteristischen Werten und Übeln ab: Wert und Übel seien Grund und Maßstab des Richtigen oder Gesollten.

Vor allem im Kapitel über Fragen der Sexualethik war bereits deutlich geworden, daß wir uns in bezug auf Werte und Übel in unterschiedlicher Weise handelnd verhalten können: Wir können sie hervorbringen, erhalten oder vernichten, so wenn jemand etwa eine Freundschaft anknüpft, sie pflegt oder sie zerstört. Diesen Aspekt unseres Handelns hatten wir seinen Wirkcharakter genannt; ihn haben wir gewöhnlich im Auge, wenn wir von den ›Folgen‹ im engeren Sinn einer Handlung sprechen. Vom Wirkcharakter haben wir dann den Ausdruckscharakter bestimmter Verhaltensweisen abgehoben, so wenn jemand als Ausdruck der Freundschaft ein Geschenk überreicht. Von diesen beiden bisher genannten Aspekten ist aber noch ein dritter zu unterscheiden, der so selbstverständlich ist, daß er kaum weiter erläutert zu werden braucht: der Gesichtspunkt der Verteilung von Gutem und Schlechtem. Besonders im sozialen Bereich kritisieren wir oft nicht die vergleichsweise geringere Leistungsfähigkeit bestimmter Ordnungen und Systeme gegenüber anderen, sondern vornehmlich die Tatsache, daß in ihnen die erwirtschafteten oder sonstwie hervorgebrachten Güter einseitig zugunsten bestimmter Gruppen verteilt werden.

Sowohl der Wirkungs- und Verteilungs- als auch der Ausdrucksaspekt von Handlungen können vom Teleologen berücksichtigt werden. Bei der Formulierung der traditionellen teleologischen Theorien wie des Utilitarismus hat man zwar den Ausdruckscharakter vieler Handlungen ganz übersehen, doch hindert einen Teleologen nichts daran, diese Unzulänglichkeit zu korrigieren; denn Grund und Maßstab auch des Ausdruckscharakters von Handlungen sind Wert und Übel.

Unverkennbar können in bestimmten Situationen alle drei Gesichtspunkte in Konkurrenz zueinander stehen. Darüber, *daß* diese Aspekte gegeben und sittlich relevant sind, wird man oft Einverständnis erzielen können; doch wird es vielfach eine Sache des Ermessens sein, *welchem* man hier und jetzt den Vorrang geben oder *welchen* Kompromiß man zwischen ihnen schließen sollte.

Als Maßstab für das sittlich geforderte Handeln hat sich bisher – zusammenfassend – folgende Richtschnur ergeben: Handle immer so, daß deine Handlung, vom Standpunkt der Unparteilichkeit aus betrachtet, im Kontext des Handelns aller anderen zugleich von ihrem Wirk-, Verteilungs- und Ausdruckscharakter her als die, auf lange Sicht gesehen, bestmögliche erscheint. Im einzelnen heißt das:

1. Handle unparteiisch (unegoistisch, nach Gründen, die auch jeder andere akzeptieren könnte und die sich auch vor den Betroffenen noch verteidigen ließen)!
2. Trachte immer nach dem voraussehbar Möglichen!
3. Wähle das langfristig und im Kontext des Handelns aller anderen Bestmögliche!
4. Wähle die bestmögliche Handlungsweise unter Berücksichtigung sowohl ihres Wirk- und Verteilungs- als auch ihres Ausdrucksaspekts!

Aber in bezug auf *wen* soll die richtige Handlung die bestmögliche sein: letztlich nur in bezug auf den Handelnden selbst, wie der ethische Egoist meint, oder in bezug auf alle fühlenden Wesen, wie der Utilitarist sich ausdrückt? Ist das Bestmögliche am langfristigen und aufgeklärten Eigeninteresse zu bemessen oder am Wohl aller? Ist man der ersten Ansicht, so können zwar kalkulierte, doch niemals fundamentale Verzichte, wie etwa das Lebensopfer, sittlich gefordert sein. Stimmt man der zweiten Auffassung zu, so ist dies durchaus möglich.

Utilitarismus → phil. Lehre, die im Nützlichen die Grundlage des sittl. Verhaltens sieht und ideale Werte nur anerkennt insofern sie dem Einzelnen

8. Viertes Kriterium: Das Wohl aller, nicht nur das des Handelnden

Können fundamentale Verzichte Inhalt sittlicher Forderungen sein? Dies ist die zweite Grundfrage, an der sich die Geister in der normativen Ethik scheiden. Innerhalb des Rahmens einer teleologischen Theorie wird diese Frage vom ethischen Egoisten verneint, vom Utilitaristen dagegen bejaht.

a) Ethischer Egoismus und Utilitarismus: ihre Gemeinsamkeiten

Im deutschen Sprachraum stehen sowohl ethische Egoisten als auch Utilitaristen in einem sehr schlechten Ruf – dies nicht etwa deswegen, weil man die von ihnen tatsächlich vertretenen ethischen Theorien sorgsam geprüft und dann abgelehnt hätte, sondern allein aufgrund irriger etymologischer Schlußfolgerungen, die man aus ihrer Namengebung gezogen und dann ihren Theorien unterstellt hat. Der ethische Egoist gilt als ein Ausbund von Unmoral, weil er die Selbstssucht predige. Der Utilitarist sei nicht viel besser, da ihm einzig und allein das Nützliche (lat. utile = nützlich) vor Augen stehe und er darüber vergessen habe, daß es zu etwas nützlich sein sollte; im Extrem sei er der reine Wertnihilist, der ohne eigentliches Zweckbewußtsein nur nach den Mitteln haste.

Zunächst ist gegen dieses geläufige Vorurteil einzuwenden, daß zwei Fragen klar auseinanderzuhalten sind: die Frage nach der normativen Theorie, d. h. nach dem Maßstab des richtigen Handelns, und die Frage nach der Werttheorie, d. h. nach dem in sich Guten, Wertvollen oder Wünschenswerten. Ethischer Egoismus und Utilitarismus stellen normative Theorien dar, in ihnen antwortet man also auf die Frage: Woran bemißt sich die sittliche Richtigkeit von Handlungen? Die gemeinsame teleologische Antwort lautet: Allein an den Folgen, d. h. allein am Wohl des Menschen. Selbstverständlich müssen die Vertreter dieser normativen Theorien dann noch die zweite werttheoretische Frage beantworten, was denn im einzelnen das Wohl des Menschen ausmacht. Doch sollte man ihnen nicht vorwerfen, daß sie beide Fragen streng getrennt behandeln. Sowohl der ethische Egoismus als auch der Utilitarismus ist mit jeder Werttheorie vereinbar, mit dem Hedonismus, dem Eudämonismus, der Annahme einer Vielfalt von Werten und sogar mit der Bestreitung der Objektivität von Werten.

Zweitens handelt es sich in beiden Fällen um eine ethische Theorie

oder der Gemeinschaft nützen

– dies ist besonders für die egoistische Variante zu betonen. Die moralische Grundeinstellung der Unparteilichkeit wird also bereits vorausgesetzt. Diese besteht, wie wir gesehen haben, wesentlich darin, daß man sich selbst keine Vorzugsstellung vor anderen einräumt, nur weil man man selbst ist. Der ethische Egoist befürwortet die Selbstsucht weder in ihrer irrationalen oder primitiven noch in ihrer rationalen oder aufgeklärten Form (vgl. Kap. V, 6); denn im Unterschied zum Selbstsüchtigen universalisiert er sein sittliches Urteil: Wenn es für ihn selbst unter diesen und jenen Umständen richtig ist, so und nicht anders zu handeln, dann ist es auch für jeden anderen unter ähnlichen Umständen richtig, in ähnlicher Weise zu handeln.

Drittens sind sich ethische Egoisten und Utilitaristen auch in der Bestimmung der Funktion eines moralischen Regelsystems einig: Angesichts der Grenzen natürlicher Sympathie und der kärglichen Ausstattung der Welt mit Glücksgütern dienen moralische Regeln dazu, unvermeidlich auftretende Konflikte dadurch zu mildern, daß sie sich dem Handelnden vor allem im Interesse der anderen (aber auch seiner selbst) als Beschränkungen seiner natürlichen Neigungen und spontanen Handlungswünsche auferlegen.

b) Das Argument des Utilitaristen

Was besagen nun die beiden Theorien, und welche Gründe lassen sich für ihre Richtigkeit anführen? Nach dem Utilitaristen ist die richtige Handlung jene, die letztlich das Wohl oder Glück *aller* Betroffenen auf bestmögliche Weise fördert. Der Utilitarist fordert also von jedem Handelnden, daß er unter sonst gleichen Umständen zwischen seinem eigenen Glück und dem der anderen keinerlei Unterschied macht; er hat zu urteilen wie ein unparteiischer Richter oder ein wohlwollender Zuschauer. Dies ist offenbar die Auffassung, die vielen der bisherigen Ausführungen zugrunde lag. Und welchen Beweis nennt der Utilitarist für seine These? Er stützt sich auf die logische Regel, unter relevanten Gesichtspunkten Gleiches sei auch als gleich zu beurteilen: Wenn mein eigenes Wohl etwas in sich Gutes und Förderungswürdiges darstellt, dann ist es dies nicht nur für mich selbst, sondern auch für jedermann sonst. Und wenn das Glück irgendeines anderen in sich wertvoll und förderungswürdig ist, dann verhält es sich nicht nur für ihn so, sondern auch für mich.

Diese Beweisführung ist unter zwei Bedingungen kaum anfechtbar: Erstens muß man davon ausgehen, daß Menschen das Glück anderer als solches (und nicht nur als Mittel zu ihrem eigenen Glück) anstreben *können*; zweitens muß man voraussetzen, daß das Glück oder Wohl des Menschen etwas in sich Gutes und darum Förderungswürdiges *im objektiven Sinn* darstellt. Bestreitet man eine der beiden Voraussetzungen, so wird man sich die Theorie des ethischen Egoismus zu eigen machen müssen. Denn könnte immer nur die direkte oder indirekte Befriedigung unseres Eigeninteresses Ziel unseres Strebens und Handelns sein, wären wir also, psychologisch gesehen, von Natur aus Egoisten, dann würde der Utilitarist Unmögliches fordern; und handelte es sich beim Wohl des Menschen ausschließlich um etwas subjektiv Schätzenswertes – so wie etwa der Genuß von Schokolade für den einen subjektiv schätzenswert ist, für den anderen dagegen nicht –, verträten wir also einen werttheoretischen Subjektivismus oder Skeptizismus, so hätten wir zwar einen guten Grund, unser eigenes Wohl zu fördern, nicht aber auch das aller anderen.

c) Erläuterung der egoistischen Theorie

Folglich besagt die Theorie des ethischen Egoismus, es sei für jeden Menschen sittlich richtig, in seinem langfristigen und aufgeklärten Eigeninteresse zu handeln – selbst dann, wenn sein Eigeninteresse mit den Interessen anderer kollidiere; nicht das größtmögliche Wohl aller, sondern nur das eigene größtmögliche Glück sei Maßstab des jeweils Richtigen. Dabei ist der ethische Egoist, wie schon gesagt, keineswegs ein Unmensch; auch er liebt andere, ist an deren Wohlergehen interessiert; auch er ist ein soziales Wesen und weiß, daß er sein Glück nur in Gemeinschaft mit anderen finden kann. Er wird also in vielfältiger Weise altruistisch handeln. Allerdings kennt der ethische Egoist kein universales, sondern nur ein ichbezogenes Wohlwollen: Der letzte Grund aller altruistischen Pflichten ist nach ihm nicht das Wohl der Menschen in sich, sondern sein Eigeninteresse an ihnen.

Aber müßte eine solche rein auf das Eigeninteresse bezogene Konzeption des Strebens und Handelns aller nicht zu einem chaotischen Kampf aller gegen alle führen? Der ethische Egoist verneint dies zu Recht. Er kann plausibel machen, daß gerade eine Beschränkung der natürlichen Neigungen und spontanen Handlungswünsche jedes einzelnen durch ein moralisches Regelsystem, wie es uns geläufig ist, im wohlverstandenen und langfristigen Eigentinteresse eines jeden liegt – das ja auch die Befriedigung altruistischer Neigungen und Sympathien mitumfaßt.

An zwei Modellen könnte der ethische Egoist seine Auffassung einleuchtend darlegen: am Modell des Wettkampfs und an dem der Notsituation. Ein Wettkampf wie etwa ein Fußballspiel kann nur gelingen, wenn beide Mannschaften voneinander wissen und einander zugestehen, daß jede versucht, das Spiel zu gewinnen. Beide Mannschaften sollen also ihr Eigeninteresse verfolgen – allerdings nicht mit allen Mitteln. *Eine* Funktion der Spielregeln besteht nämlich darin, im allseitigen Interesse Beschränkungen aufzuerlegen. Manche sind sogar so beschaffen, daß im Interesse jedes einzelnen auf den Schwächeren dadurch Rücksicht genommen wird, daß man dem Leistungsstärkeren ein Handikap zumutet. An diesem Modell wird deutlich, wieso ein moralisches Regelsystem, das sogar einseitige Beschränkungen zugunsten der Schwächeren auferlegt, auch aus der Sicht des aufgeklärten Eigeninteresses des Stärkeren akzeptabel sein kann. Dies leuchtet um so eher ein, als es zu beachten gilt, daß – anders als im Modell – in der Realität niemand in jeder Hinsicht nur der Stärkere ist, sondern immer auch unter anderen Aspekten zu den Schwächeren zählt.

Das zweite Modell ist das der Notsituation: Zwei Soldaten halten zwei nahe beieinander gelegene Stellungen, um einen feindlichen Angriff aufzuhalten, bis ein Entsatzkommando kommt. Fliehen beide, wird der Feind sofort durchbrechen, und die Aussicht, mit dem Leben davonzukommen, ist für beide einigermaßen gering. Würde einer die Stellung halten und nur der andere weglaufen, so wäre die Aussicht des Fliehenden größer, als wenn er mit ausharrte, doch die des Ausharrenden schlechter, als wenn beide wegliefen. Blieben dagegen beide auf ihren Posten, hätten sie beide gute Chancen, mit dem Leben davonzukommen. Der eine wie der andere denkt: Wenn mein Kamerad flieht, ist es für mich besser, mitzufliehen als zu bleiben. Doch wenn er bleibt, ist die Flucht für mich um so günstiger. Gleichgültig also, was mein Kamerad tut, in jedem Fall ist die Flucht für mich vorteilhafter. Da beide so denken, fliehen beide. Dennoch hätten beide größere Aussicht gehabt, mit dem Leben davonzukommen, wenn sie beide auf ihren Posten geblieben wären. Natürlich wäre es für jeden das Beste, wenn er den anderen dazu veranlassen könnte zu bleiben, während er selbst davonliefe. Doch da in diesem Fall der Gleichheitsgrundsatz verletzt wäre, würde der andere niemals frei zustimmen, und man könnte ihn nur durch Hinterlist oder Ausbeutung zum Bleiben bewegen. Da beide damit rechneten, stellte sich für beide wieder das negativste Ergebnis ein. Für beide wäre es also das Beste, sich miteinander zu verständigen und auf dieser Basis gemeinsam auszuharren.

Bedenkt man wieder, daß in der Realität solche Situationen nicht einmalig sind, sondern häufig – oft mit denselben betroffenen Personen – wiederkehren und daß man weiterhin aufgrund des Prinzips der Unparteilichkeit auch jedem anderen zugestehen müßte, Vereinbarungen zu brechen, auszubeuten und zu hintergehen, wenn man dies selbst für richtig hielte, dann muß man einem ethischen Egoisten wohl zugestehen, daß es ihm gelingt, allein auf der Basis des aufgeklärten und langfristigen Eigeninteresses ein moralisches Regelsystem zu entwickeln, das den gewöhnlich vertretenen sittlichen Normen zum Verwechseln ähnlich ist. Wenn, wie wir gesehen haben, es mit dem Glück der Menschen schon weitaus besser bestellt wäre, wenn sich alle dazu entschließen könnten, einen langfristigen und aufgeklärten Egoismus zu leben, um wieviel besser wäre es dann erst um unsere Welt bestellt, wenn alle einen solchen rationalen Egoismus in *unparteiischer Weise* leben würden, also ethische Egoisten wären.

Differenzen zwischen den Anweisungen eines ethischen Egoisten und eines Utilitaristen können erst dort zutage treten, wo fundamentale Verzichte zur Diskussion stehen. Ein ethischer Egoist muß bestreiten, es könne jemals sittlich gefordert sein, das eigene Wohl endgültig und ohne jede Aussicht auf einen Ausgleich irgendwelcher Art dem Wohl anderer nachzuordnen. Die klarsten, doch beileibe nicht einzigen Situationen dieser Art sind jene, in denen Utilitaristen das Lebensopfer für sittlich gefordert halten: Ein Utilitarist würde etwa sagen, es sei Pflicht eines Piloten, seine abstürzende Maschine selbst unter Inkaufnahme des Lebensrisikos noch über eine Stadt hinweg in unbewohntes Gebiet zu steuern. Auch würde er eine Pflicht zu aktivem Widerstand etwa im Sinne der Verschwörung gegen Hitler vom 20. Juli 1944 kennen. Ein ethischer Egoist, der wie Prof. Bungart in der Beispielgeschichte seine normative Auffassung auf der Basis eines werttheoretischen Subjektivismus vertritt, muß dies ablehnen; zugleich aber könnte er Menschen, die so handeln, schätzen und bewundern – obwohl er seine Bewunderung nicht mehr auf moralische Gründe stützen könnte.

Ob die These des werttheoretischen Subjektivismus wahr oder falsch ist, kann in diesem Kapitel noch nicht geklärt werden. Sollte sie jedoch wahr sein, dann ließe sich auf der Basis des bloßen Eigeninteresses immer noch ein moralisches Regelsystem entwickeln, das sich inhaltlich weitgehend mit dem uns bekannten decken würde – allerdings mit Ausnahme solcher Forderungen, deren Erfüllung einen fundamentalen Verzicht darstellte. Sollte die subjektivistische These dagegen falsch sein – was meines Erachtens zutrifft –, so hätte der Utilitarismus als gut begründet zu gelten, dann wäre das größtmögliche Wohl *aller* fühlenden Wesen letzter (was nicht immer auch heißen muß: unmittelbarer) Maßstab des Richtigen und dann wären schließlich Extremsituationen denkbar, in denen man um des Wohls anderer willen das eigene ganz oder zu einem erheblichen Teil zurückzustellen hat. Allerdings müßte *eine* Voraussetzung noch erfüllt sein: das Wohl anderer müßte um seiner selbst willen erstrebbar, d. h. die These des psychologischen Egoismus widerlegt sein.

d) Der logische und psychologische Egoismus als Basis des ethischen Egoismus

Die unter den heutigen Psychologen keineswegs unbestrittene, jedoch von einigen Freudianern vertretene Ansicht lautet: Unsere menschliche Natur sei faktisch so beschaffen, daß wir immer nur unseren eigenen Vorteil oder unser eigenes Wohl anstreben könnten und das Wohl anderer nur insofern, als es unseren Eigeninteressen diene. Zur Diskussion steht hier natürlich nicht, ob ichbezogene Interessen sehr stark, sondern ob sie die einzigen sind.

Da es sich bei der These des psychologischen Egoismus um eine empirische Behauptung handelt, ist sie auch nur empirisch begründbar bzw. widerlegbar. Dennoch hat man daraus vielfach so etwas wie eine logisch oder analytisch notwendige These machen wollen. Man sagt, selbst noch die uneigennützigsten Interessen seien Interessen; ein Interesse haben bedeute aber nichts anderes als den Wunsch haben, dieses möge befriedigt werden; da also jeder die Befriedigung seiner Interessen wünsche, sei die eigene Befriedigung das allen Interessen zugrundeliegende Interesse; folglich handle jeder letzlich immer nur in seinem Eigeninteresse. Dieses Argument des *logischen Egoisten* leidet an der Doppeldeutigkeit seiner Definition von ›Interesse‹ als ›Wunsch‹ nach Befriedigung‹. Wenn Eltern am Glück ihrer Kinder interessiert sind, ist der Gegenstand ihres Interesses unverkennbar das Glück ihrer Kinder, d. h. sie wünschen, daß der Gegenstand ihres Interesses Wirklichkeit wird. Falls nun ihr Wunsch in Erfüllung geht, wird sich als Folge davon bei ihnen

Freude und Zufriedenheit einstellen. Wunsch nach Befriedigung hieße dann im ersten Sinn ›Wunsch nach Realisierung des Gegenstands des Interesses, *aufgrund* deren sich dann erfahrungsgemäß Zufriedenheit einstellt‹. Der Egoist versteht ›Wunsch nach Befriedigung‹ aber in einem zweiten – tatsächlich egoistischen – Sinn, nämlich als ›Wunsch nach Realisierung des Gegenstands des Interesses, *damit* sich Zufriedenheit einstellt‹. Selbstverständlich gibt es auch solche Fälle, in denen Eltern etwa das Glück ihrer Kinder wesentlich im beruflichen Erfolg sehen und diesen nur deswegen wünschen, weil sie dadurch selbst vermeintlich oder auch tatsächlich an Ansehen gewinnen; sie wären dann am Glück ihrer Kinder interessiert, *damit* sie selbst zufrieden sein können. Offenbar ist die zweite Bedeutung mit der ersten nicht identisch – was der logische Egoist übersieht. Auch ließe sich nicht zu Recht behaupten, aus der Tatsache, daß sich infolge der Realisierung eines Interesses erfahrungsgemäß auch Zufriedenheit einstellt, folge notwendigerweise, daß jeder nur deswegen Interessen hätte, *damit* er diese Zufriedenheit erlebt. Empirische Tatsachenfragen lassen sich niemals allein durch Definitionen und durch die Anwendung logischer Regeln klären, sondern immer nur durch empirische Nachprüfung.

Wie steht es dann mit der empirischen Behauptung, wir Menschen seien ausnahmslos psychisch so beschaffen, daß wir letztlich immer nur in unserem Eigeninteresse handeln könnten? Dem *psychologischen Egoisten* ist zunächst zuzugestehen, daß wir sehr vieles für uns selbst und um unseretwillen tun. Dies ist aber auch keineswegs verwunderlich, da wir in vielerlei Hinsicht entweder die einzigen oder die am besten geeigneten sind, die für uns selbst etwas tun können. Manches aber tun wir auch für andere. Als Beispiele für altruistische Handlungsweisen und Einstellungen lassen sich nicht nur solche heroischen Taten wie die Maximilian Kolbes oder Janusz Korczaks, sondern auch so gewöhnliche wie die täglichen kleinen Verzichte, die Eltern für ihre Kinder auf sich nehmen, nennen. Kein Egoist wird bestreiten, daß es solche Beispiele uneigennützigen Verhaltens gibt; doch wird er hinzufügen, die Beweggründe, so zu handeln, seien nur vordergründig uneigennützig, bei genauerer Untersuchung stelle sich immer heraus, daß es sich dabei bestenfalls um Rationalisierungen egoistischer Antriebe handle.

Wieder wird man dem psychologischen Egoisten zugestehen, daß nach Auskunft der Psychoanalyse manche Formen selbstlosen Verhaltens tatsächlich als neurotisch zu qualifizieren sind, daß sich hinter der Fassade der Selbstlosigkeit eine starke, wenn auch unbewußte Egozentrik verbergen kann. Aber auch abgesehen von solchen neurotischen Formen weiß jeder aus eigener Erfahrung, wie oft er sich schon hinsichtlich seiner ›altruistischen‹ Motivation getäuscht hat. Wir alle sind Meister in der Kunst, egoistische Antriebe altruistisch zu rationalisieren und so uns selbst und andere zu täuschen. Dies zugestanden, fragt sich nur, ob man dem psychologischen Egoisten auch zugestehen muß, daß es sich immer und ausnahmslos in jedem Fall so verhält. Lassen sich etwa auch das Lebensopfer Korczaks oder der Lebenseinsatz des Hitler-Attentäters Claus Graf Schenk von Stauffenberg egoistisch erklären? Pathologisch-egoistische Motive scheiden völlig aus; es bleiben dem Egoisten nur noch folgende Erklärungsversuche nicht-pathologischer Art: Solche Menschen sähen voraus, daß sie niemals mehr glücklich werden könnten, wenn sie hier und jetzt anders handeln würden; oder sie erhofften sich vom Augenblick des Lebensopfers ein solch intensives Gefühl innerer Erhebung, daß alles Glück eines möglichen Weiterlebens dies nicht aufzuwiegen vermöchte; oder schließlich fürchteten sie die lebenslange Anklage ihres eigenen Gewissens mehr als Unglück oder Tod. Erklärungsversuche dieser Art sind gewiß allzu abenteuerlich; »es ist einfach unmöglich zu glauben, daß allen, die sich selbst verleugnen, die Gabe der vernünftigen Vorausschau in dem Maße abgeht, wie es diese Theorie impliziert. Für die meisten Menschen sind Gewissensbisse eine durchaus erträgliche Pein, und mit wachsender Übung in der Untugend nimmt ihre Intensität schnell ab. Und in den Fällen, in denen der Akt der Selbstverleugnung den Tod nach sich zieht, muß die Wonne des Selbstgenusses, auf die es der Tugendhafte abgesehen haben soll, ohnehin von recht kurzer Dauer sein« (Bertrand Russell, Philosophical Essays). Ich komme also zu dem Schluß, daß der psychologische Egoismus als Theorie zur Erklärung *allen* menschlichen Verhaltens bestenfalls als unbewiesen, wahrscheinlicher jedoch als der Erfahrung widersprechend zu gelten hat.

Sollte also der psychologische Egoismus unhaltbar und zugleich der werttheoretische Subjektivismus falsch sein – was noch zu zeigen sein wird –, dann hätte die teleologische Normierungsweise in der Form eines modifizierten Utilitarismus, wie sie hier dargestellt wurde, als gut begründet zu gelten. Maßstab des richtigen Handelns wäre, kurz gesagt, das größtmögliche Wohl aller von der Handlung Betroffenen – unter Berücksichtigung des Wirk-, Verteilungs- und Ausdruckscharakters von Handlungen.

9. Vorzugsregeln

Für jede ethische Theorie, nach der sich die sittliche Richtigkeit von Handlungen auch oder allein von den für die Handlungssituation charakteristischen Werten ableitet, stellt sich die Frage, nach welchen Einzelkriterien sich im Falle von Wertkonkurrenzen ausmachen läßt, zugunsten bzw. zuungunsten welcher Werte gehandelt werden soll. Seit jeher hat man sich – allerdings kaum systematisch – mit dieser Frage befaßt und auf sie durch die Ermittlung von Wertvorzugsregeln zu antworten versucht. Diese sind uns zum großen Teil so selbstverständlich, daß wir sie zwar ständig anwenden, uns jedoch nur selten veranlaßt sehen, eigens über sie nachzudenken. Bis auf die zahlreichen institutionellen Regelungen sind sie samt und sonders analytischen Charakters. Zu beachten ist, daß sie immer nur unter sonst gleichen Bedingungen gelten. Ohne Vollständigkeit erzielen zu wollen, seien im folgenden einige wichtige Vorzugsregeln zusammengestellt.

Zu jenen Regeln, die ganz oder vornehmlich den *Wirkungsaspekt von Handlungen betreffen*, gehört als erste das Prinzip der Vorzugswürdigkeit des höheren Wertes vor dem niederen. So hatten wir etwa gesagt, im Konkurrenzfall habe die moralische Integrität eines Menschen (= sittlicher Wert) Vorrang vor allen Glücksgütern (= nicht-sittlichen Werten). Auch würden wir ganz selbstverständlich eher das Leben eines Menschen als das eines Tieres retten. Ebenso trivial ist die zweite Vorzugsregel, die sich nun nicht auf die Wertqualität, sondern auf die Wertquantität bezieht. So soll man z. B. bei einem Rettungsunternehmen diejenigen Maßnahmen ergreifen, durch die die meisten Menschen gerettet werden können. Von größter praktischer Bedeutung ist die dritte Regel, nach der der fundierende Wert dem fundierten vorzuziehen ist. Beispielsweise hatten wir im Kapitel über den Schwangerschaftsabbruch feststellen müssen, daß dem bloßen Leben überhaupt kein oder doch nur ein ganz geringer Wert zukommt. Dennoch gehört der Schutz des Lebens zu den vordringlichsten Aufgaben von Moral und Recht, und zwar deswegen, weil es sich beim Leben um den fundamentalsten Wert überhaupt handelt.

Eng mit diesen drei Regeln sind die beiden nächsten Vorzugsgesetze verwandt: In ihnen geht es um die Wahrscheinlichkeit des Handlungserfolgs und um die Dringlichkeit des Einsatzes. Daß die Handlung mit der größeren Aussicht auf Erfolg unter sonst gleichen Bedingungen den Vorzug vor der Handlung mit geringeren Erfolgsaussichten verdient, findet sich etwa in dem Sprichwort ausgedrückt, ein Spatz in der Hand sei besser als eine Taube auf dem Dach. Als Beispiel für die Vorzugsregel der größeren Dringlichkeit könnte man das Verhalten eines Arztes anführen, der sich bei einem Verkehrsunfall zunächst um jene Schwerverletzten kümmert, deren Leben unmittelbar bedroht ist, und dann erst um jene, deren Versorgung sich aufschieben läßt, ohne daß dieser Aufschub für sie lebensgefährlich werden könnte.

Als grundlegende *Verteilungsregel* scheint sich aus dem Unparteilichkeitsprinzip die Vorzugswürdigkeit einer gleichmäßigen Verteilung von Vorteilen und Lasten, Werten und Übeln auf alle gegenüber einer irgendwie gearteten Ungleichverteilung zu ergeben. Doch da jeder einzelne von uns nur sehr wenig Gutes bewirken kann und, bezogen auf ausnahmslos alle, gar nichts mehr tun könnte, wir aber andererseits über die Fähigkeit zu sinnvoller Kooperation verfügen, stellt sich uns die sittliche Grundfrage nicht in der Form: Was soll *ich* für wen tun? sondern in der Form: Was soll ich im Kontext des koordinierten Handelns *aller* für wen tun? Wenn man in dieser Weise fragt, wird es möglich, Rechte und Pflichten, Vor- und Nachteile institutionell so zu verteilen, daß das größtmögliche Wohl aller aus dem aufeinander abgestimmten Handeln aller hervorgehen kann. Aufgrund solcher institutioneller Zuweisung sollen etwa Eltern zunächst für ihre eigenen Kinder sorgen und erst danach für andere. Daher auch ist für die Verbrechensbekämpfung oder Verkehrsregelung zunächst die Polizei, und erst wenn diese ausfällt, der einzelne Bürger zuständig. Vorgängig und unabhängig von institutionellen Zuordnungskriterien kann man noch auf die Kriterien der größeren oder geringeren Eignung und der größeren oder geringeren Bedürftigkeit verweisen. So haben Eltern zunächst für ihre unselbständigen Kinder und erst danach für die bereits erwachsenen Sorge zu tragen. Ebenso ist ein Rettungsschwimmer eher gehalten, einem Ertrinkenden zu Hilfe zu kommen, als ein nur mäßiger Schwimmer.

Hinsichtlich des Ausdrucksaspekts lassen sich ähnliche, z. T. parallele Vorzugsregeln nennen: So verdient der höhere Wert oder das schlimmere Übel gegenüber dem geringeren eine intensivere Stellungnahme. Diese Regel wird beispielsweise mißachtet, wenn manche Tierfreunde sich über anfechtbare Formen der Tierhaltung weit heftiger empören als über krasseste Verletzungen der Menschenrechte. Entsprechend ist auch in bezug auf die größere oder geringere Quantität der zur Diskussion stehenden Werte und Übel zu urteilen. Ob bei einem Flugzeugabsturz ›nur‹ die Besatzung ums

Leben kommt oder darüber hinaus noch 300 Passagiere, begründet unverkennbar einen Unterschied in der Intensität der Stellungnahme und damit auch in den als angemessen zu bezeichnenden Ausdruckshandlungen der Trauer. Auch bei Ausdruckshandlungen ist sehr vieles durch institutionelle Zuordnung festgelegt. So werden etwa Repräsentationspflichten der verschiedensten Art weitestgehend durch Sitte, Gewohnheit und Protokoll zugewiesen. Desgleichen bestimmen einschlägige Regeln im Bereich der religiösen Ausdruckshandlungen z. T. sehr genau die für die Gläubigen geltenden kultischen Pflichten.

Dies mag zur Erläuterung der Differenzierung der teleologischen Grundposition in verschiedene Vorzugsregeln genügen. Jede Einzelregel benennt einen ethisch relevanten Gesichtspunkt, den es bei der Beurteilung von Konfliktsituationen zu beachten gilt. Allerdings ist es weder möglich noch wäre es erstrebenswert, ein ethisches Regelsystem nach Art des uns aus der Mathematik bekannten zu entwickeln, mit dessen Hilfe sich dann alle anstehenden moralischen Probleme more geometrico lösen ließen. Moralisches Handeln beruht eben auch sehr stark auf dem freien Ermessen, der Phantasie und dem Wagemut jedes einzelnen.

VII. Das in sich Gute: Was macht das Leben lebenswert?

1. Beispielgeschichte

Leo N. Tolstoi, Das Hemd des Glücklichen, aus: D. Steinwede (Hrsg.), Das Hemd des Glücklichen, Gütersloh 1976, 120 f.:

EIN KÖNIG WAR KRANK und sagte: »Die Hälfte des Reiches gebe ich dem, der mich gesund macht.«

Da versammelten sich alle Weisen und überlegten, wie man den König gesund machen könne. Doch keiner wußte wie. Nur einer der Weisen sagte, daß es möglich sei, den Herrscher zu heilen. Er meinte: »Man muß einen glücklichen Menschen ausfindig machen, dem das Hemd ausziehen und es dem König anziehen. Dann wird der König gesund.«

Und der König schickte überall hin, daß man in seinem weiten Reich einen glücklichen Menschen suche. Aber die Beauftragten fuhren lange im ganzen Reich umher und konnten keinen Glücklichen finden. Nicht einen gab es, der zufrieden war. Wer reich war, war krank; wer gesund war, war arm; wer gesund und reich war, der hatte ein böses Weib, und bei dem und jenem stimmte es mit den Kindern nicht. Über irgend etwas beklagten sich alle.

Aber einmal ging der Sohn des Königs spätabends an einer armseligen Hütte vorbei und hörte jemanden sagen: »Gottlob, zu tun gab es heute wieder genug, satt bin ich auch und lege mich nun schlafen. Was braucht es mehr?«

Der Königsohn freute sich, befahl seinen Dienern, diesem Menschen das Hemd auszuziehen und ihm dafür so viel Geld zu geben, wie er wolle, und das Hemd gleich dem König zu bringen.

Die Diener gingen eilends zu dem glücklichen Menschen hin und wollten ihm das Hemd ausziehen. Aber der Glückliche war so arm, daß er nicht einmal ein Hemd besaß.

2. *Die genaue Fragestellung*

Kann sich das Glück eines Menschen tatsächlich in solcher Bedürfnislosigkeit realisieren? Ist ein erfülltes Leben denkbar, das fast gänzlich unabhängig von all dem ist, was wir gewöhnlich als die Glücksgüter des Lebens bezeichnen? Könnte man vielleicht sogar, wie manche Stoiker, auch noch den letzten Schritt tun und sich das Glück des Menschen als vollkommen unabhängig von der Befriedigung aller Bedürfnisse denken, nämlich als ein Leben in Befolgung der Pflicht um ihrer selbst willen, so daß die Tugend allein für ein glückliches Leben ausreicht? Was macht das Leben des Menschen lebenswert? Solche und ähnliche Fragen muß jeder Ethiker beantworten, insbesondere aber ein Teleologe, der den letzten Maßstab des Richtigen allein im Guten sieht.

Offenbar schätzen wir Menschen die verschiedensten Sachverhalte und Dinge – aber wir schätzen sie nicht alle um ihrer selbst willen. Vieles – wie etwa das Geld – sollten wir sinnvollerweise nur deswegen wünschen, weil es uns zu anderen Dingen verhilft, die nicht mehr nur als Mittel zu anderem gut sind, sondern um ihrer selbst willen geliebt und erstrebt werden. Andere Dinge, wie bloßes biologisches Leben, Gesundheit, Bewußtsein, Freiheit im Sinne der Möglichkeit, die eigenen Fähigkeiten ungehindert zu entfalten, sind nur deswegen schätzenswert, weil sie unersetzliche, notwendige Bedingungen zur Realisierung der verschiedensten Wertsachverhalte darstellen. Schließlich gibt es dann noch Dinge, wie etwa wissenschaftliche Abhandlungen, Kunstwerke oder Institutionen aller Art, die wir nur als Träger möglicher Güter schätzen, die sich an ihnen etwa durch Studium, Betrachtung oder Inanspruchnahme realisieren lassen. Die Frage nach dem Guten stellt sich für den Teleologen dann in folgender Form: Was im einzelnen ist nicht nur als Mittel (Nutzwert), nicht nur als notwendige Bedingung, nicht nur als Träger möglicher Güter, sondern in sich gut, schätzens- und begehrenswert und darum letzter Grund aller sittlichen Pflichten?

Auf diese Frage nach dem in sich Guten wird häufig geantwortet, dieses sei nicht vieles, sondern nur ein einziges. Als dieses einzige heben die einen dann die moralische Güte hervor, die anderen das Glück und wieder andere die Lust bzw. Lebensfreude. Was ist von einer solchen Identifizierung zu halten?

3. Moralische Güte

Das in sich Gute sei identisch mit dem moralisch Guten, das gute Leben falle mit dem tugendhaften Leben zusammen; das einzige, das man um seiner selbst willen anstreben solle, sei der gute Wille, die gute Gesinnung oder das gute Gewissen – so scheint, jedenfalls ihren Formulierungen nach, die Auskunft mancher Pflichtethiker und Theologen auf die Frage nach dem Guten im Leben zu lauten.

Einerseits wird bei dieser Bestimmung des guten Lebens unverkennbar etwas Richtiges gesehen, anderseits aber läßt sich zeigen, daß sie in dieser extremen Form logisch fehlschlüssig ist. Gewiß ist es richtig, daß die Einnahme des moralischen Standpunkts oder die Entschlossenheit, unparteiisch zu denken, zu urteilen und zu handeln, in sich gut, ja sogar über alles gut ist, so daß im Konkurrenzfall nichts ihr vorgezogen zu werden verdient. Dennoch wäre es falsch, den guten Willen als das einzige in sich Wertvolle und Erstrebenswerte darzustellen. Denn die moralische Grundgesinnung, so hatten wir in Kap. IV, 5 b gesagt, ist letztlich – für den Teleologen: allein, für den Deontologen: auch – durch die unparteiische Stellungnahme des Menschen zu allen *nicht-sittlichen* Gütern definiert. Oder auch anders: Der sittlich gute Wille besteht in der Entschiedenheit, das Gute, ja Bestmögliche zu tun. Würde man nun auf die hier anstehende Frage, was denn inhaltlich im einzelnen das Gute sei, das es zu achten und zu realisieren gelte, letztlich wiederum nur antworten: das sittlich Gute oder der sittlich gute Wille, so wären die angestellten Überlegungen unverkennbar zirkelhaft; der sittliche Wert würde durch den sittlichen Wert definiert, der sittlich gute Wille durch den Willen, das sittlich Gute anzustreben und zu realisieren.

Daß es neben dem sittlichen Wert noch Werte anderer Art geben muß, läßt sich auch an folgendem Zusammenhang nachweisen: Nicht deswegen sollen wir Hungrigen zu essen, Durstigen zu trinken und Obdachlosen eine Unterkunft geben, damit wir so unsere *eigene* sittliche Güte verwirklichen – als wäre die Moralität das Ziel und die Hilfeleistung das bloße Mittel dazu –, sondern wir sollen es, damit es den *Notleidenden* besser geht. Nicht um unserer Moralität willen, sondern um der Notleidenden willen sind wir zum Handeln aufgerufen. Der sittliche Wert ist ein Wert zweiter, nicht erster Ordnung. Niemand kann sich die eigene Moralität direkt zum Ziel setzen; sittliche Güte verwirklicht sich nur so, daß man *anderes* als sie selbst in unparteiischer Weise liebt und anstrebt. So wie es eine Perversion der Liebe ist, nicht eigentlich den konkreten Menschen, sondern die eigene Liebe zu lieben, daran zu leiden bzw. sich daran zu freuen, oder eine Perversion der Trauer, nicht eigentlich den Gegenstand der Trauer zu beklagen, sondern sich in diese selbst hineinzuvertiefen und sie so zu genießen, so wäre es auch eine Perversion sittlicher Güte, sie unmittelbar zum Gegenstand seines Strebens machen, sich in ihr spiegeln und gefallen zu wollen. Zu Recht zählen moralische Selbstgefälligkeit, Selbstgerechtigkeit, moralischer Hochmut und Stolz zu den verwerflichsten Lastern. Hinsichtlich aller nicht-sittlichen Werte stellt demnach die eigene sittliche Güte einen Wert zweiter Ordnung dar – was nicht heißt, wie am Beispiel der Liebe bereits deutlich wurde, daß alle nicht-sittlichen Werte, in sich betrachtet, Werte erster Ordnung wären. (Eine Einschränkung muß allerdings gemacht werden: Es gibt einige Situationen, in denen wir uns tatsächlich reflexiv auf den moralischen Wert oder Unwert beziehen, nämlich etwa dann, wenn wir uns selbst oder andere zu moralischer Umkehr mahnen oder wenn wir jemanden wegen seiner moralischen Gesinnung achten und verehren.)

Das wahrhaft gute Leben kann also nicht einfach identisch sein mit dem moralisch guten Leben, obwohl moralische Güte zum wahrhaft guten Leben gehört. Doch was kann zu Recht als der unmittelbare Gegenstand sittlichen Strebens gelten? Von welchen Dingen und Sachverhalten läßt sich sagen, sie wären als solche geeignet, – neben sittlicher Güte – zu einem erfüllten Dasein beizutragen?

4. Das Glück des Menschen

In fast allen Entwürfen für ein gutes Leben nimmt das Glück mit Recht eine vorrangige Stellung ein. Auch ist es dasjenige Gut, das von allen Ethikern, die nur einen einzigen Wert als letzten Zweck menschlichen Strebens annehmen, mit diesem gleichgesetzt wird. Eine solche Identifizierung, wie sie von den Eudämonisten (von gr. eudaimonía = Glücklich-sein), vorgenommen wird, erregt bei vielen wohl nur deswegen keine sofortigen Bedenken, weil die Wörter ›Glück‹ und ›Glückseligkeit‹ äußerst unbestimmt und vieldeutig sind, so daß jeder seine eigene Auffassung von Glück in sie hinein- oder aus ihnen herauslesen kann.

a) Fünf Bedeutungen von ›Glück‹

Wenigstens fünf Bedeutungen von ›Glück‹ sollte man klar voneinander unterscheiden: Zunächst ›Glück‹ im Sinne von *Glück haben* (eutychía, fortuna, chance, luck): Wer die sechs Gewinnzahlen im Lotto getroffen hat oder wer mit seinem Wagen bei Dunkelheit und regennasser Straße einem auf der Fahrbahn liegenden Hindernis gerade noch ausweichen konnte, hat Glück gehabt, d. h., die Umstände lagen für ihn günstig, das Schicksal meinte es gut mit ihm. Wer Glück gehabt hat, muß deswegen aber nicht auch ein tiefes *Glückserlebnis* erfahren. In diesem zweiten Sinn der Erfahrung einer plötzlichen, unerwarteten, großen und/oder intensiven Freude sprechen wir etwa vom Glück der ersten Liebe oder vom Glück der Olympiasiegerin, die ihren Sieg noch gar nicht fassen kann. Doch wer Glück hat und im Augenblick oder bereits häufiger ein großes Glück erfahren hat, muß deswegen nicht auch ein glücklicher Mensch sein. Glücklich in diesem Sinn eines dauerhaften *Glückszustands* (bonheur, happiness) kann etwa ein Ehepaar sein, wenn es im Alter auf seinen gemeinsamen Lebensweg in guten und in schlechten Tagen, in Gesundheit und Krankheit, in Erfolg und Mißerfolg zurückblickt. Unter Glück in diesem dritten Sinn verstehen wir eine sich durchhaltende (überaktuelle) und begründete Zufriedenheit mit dem eigenen Leben als ganzem. Durch den Zusatz, diese Zufriedenheit müsse auch ›begründet‹ sein, soll etwa der euphorische Zustand mancher seelisch Kranker oder das ›Glück‹ des betrogenen Ehegatten, der sich über die wahre Beziehung zu seinem Partner täuscht, als bloßes Scheinglück ausgeklammert werden. ›Glück‹ in diesem Sinn meint also sowohl subjektive Zufriedenheit als auch deren objektive Fundierung in der Wirklichkeit. In der philosophischen und theologischen Terminologie der Antike, des Mittelalters bis hin zur Neuzeit wird unter ›Glück‹ dann viertens der objektive Besitz alles für den Menschen überhaupt erreichbaren Guten verstanden. ›Glück‹ ist hier der *Inbegriff alles Guten* überhaupt, insofern es auf den Menschen bezogen ist, also sowohl des sittlich als auch des nicht-sittlich Guten. Charakteristisch ist für diesen Sprachgebrauch die objektive Gegebenheit (der Besitz) des höchsten oder größtmöglichen Guten (= beatitudo), nicht die subjektive Zufriedenheit oder Freude, die natürlicherweise daraus folgen mag (= felicitas). In diesem Sinn kann dann auch noch ein Märtyrer glücklich genannt werden.

Obwohl dieser vierte Sprachgebrauch antiquiert erscheinen mag, lebt er doch in modernen Theorien, überraschenderweise sogar in solchen hedonistischer Prägung, fort. John Stuart Mill (1806–1873), der berühmte Utilitarist und zugleich Hedonist, macht eigens darauf aufmerksam, daß das utilitaristische Prinzip des größtmöglichen Glücks für die größtmögliche Zahl nicht im Sinne der größtmöglichen subjektiven Zufriedenheit verstanden werden dürfe, sondern in einem objektiven Sinn. Es sei unbestreitbar, daß etwa ein sehr beschränkter oder primitiver Mensch mit nur geringen Glücksfähigkeiten sehr gute Aussichten habe, subjektiv zufriedengestellt zu werden, dagegen ein anderer mit größeren und höheren oft schmerzlich empfinde, daß alles Glück dieser Welt immer unvollkommen bleibe. Trotz der zugestanden größeren subjektiven Zufriedenheit des ersten hält Mill den zweiten für glücklicher, und zwar deshalb, weil er ›Glück‹ und ›Lebensfreude‹ oder ›Lust‹ in einem objektiven Sinn versteht: »Es ist besser, ein unzufriedener Mensch zu sein als ein zufriedengestelltes Schwein; besser ein unzufriedener Sokrates als ein zufriedener Narr. Und wenn der Narr oder das Schwein anderer Ansicht sind, dann deshalb, weil sie nur die eine Seite der Angelegenheit kennen«, nämlich die subjektive Zufriedenheit; die andere Partei hingegen kenne beide Seiten, die subjektive *und* die objektive (Der Utilitarismus, 2. Kap.). Auch bei diesem fünften Sprachgebrauch wird unter ›Glück‹ der Inbegriff alles für den Menschen erreichbaren Guten verstanden, nun allerdings beschränkt auf das Gute im nicht-sittlichen Sinn, auf die nicht-sittlichen Glücksgüter oder auf das, was wir im Unterschied zur Moralität das *›Wohl‹* des Menschen genannt haben.

Selbstverständlich bestehen innere Beziehungen zwischen den verschiedenen mit demselben Wort ›Glück‹ bezeichneten Sachverhalten:

Wer keinen Erfolg im Leben hat und wem das Schicksal nicht günstig gewesen ist (Glück im ersten Sinn), wird wohl kaum den Zustand dauerhafter innerer Zufriedenheit erleben können (Glück im dritten Sinn). Erfolg und ein günstiges Geschick machen es eher wahrscheinlich, daß jemand mit seinem Leben insgesamt zufrieden sein kann. Das Moment des Glückens scheint demnach eine notwendige, wenn auch nicht zureichende Bedingung für den Zustand dauerhaften Glücks zu sein.

Dieses besteht ganz gewiß auch nicht in einer bloßen Summierung oder Anhäufung zahlreicher und vielfältiger Glückserlebnisse (Glück im zweiten Sinn) – ein Umstand, der von vielen Menschen übersehen wird. Dennoch wird man auch sagen müssen, daß ohne jegliches Glückserlebnis kein dauerhaftes Glück sein kann. Die Erfahrungen intensiver Freude vermögen eine dauerhafte Zufriedenheit zu vertiefen und zu steigern. Auch hier gilt: Glückserlebnisse sind zwar keine zureichende, wohl aber eine notwendige Bedingung für den Zustand dauerhaften Glücklich-Seins.

Ähnliches ist vom Besitz jeweils größerer Glücksgüter zu sagen (Glück im fünften Sinn): Man kann zwar glücklich sein (im dritten Sinn), ohne viele Glücksgüter zu besitzen (Glück im fünften Sinn), doch scheint die Qualität des Glücks wesentlich auch von der Zahl und dem Wert der Glücksgüter, die man besitzt, mitbestimmt zu sein.

b) Moralität und Glück

VIEL DISKUTIERT ist die Frage nach der Beziehung zwischen Moralität (die spezifische Teilkomponente des Glücksbegriffs im vierten gegenüber dem im fünften Sinn) und Glück. Da sie nicht nur ein theoretisch sehr schwieriges, sondern auch ein praktisch sehr bedeutsames Problem darstellt, insofern vom klaren Erfassen ihrer Problematik die Wahl der Grundausrichtung des eigenen Lebens mit abhängen kann, soll sie hier etwas ausführlicher erläutert werden.

Einige Stoiker und vor allem auch Spinoza (1632–1677) haben die Auffassung vertreten, die Wörter ›Moralität‹ und ›Glück‹ hätten *dieselbe Bedeutung* oder bezeichneten trotz verschiedener Bedeutung dieselbe Sache, so wie etwa die Ausdrücke ›der Verfasser der Selbstbetrachtungen‹ und ›der römische Kaiser von 161 bis 180 n. Chr.‹ zwar verschiedenes bedeuten, dennoch aber denselben Menschen Marc Aurel bezeichnen. Dies ist natürlich richtig, wenn ›Glück‹ in seiner vierten Bedeutung als Inbegriff alles Guten überhaupt verstanden wird, doch höchst fraglich, wenn man irgendeine der anderen Bedeutungen heranzieht. Durch Definitionen löst man keine praktischen Probleme – und das praktische Problem lautet vornehmlich: In welcher Beziehung steht Glück als durchhaltende Zufriedenheit mit dem eigenen Leben (›Glück‹ im dritten Sinn) zur Moralität?

Moralität und Glück im Sinne dauerhafter Zufriedenheit seien unauflöslich miteinander verbunden, Moralität sei die *Bedingung des Glücks* – so lautet die Auskunft zahlreicher Ethiker und Theologen durch alle Jahrhunderte hindurch. Doch Bedingung in welchem Sinn? *Notwendige und zugleich zureichende* Bedingung, so daß nur der glückliche Mensch wahrhaft moralisch und nur der moralische Mensch wahrhaft glücklich genannt werden kann? Dies ist kaum glaublich, sofern man nicht einen Menschen, der wie Maximilian

Kolbe verhungert und verdurstet, per definitionem für ›glücklich‹ erklärt. Dieser Einwand träfe auch die Deutung der Moralität als einer *zureichenden* Bedingung des Glücks, wenn man zwar nicht ausschließt, daß auch ein nicht- oder unmoralischer Mensch glücklich sein kann, dennoch aber daran festhält, daß jeder moralische Mensch auch wahrhaft glücklich ist. Bliebe dann nur noch die Möglichkeit, die Moralität als eine der *notwendigen* Bedingungen des Lebensglücks zu verstehen, so daß es zwar unglückliche Heilige, nicht aber glückliche Egoisten geben könnte. Da es zweifellos den unglücklichen Heiligen geben kann – worauf ja auch im Neuen Testament immer wieder ganz selbstverständlich hingewiesen wird –, lohnt sich überhaupt nur eine Diskussion dieser letzten Variante.

Muß man moralisch sein, um wahrhaft glücklich sein zu können? Ließe sich diese Frage positiv beantworten, so hätte man damit ein hervorragendes Argument zugunsten von Moralität. Man könnte sich und anderen sagen: Moralität garantiert zwar nicht dein Glück, doch Unmoral garantiert dein Unglück. In Situationen, in denen aus moralischen Gründen fundamentale Verzichte gefordert wären, könnte man sich mit dem Gedanken trösten, die Alternative, sich der sittlichen Forderung zu entziehen und den eigenen Vorteil zu wahren, sei eine bloße Scheinalternative, denn sie habe unvermeidlich ein unglückliches Leben zur Folge. Auch aus bloßem Eigeninteresse – wenn man das eigene Glück für einen guten Grund des Eigeninteresses hält – wäre es dann immer empfehlenswert, moralisch zu sein. So gefaßt, leuchtet die These keineswegs unmittelbar ein.

Es ist sicherlich richtig, daß altruistisches Denken, Urteilen und Handeln, selbst wenn sie mit Verzicht und Opfer verbunden sind, auch den Handelnden selbst beglücken. ›Geben ist seliger als Nehmen‹ auch in einem ganz gewöhnlichen Sinn. Darüber hinaus umfaßt Moralität auch den Willen zur Selbstbeherrschung, so daß nicht die Sprunghaftigkeit, die Hektik und die Rastlosigkeit chaotisch aufsteigender Wünsche und Begierden, sondern innere Ordnung und Ruhe als Elemente des Glücks den Ton angeben. Aufgrund seiner prinzipiellen inneren Aufgeschlossenheit für alle und für alles kann ein moralisch gesonnener Mensch vielleicht auch eher die in ihm angelegten Fähigkeiten entfalten und die sich ihm bietenden Möglichkeiten nützen und so Langeweile und Schlaffheit, Depression und Erschöpfung, Interesse- und Mutlosigkeit, Neid und Mißtrauen als unglücklich machende Antriebe und Einstellungen überwinden. Auch sollte man nicht übersehen, wie sehr ein innerlich gutes Gewissen zum eigenen Glück beitragen kann. Und schließlich sei noch auf den Umstand hingewiesen, daß unser Glück auch weitgehend von der Zuneigung, der Achtung und der Liebe, die wir von anderen empfangen, abhängt; wer aber uneigennützig liebt, hat gewiß größere Aussicht, wiedergeliebt zu werden.

Es wäre gewiß höchst verwunderlich, ließe sich nicht zeigen, daß Moralität ihren gewichtigen Beitrag zum Glück des Menschen (im dritten Sinn) zu leisten vermag, besteht sie doch wesentlich in dem Willen, das Gute im Leben jedes Menschen nach Kräften zu mehren – also auch sein Glück, wenn es zum Guten gehören sollte. Doch scheint die Ansicht, Moralität sei eine notwendige Bedingung des Glücks (im dritten Sinn), zu weit zu gehen. Denn altruistisch denkt, urteilt und handelt, Verzichte und Opfer bringt – wenn auch in eingeschränkter Weise – genauso der aufgeklärte Egoist; er ist selbstbeherrscht, aufgeschlossen für andere, vermag sich durchaus die Achtung und Liebe seiner Mitmenschen zu erwerben – zumal Zuneigung wohl eher vom Charme und von anderen Charaktereigenschaften als von der bloßen Uneigennützigkeit geweckt wird. Schließlich wird man auch nicht annehmen können, daß die Pein echter Gewissensbisse aufgrund eigennützigen Verhaltens in Situationen, in denen schwerste Opfer gefordert gewesen wären, bei jedem Menschen und in jedem Fall so groß sind, wie Eugen Kogon sie von einem Polizisten berichtet, der trübsinnig geworden sei, weil er den Anblick eines zwölfjährigen Mädchens nicht vergessen konnte, das er bei einer ›Liquidierung‹ unter Androhung des eigenen Todes erschossen hatte. Man wird also gewiß viel eher behaupten können, Rationalität und Aufgeklärtheit seien eine notwendige Bedingung des Glücks als Moralität.

Ich komme folglich zu dem Schluß, daß Moralität zwar keine notwendige Bedingung für Glück darstellt, wohl aber einen wichtigen Faktor, dem unzweifelhaft die Tendenz innewohnt, den Menschen eher glücklich als unglücklich zu machen – was genauso auch von anderen Faktoren und Quellen des Glücks (im dritten Sinn) wie etwa von einem ausfüllenden Beruf, einem harmonischen Familienleben oder einer religiösen Bindung gilt (wenn man den theistischen Standpunkt für richtig hält).

c) Glück als ein in sich differenzierter Selbstwert unter anderen

Nach dieser begrifflichen Klärung dessen, was unter ›Glück‹ verstanden werden kann, und der Erörterung des sachlichen Zusammenhangs zwischen Moralität und Glück bleibt noch zu fragen, in welchem Sinn der Hinweis auf das Glück eine Antwort auf die Frage des Teleologen nach dem in sich Guten als dem letzten Grund aller sittlichen Pflichten sein kann.

Antwortet man, das Glück des Menschen im Sinne des Inbegriffs alles Guten oder aller Glücksgüter überhaupt (Glück im vierten und fünften Sinn) sei das um seiner selbst willen anzustrebende und zu realisierende Gute, so ist diese Auskunft zwar völlig richtig, dennoch aber im logischen Sinn nichtssagend; denn das ›Glück des Menschen‹ als Summe alles Guten, insofern es auf den Menschen bezogen ist, ist eben nur ein anderer Ausdruck für das ›in sich Gute‹ In dieser Antwort wird demnach nur das eine Wort durch ein anderes ersetzt – was jedoch nicht immer überflüssig und trivial sein muß; denn durch einen solchen erläuternden Wortaustausch können die verschiedenen Aspekte des gemeinten Sachverhalts deutlicher bewußt werden.

Würde man mit seiner Antwort sagen wollen, das günstige Geschick, die Gunst der Umstände (Glück im ersten Sinn) sei das in sich Gute, so wäre die Antwort ganz gewiß falsch; denn die Art und Weise, wie sich das Gute einstellt, kann niemals das Gute selbst sein.

Das Glückserlebnis als Erfahrung tiefer Freude (Glück im zweiten Sinn) ist zweifellos nicht nur Mittel zu etwas anderem, sondern Zweck in sich, um seiner selbst willen gut. Dasselbe gilt noch weit mehr vom Glück als überaktueller Zufriedenheit mit dem Leben als ganzem. Dennoch kann das Glück des Menschen in diesem dritten Sinn nicht das einzige in sich Gute und Schätzenswerte sein; denn ähnlich wie im Fall sittlicher Güte, handelt es sich auch beim Glück um einen Wert zweiter, nicht erster Ordnung, und zwar – anders als bei sittlicher Güte – um einen solchen, der in sich selbst hochkomplex ist.

Glück ist erstens genausowenig direkt anstrebbar wie sittliche Güte. Wer es sich zum unmittelbaren Ziel setzt, eine bestimmte Glückserfahrung zu machen oder im Leben glücklich zu werden, hat damit schon den entscheidenden Schritt getan, um enttäuscht zu enden. Glück verwirklicht sich nur, indem man – selbstvergessen – anderes als es selbst anstrebt und realisiert. Wer eine Ferienreise unternimmt, ein Fest besucht oder persönliche Beziehungen mit der erklärten Absicht und dem direkten Ziel anknüpft, sich dadurch einige glückliche Stunden, Wochen, Monate oder Jahre zu ›verschaffen‹, wird in seinem Bemühen kläglich scheitern. Glück als große Freude oder als Zustand anhaltender Zufriedenheit stellt sich ein, ohne daß man es ›herbeikommandieren‹ könnte; direkt wollen kann man allenfalls seine Voraussetzungen und Bedingungen.

Darüber hinaus aber stellt das, was wir ›Glück‹ nennen, zweitens einen in sich hochkomplexen Sachverhalt dar, und zwar sowohl hinsichtlich der Komponenten des Begriffs ›Glück‹ als auch hinsichtlich der Vielfalt seiner konkreten Realisationen. Mit dem Glück verhält es sich ähnlich wie mit dem Begriff und der Realität ›Dorf‹, doch anders als mit den Begriffen und den Empfindungsqualitäten ›gelb‹ oder ›sauer‹. Jeder von uns weiß, was – fließende Grenzen zugestanden – unter einem ›Dorf‹ zu verstehen ist. Ein einzelnes Haus bildet noch kein Dorf. Aber auch eine bloße Ansammlung von Häusern stellt noch kein Dorf dar. Zu einem Dorf gehören etwa auch Straßen, Wege, Wiesen, Felder, ein Marktplatz, ein Weiher usw. – und das alles innerlich strukturiert. Ähnlich verhält es sich mit ›Glück‹. Die Freude beim Anhören eines Konzerts muß nicht schon das Glück eines Menschen ausmachen; genausowenig würde eine bloße Vervielfältigung musikalischer Genüsse zum Glück führen. Hinzukommen müssen etwa noch ästhetische Freuden anderer Art, weiterhin zufriedenstellende persönliche Beziehungen, wie sie in der Freundschaft, in der Ehe und in der Familie gepflegt werden, schließlich auch die verschiedensten körperlichen und geistigen Aktivitäten in Beruf und Freizeit. Mit ›Glück‹ scheint demnach eine in sich strukturierte Vielfalt von in sich guten und schätzenswerten Aktivitäten und Sachverhalten gemeint zu sein – wobei diese strukturierte Vielfalt selbst nicht als die bloße Summe ihrer Einzelkomponenten, sondern diesen gegenüber als etwas Neues erscheint und als solches eigenen Wert besitzt. Ähnlich wie sich die vielen realen Dörfer sehr stark voneinander unterscheiden, so kann auch das Glück des einen sehr verschieden von dem des anderen sein. Zwar ist ein Dorf ohne Häuser undenkbar, ebenso ein Glück in völliger Einsamkeit und Isolierung. Doch so wie es Dörfer mit und ohne Weiher, mit und ohne Marktplatz, mit und ohne Busch- oder Waldflächen gibt, kann auch der eine glücklich sein, ohne jemals etwas von Tolstoi, Rembrandt oder Beethoven gehört zu haben, deren Werke hingegen für einen anderen vielleicht zu den wichtigsten Glücksquellen zählen. Es ist sogar möglich, daß das, was dem einen eine Quelle großen Glücks ist, von dem anderen als ein schreckliches Unglück erlebt würde: ›Dem enen sin Uhl is dem andern sin Nachtigall.‹

Dies mag zur Erläuterung der Ansicht genügen, Glück als Zufriedenheit mit dem Leben als ganzem sei zwar etwas in sich Gutes, das es – indirekt – anzustreben und zu realisieren gelte, dennoch aber nicht der einzige Wert, sondern eben einer unter anderen. Bemerkenswert ist noch, daß dieser Wert keineswegs unter allen Umständen als vorrangig unter den nicht-sittlichen Werten erscheint. Von vielen Künstlern weiß man, daß sie gewiß kein glückliches Leben geführt haben; dennoch meinen wir, die Entfaltung ihrer künstlerischen Fähigkeiten sei von größerer Bedeutung gewesen, als das ihnen vorenthalten gebliebene Glück je hätte sein können: Besser ein unglücklicher van Gogh oder Tschaikowskij als ein glücklicher Hobby-Maler oder -Musiker. Ähnliches gilt von der Entfaltung anderer großer Talente. Vermutlich läßt sich sogar sagen, daß der Harmonie des Glücks (im dritten Sinn) die Tendenz zu einem gewissen Mittelmaß innewohnt, oder besser, daß sie der Entfaltung außergewöhnlicher Begabungen und dem Hervorbringen herausragender Leistungen in der Regel im Wege steht.

5. Lust bzw. Lebensfreude

Vielfach haben Ethiker auf die Frage nach dem in sich Guten oder nach dem Inhalt eines glücklichen Lebens geantwortet, das einzig den Menschen Erfüllende oder für ihn um seiner selbst willen Erstrebenswerte sei die Lust. Diese werttheoretische Auffassung, Hedonismus genannt (von griech. hedoné – Lust, Freude), steht vor allem in Deutschland in sehr schlechtem Ruf – was nicht nur an den Vertretern dieser Theorie liegen muß. »Der Gedanke, daß das Leben keinen höheren Zweck habe als die Lust, kein besseres und edleres Ziel des Wollens und Strebens«, stoße bei vielen Menschen, deren Fühlen und Trachten in höchstem Maß achtenswert sei, auf eine eingewurzelte Abneigung, schreibt Mill (Der Utilitarismus, 2. Kap.); eine solche Lebensauffassung erscheine ihnen in äußerstem Maß niedrig und gemein, als eine Ansicht, die nur der Schweine würdig sei. Auf Angriffe dieser Art sei zu antworten, nicht die Hedonisten, sondern ihre Ankläger ließen die menschliche Natur in einem entwürdigenden Licht erscheinen, da kein Hedonist jemals unterstellt habe, Menschen wären zu keiner anderen Lust fähig als zu der der Schweine.

Diese eingefleischte Abneigung gegenüber dem Hedonismus kann schon dann einer vorurteilsfreieren Einstellung Platz machen, sobald man sich entschließt, den zu einem Lasterwort gewordenen Ausdruck ›Lustprinzip‹ etwa durch den Ausdruck ›Prinzip der Lebensfreude‹ zu ersetzen. Nach dem ethischen Hedonisten ist also allein die Lebensfreude um ihrer selbst willen erstrebenswert – wobei er durchaus nicht nur an sinnliche Freuden, wie sie primär mit der Befriedigung physiologischer Bedürfnisse verbunden sind, sondern vor allem auch an die geistigen Freuden denkt, die aus dem Umgang mit anderen Menschen und aus geistigen Betätigungen aller Art erwachsen.

Eine angemessene Erörterung des Hedonismus bereitet dieselben Schwierigkeiten wie die des Eudämonismus. Definiert man ›Lust‹ bzw. ›Lebensfreude‹ (›pleasure‹), wie etwa John Stuart Mill und Henry Sidgwick (1838–1900) es getan haben, so weit, daß alles für den Menschen Gute überhaupt darunter verstanden werden kann, so fällt ›Lebensfreude‹ wie ›Glück‹ (im vierten oder fünften Sinn) mit dem in sich Guten zusammen, und die hedonistische These wird logisch trivial. Gibt man dem Wort dagegen eine spezifische Bedeutung, so daß es für einen ausgegrenzten Seelenzustand steht, so erweist sich die hedonistische Behauptung als falsch. Gegen sie lassen sich dann dieselben Einwände erheben wie gegen den Eudämonismus.

In diesem spezifischen Sinn könnte ›Freude‹ etwa definiert werden als subjektiv befriedigende Empfindung, die mit der Erfüllung eines Strebens verbunden ist – wobei offenbleibt, ob dieses Empfinden stark oder schwach, dauerhaft oder vorübergehend, sinnlich oder geistig ist. Ist es sehr intensiv, so sprechen wir von ›Glück‹ als Glückserlebnis. ›Lebensfreude‹ käme in Abstufungen dann dem gleich, was wir als ›Glück‹ im zweiten Sinn bezeichnet haben; dieses wäre die höchste Stufe der Freude.

Lebensfreude ist, so verstanden, ganz gewiß etwas in sich Gutes. Ohne jegliche Freude kann es kein gelungenes Leben, kann es auch keine Moralität geben. Allerdings ist hinzuzufügen, daß nicht schon die rein subjektive Empfindung der Freude, völlig unabhängig von dem Streben, das sie begleitet, gut genannt zu werden verdient, sondern nur jene Freude, die sich an einem Streben entzündet, das sich letztlich auf etwas in sich Gutes richtet. Wie Glück, so muß auch Freude in Sachverhalten ›begründet‹ sein, die selbst als in sich gut qualifiziert werden können. Ansonsten wäre etwa auch Schadenfreude oder masochistische Freude als erstrebenswert zu bezeichnen.

Damit ist aber auch schon klar, daß Freude nicht das einzige ist, das um seiner selbst willen erstrebt werden kann oder sollte: Wie das

Glück so ist auch die Freude ein Wert zweiter Ordnung, d. h., sie ist kein möglicher direkter Gegenstand unseres Strebens, sondern seine Begleiterscheinung, sofern es seine Erfüllung findet. Man sucht einem Menschen nicht deswegen nahezukommen, weil man sich freuen möchte, sondern die Freude stellt sich ein, indem man ihm nahekommt. Man sucht ein Argument nicht deswegen zu begreifen, weil man sich über die dann gewonnene Einsicht freuen will, sondern man freut sich, wenn das Streben nach Erkenntnis seine Erfüllung gefunden hat. Wie der Eudämonist, wie der Egoist, so zäumt auch der psychologische oder ethische Hedonist das Pferd vom Schwanz her auf.

6. Die Nutzlosigkeit einer Wertehierarchie

Sittliche Güte, Glück und Lebensfreude sind Werte zweiter Ordnung, die zu ihrer Realisierung ein unmittelbares Streben und Trachten nach Werten erster Ordnung voraussetzen. Als Beispiele für solche Güter, die unmittelbar angestrebt werden können, wurden genannt: persönliche Beziehungen aller Art einschließlich einer religiösen Bindung (unter der Voraussetzung der Richtigkeit des Theismus), Einsicht und Erkenntnis, künstlerische Betätigungen sowie Lebensäußerungen in den vielfältigsten Formen, wie wir sie auch im tierischen und pflanzlichen Bereich finden. Was den reinen Bestand an Dingen und Sachverhalten, die als in sich selbst schätzens- und erstrebenswert gelten, betrifft, so sind – trotz unterschiedlichen Vokabulars – die Meinungsverschiedenheiten nicht besonders groß. Sie treten erst auf, wenn es gilt, den relativen Wert der verschiedenen Güter zueinander zu bestimmen: Die einen räumen dem sinnlichen Genuß einen hohen Stellenwert ein, die anderen der Erkenntnis, wieder andere den ästhetischen Freuden, den persönlichen Beziehungen oder der Gottbegegnung.

Zur näheren Klärung des relativen Werts der Güter zueinander haben einige Ethiker den Versuch unternommen, so etwas wie eine Hierarchie der Werte (oder des Glücks bzw. der Freuden) zu erstellen mit dem vorrangigsten Wert an der Spitze und den untergeordnetsten Werten an der Basis der Pyramide. Vermutlich ist jeder derartige Versuch von vornherein zum Scheitern verurteilt. Denn das Einteilungskriterium für eine solche Wertehierarchie kann immer nur eines sein; aber welches soll man heranziehen: das der

Werthöhe, das der Dringlichkeit, das der relativen Fundierung oder welches sonst in den Vorzugsregeln formulierte Kriterium? Und wie konkret soll eine solche Hierarchie formuliert werden? Bleibt man sehr allgemein und redet man nur von persönlichen Beziehungen, Einsicht, künstlerischen Betätigungen usw., so ließe sich vielleicht eine große Übereinstimmung erzielen, doch wäre eine solche Hierarchie auch verhältnismäßig nichtssagend. Versucht man dagegen sehr ins einzelne zu gehen und z. B. die verschiedenen Formen der Liebe wie Freundesliebe, erotische Liebe, Elternliebe, Kindesliebe, Selbstliebe, Gottesliebe, Nächstenliebe usw. beschreibend gegeneinander abzugrenzen und in eine Wertrelation zueinander zu setzen, so wird im Maß der Konkretisierung sowohl das sich ergebende sprachliche Formulierungsproblem immer größer als auch die zu erzielende Übereinstimmung immer geringer. Der Aufbau einer halbwegs konkreten Wertehierarchie scheint aus diesen Gründen jedenfalls äußerst schwierig, wenn nicht gar unmöglich zu sein.

Doch selbst abgesehen von diesen Schwierigkeiten könnte man von der Formulierung einer Wertehierarchie kaum eine Hilfe bei der Lösung moralischer Handlungsprobleme erwarten. Denn erstens stehen in konkreten Handlungssituationen gewöhnlich gar nicht unmittelbar jene Dinge und Sachverhalte zur Disposition, die als Selbstwerte in eine Wertehierarchie aufgenommen würden, sondern deren Voraussetzungen, Bedingungen, Teilelemente oder Träger. Zweitens besteht die Problematik sehr häufig gerade darin, daß mehrere Vorzugsregeln zugleich zutreffen, allerdings mit gegenläufiger Tendenz. Drittens spielen häufig die persönlichen Bedürfnisse, Interessen und Fähigkeiten der hier und jetzt Betroffenen eine sehr große Rolle. Schließlich ist es aber viertens für das Treffen einer gut begründeten Vorzugswahl überflüssig, den genauen Ort der miteinander konkurrierenden Werte in einer Gesamthierarchie der Werte zu ermitteln, es genügt, ihre Relation zueinander zu kennen. Ein Vergleich mag hier hilfreich sein: Wahrscheinlich fiele es den meisten Menschen äußerst schwer, ihre eigenen geschmacklichen Vorlieben für die verschiedenen Getränke, Speisen, Moden usw. einander so zuzuordnen, daß daraus so etwas wie eine absolute, situationsunabhängige Geschmackshierarchie entstünde. Dies macht es ihnen aber keineswegs besonders schwierig oder gar unmöglich, in einer konkreten Situation mit größter Sicherheit etwa ein Glas Wein einem Glas Bier vorzuziehen. Auch in moralischen Konfliktsituationen liegt oft die Vorzugswürdigkeit des einen Sachverhalts gegenüber einem anderen klar auf der Hand, obwohl es ganz unmöglich wäre, beiden einen genauen Ort in einer situationsunabhängigen Wertehierarchie zuzuweisen.

7. Aspekte des guten Lebens

In diesem Kapitel haben wir die Frage nach dem in sich Guten gestellt, speziell die Fragen nach dem Guten für den Menschen, nach dem, was sein Leben lebenswert macht. Ein Ethiker muß solche Fragen stellen, er muß nach Antworten suchen und gegebene Antworten sichten, prüfen und klären. Doch gerade bei der Behandlung dieses Themenbereichs nach dem Guten im Leben, nach der Art und Weise, wie wir leben können und sollen, um am Ende auf ein erfülltes Dasein zurückblicken zu können, werden die Grenzen der Ethik als wissenschaftlicher Disziplin deutlich: Ihre Aussagen sind klar und abwägend, abstrakt und verhältnismäßig generell. Dem einzelnen, der über seinen eigenen Lebensentwurf nachdenkt, werden damit gewiß auch einige Gesichtspunkte für seine Wahl an die Hand gegeben, doch ähneln diese eher einem Leitfaden der deutschen Grammatik als Theodor Fontanes ›Effi Briest‹ oder Thomas Manns ›Die Buddenbrooks‹. Ohne Kenntnis und Beherrschung der deutschen Grammatik hätten beide Romane nicht geschrieben werden können, aber die bloße Kenntnis und richtige Anwendung grammatischer Regeln machen noch keine ›Effi Briest‹ und führen auch nicht zu den ›Buddenbrooks‹. Ähnlich können auch das Studium der Ethik und vor allem das theoretische Nachdenken über das gute Leben schöpferische Phantasie und Einbildungsvermögen, Versuch und Wagnis nicht ersetzen. Kein noch so gründliches theoretisches Studium der Probleme eines guten Lebens kann zu einem persönlichen Lebensentwurf führen. Und weiterhin gilt: Ähnlich wie bei Beachtung derselben grammatischen Regeln unzählige Kunstwerke entstehen können, ohne daß eines dem anderen gleich wäre, so ist auch damit zu rechnen, daß das gelungene Leben des einen niemals die bloße Abbildung oder Wiederholung des Lebens irgendeines anderen sein wird. Aufgrund dieser beiden Gesichtspunkte ergibt sich, daß eine konkrete inhaltliche Füllung dessen, was das gute Leben des einzelnen ausmachen kann, nicht von der Ethik, sondern von woandersher zu erwarten ist.

Als Quelle für eine solche konkretere Füllung kommt neben der Selbstbeobachtung und der Beobachtung der Lebensweise anderer vor allem das Werk der Dichter, Schriftsteller und Biographen in Betracht. Darstellungen dieser Art haben den Vorzug, durch lebendige Schilderung den Leser, Theaterbesucher oder Fernsehzuschauer nicht nur intellektuell, sondern auch unmittelbar emotional anzusprechen, d. h. seine Phantasie und sein Gemüt anzuregen. Der Ethiker wird seine Leser also auf die eigenen Beobachtungen, den eigenen Einfallsreichtum und Werke dieser Art verweisen.

Eine kurze Anmerkung sei am Schluß noch gestattet: Wenn wir auch oft nicht sagen können, was das erfüllte Dasein eines anderen Menschen positiv ausmachen wird, und daher auch nur selten einen positiv-inhaltlichen Beitrag dazu zu leisten vermögen, so wissen wir doch meist sehr genau, was einen Menschen unglücklich machen wird und welche Grundbedingungen erfüllt sein müssen, damit er überhaupt die Chance erhält, sein Leben auch im innerweltlichen Sinn zum Gelingen zu bringen. Dies erklärt, weshalb das uns geläufige moralische Regelsystem vor allem die negativen Pflichten betont, nicht zu schaden (vgl. den Dekalog), und die positiven Pflichten, sich nach Kräften um die Befriedigung der Grundbedürfnisse unserer Mitmenschen zu sorgen (vgl. die sogenannten leiblichen Werke der Barmherzigkeit im Neuen Testament).

VIII. Relativismus: Kann etwas nur für mich richtig sein?

1. Beispielgeschichte

Christoph hatte erst einige Monate mit dem Studium begonnen und doch schon das sichere Gefühl, viele Fesseln seiner bisherigen Erziehung gesprengt zu haben. Nicht, daß er jetzt einfach in den Tag hineingelebt und jeder gerade aufsteigenden Laune nachgegeben hätte, aber anders als bisher konnte er jetzt seinen Lebensinhalt und -rhythmus selbst bestimmen, ohne daß ihm ständig andere dazwischenredeten. In seinen eigenen vier Wänden im Studentenwohnheim hatte er es jetzt nicht mehr nötig, sich die ewigen Sprüche seiner Eltern und Geschwister anzuhören: Nimm doch bitte auch auf uns etwas Rücksicht! Das tut man doch einfach nicht! Stelle dir einmal vor, wir alle würden es genauso machen wie du! Und dann noch dieses geradezu erschlagende Argument: Was sollen denn die Nachbarn von uns denken?

Christoph fühlte sich erleichtert – erleichtert nicht nur von äußerem, sondern auch von innerem Druck. Die letzten Monate hatten für ihn auch so etwas wie eine innere, moralische Befreiung gebracht. Richtig und falsch, so meinte er nun, seien für jeden Menschen verschieden. Halte jemand etwas für richtig, so *sei* es für ihn auch richtig. Halte jemand etwas für falsch, so *sei* es für ihn auch falsch. Niemand könne einem anderen sagen, was er zu tun und zu lassen habe. Aus seiner heutigen Sicht kritisierte er nicht mehr nur die ›Intoleranz‹ seiner Eltern, sondern im Rückblick auch seine eigene, die nur anderes zum Inhalt gehabt hatte.

Sicherlich hatte auch sein Studium der Ethnologie und der Geschichte, insbesondere der Kulturgeschichte, zu seiner neuen Sicht beigetragen, viel mehr aber noch die Erfahrungen im Zusammenleben mit den anderen Studenten. Er selbst rauchte nicht und trank keinen Tropfen Alkohol, was bei den vielen Anlässen, die es zu feiern gab, bisher auch von allen respektiert worden war. Umgekehrt hatte er es sich abgewöhnt, gefragt oder ungefragt als Naturapostel oder Gesundheitsprediger aufzutreten. Er lächelte, als er an diese gar nicht so weit zurückliegende Phase denken mußte.

Es klopfte. Den Schritten nach zu urteilen, die Christoph vom Gang her gehört hatte, mußte es Sabine sein. – Seltsam, mit Sabine hatte er sich angefreundet, obwohl sie ab und zu Hasch nahm; vor einem Jahr wäre das einfach undenkbar gewesen. Ohne daß er sich schon gemeldet hätte, war Sabine eingetreten.

»Wie siehst du denn aus? Ist dir nicht gut?« Sabine zitterte und ließ die Arme schlaff herunterhängen: »Martina ist tot. Die Feuerwehr schafft sie gerade weg. Sie hat sich von der obersten Etage in den Hof gestürzt.«

Christoph hatte Martina bei Sabine kennengelernt, die beide von ihrer gemeinsamen Schulzeit her miteinander befreundet waren. Er hatte gern mit ihr zu tun gehabt; sie war ausgesprochen hübsch und umgänglich; nur manchmal war sie ihm etwas verstört und sehr niedergeschlagen vorgekommen.

»Dieser Schuft, dieser elende Schuft«, schluchzte Sabine. Christoph wußte kein Wort zu sagen, nahm Sabine nur an den Arm und zog sie neben sich auf die Liege.

»Dieser schreckliche Anblick! Martina liegt da – und dann kommt noch dieser Kerl und steht ungerührt daneben! So oft hatte ich sie vor ihm gewarnt!« Christoph konnte sich absolut nicht vorstellen, wen Sabine damit meinte; aber er wollte sie jetzt auch nicht danach fragen.

»Du mit deiner Nachsicht und deinem dauernden Gerede, jeder habe das Recht, nach seiner eigenen Façon glücklich zu werden! Mag sein, daß dein von dir noch gestern in Schutz genommener Harald glücklich dabei wird – Martina ist es jedenfalls nicht geworden.«

Christoph begann einiges zu ahnen. Harald war so etwas wie der Freund Martinas gewesen; doch hatten sie sich seit kurzem wohl getrennt. Die Art der Beziehung und die Gründe für den plötzlichen Bruch waren Christoph ziemlich unklar geblieben. Dennoch hatte er noch gestern abend, als andeutungsweise die Rede darauf kam, Harald in Schutz genommen: Man könne ihm keine Vorschriften machen, er müsse selbst wissen, was er zu tun und zu lassen habe – und in persönliche Beziehungen habe man schon gar nicht hineinzureden.

»Du hast ja überhaupt keine Ahnung. Martina war völlig abhängig von Harald – und nicht nur sie. Schon vor dem Abitur hat er allen, die bezahlen konnten, Stoff verschafft – mit gutem Gewinn, versteht sich. Ich habe nie etwas von ihm genommen – ich traute ihm einfach nicht über den Weg. Jetzt weiß ich, daß er keine saubere

Qualität lieferte, und so ist Martina schließlich bei Heroin gelandet. Vergangene Woche hat Harald sie wie eine heiße Kartoffel fallenlassen – sie konnte einfach nicht mehr bezahlen; vor lauter Schulden wußte sie nicht mehr ein noch aus. Bei Mädchen war seine Masche immer dieselbe: erst wickelte er sie ein und dann nahm er sie aus. Wäre ich gegenüber Martina doch nur direkter gewesen! Aber sie war einfach blind. Bis zum Bruch in der vergangenen Woche hat sie sich selbst etwas vorgemacht, und bis vorgestern, als sie mir einiges erzählt hat – und ich vermute noch nicht einmal alles –, konnte ich meine Warnungen nur auf vage Vermutungen stützen.«

Christoph war erschüttert. Erst Wochen später ging ihm auf, daß durch dieses Ereignis auch seine relativistischen Überzeugungen erschüttert worden waren.

2. *Normative Ethik und Metaethik*

Relativistische Überzeugungen von der Art, wie sie von Christoph vertreten werden, sind heute vor allem unter den sogenannten ›Intellektuellen‹ weit verbreitet. Doch was genau mit solchen Überzeugungen verteidigt wird und wie solche Positionen begründet werden, bleibt meist völlig unklar. Gewöhnlich fallen die Stichworte: die Verschiedenheit moralischer Überzeugungen, das Erfordernis der Toleranz und – seltener – eine Skepsis, die in Theorien allgemeinerer Art begründet ist. Trotz dieser Unklarheit ist eines jedenfalls immer klar: Wer einen Relativismus im ethischen Bereich vertritt, bestreitet die Objektivität und/oder Allgemeingültigkeit letzter sittlich-normativer Aussagen.

Mit der Diskussion des Relativismus begeben wir uns unverkennbar auf ein neues Gebiet der Ethik. Bisher haben wir uns im wesentlichen mit den beiden normativen Fragen beschäftigt: Was ist gut und erstrebenswert? und: Was sollen wir demgemäß tun? Beide Fragen stellen wir uns – allerdings in unsystematischer Form – fast täglich. In ihnen geht es um den Inhalt oder den Gegenstand moralischen Urteilens und Handelns. Fragen dieser Art sind moralische Fragen erster Ordnung. In der *normativen Ethik* befassen wir uns in systematischer Weise mit dem unmittelbaren Inhalt und Gegenstand moralischen Urteilens und Handelns, also mit den beiden moralischen Fragen erster Ordnung: Was ist gut? und: Was ist richtig?

Offensichtlich äußert sich ein Relativist (oder auch ein Objektivist) überhaupt nicht zu Fragen dieser Art. Er sagt nicht, dieses oder jenes sei gut oder ein bestimmtes Verhalten sei aus diesen oder jenen Gründen richtig bzw. falsch; vielmehr macht er eine Aussage *über* moralische oder ethische Aussagen, indem er eine Frage zweiter Ordnung beantwortet, nämlich die nach deren Status. Alle Fragen, die sich nicht auf die Bestimmung des Guten und Richtigen beziehen, die sich also nicht mit dem unmittelbaren Gegenstand moralischen Urteilens und Handelns befassen, werden durch heute übliche definitorische Festlegung der *Metaethik* zugerechnet. Die Klasse metaethischer Fragen beschränkt sich selbstverständlich nicht auf jene nach dem Status moralischer Aussagen. Metaethik betreibt auch derjenige, der – wie es hier schon öfter geschehen ist – nach der Bedeutung oder nach den Verwendungsweisen zentraler moralischer Wörter und Aussagen fragt oder auch die Voraussetzungen und Bedingungen untersucht, die erfüllt sein müssen, um – logisch konsistent – bestimmte moralische oder ethische Auffassungen halten zu können. In den folgenden Kapiteln werden im wesentlichen nur noch Fragen der Metaethik angesprochen.

3. Drei Formen des Relativismus in der Ethik

Diejenigen, die behaupten, alle moralischen Normen seien in dem Sinn relativ, daß ihnen keine Objektivität und/oder Allgemeingültigkeit zukomme, können mit ihrer These (wenigstens) drei verschiedene Sachverhalte zum Ausdruck bringen wollen. Erstens können sie darunter einen *deskriptiven Relativismus* verstehen; sie würden dann sagen, es sei eine empirische (historische und/oder soziologische) Tatsache, daß keine einzige moralische Norm allgemein als Grundlage sittlicher Verpflichtung jemals angesehen worden sei oder heute angesehen werde.

Zweitens können sie darunter einen *normativ-ethischen Relativismus* verstehen. Statt der keineswegs überraschenden Feststellung, daß das, was in der einen Gesellschaft oder von dem einen für richtig gehalten wird, in einer anderen oder von einem anderen für falsch gehalten werden kann, wird dann die paradox scheinende These aufgestellt, daß das, was in der einen Gesellschaft oder für den einen richtig *ist*, in einer anderen Gesellschaft oder für einen anderen falsch *sein* kann.

Drittens können sie darunter einen *metaethischen Relativismus* verstehen. Sie würden dann sagen, aufgrund der Bedeutungsanalyse moralischer Wörter und/oder ontologischer Erwägungen gebe es keine objektiven Werte, so daß sittlichen Normen keine kategorische, von den Bedürfnissen, Wünschen oder Entscheidungen des Handelnden unabhängige Geltung zukomme. Während der normativ-ethische Relativist noch am Unbedingtheitscharakter sittlicher Normen festzuhalten und nur ihre Allgemeingültigkeit zu bestreiten scheint, negiert der metaethische Relativist beides.

Da eine Diskussion des deskriptiven Relativismus für uns nur insoweit von Bedeutung ist, als er die Argumentationsbasis für den normativ-ethischen Relativismus (in der Form des Kulturrelativismus) bildet, braucht er nicht eigens, sondern nur in diesem Zusammenhang erörtert zu werden.

4. Der normativ-ethische Relativismus in seiner extrem subjektivistischen Form

Die extremste Form eines normativ-ethischen Relativismus ist diejenige, der Christoph zunächst zustimmt: Richtig sei jeweils das, was man für richtig halte. Wenn Barbara etwa meine, Schwangerschaftsabbruch sei in ihrer Situation richtig, dann *sei* er auch richtig; wenn Christa ihn dagegen in ihrer relevant ähnlichen Situation für falsch halte, dann *sei* er auch falsch. Oder wenn Franz Wehrdienstverweigerung für richtig halte, dann *sei* sie richtig; halte Horst sie dagegen für falsch, dann *sei* sie auch falsch.

Diese These ist je nach ihrer Deutung entweder banal oder falsch. In zwei grundsätzlich voneinander verschiedenen Situationen könnte man Barbara, Franz oder wem auch immer antworten: ›Richtig ist für dich das, was du für richtig hältst!‹ Angenommen, Barbara wäre nach eingehender gewissenhafter Prüfung aller Umstände zu dem begründeten Urteil gekommen, in ihrer Situation sei ein Schwangerschaftsabbruch gerechtfertigt, sie würde also besten Wissens und Gewissens handeln bzw. gehandelt haben; dennoch könnten ihr immer wieder Bedenken kommen oder andere ihr Vorhaltungen machen, die sie zögern ließen bzw. nachträglich beunruhigten. In einer solchen Situation wäre es durchaus angebracht zu sagen: ›Für dich ist das richtig, was du für richtig hältst.‹ Mit einem solchen Hinweis würde man dann meinen, in moralischen Fragen habe man nicht dem, was *andere* für richtig halten, nicht *ihrem* Urteil, nicht dem, was *sie* vorschreiben, auch nicht irgendwelchen irrationalen Faktoren in einem selbst zu folgen, sondern einzig und allein dem so gut wie möglich begründeten (aber immer noch irrtumsfähigen) Urteil des *eigenen* Gewissens. In diesem Satz würde also nichts anderes zum Ausdruck gebracht als die selbstverständliche Tatsache, letzte und entscheidende Instanz in moralischen Fragen sei für jeden die eigene, so gut wie möglich begründete Gewissensüberzeugung. Das Gewissen (oder das Gewissensurteil) ist hier nicht der Maßstab, *an dem* man die Richtigkeit seines Verhaltens bemißt, sondern es ist jene Instanz (oder deren Verlautbarung), *die* an einem Maßstab anderer Art bemißt, der man aber letztlich allein – falls andere Instanzen zu ihr in Konkurrenz treten sollten – zu folgen hat. In dieser Situation wäre es exakter zu sagen: ›Für dich ist das *verpflichtend*, was du für richtig hältst;‹ denn keine andere Instanz kann dich letztlich in die Pflicht nehmen als dein eigenes Gewissen, und vor keiner anderen bist du letztlich verantwortlich. (Dies gilt auch dann, wenn wir auf die Autorität anderer hin handeln. Jeder Gehorsam ist hinsichtlich der besonderen Anordnung, der man zu folgen hat, blind; sonst würde man eben nicht mehr einer fremden Autorität gehorchen, sondern der eigenen Einsicht folgen. Doch hinsichtlich des Autoritätsträgers im allgemeinen kann es keinen legitimen blinden Gehorsam geben; die Autorität des Autoritätsträgers über uns und unser Verhalten muß letztlich in unserer eigenen (Gewissens)überzeugung von der überlegenen Einsicht, Güte, institutionellen Eignung usw. dessen begründet sein, dem wir gehorchen. Eine legitime Autorität kann nur derjenige für uns sein, dem wir kraft unseres Gewissens eine Überlegenheit oder einen Vorrang in bestimmter Hinsicht zuerkennen.)

Wenn die These, richtig sei jeweils das, was man für richtig halte, verstanden als – ungenaue – Formulierung des Vorrangs der Instanz des eigenen Gewissens vor allen anderen, unzweifelhaft wahr ist und keinerlei Relativismus einschließt, so ist sie in ihrer zweiten relativistischen Deutungsmöglichkeit unverkennbar falsch. Angenommen, Barbara sei sich über das, was sie tun solle, noch nicht schlüssig geworden, sie prüfe noch das Für und Wider. In dieser Situation wäre es unsinnig, ihr auf die Frage nach den relevanten Kriterien, Gesichtspunkten oder Maßstäben, an denen sie ihr Handeln ausrichten solle, zu antworten, richtig sei jeweils das, was sie für richtig halte. Denn sie fragt nicht mehr nach der Instanz, deren Urteil sie letztlich folgen soll, sondern nach dem Maßstab, von dem es abhängt, ob das, was sie für richtig hält oder geneigt ist, für richtig zu halten, auch tatsächlich richtig ist oder nicht. Die genannte Auskunft wäre genauso unsinnig, wie wenn ein Reiseführer einem Touristen auf dessen Frage, ob das, was er in der Ferne sehe, schon die Türme von Saragossa seien, antworten würde, es seien immer dann die Türme von Saragossa, wenn er das, was er sehe, für die Türme von Saragossa halte. Der Tourist fragt nach irgendwelchen Wahrnehmungskriterien, anhand deren sich der tatsächlich zutreffende Gesichtseindruck ›Türme von Saragossa‹ von allen unzutreffenden oder irrigen unterscheiden läßt, so wie Barbara nach den Kriterien für das richtige Urteil über die sittliche Qualität des Schwangerschaftsabbruchs im Unterschied zu allen irrigen fragt. Es mag zwar sein – was allerdings äußerst unwahrscheinlich wäre –, daß es weder für den zutreffenden Gesichtseindruck ›Türme von Saragossa‹ noch für die sittliche Qualität von Handlungen irgendwelche Unterscheidungskriterien gibt; doch müßte man dann sagen, es sei sinnlos, auf diese Sachverhalte noch die Vokabeln ›zutreffend‹ und ›unzutreffend‹ oder ›richtig‹ und ›falsch‹ anzuwenden. Die Formulierung, richtig sei jeweils das, was man für richtig halte, müßte dann durch die unmißverständliche Erklärung ersetzt werden, so wie Handlungen weder blau noch rot, weder stumpf noch scharf, weder rund noch eckig sein könnten, so könnten sie auch unmöglich moralisch richtig oder falsch sein – wenn man unter ›richtig‹ verstünde, eine so qualifizierte Handlung habe die besten moralischen Gründe für sich und sei deswegen objektiv verpflichtend.

5. Der normativ-ethische Relativismus in der Form des Kulturrelativismus

Als eigene ethische Theorie ist der normativ-ethische Relativismus in seiner extrem subjektivistischen Form wohl nie ernsthaft vertreten worden; dafür scheint er aber eine um so größere Rolle in landläufigen moralischen Diskussionen unter Nicht-Ethikern zu spielen. Etwas anders verhält es sich mit dieser Theorie in ihrer kulturrelativistischen Ausprägung. Unter Ethikern hat auch sie nur wenige Anhänger gefunden, um so mehr aber unter Völkerkundlern und Kulturanthropologen.

a) Die kulturrelativistische These

Daß zwischen den moralischen Auffassungen der Menschen der verschiedenen Kulturen sowie zwischen denjenigen der Angehörigen derselben Kultur in ihren verschiedenen Epochen erhebliche Unterschiede bestehen können, ist keineswegs eine neue Erkenntnis. Neben der matriarchalischen Familienordnung gibt es die patriarchalische, neben der Monogamie in den verschiedensten Abstufungen die Polygamie – ebenfalls in den verschiedensten Formen; in der einen Kultur sind geschlechtliche Beziehungen vor der Ehe selbstverständlich, in der anderen gelten sie als schlimmste Vergehen; dasselbe läßt sich von außerehelichen Beziehungen sagen. In einigen Kulturen tötet man seine alt gewordenen Eltern, in anderen pflegt man sie mit größter Hingabe; dort gilt der Fremde fast wie Freiwild und ist vollkommen rechtlos, hier gelten unterschiedslos alle Menschen als gleichwertig. Solche Tatsachen waren, wie gesagt, bereits im Altertum bekannt. Die moderne Kulturanthropologie mit einer Fülle an empirischem Material und die verbesserten Kommunikationsmöglichkeiten haben sie heute nur nachdrücklicher in das Bewußtsein breiter Bevölkerungsschichten gerückt. Kann man trotz dieser nicht zu leugnenden Vielfalt in den moralischen Überzeugungen der Völker und Kulturen dennoch vernünftigerweise an der Allgemeingültigkeit sittlicher Normen festhalten? Ist nicht eine grundsätzliche Revision der Theorie von der kulturübergreifenden Verbindlichkeit aller zu Recht geltenden sittlichen Forderungen notwendig, wenn man die von den Kulturanthropologen zusammengetragenen Daten wirklich ernst nimmt?

Die Kulturrelativisten antworten auf die letzte Frage mit einem eindeutigen Ja. Sie bestreiten nicht eigentlich die Verbindlichkeit sittlicher Normen überhaupt; sie weisen vielmehr nur die Behauptung ihrer *kulturübergreifenden* Verbindlichkeit zurück. Der Sache nach enthält die kulturrelativistische These zwei Behauptungen: erstens die *Tatsachenbehauptung*, daß sich die sittlichen Überzeugungen der Menschen in den verschiedenen Kulturen faktisch grundlegend voneinander unterscheiden (deskriptiver Relativismus); und zweitens die *normative Behauptung*, daß nämlich die in den verschiedenen Kulturen faktisch geltenden sittlichen Normen trotz ihrer Unterschiedlichkeit und manchmal Widersprüchlichkeit dennoch für die Angehörigen der jeweiligen Kultur verbindlich sind. Ähnlich wie die politische Pflicht: ›Du sollst im Herbst 1980 an der Bundestagswahl teilnehmen‹ nur für die wahlberechtigten Bürger der Bundesrepublik Deutschland gilt, so behauptet der Kulturrelativist auch von allen moralischen Pflichten, sie würden nur kulturbezogen gelten. Seine These lautet in ihrer schärfsten Fassung: Das, was in der einen Gesellschaft wirklich richtig und daher sittlich verbindlich ist, kann in einer anderen Gesellschaft unter relevant ähnlichen Bedingungen wirklich falsch und daher sittlich verwerflich sein.

b) Das Anliegen der Kulturrelativisten

WELCHES ANLIEGEN steht nun hinter dieser These? Den Kulturanthropologen, die den gerade beschriebenen Relativismus vertreten, geht es offenbar vor allem um den Kampf gegen den sogenannten Ethnozentrismus, d. h. gegen die in fast allen Kulturen herrschende Überzeugung von der Überlegenheit der eigenen Moral. Ein solches Gefühl moralischer Überlegenheit führt dann vielfach zu einer intoleranten Verurteilung oder gar Verfolgung moralisch Andersdenkender, außerdem zur Absolutsetzung der von einem selbst akzeptierten moralischen Normen in dem Sinn, daß sie ohne Rücksicht auf die besonderen Umstände und die sich möglicherweise aus ihnen ergebenden Folgen als Maßstab an das Verhalten der Menschen anderer Kultur angelegt werden. So könnte man in einem Kannibalen eine Ausgeburt an Unmoral sehen, oder man hält es – ohne Rücksicht auf die kulturelle Umgebung – für die Pflicht eines jeden Menschen, monogam zu leben. Der Kulturrelativist im normativen Sinn wendet sich somit erstens gegen die Intoleranz moralischen Verurteilens und zweitens gegen die Behauptung einer absoluten Geltung sittlicher Normen in dem Sinn, daß sie ohne Rücksicht auf Umstände und Folgen richtig bzw. falsch sein könnten; positiv formuliert, setzt er sich damit erstens für Toleranz und zweitens für die Relevanz kultureller Faktoren bei der Bestimmung des sittlich Richtigen ein.

c) Eine kritische Prüfung des kulturrelativistischen Arguments

ES WÄRE NUN LEICHT, den Kulturanthropologen, der einen Kulturrelativismus in dem beschriebenen normativen Sinn vertritt, dadurch gewissermaßen lächerlich zu machen, daß man ihm nachweist, allein schon durch seine praktische Forschertätigkeit strafe er seine Theorie Lügen. Denn sicherlich möchte er seine Feldstudien in den verschiedenen, möglicherweise auch sehr primitiven Gesellschaften später auch veröffentlichen. Doch will er das wirklich, so muß er stillschweigend davon ausgehen, daß alle von ihm studierten Kulturen wenigstens in der einen sittlichen Norm übereinkommen, man solle wohlmeinende Anthropologen leben lassen und nicht etwa verspeisen. Schon die bloße Tatsache, daß wir bei jeder sozialen Kontaktaufnahme und daher auch bei jeder kulturübergreifenden Beziehung immer schon ein Minimum an moralischem Einverständnis voraussetzen müssen, wenn ein solcher Kontakt überhaupt gelingen soll, läßt bereits den deskriptiven Kulturrelativismus als fraglich erscheinen.

Doch auch abgesehen von dieser Ungereimtheit leidet das kulturrelativistische Argument noch an anderen, vor allem logischen Mängeln. Es ist nicht ganz leicht, den genauen Argumentationsgang zu rekonstruieren. Doch tut man den Kulturrelativisten sicherlich kein Unrecht, wenn man ihre Überlegungen folgendermaßen zusammenfaßt:

1. Die *faktisch* vorfindlichen moralischen Überzeugungen aller Völker und Kulturen unterscheiden sich grundlegend voneinander.
2. Es gibt also kein einheitliches kulturübergreifendes System *faktisch* geltender moralischer Regeln.
3. a) Daher *kann* es auch keine übergeordneten allgemeinen Kriterien zur wertenden Beurteilung der unterschiedlichen moralischen Überzeugungen der verschiedenen Kulturen *geben*.
   oder
3. b) Daher sind keine übergeordneten allgemeinen Kriterien zur Beurteilung der unterschiedlichen moralischen Überzeugungen der verschiedenen Kulturen für uns *erkennbar*.
   oder
3. c) Daher scheint die praktische Anwendung übergeordneter allgemeiner Kriterien so schwierig zu sein, daß sie keine *sicheren Werturteile* über die faktisch geltenden moralischen Regelsysteme der verschiedenen Kulturen *zulassen*.
4. Also kommt jedem faktisch geltenden moralischen Regelsystem die gleiche *normative* Geltung in dem Sinn zu, daß alle Angehörigen der verschiedenen Kulturen jeweils auf deren eigenes moralisches Regelsystem verpflichtet sind.

Der Schluß ist also folgender: Aus der empirischen *Tatsache* der Verschiedenheit der moralischen Überzeugungen folgert man entweder die *Unmöglichkeit* oder die *Unerkennbarkeit* oder die *Unanwend-*

barkeit allgemeiner ethischer Handlungskriterien (der Schritt von 2 nach 3) und daraus dann wieder die *Verpflichtung* des einzelnen auf das moralische Regelsystem seiner eigenen Kultur (der Schritt von 3 nach 4).

Die Fehlerhaftigkeit dieser Argumentation läßt sich vielleicht an folgendem abstrusen Beispiel veranschaulichen: Bekanntlich fließt zum Ausgleich der Verdunstung durch die Straße von Gibraltar dauernd Wasser aus dem Atlantik ins Mittelmeer. Angenommen, eine größere Zahl von Wissenschaftlern würde sich daran machen, die genaue Menge des nachfließenden Wassers zu bestimmen, und trotz eifrigsten Bemühens kämen alle – was durchaus denkbar ist – zu unterschiedlichen Ergebnissen. Würde ein Beobachter nun aus der Unterschiedlichkeit der Ergebnisse folgern, entweder daß es überhaupt keine allgemeinen Meßkriterien für durchfließendes Wasser geben kann oder daß solche Meßkriterien prinzipiell unerkennbar sind oder daß ihre Anwendung zu schwierig ist, um auch nur in einem einzigen Fall ein sicheres Ergebnis erwarten zu lassen, so erläge er demselben Fehlschluß wie die Kulturanthropologen in ihrem Argument. Das heißt dann ganz allgemein: Aus einem *bloßen Tatsachenurteil* über faktisch herrschende Überzeugungen läßt sich niemals ein *Geltungsurteil* irgendwelcher Art ableiten. Dies gilt natürlich auch für den Fall, daß bestimmte Überzeugungen (auch moralischer Art) einhellig vertreten würden. Ein solcher Fehlschluß läßt sich an zahllosen Beispielen, die nicht dem Bereich der Moral angehören, veranschaulichen: Obwohl man im Mittelalter allgemein der Überzeugung war, die sogenannte ›konstantinische Schenkung‹ sei echt, hat sich dennoch diese Überzeugung als falsch erwiesen; allen gegenteiligen Überzeugungen zum Trotz drehte sich auch bereits vor dem 16. Jahrhundert die Erde immer schon um die Sonne und nicht die Sonne um die Erde; obwohl man besten Wissens und Gewissens über Jahrhunderte hin Hexen verbrannt hat, ist keine von ihnen eine Hexe gewesen. Aus einem Tatsachenurteil über die subjektiven Überzeugungen von Menschen hinsichtlich irgendeines Sachverhalts läßt sich nichts objektiv Gültiges über diesen Sachverhalt selbst ableiten.

Ein ähnlicher Fehlschluß liegt dann auch im Schritt von 3 nach 4 vor. Aus der Behauptung, es gebe keine allgemeingültigen moralischen Kriterien, sie seien prinzipiell unerkennbar oder aber unanwendbar, würde nur folgen, daß niemand an vorgeblich moralische Normen irgendwelcher Art gebunden sein könne, nicht aber, daß jeder an die Normen der eigenen Gesellschaft gebunden sei. Die

›moralischen‹ Regelsysteme der verschiedenen Kulturen wären dann nicht normativ gleich gültig, sondern normativ gleichgültig, nämlich für jeden gleich belanglos.

Ich komme also zu dem Schluß: Das kulturrelativistische Argument hält einer kritischen Prüfung nicht stand. Darüber hinaus scheint sich der Kulturrelativist aber auch selbst zu widersprechen. Denn in den positiven Anliegen, die er vertritt, nimmt er gerade eine nicht-relativistische Position ein. Sein positives Anliegen war erstens die Achtung vor und die Berücksichtigung der Eigenständigkeit und Eigenwürde jeder Kultur und zweitens Toleranz gegenüber moralisch Andersdenkenden. Beide Forderungen werden von ihm aber offenbar als allgemeingültig verstanden, und daher verurteilt er unsere eigene Gesellschaft, die – seiner Meinung nach – diese Forderungen zuwenig beachtet.

6. Die Berücksichtigung der Anliegen des Kulturrelativisten in einer nicht-relativistischen Theorie

Die kulturrelativistische These scheint vor allem deswegen eine besondere Anziehungskraft auszuüben, weil man glaubt, eine nicht-relativistische Position sei wenigstens in den drei Punkten, die dem Kulturanthropologen besonders am Herzen liegen, unzulänglich. Man erhebt gegen sie den Vorwurf, daß sie erstens die faktisch bestehenden Unterschiede in den moralischen Überzeugungen nicht zu erklären vermag, daß sie zweitens notwendig zur Intoleranz führt sowie drittens bestimmte Handlungen als richtig bzw. falsch bezeichnen muß ohne Rücksicht auf den kulturellen Kontext und etwaige Folgen. Bestehen diese Vorwürfe zu Recht oder liegt ihnen vielleicht ein Mißverständnis hinsichtlich der notwendigen Implikationen einer nicht-relativistischen Theorie zugrunde? Läge nur ein Mißverständnis vor, so könnte ein Kulturanthropologe seine Anliegen möglicherweise gerade in einer solchen Theorie gewahrt sehen.

a) Die Bedeutsamkeit kultureller Faktoren für die Bestimmung des sittlich Richtigen

Die dem normativ-ethischen Relativismus entgegengesetzte These des Nicht-Relativisten besteht in der Behauptung der Allgemeingültigkeit sittlicher Normen, in dem, was wir ihre Universalisierbarkeit genannt haben. Das, was in dieser Situation mit diesen ethisch relevanten Merkmalen für mich richtig ist, muß auch für jeden anderen in einer relevant ähnlichen Situation – gleichgültig auch, in welcher Kultur er lebt – richtig sein. Mit dieser These schließt der Nicht-Relativist, wie gezeigt, nur die ethische Bedeutsamkeit jener drei Faktoren aus, die eine Situation im wörtlichen Sinn zu einer einmaligen oder einzigartigen machen. Diese drei Faktoren sind Ort als bloßer Ort, Zeit als bloße Zeit und die betroffenen Individuen als bloße Individuen. Insofern der Nicht-Relativist die ethische Relevanz nur dieser drei Faktoren bestreitet, bleibt es ihm unbenommen, bei der Bestimmung des sittlich Richtigen auch allgemeine kulturelle Faktoren als ethisch relevante Gesichtspunkte zu berücksichtigen. Er kann zwar nicht sagen, nur weil diese Kultur von jener örtlich und zeitlich verschieden sei, könne beispielsweise der Vollzug der Todesstrafe in jener Kultur richtig, in dieser dagegen falsch sein; er kann aber durchaus meinen, die Tatsache, daß es sich bei dieser Kultur um eine Nomadengesellschaft handle ohne festen Wohnsitz und damit ohne die Möglichkeit, sich vor schweren Rechtsbrechern durch Gefängnisverwahrung zu schützen, mache für sie den Vollzug der Todesstrafe im äußersten Fall vertretbar, wohingegen diese Institution für unsere heutige Gesellschaft mit der Möglichkeit weniger drastischer Schutzmaßnahmen falsch sei.

Ja, der Nicht-Relativist könnte sogar noch weiter gehen und eine mögliche ethische Relevanz von gesellschaftlichen Institutionen anerkennen, die er an sich für falsch hält. Er könnte der Auffassung sein, die Monogamie sei für alle Kulturen (vor allem wegen der Gleichwertigkeit von Mann und Frau) die bestmögliche Eheform und daher die eigentlich gesollte und anzustrebende. Dennoch müßte er damit nicht auch notwendig das Einzelverhalten all jener Menschen, die in polygam strukturierten Gesellschaften leben, für falsch erklären. Er könnte nämlich der Ansicht sein, richtig sei das jeweils unter den konkreten Umständen bestmögliche Handeln, und dann zu dem Urteil kommen: Da der einzelne in einer polygam strukturierten Gesellschaft überhaupt nicht die Möglichkeit habe, monogam zu leben, er also auf Ehe und Kinder überhaupt verzichten müsse, wenn er keine polygame Ehe führen wolle, sei diese in der konkreten Situation für ihn die bessere Alternative. Es mache eben einen Unterschied, ob man eine gesellschaftliche Institution auf ihre Richtigkeit hin prüfe oder aber ein Handeln des einzelnen innerhalb einer ihm vorgegebenen Institution.

Wer so denkt, denkt innerhalb einer nicht-relativistischen Theorie teleologisch. Doch daneben gibt es auch noch ihre deontologische Variante. Nach ihr kommt eine solche Berücksichtigung kultureller Faktoren wenigstens in bezug auf einige wenige sittliche Normen nicht in Frage – und es scheint, daß sich manche Kulturanthropologen mit ihrer These von der Relativität aller sittlichen Normen gerade von dieser normativen Theorie absetzen wollen. Wer behauptet, bestimmte Handlungen seien falsch ohne Rücksicht auf die Folgen, muß dann selbstverständlich auch sagen: ohne Rücksicht auf den kulturellen Kontext. Dabei scheinen viele Kulturanthropologen vor allem an den zum Teil deontologisch verstandenen sexualethischen Normen unserer europäischen Tradition Anstoß genommen zu haben.

Wenn für viele tatsächlich ihre Ablehnung eines deontologischen Verständnisses sittlicher Normen der eigentliche Grund für ihre Zustimmung zu einem normativen Relativismus sein sollte, so wird man ihnen entgegenhalten können, sie schütteten das Kind mit dem Bade aus; denn sie identifizierten die deontologische Normierungsweise mit der nicht-relativistischen Position überhaupt und konstruierten so die Scheinalternative: entweder nicht-relativistischer Deontologe oder Kulturrelativist. Tatsächlich aber sind *zwei* nicht-relativistische Positionen möglich, nämlich die deontologische und die teleologische, die man auch als eine relationistische bezeichnen könnte. Ein Relationist oder Teleologe bezieht die Richtigkeit von Handlungen zurück auf alle ethisch relevanten (auch kulturellen) Umstände, insofern sie entweder selbst in sich wertvoll oder aber ein Mittel zum Guten sind. Auch ein Nicht-Relativist vermag demnach ohneweiters, falls er nur konsequent teleologisch oder relationistisch denkt, die ethische Relevanz kultureller Faktoren bei der Bestimmung des richtigen Handelns zu berücksichtigen. Es bleibt noch die Frage nach der Toleranz. Kann ein Nicht-Relativist, der die Allgemeingültigkeit sittlicher Normen vertritt, gegenüber moralisch Andersdenkenden tolerant sein?

b) Die sittliche Pflicht zur Toleranz

ZUNÄCHST IST KLAR, daß ein Nicht-Relativist, der davon ausgeht, daß eine bestimmte Norm unter relevant ähnlichen Umständen für jeden Menschen gilt, damit zugleich sagt, jeder, der eine andere Norm für richtig halte, sei im Unrecht. Sobald jemand von der Allgemeingültigkeit und zugleich Objektivität moralischer Urteile ausgeht, kann er gar nicht anders als prinzipiell auch den Unterschied zwischen Wahr und Falsch anerkennen. Solange jemand eine Frage ernsthaft diskutiert, sei sie nun empirischer, logischer, mathematischer oder auch moralischer Art, muß er stillschweigend voraussetzen, daß wenigstens einer der Diskussionspartner im Unrecht ist und daß alle an der Diskussion Beteiligten einen Unterschied zwischen Wahr und Falsch machen und auf die Erkenntnis der Wahrheit aus sind.

Doch muß die Unterscheidung zwischen Richtig und Falsch bzw. Wahr und Falsch, sofern man sie auf moralische Überzeugungen anwendet, notwendig zur Intoleranz führen? Gewiß wird ein umsichtiger Nicht-Relativist in vielen Fällen auch die eigene Irrtumsmöglichkeit einräumen und mit seinem Urteil über die sittliche Überzeugung anderer und ihr Handeln sehr vorsichtig sein. In vielen Fällen wird er sich jedoch seiner Sache auch völlig sicher sein dürfen und mit größter Gewißheit behaupten, daß jeder, der anders denkt, unrecht hat. Als Beispiele dafür können etwa die Urteile dienen: Die Tötung eines Menschen allein aus Freude am Töten ist falsch. Kindesaussetzung ist moralisch nicht vertretbar. Die Diskriminierung von Menschen allein wegen ihrer Hautfarbe ist sittlich verwerflich. Ob jemand ein Mann oder eine Frau ist, macht hinsichtlich seines Wertes keinen Unterschied. Die Verbrennung von Menschen allein wegen ihrer andersartigen Glaubensüberzeugung ist sittlich nicht zu rechtfertigen. Ich bin mir völlig sicher, daß alle diese Urteile wahr sind, obgleich ich auch weiß, daß ganze Gesellschaften in Vergangenheit und Gegenwart anders geurteilt haben. Wenn ich einschlußweise in meinem Urteil ihre Überzeugung als falsch zurückweise, verletze ich damit schon die sittliche Pflicht zur Toleranz?

Würde allein schon die Behauptung irgendeines Urteils als wahr und aller davon abweichenden als falsch gegen die Toleranz verstoßen, so müßte man auch den Historiker als intolerant bezeichnen, für den zweifelsfrei feststeht, daß die Kaiserkrönung Karls des Großen am Weihnachtstag des Jahres 800 stattgefunden hat, und den Physiker, der behauptet, bei Normaldruck siede Wasser bei 100° C, und den Statistiker, der feststellt, daß im Jahr 1980 die Zahl der Geburten im Vergleich zum Vorjahr zugenommen hat. Der Vorwurf der Intoleranz läßt sich demnach nicht schon gegenüber demjenigen erheben, der die moralischen Überzeugungen anderer für falsch hält.

Doch wie ist es, wenn er aufgrund dieses seines Urteils nun zu handeln beginnt? Er könnte erstens versuchen, den Andersdenkenden zu überzeugen, zweitens könnte er ihn mit moralischen Vorwürfen überhäufen, drittens ihn daran hindern, sich gemäß seiner Überzeugung zu verhalten, und viertens ihn dazu zwingen, gegen seine sittliche Überzeugung zu handeln.

Es ist nicht klar auszumachen, welche von diesen Verhaltensweisen vom Kulturrelativisten bereits als intolerant angesehen werden. Doch wie könnte ein Nicht-Relativist urteilen? Zunächst würde er sicherlich sagen, der Versuch, einen moralisch Andersdenkenden zu *überzeugen*, habe prinzipiell nichts mit Intoleranz zu tun, sondern sei das einzig angemessene Mittel, um in Fragen der Moral zu einem Einverständnis zu gelangen. Der Austausch von Argumenten sei die einzig mögliche Form, der Wahrheit, auch der moralischen, näher zu kommen oder sie gar zu finden.

Was die Frage betrifft, ob man den moralisch Andersdenkenden zu Recht mit moralischen Vorwürfen überhäufen oder ihn *moralisch verurteilen* dürfe, so kann der Nicht-Relativist, wie wir gesehen haben, klar zwischen sittlich richtigem und falschem Verhalten einerseits und moralisch gutem und schlechtem Handeln anderseits unterscheiden und darauf bestehen, daß ein logisch zulässiger Schluß von dem einen auf das andere unmöglich ist. Gerade wenn es um Unterschiede in den moralischen Überzeugungen zwischen den verschiedenen Kulturen geht, wird man kaum annehmen dürfen, daß ein solcher Unterschied letztlich auf der fundamentalen Differenz zwischen guter und schlechter Gesinnung beruht; denn die Annahme, die eine Kultur bestehe fast ausschließlich aus egoistisch eingestellten, die andere dagegen überwiegend aus altruistisch denkenden Menschen, wäre doch zu absurd. Daher wird es auch ein Nicht-Relativist immer ablehnen, Menschen anderer Kulturzugehörigkeit aufgrund ihrer andersartigen sittlichen Überzeugungen moralisch zu verurteilen. Er wird bei seinem Urteil bleiben, sie handelten in dieser oder jener Hinsicht falsch; er wird aber nicht sagen, sie seien deswegen schlechte Menschen oder der Ausbund an Unmoral.

Muß sich aber ein Nicht-Relativist nicht für sittlich verpflichtet halten, moralisch Andersdenkende daran zu *hindern*, *gemäß* ihren sittlichen Überzeugungen zu handeln? Dies mag in äußersten Situationen tatsächlich der Fall sein. Doch was die Lebensart der Menschen anderer Kulturzugehörigkeit anbelangt, so wird der Nicht-Relativist zuerst einmal klar zwischen eigentlich moralischen Regeln und der Vielzahl von kulturellen Regeln und Gepflogenheiten anderer Art unterscheiden. Selbst wenn diese nicht seinem eigenen Geschmack und seiner persönlichen Vorliebe entsprechen, wird er sie ausnahmslos achten können. Denn auch er wird kulturelle Vielfalt kultureller Gleichförmigkeit vorziehen. Auch wird er die Möglichkeit, sein Leben nach eigenem Plan, nach eigenem Entwurf und nach eigenen Überzeugungen zu gestalten, für einen ganz fundamentalen Wert halten und nur im äußersten Fall eine Einschränkung dieser Freiheit befürworten. Aufgrund dieser Achtung vor dem fundamentalen Wert der Freiheit eines jeden Menschen, sein Leben nach eigenem Ermessen zu führen, wird der Nicht-Relativist in den meisten Fällen auch diejenigen, die seiner Ansicht nach falschen moralischen Überzeugungen anhängen, nicht daran hindern, ihnen zu folgen, wenn er sie nicht zu überzeugen vermag. Erst wenn ihr Verhalten zur Verletzung fundamentaler Rechte anderer führt, sieht er sich verpflichtet einzuschreiten. Die Wahrung grundlegender Menschenrechte, etwa des Rechts auf Leben, auf körperliche Unversehrtheit oder auf Gewissens- und Religionsfreiheit, hat im Konfliktfall seiner Ansicht nach Vorrang vor dem Recht des anderen, ungehindert seinen eigenen Überzeugungen gemäß zu handeln und zu leben. Beispielsweise wird ein Nicht-Relativist überzeugte Rassisten daran zu hindern suchen, ihre Vorstellungen auch in die Tat umzusetzen, auch wird er Maßnahmen gegen den in manchen Kulturen üblichen Kannibalismus oder gegen die Sitte der Mädchenbeschneidung usw. gutheißen. Vermutlich würde auch ein Kulturrelativist so urteilen; viele sagen sogar ausdrücklich, die Pflicht zur Toleranz kenne nur eine einzige Ausnahme, nämlich die Toleranz gegenüber der Intoleranz. Während sich diese Auffassung auf nicht-relativistischer Basis ohneweiters rechtfertigen läßt, stellt sie für den Kulturrelativisten eine eindeutige Inkonsequenz dar.

Auf die letzte Frage, ob man einen Menschen je *zwingen* darf, *gegen* seine sittliche Überzeugung zu handeln, wurde bereits in Kap. IV, 5 c eingegangen. Ein Nicht-Relativist würde möglicherweise ein ausnahmslos geltendes Recht auf Gewissensfreiheit vertreten – was auf relativistischer Basis gewiß unmöglich wäre. Er könnte nämlich darauf hinweisen, daß es letztlich nur auf eines unbedingt ankomme, nämlich darauf, ein guter Mensch zu sein; doch indem jemand gegen seine Gewissensüberzeugung handle, entscheide er sich zugleich zum sittlich Schlechten und verliere damit seine sittliche Integrität. Da also derjenige, der um irgendwelcher anderer Güter willen einen Menschen dazu zu zwingen suche, gegen die eigene Gewissensüberzeugung zu handeln, sich damit direkt die sittliche Schlechtigkeit dieses Menschen zum Ziel setze, strebe er etwas an, was er definitionsgemäß unter keinen Umständen anstreben dürfe.

Aus diesen Überlegungen ergibt sich also, daß die Behauptung der Allgemeingültigkeit und Objektivität sittlicher Normen keineswegs die Haltung der Intoleranz im Sinne des Gewissenszwangs in sich einschließt. Damit darf auch der vielleicht gewichtigste Einwand des Kulturrelativisten gegen eine nicht-relativistische Position als entkräftet gelten.

c) Die nicht-relativistische Erklärung der Unterschiede in den moralischen Überzeugungen der verschiedenen Kulturen

Wie erklären sich nun aber auf nicht-relativistischer Basis die nicht zu leugnenden Unterschiede in den moralischen Auffassungen der Menschen unterschiedlicher Kulturzugehörigkeit? Nach der in Kap. V, 9 gebotenen Analyse moralischer Handlungsnormen liegen die beiden Erklärungsmöglichkeiten auf der Hand: *Irrtum* sowohl in Wert- als auch in reinen Tatsachenfragen und die Unterschiedlichkeit der *Lebensbedingungen*.

Zur Erinnerung seien hier noch einmal die drei Teilelemente, aus denen sich letztlich jede Handlungsnorm aufbaut, zusammengestellt:

1. *sittlich wertendes Element:*	Urteile und handle unparteiisch!
2. *nicht-sittlich wertendes Element:*	a) Dieses oder jenes ist in sich gut bzw. schlecht.
	b) Unter sonst gleichen Umständen verdient dieses Vorrang vor jenem.
3. *rein deskriptives Element:*	Dieses oder jenes ist der Fall.

Eine Vielzahl unterschiedlicher Auffassungen über das, was richtig ist, erklärt sich völlig ungezwungen aus den *unterschiedlichen Bedingungen*, unter denen Menschen in den verschiedenen Kulturen oder Kulturepochen leben. Als Beispiel wurde bereits die Todesstrafe erwähnt. Die Tatsache, daß sich konkrete sittliche Handlungsanweisungen mit dem Wandel der für ihre Geltung relevanten sozialen Bedingungen selbst ändern, ist ein Zeichen keineswegs für die Uneinheitlichkeit und Veränderlichkeit, sondern gerade für die Einheitlichkeit und Beständigkeit des Wertbewußtseins. Würden wir auch heute noch angesichts der Möglichkeit, den Schutz der Gesellschaft mit weitaus weniger drastischen Mitteln zu gewährleisten, dennoch unbeirrt an der Todesstrafe festhalten, so wäre gerade das ein Beleg für den Wandel der diesen konkreten Normen zugrundeliegenden Wertvorstellungen.

Zweitens muß man mit der Möglichkeit des *Irrtums* rechnen, und zwar zunächst mit einem solchen hinsichtlich der *deskriptiven Elemente*, die jede (gemischte) Handlungsnorm mit einschließt. Wenn in einem Stamm von Südseeinsulanern die irrige Überzeugung herrscht, jeder Mensch werde nach seinem Tod ewig in jenem körperlich-geistigen Zustand weiterleben, in dem er gestorben sei, so erklärt sich aus diesem Irrtum deskriptiv-religiöser oder -metaphysischer Art, daß in dieser Gesellschaft der Sohn seine Eltern zu töten hat, bevor diese krank und schwach werden. Wenn wir anderes für richtig halten, so nicht deswegen, weil unsere Wertvorstellungen, sondern weil unsere Auffassungen von einem Leben nach dem Tod anders sind. Und wenn Luther und viele seiner Zeitgenossen meinten, es sei gut und richtig, schwerbehinderte Neugeborene sofort zu töten, wir heute jedoch gegenteiliger Ansicht sind, so hat dieser Unterschied nicht seinen Grund in einer unterschiedlichen Wertung menschlichen Lebens, sondern im Irrtum der Menschen des ausgehenden Mittelalters, solche sogenannten Wechselbälge seien überhaupt keine Menschen, sondern von Hexen oder Dämonen untergeschobene Wesen anderer Art.

Hinsichtlich der eigentlich *wertenden Elemente* moralischer Normen scheinen sich die Unterschiede vor allem auf die relative Bedeutung, die man den einzelnen Werten in den verschiedenen Gesellschaften und Epochen zumißt, zu beziehen. In allen Kulturen gelten Gastfreundschaft und irgendeine Form von Exklusivität in den ehelichen Beziehungen gleichermaßen als wertvoll. Was aber im Konkurrenzfall den Vorzug verdient, wird unterschiedlich beurteilt. In der einen Kultur hat vielleicht die Gastfreundschaft einen so hohen Stellenwert, daß man dem Gast die eigene Frau für die Nacht anbietet, wohingegen wir der Exklusivität der ehelichen Beziehungen den Vorzug einräumen. Vor noch nicht allzu langer Zeit wurde in unserer eigenen Kultur – jedenfalls in Offizierskreisen – der Wahrung der eigenen Ehre im Vergleich zum Wert menschlichen Lebens ein so großes Gewicht beigemessen, daß schon die kleinste Beleidigung ausreichte, um ein Duell auf Leben und Tod als gerechtfertigt erscheinen zu lassen. Wir würden heute die Gewichte anders verteilen.

Demgegenüber besteht große Einheitlichkeit hinsichtlich dessen, was in den verschiedenen Kulturen als in sich gut und schätzenswert angesehen wird. In keiner Kultur wird das, was wir den sittlichen Wert genannt haben, negativ beurteilt. Keine Gesellschaft lobt den Egoisten und tadelt den Selbstlosen. Hinsichtlich der wertenden Beurteilung der beiden konträren sittlichen Grundhaltungen, nämlich egoistische Parteilichkeit und selbstlose Unparteilichkeit, scheint die Möglichkeit des Irrtums überhaupt ausgeschlossen zu sein.

Bis auf *einen* sehr gewichtigen Punkt scheint diese Einhelligkeit auch für das zu gelten, was im nicht-sittlichen Sinn für gut bzw. schlecht gehalten wird. Alle Gesellschaften schätzen Glück und Lebensfreude, persönliche Beziehungen und Wissen, künstlerische Betätigungen und Lebensäußerungen anderer Art sowie deren Voraussetzungen wie Leben und Gesundheit. Tod, Schmerz, Krankheit, Einsamkeit usw. gelten überall als Übel. Weitreichende Meinungsverschiedenheiten (Irrtümer) treten nur hinsichtlich der Frage der grundlegenden Gleichwertigkeit aller Menschen auf. Oft werden in der Wertung, nicht nur in der Behandlung, Unterschiede gemacht zwischen Mann und Frau, Kindern und Erwachsenen, bestimmten Autoritätsträgern und den übrigen Volksgenossen, vor allem aber zwischen den Angehörigen des eigenen Stammes, des eigenen Volkes, der eigenen Rasse oder der eigenen Klasse und allen übrigen. Ein solcher (irriger) ethischer Partikularismus ist dadurch gekennzeichnet, daß nicht allen Menschen die gleiche Stellung als Träger oder Subjekte moralischer Rechte und Pflichten zuerkannt wird, oder anders: daß das von einer Gruppe für sich selbst als bindend anerkannte moralische Regelsystem nicht auf ausnahmslos alle Menschen angewendet wird.

Nach all dem scheint folgende Beurteilung des Kulturrelativismus gut begründet: Erstens basiert der vorausgesetzte deskriptive Relativismus auf einer undifferenzierten Sicht der als moralisch bezeichneten Sachverhalte. Würde man, wie es sachlich zweifellos notwendig ist, die konkreten moralischen Handlungsanweisungen, die sich sehr stark voneinander unterscheiden können, nach den in ihnen enthaltenen Einzelelementen hin aufschlüsseln und untersuchen, so ergäbe sich ein sehr viel differenzierteres Bild: völlige Übereinstimmung in dem, was als moralisch gut und schlecht gilt; fast völlige Übereinstimmung hinsichtlich dessen, was als Wert und Übel angesehen wird; doch große Unterschiede in der Frage, auf wen moralische Normen angewendet werden und welcher Rang einem Wert oder einem Übel in Konkurrenz zu anderen zuerkannt wird; und schließlich sehr erhebliche Unterschiede hinsichtlich der Gegebenheit und der Beurteilung ethisch relevanter (empirischer) Tatbestände. Zweitens beruht der aus der behaupteten Verschiedenheit abgeleitete normativ-ethische Relativismus auf logischen Fehlschlüssen und ist in sich inkonsistent. Schließlich werden drittens die positiven Anliegen der Kulturrelativisten unter Zugrundelegung einer nicht-relativistischen teleologischen oder relationistischen Theorie zureichend gewahrt.

7. Der metaethische Relativismus als werttheoretischer Skeptizismus oder Subjektivismus

Unter Ethikern wird ein normativ-ethischer Relativismus in den beiden hier erörterten Formen wegen seiner auf der Hand liegenden logischen Fehlerhaftigkeit nur selten vertreten, um so häufiger aber ein Relativismus anderer Art, der sich letztlich nicht auf Daten der Kulturanthropologie, sondern auf sprachanalytische und/oder erkenntnistheoretisch-ontologische Überlegungen stützt. Die Frage, um die sich der Streit dreht und die der metaethische Relativist negativ beantwortet, lautet: Gibt es Wertsachverhalte (und folglich auch Normen) in einem *objektiven Sinn*, ähnlich wie es objektive empirische Tatsache sein kann, daß die Katze auf dem Dach sitzt?

a) Die Bedeutung des Streits um den metaethischen Relativismus

Diese Frage mag einem philosophischen Laien seltsam vorkommen; dennoch scheint die Schlacht um die Möglichkeit einer theologischen Ethik in der Auseinandersetzung um die Beantwortung gerade dieser Frage entschieden zu werden. Wer die Objektivität von Werten und speziell die Objektivität eines unbedingten sittlichen Sollens behauptet, sagt damit zugleich, dem Menschen sei Sinn *vor*gegeben. Für ihn stellt sich damit aber sofort die Frage, wie Sinn vorgegeben sein kann, wenn der Mensch das einzige uns bekannte Sinn stiftende Wesen ist. Wer dagegen die Objektivität von Werten bestreitet, also eine rein faktische Struktur der Wirklichkeit behauptet, kann wohl kaum noch logisch konsistent eine theistische Position vertreten. Denn wenn Gott überhaupt gedacht wird, kann er nur als umfassender Sinn, als über alles gut gedacht werden, und dann kann seine Schöpfung nicht bar jeden Sinns sein. Ein metaethischer Relativismus, Skeptizismus oder Subjektivismus scheint demnach eine atheistische oder agnostizistische Position logisch einzuschließen, ein metaethischer Objektivismus dagegen eine theistische. Damit keine Mißverständnisse aufkommen, ist sogleich folgendes hinzuzufügen: Dies heißt selbstverständlich nicht, daß alle metaethischen Relativisten Atheisten oder Agnostiker wären und alle metaethischen Objektivisten Theisten. Wie alle Menschen so können auch Philosophen und Theologen inkonsequent sein, d. h. theoretisch Positionen vertreten, die mit anderen von ihnen vertretenen Ansichten oder mit ihrer praktischen Lebenseinstellung und -führung unvereinbar sind. Kein Mensch ist vor Irrtümern gefeit. Allerdings scheint in der modernen Philosophie der innere Bezug zwischen metaethischem Relativismus und Atheismus bzw. Agnostizismus einerseits und metaethischem Objektivismus und Theismus anderseits von den Vertretern aller Parteien immer mehr gesehen und anerkannt zu werden. Häufig findet sich bei Ethikern der ausdrückliche Hinweis darauf, daß sie eine skeptische Position gerade auch deswegen vertreten, weil sie aus diesen oder jenen Gründen den Theismus für falsch halten, jedoch zugleich davon überzeugt sind, daß ein werttheoretischer Objektivismus den Theismus nach sich zieht.

Doch nicht nur wegen dieser möglichen theologischen Implikationen des Relativismus bzw. Objektivismus scheint es sinnvoll, auf diese schwierige Auseinandersetzung näher einzugehen, sondern vor allem um der Moral als gelebter Wirklichkeit selbst willen. Wir werden sehen, daß sich Moral und Moralität trotz der Verwendung derselben sprachlichen Formeln fundamental anders ausmachen, je nachdem ob man einen relativistischen oder einen objektivistischen Standpunkt einnimmt, und dies bedingt wiederum ein sehr andersartiges Selbstverständnis des Menschen. Sittliche Pflicht, richtig und falsch und ihre Synonyma, Gewissen, Freiheit, Verantwortung, Schuld, Reue und Vergebung, sind in ihrer zentralen Bedeutung völlig anders zu interpretieren, wenn man einen relativistischen Subjektivismus vertritt, als wenn man von der Wahrheit des werttheoretischen Objektivismus überzeugt ist.

Schon oft ist behauptet worden, es mache keinerlei Unterschied, ob es objektive Wertsachverhalte gebe oder nicht. In einer Welt, in der es sie nicht gebe, würden die Menschen sich weiterhin über dieselben Dinge Gedanken machen wie in einer Welt, in der es sie gebe; in ihren subjektiven Einstellungen zu den Dingen brauchte es keinerlei Unterschiede zu geben: in beiden Welten könnte man heroische Moralität bewundern, das Glück der Menschen anstreben, Freude, persönliche Beziehungen usw. suchen, Schmerz, Leid und Tod vermeiden, vermindern oder hinauszögern.

Selbstverständlich läßt sich die logische Möglichkeit, daß es sich genau so verhält, nicht bestreiten. Auch in einer Welt ohne Wertsachverhalte könnte es durchaus fundamentale Verzichte geben, so wie es in der uns bekannten Welt Menschen gibt, die unter großen Risiken im Alleingang den Nanga Parbat besteigen, ohne daß je jemand auf den Gedanken gekommen wäre, die Ersteigung des Nanga Parbat unter Lebensrisiko als etwas in sich Wertvolles zu bezeichnen. Und dennoch besteht ein gewichtiger Unterschied: In einer Welt ohne Wertsachverhalte würde man in keiner Situation sagen, man sei *verpflichtet*, diesen oder jenen schweren Verzicht auf sich zu nehmen, so wenig wie man in der uns bekannten Welt sagen würde, jemand *solle* im Alleingang den Nanga Parbat besteigen; denn in einer solchen Welt gäbe es nichts, was fundamentale Verzichte bestätigen oder als gültig erweisen könnte. Außerdem wird hier nur die Situation derjenigen in Betracht gezogen, die bereits eine ›subjektive‹ Einstellung zu den Dingen besitzen. Anders aber verhält es sich, wenn es darum geht, eine solche Einstellung überhaupt erst einzunehmen oder eine bisher eingenommene zu ändern. Gäbe es in der Welt irgend etwas, aufgrund dessen sich bestimmte subjektive Einstellungen rechtfertigen ließen, dann wäre es möglich und angezeigt, sich um die Erkenntnis dieser Dinge zu bemühen und seine Einstellungen an ihrem *Wert*charakter auszurichten. Doch in einer Welt, in der es keine objektiven Werte gibt, bedeutet die Einnahme einer neuen Einstellung einen schöpferischen Akt, der letztlich keiner weiteren Rechtfertigung fähig ist, als daß man ihn gesetzt hat.

b) Klärung des Streitpunkts

Die Frage nach der Objektivität von Wertsachverhalten ist nicht, wie wohl manchmal angenommen wird, wesentlich sprachanalytischer, sondern ontologischer Art. Die bloße Untersuchung der Bedeutung und Verwendung zentraler moralischer Wörter wie ›gut‹, ›richtig‹, ›sollen‹, ›Pflicht‹, ›erlaubt‹, ›geboten‹ usw. kann immer nur zur Klärung dessen verhelfen, was wir meinen, wenn wir uns dieser Ausdrücke bedienen, sie kann aber nicht letzten Aufschluß darüber bringen, ob dem, was wir meinen, auch in der Wirklichkeit etwas entspricht und was dieses denn genau ist – denn wir könnten uns ja auch irren. So belegt z. B. noch heute die Rede vom ›Sonnenauf-‹ und ›-untergang‹ die irrtümliche Vorstellung der Menschen vergangener Jahrhunderte von einem Kreislauf der Sonne um die Erde. Sprachanalysen können gewiß hilfreiche Hinweise zur Klärung der Frage nach dem, wie es sich verhält, liefern, nicht aber diese Frage definitiv beantworten.

Darüber hinaus aber haben die zahlreichen Untersuchungen der moralischen Sprache in den vergangenen Jahrzehnten erwiesen, daß eine einlinige Erklärung der Gebrauchsweisen selbst der zentralsten moralischen Ausdrücke unmöglich ist. Wer sagt: ›Geiselnahme aus gleich welchen Gründen ist babarisch‹, bringt damit gewiß seine Mißbilligung zum Ausdruck und sucht andere zu einer ähnlich negativen Einstellung zu bewegen; zugleich konstatiert er – wenn er nicht heuchelt – seine eigene Überzeugung von der Verwerflichkeit solchen Verhaltens; auch untersagt er es und empfiehlt das Gegenteil; und schließlich erhebt er den Anspruch, gute Gründe sprächen zugunsten seiner Auffassung. Demgegenüber scheint die Frage nach der Objektivität von Wertsachverhalten ziemlich klar formulierbar; doch besteht die Gefahr, daß man angesichts der verwickelten sprachanalytischen Probleme vor lauter Bäumen den Wald nicht mehr sieht und diese Fragestellung aus den Augen verliert.

Wie also stellt sich der Streit zwischen einem werttheoretischen Subjektivisten und einem Objektivisten genau dar? Bis zu welchem Punkt besteht oder könnte jedenfalls Einigkeit bestehen und wo beginnen die Differenzen – wenn wir der Einfachheit halber schon voraussetzen, daß beide ihre Handlungsurteile teleologisch rechtfertigen?

Teleologisch rechtfertigen heißt das Richtige letztlich aus dem, was um seiner selbst willen Gegenstand menschlichen Strebens ist, ableiten. Alle Urteile also, in denen etwas empfohlen wird, weil es die Voraussetzung zur Erlangung von etwas um seiner selbst willen Erstrebtem darstellt oder weil es ein geeignetes Mittel dazu bzw. ein notwendiges Teilelement davon ist, sind nicht Gegenstand des Streits. In all diesen Fällen läßt sich noch schlußfolgernd argumentieren: Du sollst dir regelmäßig die Zähne putzen, weil dies der Erhaltung deiner Gesundheit dient; du sollst deine Gesundheit erhalten, weil Krankheit deinem Glück abträglich ist; du sollst dein Glück wünschen – ja weshalb? Wir hatten gesehen, daß an diesem Punkt ein schlußfolgerndes Argument nicht mehr möglich ist; denn

Glück, jedenfalls in einem bestimmten Sinn, ist weder ein bloßes Mittel zu etwas anderem, noch bloße Voraussetzung für etwas anderes, noch bloßes Teilelement von anderem, sondern Glück ist in seinem wesentlichen Gehalt etwas, das in sich oder um seiner selbst willen Gegenstand menschlichen Strebens ist. Es gehört zum Wesen schlußfolgernden Argumentierens, daß es sich letztlich auf Prämissen stützen muß, die selbst nicht mehr eines schlußfolgernden Arguments fähig noch bedürftig sind. Der Wahrheitswert einer Schlußfolgerung hängt von dem seiner Prämissen ab. Wären aber alle Prämissen nur schlußfolgernd zu beweisen, dann wäre keine zu beweisen.

Gegenstand des Streits zwischen Subjektivisten und Objektivisten ist demnach der Status der wenigen letzten Werturteile, auf die sich die vielen abgeleiteten stützen. Beide Seiten sind sich also darin einig, daß bis zu diesem Punkt Argumentation möglich und bei Meinungsverschiedenheit auch notwendig ist. Wie aber lassen sich letzte Werturteile rechtfertigen? Lassen sie sich überhaupt rechtfertigen? Wir hatten gesehen, daß alle moralischen Normen die eine sittliche Grundnorm enthalten: ›Urteile und handle unparteiisch!‹ oder als Werturteil – schon in der Sprache des Objektivisten – formuliert: ›Unparteiische Gesinnung ist gut‹. Weiterhin hatte sich ergeben, daß sich der jeweils spezifische Gehalt moralischer Normen auf verschiedene nicht-sittliche Werturteile zurückführen läßt: ›Freude, Glück, Einsicht, persönliche Beziehungen usw. sind gut‹. Der Status beider Arten von Wertaussagen steht zur Diskussion.

Subjektivist und Objektivist sind sich selbstverständlich auch darin einig, daß sich solche letzten Wertungen hinsichtlich ihrer inneren Konsistenz überprüfen lassen. Wenn jemand den Umweltschutz letztlich auf der Basis der Werthaftigkeit auch pflanzlichen und tierischen Lebens rechtfertigte, wäre es wahrscheinlich inkonsequent, wenn er beispielsweise ungeborenem menschlichen Leben in seinen ethischen Urteilen überhaupt keinen Wert zusprechen würde. Die Frage nach Subjektivität und Objektivität unserer Wertungen stellt sich demnach erst dann, wenn die Begründungsreihe für konkrete Normen zurückgeführt worden ist auf eine kleine Anzahl nicht weiter schlußfolgernd begründbarer, in sich konsistenter letzter Wertaussagen, von denen *eine* als eigentlich sittliche Wertung anzusehen ist, alle anderen dagegen nicht-sittliche, doch sittlich bedeutsame Wertungen darstellen.

An dieser Stelle ist noch eine letzte Präzisierung der Fragestellung möglich und notwendig. Subjektivisten und Objektivisten sind sich darin einig, daß zwischen Freude und Schmerz sowie zwischen dem Standpunkt der Moral und dem des Egoismus ein deskriptiver Unterschied besteht, der überhaupt erst eine Wahl möglich macht. Freude ließe sich definieren als subjektiv befriedigende Empfindung, Schmerz als subjektiv unangenehme Empfindung, der Standpunkt der Moral ist, wie gezeigt, der der Unparteilichkeit, seine konträre Alternative ist dann der Standpunkt egoistischer Parteilichkeit. Die Streitfrage lautet nun: Woher empfangen diese deskriptiven Unterschiede ihren vorschreibenden oder empfehlenden Charakter, so daß es sinnvoll ist zu sagen, Freude sei *gut* und *solle* daher angestrebt werden, der Standpunkt der Moral sei *gut* und *solle* daher eingenommen werden? *Worauf gründet sich das spezifisch vorschreibende Element in letzten Wertaussagen?*

c) Die Antworten des Objektivisten und des Subjektivisten

Der Subjektivist bestreitet, was der Objektivist behauptet. Daher ist es zweckmäßig, zunächst die Auffassung des Objektivisten darzustellen. Dies fällt um so leichter, als unsere moralische Sprache durchgängig objektivistisch gefaßt ist, die sprachliche Formulierung dieses Standpunkts daher verhältnismäßig wenig Schwierigkeiten bereitet.

Wenn der Objektivist sagt, Freude oder der Standpunkt der Moral sei gut, dagegen Schmerz oder der Standpunkt des parteiischen Egoismus schlecht, dann will er damit auf zwei objektiv vorgegebene Unterschiede verweisen:

1. Es besteht objektiv ein *deskriptiver* Unterschied zwischen Freude und Schmerz sowie zwischen dem Standpunkt der Moral und dem egoistischer Parteilichkeit.
2. Dieser deskriptive Unterschied *zieht objektiv den Wertunterschied zwischen gut und schlecht nach sich,* so daß Freude und Unparteilichkeit objektive Wertsachverhalte darstellen.

Dies gilt vorgängig zur Wahl oder Entscheidung des Menschen. In einem Erkenntnisakt wird sowohl der deskriptive als auch der Wertunterschied zwischen Freude und Schmerz bzw. zwischen Unparteilichkeit und Egoismus erfaßt. Der logisch nachfolgende Wahl- oder Entscheidungsakt stellt sich dann wesentlich als antwortende Stellungnahme zu diesen Wertsachverhalten dar und ist daher selbst wieder als im objektiven Sinn gut oder schlecht, richtig oder falsch zu qualifizieren.

Letzte Werturteile werden vom Objektivisten auch in ihrem spezifisch wertenden Element der Einsicht oder der Erkenntnis zugeordnet, sie können daher wahr oder falsch sein; wenn sie aber wahr sind, dann sind sie auch allgemeingültig und unwandelbar, denn jeder wahre Satz ist definitionsgemäß immer, überall und für jeden wahr.

Der Subjektivist bestreitet, was der Objektivist behauptet, er bestreitet nämlich die Gegebenheit objektiver Wertsachverhalte. Nach ihm gründet sich das spezifisch vorschreibende Element in letzten Wertaussagen nicht im Wertcharakter der Dinge selbst, sondern sie empfangen ihn erst kraft der Wahl oder Entscheidung des einzelnen. Letzte Wertaussagen werden vom Subjektivisten in ihrem spezifisch wertenden Element nicht der Einsicht, sondern der Entscheidung oder dem Willen zugeordnet, daher können sie weder wahr noch falsch, also keine eigentlichen Wert*urteile* sein, daher auch nicht allgemeingültig oder unwandelbar. In einem Erkenntnisakt wird nur der deskriptive Unterschied z. B. zwischen Schmerz und Freude, Unparteilichkeit und Egoismus erfaßt. Der nachfolgende Wahl- oder Entscheidungsakt stellt sich nicht als antwortende Stellungnahme dar, sondern als ein schöpferischer Vorgang, durch den erstmalig die Wertprädikate gut und schlecht eingeführt werden; dieser selbst ist also auch nicht mehr als gut oder schlecht qualifizierbar, genausowenig wie man Gott noch sinnvoll gut nennen könnte, wenn die These des theonomen Moralpositivismus richtig wäre, nach der etwas deswegen richtig und gut ist, weil Gott es gebietet.

Wenn der Subjektivist sagt, Freude oder der Standpunkt der Moral sei gut, dagegen Schmerz oder der Standpunkt des parteiischen Egoismus schlecht, dann kann er damit nur folgendes meinen:

1. Es besteht objektiv ein *deskriptiver* Unterschied zwischen Freude und Schmerz sowie zwischen dem Standpunkt der Moral und dem egoistischer Parteilichkeit.
2. Die *wertende Qualifizierung als gut und schlecht kennzeichnet eine Entscheidung für oder gegen* den entsprechenden deskriptiven Sachverhalt, sie gründet sich nicht in der Erkenntnis der Dinge selbst.

Ein häufig herangezogener Vergleich mag hier zur Erläuterung dienen: Die Wahl zwischen der Lebensweise nach den Regeln der Unparteilichkeit und der nach den Grundsätzen eines aufgeklärten Egoismus gleicht in subjektivistischer Sicht dem Entschluß, Schach zu spielen oder darauf zu verzichten. Schachspielen ist genau definiert durch die Regeln des Schachspiels; es unterscheidet sich also deskriptiv klar vom Nicht-Schachspielen. Dennoch nimmt niemand an, dieser deskriptive Unterschied sei auch in wertender Hinsicht als gut oder schlecht zu qualifizieren. Daher verdient derjenige, der sich zum Schachspielen entschließt, weder Lob noch Tadel, genausowenig wie derjenige, der darauf verzichtet. Doch wenn sich jemand dazu entschlossen hat, Schach zu spielen, dann hat er sich damit darauf festgelegt, jene Regeln zu beachten, die das Schachspiel definieren. Seine Züge können dann richtig oder falsch, gut oder schlecht, erlaubt oder unerlaubt sein; auch könnte man ihn dann als guten Schachspieler von weniger guten unterscheiden. Wichtig ist zu sehen, in welchem Sinn solche wertenden Qualifikationen ausgesprochen werden: Sie stehen alle unter der Bedingung: ›*wenn* du dich entschlossen hast, Schach zu spielen oder Schachspieler zu sein, *dann* . . .‹; es wird aber nicht gesagt, daß man sich dazu entschließen *soll*. Alle Wertprädikationen in bezug auf Schachspiel und Schachspieler sind demnach *hypothetischer* Art. Angenommen jedoch, Schachspielen wäre abstruserweise im objektiven Sinn als gut zu qualifizieren, so wie der Objektivist ein Leben nach den Regeln der Moral als gut bezeichnet, dann hätte man auch zu sagen, jeder solle oder sei *kategorisch verpflichtet* Schach zu spielen, und infolge dessen nähmen alle Einzelregeln des Schachspiels diesen kategorischen Charakter an.

Dieser Vergleich kann noch zwei weitere Aspekte deutlich machen: Auch ein Subjektivist kann, wie der Objektivist es tut, annehmen, daß es sich bei der Entscheidung für ein Leben nach den Regeln der Unparteilichkeit um eine Grundentscheidung handelt, die man nur ganz oder gar nicht fällen kann. Es wäre ja vorstellbar, daß jemand sich diese Regeln zwar generell zu eigen macht, sie jedoch für solche Situationen suspendiert, in denen sich für ihn fundamentale Verzichte daraus ergeben. Wer so vorginge, gliche dem Schachspieler, der die Regeln des Schachspiels nur so lange anzuerkennen bereit wäre, bis er Gefahr liefe zu verlieren. Ein solcher Spieler würde zwar noch ein dem Schach ähnliches Spiel, jedoch nicht mehr Schach spielen. Ebensowenig kann man sowohl nach subjektivistischer als auch nach objektivistischer Auffassung ein Leben nach den Regeln der Moral mit halbem Herzen führen. Eine halbherzige Moralität unter Ausklammerung fundamentaler Opfer bedeutete den Verzicht auf die Moral. Daher könnte auch ein Subjektivist sagen, wer die Feindesliebe nicht in sein moralisches Regelsystem aufnähme, verträte damit keine weniger hohe, sondern überhaupt keine Moral.

Zweitens kann dieser Vergleich zeigen, daß es falsch wäre, dem

Subjektivisten Willkür vorzuwerfen. Auch die subjektivistische Entscheidung ist so gut und so vernünftig wie möglich begründet. Es wäre unvernünftig und unbegründet, wenn jemand sich entschlösse, Schach zu spielen oder darauf zu verzichten, ohne daß er sich über die Regeln des Schachspiels, über die weiteren für das Schachspielen erforderlichen Qualitäten usw. genau informiert hätte. Im anderen Fall hielten wir seinen Entschluß, gleichgültig wie er ausfiele, für bestmöglich begründet. Ähnlich verhält es sich mit der Entscheidung für oder gegen die Einnahme des Standpunkts der Moral. Sie ist, gleichgültig wie sie ausfällt, so gut wie möglich begründet, wenn man sie fällt im (existentiellen) Wissen um ihre gesamte Tragweite. ›Unvernünftig‹ kann man eine Entscheidung *gegen* sie nur dann nennen, wenn man bereits stillschweigend in den Begriff der ›Vernunft‹ den objektiven Sollens- oder Verpflichtungscharakter, den der Objektivist der Lebensweise nach den Regeln der Unparteilichkeit zuschreibt, hineindefiniert hat, wenn man also ›vernünftig‹ als Wertprädikat im Sinne von ›gut‹ verwendet.

d) Die Konsequenzen des Objektivismus und des Subjektivismus

Nach objektivistischer Ansicht sind letzte Wertaussagen Urteile im eigentlichen Sinn, daher Sache der Erkenntnis, nach subjektivistischer sind sie Äußerungen, in denen eine Entscheidung zum Ausdruck gebracht wird, also Sache des Bekenntnisses. Von daher bezeichnet man die objektivistische Auffassung auch als *Kognitivismus* (von lat. cognitio = Erkenntnis), die subjektivistische als *Non-Kognitivismus*. Kognitivismus und Non-Kognitivismus werden in verschiedenen theoretischen Varianten vertreten; hier habe ich mich auf die Darstellung ihrer meiner Ansicht nach einleuchtendsten und am klarsten durchgeführten Formen beschränkt, nämlich auf die eines reinen Wertkognitivismus und die eines dezisionistischen (von lat. decisio = Entscheidung) Non-Kognitivismus. Die im folgenden aufgezeigten Konsequenzen beider Grundauffassungen sind als solche unabhängig von den jeweils spezifischen Ausformungen dieser Theorien.

Nach dem Objektivisten findet sich der Mensch in einer Welt vor, die bereits vorgängig zu ihm selbst und seiner freien Entscheidung oder Wahl wert- und daher sinnbestimmt ist, und zwar in zweifacher Weise: Der unbedingte, kategorische Sinn seines Lebens ist ihm vorgegeben, insofern er den Standpunkt der Moral einnehmen *soll;*

die Entscheidung zur Lebensweise nach den Regeln unparteiischen Wohlwollens macht ihn zu einem moralisch guten Menschen, der Entschluß, sich diesem Anspruch zu verweigern und sein Leben an den Maximen des bloßen Eigeninteresses auszurichten, zu einem moralisch schlechten Menschen. Außerdem ist ihm auch der Inhalt eines guten Lebens (auch im nicht-sittlichen Sinn) in seinen Grundzügen vorgegeben: er *soll* alle Menschen in ihrer Personwürde achten, er *soll* Glück, Freude, persönliche Beziehungen usw. um ihrer selbst willen schätzen und nach Möglichkeit für sich selbst und andere zu fördern suchen.

Demgegenüber findet sich der Mensch nach subjektivistischer Auffassung in einer Welt reiner Faktizitäten vor. Die beiden alternativen Lebensweisen sind nach ihm nicht vorgängig als gut oder schlecht qualifiziert. Daher ist es für ihn sinnlos, einen Menschen, der sich die Regeln der Moral zu eigen macht, gut und den konsequenten Egoisten schlecht zu nennen. Er muß sagen, es gebe zwei alternative Lebensformen, die moralische und die *nicht*-moralische, er kann nicht sagen, die *un*moralische. Daher kann er auch nicht sagen, man *solle* sich für die Moral und gegen den Egoismus entscheiden. Bezogen auf die moralische Uralternative, sind für ihn demnach alle Wertprädikationen sinnlos (so wie es, bezogen auf die Alternative, Schach zu spielen oder es zu lassen, sinnlos ist, von einem guten oder schlechten Entschluß, einem guten oder schlechten Spieler usw. zu sprechen). Dies hat zur Folge, daß für den Subjektivisten der Begriff ›sittliche Schuld‹ als verkehrte, pflichtwidrige, gewissenlose Grundentscheidung zum sittlich Schlechten (Egoismus) unanwendbar wird. Er müßte diesen Begriff, wenn er ihn weiter verwenden wollte, seines verwerfenden Bedeutungselements völlig entkleiden, so daß er nur noch deskriptiv die Entscheidung für den Standpunkt der Nicht-Moral bezeichnete. Desgleichen täte der Subjektivist gut daran, zur Vermeidung von Mißverständnissen Ausdrücke wie ›Umkehr‹ und ›Reue‹ ganz fallen zu lassen.

Der Subjektivist kann selbstverständlich *innerhalb* des Rahmens der Moral sittlich wertende Prädikate verwenden, so wie der Schachspieler es innerhalb des Rahmens der ›Institution‹ des Schachspiels tut. Ein guter Schachspieler wäre ein solcher, bei dem die Qualitäten eines Schachspielers in überdurchschnittlichem Maß verwirklicht sind. In diesem Sinn könnte der Subjektivist auch Franz von Assisi einen im moralischen Sinn guten Menschen nennen. Er würde damit sagen, Franz von Assisi habe in überdurchschnittlichem Maß jene Eigenschaften verkörpert, die nach den Regeln der Moral ein Mensch anstreben solle, *wenn* er sich einmal für diese Lebensweise entschieden habe; daher sei Franz von Assisi für alle, die sich dasselbe Ziel gesetzt hätten, ein leuchtendes Vorbild. Mit seiner Qualifizierung würde er aber nicht sagen, Franz von Assisi sei auch unabhängig von oder vorgängig zu einer solchen Entscheidung für jeden ein Vorbild, selbst für einen egoistischen Rassisten mit einer Vorliebe etwa für eine judenfreie Gesellschaft.

Ähnliches gilt für Wertprädikationen im nicht-sittlichen Sinn. Wenn ein Objektivist sagt, jeder Mensch besitze Personwürde und sei daher mit allen anderen gleichwertig, gleichgültig welchem Geschlecht, welcher Rasse oder welcher Religion er angehöre, dann sagt er damit, alle, die anders dächten, dächten falsch oder irrig in einem objektiven Sinn, so daß *von der Sache her* eine Korrektur ihrer Ansicht gefordert sei. Ein Subjektivist kann nicht so denken; denn nach ihm können letzte Wertäußerungen weder wahr noch falsch sein. Daher stünden die Stellungnahme eines ethischen Universalisten: ›Alle Menschen sind hinsichtlich ihrer Personwürde gleichwertig‹ und die eines Partikularisten: ›Arier sind allen anderen Rassen im Wert überlegen‹ nur scheinbar im Widerspruch zueinander; denn der Partikularist brächte nur seinen freien Entschluß zum Ausdruck, Arier seien höher zu schätzen als die Menschen anderer Rassen, hingegen der Universalist seine *andersartige* (nicht: richtige) Entscheidung, alle Menschen seien gleichwertig. Ethische Äußerungen wären demnach Geschmacksurteilen vergleichbar, die ebenfalls nicht in dem hier gemeinten objektiven Sinn wahr oder falsch sein können: Wenn der eine meint, Fisch schmecke gut, und der andere dagegen hält, Fisch schmecke schlecht, dann widersprechen beide einander tatsächlich nicht. Denn der eine äußert nur seine eigene Vorliebe für Fisch oder auch die aller anderen, die seinen Geschmack teilen, und der andere seine Abneigung gegenüber dem Genuß von Fisch. Einem moralisch denkenden SS-Mann in Auschwitz, der bereit wäre, seine Handlungsmaxime, das Leben von Juden sei, weil minderwertig, zu vernichten, unparteiisch auch auf sich selbst anzuwenden und sich töten zu lassen, wenn sich herausstellen sollte, daß seine Großmutter Jüdin gewesen sei, könnte ein universalistisch denkender Subjektivist nicht sagen, das, was er tue, sei einfachhin *falsch* und verwerflich, er könnte ihm nur sagen, er selbst denke in dieser Frage völlig anders. Dies schließt selbstverständlich nicht aus, daß ein Subjektivist sich für seinen Standpunkt leidenschaftlich einsetzen, für ihn werben, ja für ihn größte Opfer bringen kann, so wie die Tatsache, daß Schachspielen keinen objektiven Wertsachverhalt darstellt, einen Menschen nicht daran hindern muß, sich leidenschaftlich für dieses Spiel zu interessieren.

Dieser Vergleich subjektivistischer Auffassungen mit Sachverhalten des Schachspiels oder mit Geschmacksurteilen dient nicht der Kritik, sondern der Verdeutlichung dessen, was ein Subjektivist genau meint. Allerdings kommt daran zum Vorschein, daß der Subjektivist das uns geläufige moralische Vokabular nicht mehr in dem Sinn verwendet, wie wir es in der Umgangssprache in bezug auf moralische Sachverhalte tun, sondern die Wörter so gebraucht, wie wir es gewöhnt sind in bezug auf solche moralfreien ›Institutionen‹ wie das Schachspiel. ›Sollen‹ heißt nur noch ›wollen aus freier Entscheidung‹, ›richtig‹ in bezug auf Wertsachverhalte reduziert sich auf ›konsistent mit der freien Grundentscheidung‹, entsprechend ›falsch‹ auf ›inkonsistent zu dieser Entscheidung‹ usw. Am Vergleich mit dem Schachspiel wird deutlich, was es heißt, eine Theorie der Moral und der Moralität zu vertreten, die kein kategorisches, sondern nur noch ein hypothetisches Sollen kennt.

e) Das Für und Wider

Wie begründet nun der Subjektivist seine Auffassung? Eine ausführliche Erörterung der Argumente pro und contra würde uns in die schwierigsten philosophischen Fragen ontologischer und erkenntnistheoretischer Art verwickeln. Daher kann es sich im folgenden nur um eine Art Skizzierung des Problems und seiner Lösung handeln.

Die subjektivistische Antwort ist im wesentlichen wieder negativ: Der Subjektivist bestreitet, was der Objektivist behauptet. Also gilt es auch hier zunächst die objektivistische Sicht darzustellen. Es sei noch einmal daran erinnert, daß es bei dieser Frage um den Aufweis der Wahrheit letzter Werturteile geht, die nicht mehr schlußfolgernd auf andere zurückgeführt werden können. Diese Werturteile sind also eines schlußfolgernden Beweises weder fähig noch bedürftig – allerdings stellen sie die Basis aller schlußfolgernden Beweisführungen in der Moral dar.

Der *Objektivist* scheint im Kern zwei Thesen vertreten zu müssen, eine ontologische, nämlich über das Wesen der Wirklichkeit, und eine erkenntnistheoretische, nämlich über die Art und Weise der Erkenntnis dieser Wirklichkeit:

1. Es gibt objektive Wertsachverhalte, d. h. Wesenheiten, Qualitä-

ten oder Beziehungen, die aufgrund ihres gerundivischen Charakters von völlig anderer Art sind als alles, was wir sonst kennen, nämlich Tatsachen und logische Beziehungen.

2. Wir besitzen ein unmittelbares Einsichtsvermögen für Wertsachverhalte dieser Art, das sich von den anderen uns geläufigen Erkenntnisweisen unterscheidet.

Mit Hilfe welchen Verfahrens könnte er dann versuchen, einem anderen die Wahrheit seiner beiden Behauptungen klarzumachen? Aufgrund seiner zweiten These bleibt ihm nur die Möglichkeit, seinen Partner zu bitten, Überlegungen anzustellen, die ihn vielleicht auch dazu führen, die Wahrheit beider Thesen zu erfassen. Um dessen Aufmerksamkeit auf den entscheidenden Punkt zu lenken, könnte er ihm etwa die Legende Dostojewskijs ›Das Zwiebelchen‹ (Kap. V, 1) erzählen und als Gegenbeispiel vom Verhalten Janusz Korczaks berichten. Zunächst wird er dann fragen, ob sein Partner in den beiden geschilderten Grundhaltungen einen deskriptiven Unterschied sehe. Wird das von diesem bejaht und beschreibt er die eine als egoistisch, dagegen die andere als unparteiisch altruistisch, so kann der Objektivist ihn nur fragen, ob nicht auch er die Grundhaltung der Frau in Dostojewskijs Legende für in sich schlecht, niedrig, unfair, gemein oder verwerflich halte, dagegen die Janusz Korczaks für gut, lobenswert, gar heroisch, und zwar so, daß er meine, bei unvoreingenommener und klarer Sicht der Dinge könne er gar nicht anders urteilen, als daß diese Wertprädikate den beiden alternativen Grundhaltungen zu Recht zukomme. Der Objektivist mag sogar noch einen Schritt weitergehen und seinen Partner fragen, ob er nicht aus eigenem Erleben die Situation der Versuchung kenne und ob ihm in ihr nicht *gerade vorgängig* zu seinem Entschluß die egoistische Einstellung und ein entsprechendes Verhalten als schlecht, demgegenüber die unparteiischer Selbstlosigkeit als gut erschienen sei. Gesteht der Partner dies zu, so scheint er sich damit der objektivistischen Auffassung, aufgrund unmittelbarer Einsicht könnten wir objektive Wertsachverhalte erfassen, anzuschließen.

Ein ähnliches Verfahren könnte der Objektivist in bezug auf nicht-sittliche Werturteile anwenden. Je alltäglicher die Beispiele, desto besser: Angenommen, wir finden ein Kaninchen, daß jetzt in einer Schlinge tot am Boden liegt. Anzeichen deuten darauf hin, daß es sich stundenlang stranguliert hat, ehe es schließlich verendete. Könnten wir nicht ganz unabhängig davon, daß jemand dieses Tier findet, zu seinen Qualen Stellung nimmt usw., sagen, seine Schmerzen seien, als sie vorhanden waren, ein Übel gewesen und es wäre besser gewesen, das Tier hätte sie nicht zu erleiden brauchen? Wären nicht auch in einer Welt, in der es überhaupt keine Menschen gäbe, Schmerzen von Tieren ein Übel? Stimmt man dem zu, so scheint man sich den beiden Thesen des Objektivisten kaum entziehen zu können.

Der Versuch des Objektivisten, seinen Standpunkt als plausibel zu erläutern, läuft im Kern auf folgende Überlegung hinaus: Wenn jemand zugesteht, daß es objektiv existierende Dinge gibt, von deren Existenz wir uns letztlich nur in unmittelbarer Einsicht vergewissern können, warum sollte es dann ungereimt sein anzunehmen, es gebe auch objektive Wertsachverhalte, von deren Gegebenheit wir uns ebenfalls letztlich nur in – zugestanden – andersartiger unmittelbarer Einsicht vergewissern könnten?

Was hält der *Subjektivist* dem entgegen? Er könnte zunächst – was heute kaum noch der Fall ist – die Position des logischen Positivismus einnehmen, nach dem nur solche Aussagen wahrheitsfähig sind, die sich prinzipiell durch Anwendung logischer Regeln sowie durch geeignete empirische Tests überprüfen lassen. Letzte Wertaussagen fallen dann eindeutig nicht in diese Klasse, d. h. sie müssen irgend etwas anderes als Urteile im eigentlichen Sinn darstellen, also etwa Äußerungen subjektiver Entscheidungen sein. Da die Grundthese des logischen Positivismus selbst nicht mehr durch empirische Tests zu überprüfen ist, dennoch aber als wahr behauptet wird, ist dieser selbst höchst fraglich und kann kaum als zureichende Basis für einen Non-Kognitivismus gelten.

Heute scheint man vornehmlich drei Argumente gegen den Objektivismus und damit für den Subjektivismus anzuführen: erstens die Behauptung eines deskriptiven Relativismus, zweitens den Vorwurf der Absonderlichkeit vorgeblich objektiver Wertsachverhalte und drittens die Annahme der Unvereinbarkeit eines Wertobjektivismus mit einer für wahr gehaltenen agnostizistischen oder atheistischen Position.

Zum *deskriptiven Relativismus* ist bereits genug gesagt worden: Zunächst scheint die Verschiedenheit grundlegender Wertvorstellungen bei weitem nicht so groß zu sein, wie man gemeinhin annimmt. Ferner läßt sie sich auch auf der Basis eines Wertobjektivismus zureichend erklären (Unterschiedlichkeit der Lebensbedingungen, unterschiedliches Ermessen, Irrtumsmöglichkeit hinsichtlich der deskriptiven Elemente, die in sittliche Urteile mit eingehen, und schließlich Irrtumsmöglichkeit hinsichtlich der wertenden Elemente). Würde man jedoch diese Erklärungsmöglichkeit überhaupt als unzulänglich verwerfen, dann spräche dieses Argument drittens auch gegen die Objektivität reiner Tatsachen; denn die Meinungsverschiedenheit in bezug auf Tatsachenfragen ist sicherlich ebenso groß wie in bezug auf Wertfragen. – Doch scheinen Subjektivisten kaum bereit zu sein, ihren Subjektivismus auch auf rein deskriptive Sachverhalte auszudehnen und deren Objektivität zu bestreiten.

Was den *Vorwurf der Absonderlichkeit* objektiver Wertsachverhalte betrifft, so kann der Objektivist darauf nur mit dem von Bischof Joseph Butler stammenden Motto antworten, das G. E. Moore seinen ›Principia Ethica‹ vorangesetzt hat: Jeder Sachverhalt ist der, der er ist, und kein anderer. Selbstverständlich müsse es sich bei Wertsachverhalten gegenüber reinen Faktizitäten und logischen Beziehungen um etwas völlig Eigenartiges handeln; gerade das behaupte er. Doch ließen die Daten seines sittlichen Bewußtseins keine andere Erklärung zu: Er sei sich nicht nur unmittelbar dessen gewiß, daß er fühle, lache, denke oder wolle, sondern auch daß er kategorisch verpflichtet sei, der Neigung zum Egoismus zu widerstehen und sich eine Lebensweise in Einklang mit der Goldenen Regel zum Ziel zu setzen. Diese Alternative scheint ihm eben nicht von ähnlicher Art zu sein wie die Alternative, Schach zu spielen oder nicht Schach zu spielen. Nicht seine eigene objektivistische Erklärung komme ihm absonderlich vor, sondern jeder subjektivistische Versuch, das von ihm unmittelbar und reflektiert erlebte kategorische Sollen um- oder wegzuinterpretieren.

Der Objektivist beharrt also darauf, daß als letzte Basis für die Annahme, daß etwas objektiv gegeben ist oder nicht, nur die unmittelbare Einsicht in Frage kommt, und meint, neben der unmittelbaren Einsicht in die Gegebenheit von Tatsachen wie Denken, Fühlen und Wollen habe er auch eine davon gänzlich verschiedene unmittelbare Einsicht in die Werthaftigkeit bestimmter Sachverhalte, etwa der Lebensweise nach der goldenen Regel. Der Vorwurf der Absonderlichkeit einer solchen Annahme schreckt ihn deswegen nicht, weil er meint, ›Absonderlichkeit‹ sei nur der negativ wertende Ausdruck des Subjektivisten für das, was er selbst als ›Andersartigkeit‹ ausdrücklich behauptet. Dieser Vorwurf wäre dann kein Gegenargument, sondern in ihm würde nur die Ablehnung des Wertkognitivismus durch den Subjektivisten formuliert.

Bliebe dann nur noch der Einwand der *Unvereinbarkeit des Objektivismus mit einem für richtig gehaltenen Agnostizismus oder Atheismus.* Es mag sein – und meines Erachtens trifft dies auch zu –, daß die

Behauptung der Objektivität von Werten in irgendeinem Sinn die Annahme der Existenz Gottes einschließt – auf diese Frage wird im letzten Kapitel noch einzugehen sein. Sollte eine solche Verknüpfung tatsächlich bestehen, dann müßte ein Agnostizist oder Atheist um der inneren Konsistenz seiner Überzeugungen willen die Objektivität von Werten ablehnen. Allerdings scheint es wichtig, sich zu vergewissern, worauf der Atheist und Agnostizist, der zugleich Wertsubjektivist ist, seine Bestreitung der Existenz Gottes genau stützt. Als ausschlaggebenden Grund kann er dann jedenfalls nicht die Tatsache schlimmster Übel nennen, die mit der Existenz eines guten und allmächtigen Gottes unvereinbar sei. Denn dieser schwerwiegendste Einwand gegen den Theismus, den bisher noch kein Theist theoretisch lösen konnte, setzt gerade die objektive Gegebenheit von Übeln voraus. Wären Übel rein subjektiv zu deuten, so stellte sich erst gar nicht das Problem der Theodizee. Wäre Auschwitz objektiv nur eine deskriptive Tatsache von der Art des faktischen Kreislaufs des Monds um die Erde, rechtfertigte es von sich aus also nicht das *Urteil*, es gehöre zu den grausigsten Kapiteln der Menschheitsgeschichte, dann wäre nicht zu sehen, wieso sich aus dieser Tatsache ein Einwand gegen die Existenz Gottes ergeben sollte. Ein Subjektivist entzieht also dem gewichtigsten Argument gegen den Theismus die Grundlage; denn es ist kaum vorstellbar, wie man konsistent zugleich einen Subjektivismus hinsichtlich der Werte und einen Objektivismus hinsichtlich der Übel vertreten könnte. Der Atheist, der um der Konsistenz seines Atheismus willen die Objektivität der Werte bestreitet, möglicherweise dabei aber übersieht, daß er sich damit auch der Grundlage seines Atheismus beraubt, gleicht dem Theisten, der um der Konsistenz seines Theismus willen die Objektivität von Übeln bestreitet und dabei möglicherweise übersieht, daß er auf diese Weise seinem Theismus die Basis nimmt.

Vielleicht läßt sich so sagen: Für den Atheisten oder Agnostizisten stellt die Objektivität von *Werten* ein schwer zu lösendes Problem dar (Wie kann es etwas Gutes und Sinnvolles vorgängig zum Menschen als dem einzigen uns bekannten sinnstiftenden Wesen geben, wenn Gott *nicht* existiert?), für den Theisten umgekehrt die Objektivität von *Übeln* (Wie kann es Schlechtes und Sinnwidriges, beispielsweise Auschwitz, geben, wenn ein guter und allmächtiger Gott *existiert*?). Alle Parteien müssen wohl zugestehen, daß das Problem der Objektivität oder Subjektivität von Werten und Übeln eine Frage darstellt, die die ontologische Struktur der uns unmittelbar zugänglichen Wirklichkeit dieser Welt betrifft, das Problem von Theismus und Atheismus dagegen eine Frage, die sich nur mittelbar lösen läßt, d. h. logisch nachträglich zur Erkenntnis der ontologischen Struktur der uns unmittelbar zugänglichen Wirklichkeit. Sollte dies richtig sein, dann muß die erste Frage *unabhängig* von der zweiten geklärt werden. Das zweite Problem (die Frage des Theismus) ist so zu lösen, daß es mit der Lösung des ersten (der Frage des Wertobjektivismus) in Einklang steht, nicht aber umgekehrt das erste so, daß es mit der Lösung des zweiten konsistent ist. Mir scheint, der Subjektivist, der seine Auffassung vom atheistischen oder agnostizistischen Standpunkt her begründet, begeht einen ähnlichen Fehler wie den, den Theologen in der Auseinandersetzung mit Kepler, Bruno und Galilei gemacht haben: Sie argumentierten, weil bestimmte physikalische Aussagen nicht mit anderen für wahr gehaltenen theologisch-metaphysischen Aussagen in Einklang zu bringen seien, müßten die ersteren revidiert werden; sie sahen nicht, daß es sich aufgrund der logischen Priorität physikalischer Aussagen vor metaphysischen umgekehrt verhalten mußte.

Ich komme also zu dem Schluß, daß der werttheoretische Objektivist oder Kognitivist die Einwände des Subjektivisten oder Non-Kognitivisten zurückzuweisen vermag. Dabei stützt er sich letztlich nicht mehr auf schlußfolgernde Argumentation, sondern auf die unmittelbare Einsicht in die reflektierten Daten seines sittlichen Bewußtseins. Der Relativismus scheint sich demnach weder in seiner normativ-ethischen noch in seiner metaethischen Variante verteidigen zu lassen, d. h. letzte sittliche Aussagen sind wahrheitsfähig und darum, wenn sie wahr sind, allgemeingültig.

IX. Gewissen: Stimme Gottes oder Stimme einiger Menschen im Menschen?

1. Beispielgeschichte

Mark Twain, Huckleberry Finn (München 1976, 346–348. 352.490–493):

Huck und der entlaufene Negersklave Jim treiben mit einem Floß den Mississippi abwärts. Jim brennt darauf, die Stadt Cairo zu erreichen. Dort wäre er ein freier Mann; denn in diesem Staat der USA ist die Sklaverei bereits abgeschafft. Allerdings kontrollieren Patrouillenboote die Grenze, um entlaufene Sklaven abzufangen.

»Jim sagte, es machte ihn ganz zittrig und fiebrig, der Freiheit so nahe zu sein, Na, ich kann euch sagen, mich machte's auch ganz zittrig und fiebrig, ihm zuzuhören, denn es fing an, mir zu dämmern, daß er tatsächlich fast frei war – und wer war schuld dran? Doch ich! Davon konnte ich mein Gewissen nicht mehr freikriegen, egal was ich anstellte. Das machte mir so zu schaffen, daß ich keine Ruhe mehr hatte; ich konnte nicht mehr still an einem Fleck sitzen bleiben. Vorher war mir überhaupt noch gar nicht zum Bewußtsein gekommen, was ich da eigentlich anstellte. Aber jetzt wurde's mir klar, und der Gedanke ließ mich nicht mehr los, und mir wurde's heiß und immer heißer dabei. Ich versuchte mir einzureden, *ich* hätte ja keine Schuld, *ich* hätte Jim ja nicht dazu angestiftet, von seiner rechtmäßigen Eigentümerin zu türmen; aber das nützte nichts, denn jedesmal kam das Gewissen wieder hoch und sagte: ›Aber du hast doch gewußt, daß er weglief, damit er frei wird, und du hättest ja an Land paddeln und jemand Bescheid sagen können.‹ Das stimmte – da kam ich nicht drum rum. Das war der Punkt, wo's mich piesackte. Mein Gewissen sagte zu mir: ›Was hat dir denn die arme Miß Watson getan, daß du zusehen kannst, wie ihr Nigger vor deinen Augen türmt, ohne daß du'n einziges Wort dazu sagst? Was hat dir denn die arme alte Frau bloß getan, daß du sie so gemein behandelst? Sie hat doch versucht, dir die Bibel zu lernen, sie hat versucht, dir anständige Manieren zu lernen, sie hat versucht, so gut zu dir zu sein, wie sie's eben verstanden hat. *Das* hat sie dir getan.‹

Ich kam mir schließlich so gemein vor und fühlte mich so elend, daß ich fast wünschte, ich wäre tot ... Mein Gewissen rumorte schlimmer in mir rum als je zuvor, bis ich schließlich zu ihm sagte: ›Hör auf, mich zu piesacken! Noch ist's ja nicht zu spät – beim ersten besten Licht, das ich sehe, paddle ich an Land und sag's.‹ Da wurde mir gleich wohl und froh und federleicht zumute. All meine Sorgen waren weg. Ich paßte scharf auf, ob ich ein Licht sah, und sang innerlich gradezu ...«

Huck nimmt ein Kanu mit dem festen Vorsatz, Jim zu verraten. Doch als er nach kurzer Zeit auf eine Patrouille trifft, bleiben ihm die Worte im Hals stecken. Statt Jim zu verraten, weiß er es mit List und Tücke zu verhindern, daß ihr Floß kontrolliert wird.

»Sie fuhren davon, und ich kehrte zurück aufs Floß und kam mir erbärmlich und niedrig vor, weil ich ganz genau wußte, daß ich was Unrechtes getan hatte, und ich sah ein, daß es für mich gar keinen Zweck hatte, mir Mühe zu geben und zu lernen, das Rechte zu tun; wer nicht schon gleich von klein auf damit anfängt, der hat keine Aussicht, daß er's schafft – wenn's hart auf hart geht, dann hat er nichts, was ihm den Rücken steift und ihn bei der Stange hält, und so kommt er unter die Räder. Dann dachte ich 'nen Augenblick nach und sagte mir: Halt mal, wenn du nun das Rechte getan und Jim verraten hättst, wäre dir dann wohler in deiner Haut als jetzt? Nee, sagte ich mir, dann würde ich mich gar nicht wohl fühlen – dann würde ich mich genau so fühlen wie jetzt. Na, sagte ich mir, wozu nützt denn das dann, wenn du lernst, das Rechte zu tun, wo's doch sehr mühsam ist, das Rechte zu tun, und überhaupt keine Mühe macht, das Unrechte zu tun, und man genau denselben Lohn dafür kriegt? Da saß ich fest. Dadrauf konnte ich nicht antworten. So sagte ich mir also, ich würde mir nicht mehr den Kopf drüber zerbrechen, sondern von jetzt ab immer das tun, was im Moment grade am besten paßte.«

Später wird Jim durch Verrat doch gefaßt und von Mister Phelps eingesperrt, der ihn gegen Belohnung an seinen rechtmäßigen Besitzer zurückzugeben sucht. Huck überlegt, ob er Miß Watson benachrichtigen oder aber Jim befreien solle.

»Je mehr ich drüber nachdachte, um so mehr fing mein Gewissen an, in mir rumzurumoren, und um so schlechter und niedriger und gemeiner kam ich mir vor. Und schließlich, als mir plötzlich ein Licht aufging, daß mir da ganz offensichtlich dem Schicksal seine Hand direkt ins Gesicht schlug und mich wissen ließ, daß meine Schlechtigkeit von Anfang an dort oben im Himmel beobachtet worden war, während ich 'ner armen alten Frau, die mir nie was Böses getan hatte, ihren Nigger raubte, und mir jetzt zeigte, daß es dort Einen gibt, der immer auf Wacht ist und nicht zulassen wird, daß solche elenden Sachen nur so weit und nicht weiter gehen, fiel ich beinahe um, solche Angst hatte ich. Na, ich versuchte, so gut wie ich konnte, die Dinge für mich irgendwie zu mildern, indem ich sagte, ich wäre nun mal in Schlechtigkeit erzogen worden und könnte also nicht soviel dafür; aber irgendwas in mir sagte immerzu: ›Da war doch die Sonntagsschule, da hättest du ja hingehen können, und wenn du das getan hättst, dann hätten sie dir dort beigebracht, daß Leute, die so handeln, wie du wegen dem Nigger gehandelt hast, in die Hölle kommen.‹

Das ließ mich erschauern. Und ich beschloß so ziemlich zu beten und mal zu sehen, ob ich nicht aufhören könnte, so'n Junge zu sein, wie ich einer war, und besser zu werden. Ich kniete also nieder. Aber die Worte wollten nicht kommen. Warum nicht? . . . deshalb nicht, weil ich'n Doppelspiel trieb. Ich tat so, als ob ich die Sünde aufgeben wollte, aber tief in meinem Innern hielt ich mich an der allergrößten Sünde fest. Ich versuchte meinen Mund dazu zu bringen, daß er sagte, ich wollte das Rechte und das Anständige tun und an dem Nigger seine Eigentümerin schreiben und ihr mitteilen, wo er war, aber tief im Herzen wußte ich, daß das 'ne Lüge war – und Er wußte's auch. 'ne Lüge kann man nicht beten – das stellte ich fest.

So war ich also in großer Unruhe, in so großer, wie's überhaupt nur gibt, und wußte nicht, was ich tun sollte. Schließlich hatte ich 'ne Idee, und ich sagte mir, ich werde den Brief schreiben und sehen, ob ich dann beten kann. Na, es war erstaunlich, wie leicht ich mich da sofort fühlte, wie 'ne Feder, und meine ganze Unruhe war weg. Ich nahm also ganz froh und aufgeregt 'n Stück Papier und 'nen Bleistift, setzte mich hin und schrieb:

›Miß Watson, Ihr weggelaufener Nigger Jim ist hier unten zwei Meilen unterhalb von Pikesville und Mr. Phelps hat ihn und wird ihn gegen die Belohnung abliefern wenn Sie die schicken. Huck Finn.‹

Ich hatte das Gefühl, jetzt wäre ich gut und von aller Sünde reingewaschen – zum erstenmal im Leben hatte ich dieses Gefühl, und ich wußte, jetzt konnte ich beten. Ich betete aber nicht gleich, sondern legte das Papier hin und saß da und dachte nach – dachte drüber nach, wie gut's doch wäre, daß alles so gekommen war, und wie nah ich dran gewesen wäre, verloren zu sein und in der Hölle zu landen. Dann dachte ich weiter. Mir fiel unsre Fahrt den Fluß runter ein, und ich sah Jim vor mir, wie er die ganze Zeit über gewesen war, tagsüber und nachts, manchmal bei Mondschein, manchmal bei Sturm, und wie wir weitergetrieben waren und geredet, gesungen und gelacht hatten. Aber irgendwie schien mir nichts einfallen zu wollen, was mich gegen ihn verhärtete, sondern im Gegenteil. Ich sah vor mir, wie er meine Wache noch neben seiner übernahm, anstatt mich zu wecken, damit ich weiterschlafen konnte, und ich sah vor mir, wie er sich freute, als ich aus dem Nebel zurückkam, und damals, als ich im Sumpf wieder zu ihm stieß, dort oben, wo die Fehde stattgefunden hatte, und lauter solche Sachen; wie er mich immer ›mein Herzchen‹ nannte und mich streichelte und alles für mich tat, was er sich nur ausdenken konnte, und wie gut er immer war, und schließlich kam ich zu dem Punkt, wo ich ihn rettete, indem ich den Männern erzählte, wir hätten die Blattern an Bord, und wie dankbar er da war und wie er sagte, ich wäre der beste Freund, den der alte Jim jemals auf der Welt gehabt hätte, und der einzige, den er jetzt noch hätte, und dann sah ich mich zufällig um, und mein Blick fiel auf das Papier.

Da saß ich in der Klemme. Ich hob's auf und hielt's in der Hand. Ich zitterte, weil ich mich jetzt für immer und ewig für eine von zwei Sachen entscheiden mußte und das wußte. Ich dachte 'ne Minute lang nach, hielt sozusagen den Atem an und sagte mir dann: ›Na schön, dann komm ich eben in die Hölle!‹ und zerriß das Papier.

Das waren schreckliche Gedanken und schreckliche Worte, aber nun hatte ich sie mal gesagt. Und dabei ließ ich's und dachte nie mehr dran, mich zu bessern ...«

2. *Vorpersonales Über-Ich und personales Gewissen*

a) Die relative Unabhängigkeit beider Instanzen voneinander

Zu den Gemeinplätzen der Moral, aber auch unseres staatlichen Rechts gehört der schon mehrfach erwähnte Grundsatz, jeder sei letztlich seinem eigenen Gewissen verantwortlich (vgl. Kap. VIII, 4). Oft geht man sogar so weit zu sagen, man habe die Gewissensentscheidung eines jeden zu respektieren, da er in ihr einer unfehlbaren ›inneren Stimme‹ folge. Doch *welcher* Stimme sollte Huck folgen? Es sprechen in seinem Innern *zwei* Stimmen: Mit Autorität gebietet die eine, was die andere mit anscheinend gleicher Autorität verbietet;

folgt er der ersten, so verurteilt ihn die zweite, hält er sich an die zweite, so tadelt ihn die erste. In diesem Text aus ›Huckleberry Finn‹ wird eine Situation geschildert, die sicherlich vielen der Art, allerdings nicht dem hier geschilderten spezifischen Inhalt nach bekannt ist.

In Situationen dieser Art entsteht der Eindruck, als stritten zwei voneinander relativ unabhängige Instanzen miteinander um den Anspruch auf unbedingte Gefolgschaft. Beide Instanzen werden subjektiv fast gleichartig erlebt, und daher verwundert es nicht, wenn wir in unserer Umgangssprache oft dasselbe Wort ›Gewissen‹ zu ihrer Kennzeichnung verwenden. Ja, manchen scheint sich das Gewicht der einen Instanz so sehr aufzudrängen, daß sie dieses Wort ihr allein vorbehalten – obgleich sie damit die Gegebenheit der anderen nicht zu bestreiten brauchen. Dies könnte bei Friedrich Nietzsche der Fall sein (Menschliches, Allzumenschliches, Buch 2 § 52): »Der Inhalt unseres Gewissens ist alles, was in den Jahren der Kindheit von uns ohne Grund regelmäßig gefordert wurde durch Personen, die wir verehrten oder fürchteten. Vom Gewissen aus wird also jenes Gefühl des Müssens erregt (›dieses muß ich tun, dieses lassen‹), welches nicht fragt: warum muß ich? – In allen Fällen, wo eine Sache mit ›weil‹ und ›warum‹ getan wird, handelt der Mensch ohne Gewissen; deshalb aber noch nicht wider dasselbe. – Der Glaube an Autoritäten ist die Quelle des Gewissens: es ist also nicht die Stimme Gottes in der Brust des Menschen, sondern die Stimme einiger Menschen im Menschen.«

Das, was Nietzsche hier als ›Gewissen‹ beschreibt, hat Freud später das vorpersonale ›Über-Ich‹ genannt. Von ihm ist das, was in der ethischen und theologischen Tradition ›Gewissen‹ genannt wird, nämlich jene personale Instanz, die – auch nach Nietzsche – in moralischen Fragen nach Gründen hin urteilt und mahnt, klar zu unterscheiden. Im folgenden soll das Wort ›Gewissen‹ auf dieses personale Vermögen zu spezifisch moralischer Stellungnahme beschränkt werden und die Bezeichnung ›Über-Ich‹ jener gewissensähnlichen vorpersonalen Struktureinheit, die die Gebote und Verbote, die Verhaltensmaßstäbe geliebter und gefürchteter Autoritäten unabhängig von und manchmal im Widerstand zu einer personalen Überprüfung repräsentiert, vorbehalten bleiben.

Daß in dieser Weise unterschieden werden muß – auch wenn es im Einzelfall sehr schwer sein mag, den Spruch des Gewissens von dem des Über-Ichs zu unterscheiden –, geht daraus hervor, daß wir uns in Situationen erleben, in denen wir alle faktischen Autoritäten relativieren. Wir fragen dann nicht danach, ob eine Einstellung oder eine Verhaltensweise den Autoritäten unserer Kindheit oder der Gegenwart gefällt, ob sie Strafe, Liebesverlust oder Unlustgefühle nach sich zieht, sondern ob sie aus einsichtigen Gründen einfachhin gut und richtig oder aber schlecht und falsch ist.

b) Das Über-Ich im Dienst des Gewissens

Häufiger scheint in die Schilderungen der Struktur des Über-Ichs eine negative Bewertung mit einzufließen. Dies mag sich daraus erklären, daß seine Eigenart am deutlichsten an pathologischen Phänomenen oder Persönlichkeiten faßbar wird, bei denen Über-Ich und personales Gewissen in einem unversöhnlichen Gegensatz oder in einer völligen Diskrepanz zueinander stehen. Demgegenüber sollte man sich vor Augen halten, daß das Über-Ich als solches aufgrund seines vorpersonalen Charakters in sittlicher Hinsicht wertneutral ist. Es kann sowohl im Dienst des Gewissens als auch im Widerstand zu ihm stehen. Die Ausbildung eines personalen Gewissens wäre ohne vorhergehende Übernahme und Verinnerlichung von faktisch geltenden Regeln und Normen in der Kindheit völlig unmöglich. Es wurde bereits darauf hingewiesen, daß es Fortschritt in jeder Hinsicht nur dann geben kann, wenn nicht jeder einzelne gleichsam bei Adam und Eva beginnen muß. Auch in moralischer Hinsicht übernehmen wir das weitaus meiste unbesehen und selbstverständlich im Lauf unserer Erziehung. Mit fortschreitender Persönlichkeitsreifung akzeptieren wir das eine, verwerfen das andere, modifizieren, differenzieren und klären wir weiteres, um uns schließlich auch diese oder jene Einstellung oder Handlungsdisposition ganz neu zu eigen zu machen. Das Über-Ich bietet demnach das Material oder die Basis, worauf sich ein personales Gewissen erst allmählich aufbauen kann. Darüber hinaus besteht unser persönlicher moralischer Fortschritt gerade darin, daß wir das als gut und richtig Anerkannte auch selbstverständlich tun, also die psychischen Strukturen des Über-Ichs immer mehr in den Dienst des personalen Gewissens stellen. Der Erwerb von Tugenden, d. h. von moralischen Handlungsdispositionen, wäre ohne eine solche Indienstnahme unmöglich. Ziel kann nicht die Beseitigung (was auch unmöglich wäre), sondern nur die Integrierung der Strukturen des Über-Ichs sein.

c) Gesichtspunkte zur Unterscheidung der Forderungen des Gewissens von denen des Über-Ichs

Wegen der häufigen Verwechslung von Ansprüchen des Über-Ichs, denen keinerlei moralische Verbindlichkeit zukommt, mit wirklich verbindlichen Forderungen des personalen Gewissens seien im folgenden einige Gesichtspunkte genannt, die für ihre Unterscheidung hilfreich sein können. Es handelt sich dabei nicht um eindeutige Kriterien, sondern um Indizien, die – besonders wenn mehrere zusammentreffen – den Schluß nahelegen, in diesem oder jenem Fall ›spreche‹ das persönliche Gewissen bzw. das Über-Ich. Dies ist deswegen zu betonen, weil bekanntlich einerseits das Über-Ich stark rationalisiert, andererseits das personale Gewissen sehr wenig rational im Sinne von diskursiv auftreten kann.

Auffällig ist zunächst, daß alles mögliche Inhalt einer Forderung des Über-Ichs sein kann; die Differenzierung zwischen Forderungen der Moral und solchen des religiösen Rituals, des Rechts, der Sitte und des Brauchtums, der Etikette, der Mode usw. – so schwer sie im Einzelfall auch sein mag – scheint aufgehoben. Beispielsweise könnte sich ein Katholik schwerste moralische Vorwürfe machen, weil er einmal den Sonntagsgottesdienst versäumt hat, weil er nicht die eucharistischen Nüchternheitsvorschriften – in ihrer heutigen Minimalform – eingehalten oder weil er einen Fasttag nicht voll beachtet hat. Für einen anderen können körperliche Reinlichkeit oder die Sauberkeit der Wohnung einen quasi-moralischen Stellenwert einnehmen, dem alles andere unterzuordnen ist. Eine solche mangelnde Differenzierung in verschiedenster Hinsicht scheint durchgängig für die Ansprüche des Über-Ichs kennzeichnend zu sein.

So unterscheidet es beispielsweise nicht zwischen Einstellungen und Handlungen, die überhaupt nur einer moralischen Wertung unterliegen können, und solchen, für die dies nicht zutrifft. Genausowenig macht es einen Unterschied zwischen der Beurteilung von Gesinnung und Motiven auf sittlich gut und schlecht sowie der von Handlungen auf richtig und falsch hin. Die bloße Tatsache, daß man durch Tun oder Unterlassen ein Übel (mit)verursacht hat, kann Grund genug für schärfste quasi-moralische Verurteilung sein. Gefragt wird weder nach dem physischen oder psychischen Können noch nach der Möglichkeit des Irrtums, noch nach der einer Rechtfertigung als geringeres Übel, noch nach möglichen Entschuldigungs- oder Schuldminderungsgründen. Das Über-Ich scheint auf der Stufe bloßer Erfolgshaftung zu stehen und den Übergang zur

Verschuldenshaftung oder zur Gesinnungsethik noch nicht vollzogen zu haben. Schuldgefühle am falschen Platz sind typisch. Man fühlt sich schuldig, weil man ein Geschlecht hat, weil man keine Kinder bekommen kann oder weil man – vielleicht noch als Kind – diesen oder jenen sexuellen ›Fehltritt‹ getan hat. Ein Lehrer litt über Jahre unter seiner ›Schuld‹, daß sich eine Schülerin wenige Tage, nachdem er auf Wunsch der Klasse die Frage der Selbsttötung behandelt hatte, erhängte.

An diesem Beispiel wird auch deutlich, daß das Über-Ich oft keinen Unterschied zwischen dem Gefühl der Schuld und dem des tiefen Bedauerns und des ehrlichen Mitleids macht.

Der Mangel an Differenzierung zeigt sich beim Spruch des Über-Ichs auch daran, daß entweder Gründe überhaupt nicht oder aber, wenn es in rationalisierter Form auftritt, nur Scheingründe genannt werden. Daß es sich um Scheingründe handelt, zeigt sich häufig daran, daß ihre Entlarvung nicht zu einer Änderung des ›Gewissens‹spruchs, sondern nur zum Vorschieben immer neuer Scheingründe führt. Nietzsche hat recht: bloßer Autoritätsglaube, nicht vernünftige Einsicht bildet die Basis des Über-Ichs. Diese Autoritätsgläubigkeit und die Angst, sich seines eigenen Verstandes zu bedienen, um neu auftretende Situationen auch neu zu überdenken, mag mit der Grund dafür sein, daß das Über-Ich quasi-deontologisch normiert: Man darf niemals die Unwahrheit sagen, Versprechen und vor allem Eide sind immer zu halten – und wenn die Welt darüber zugrunde ginge. Die Normierung des Über-Ichs ist aufgrund seines autoritätshörigen Charakters auffällig starr; sie gleicht einer Sortiermaschine, die nur nach einem einzigen Kriterium, etwa nach dem der Größe, einzuteilen vermag.

Schließlich sei noch ein letztes Indiz genannt, das an den Überlegungen Hucks sehr deutlich wird. Die Stellungnahme des Über-Ichs ist im Unterschied zum unmittelbaren Gewissensspruch oft sehr dürr und wenig existentiell gefärbt. Sie beruht nicht auf dem eigenen existentiellen Erfassen, auf persönlicher Erfahrung, auf der Aktivierung des gesamten Einbildungs- und Vorstellungsvermögens, sondern auf Hörensagen. Allein schon an der Art und Weise, wie Huck den Negersklaven Jim als seinen Freund schildert, zeigt sich, daß hier sein persönliches Gewissen spricht.

Im Vorhergehenden wurde von ›Über-Ich‹ und ›Gewissen‹ in einer Art und Weise gesprochen, als handle es sich dabei um eigenständig operierende Instanzen im Menschen. Dies ist selbstverständlich nicht ganz angemessen; doch um der kürzeren sprachlichen Formulierung willen bedienen wir uns häufig einer solchen personifizierenden Redeweise. So sprechen wir nicht nur vom ›Gewissen‹ und vom ›Über-Ich‹, sondern auch vom ›Gemüt‹, vom ›Gefühl‹, von der ›Vernunft‹ und vom ›Willen‹. Obwohl wir so reden, wissen wir, daß nicht das Gefühl empfindet, nicht die Vernunft urteilt und denkt, nicht der Wille entscheidet, sondern daß es immer derselbe Mensch ist, der urteilt, entscheidet, fühlt, normiert, lobt und tadelt. Wenn wir verschiedene ›Instanzen‹ ausgrenzen, so wollen wir damit aufgrund dieses oder jenes Gesichtspunkts bestimmte innerlich zusammengehörende Aktivitäten und Vermögen des Menschen zusammenfassen und gegen andere absetzen. Dabei ist es durchaus möglich, daß manche ›Instanzen‹ quer zueinander liegen. So wird sich zeigen, daß das Gewissen in der einen Hinsicht dem, was wir ›Vernunft‹, in der anderen dem, was wir ›Willen‹, in wieder einer anderen dem, was wir ›Gefühl‹ und ›Gemüt‹ nennen, zuzuordnen ist. ›Gewissen‹ ist so ein Sammelwort, das für die Gesamtheit der moralischen oder moralisch unmittelbar bedeutsamen Aktivitäten und Vermögen des Menschen steht.

Diese Bemerkung soll nun nicht eine neue komplizierte Sprechweise einführen, sondern nur darauf aufmerksam machen, daß ›Gewissen‹ zunächst einmal nur ein Wort ist, keine geheimnisumwitterte ›Person‹ im Menschen. In den voraufgegangenen Kapiteln ist bis auf einen Punkt (nämlich den der sittlichen Entscheidung) fast alles gesagt worden, was es über die Sache des ›Gewissen‹ Genannten zu sagen gibt; doch um keine Fehlschlüsse und Mißverständnisse zu provozieren, habe ich die Verwendung des Wortes ›Gewissen‹ vermieden. Wenn im folgenden also von verschiedenen ›Gewissensfunktionen‹ die Rede ist, so handelt es sich dabei der Sache nach um unterschiedliche Aktivitäten und Vermögen des Menschen, die wir deswegen sinnvollerweise unter der Überschrift ›Gewissen‹ zusammenfassen können, weil sich in ihnen der Mensch als moralisches Wesen darstellt und betätigt.

Am unmittelbarsten erleben wir das, was wir als ›Gewissen‹ bezeichnen, am Phänomen des guten oder schlechten Gewissens. In der Art einer ständigen Gerichtsverhandlung strengen wir gegen uns selbst ein Verfahren an und sprechen über uns das Urteil. Das Gewissen, so sagt man, habe forensische Struktur. Es tritt dem einzelnen als dem Angeklagten zugleich als Gesetzgeber, Ankläger, Verteidiger, Zeuge und Richter gegenüber. Die beiden wesentlichen Funktionen dieses uns ständig begleitenden Gerichtshofs sind in den voraufgegangenen Kapiteln schon ausführlich erläutert worden: Insofern er in bezug auf unsere eigenen Motive und Verhaltensweisen zu einem Urteil kommt, uns also verurteilt oder freispricht, mahnt oder ermuntert, tadelt oder lobt, zurechtweist oder bestätigt, verwarnt oder ermutigt, betätigt er sich uns gegenüber als *paränetische Instanz*. Sittliche Paränese aber hat, wie gezeigt, zu ihrer logischen Voraussetzung die moralische Argumentation. Daher ist es folgerichtig, wenn wir dem inneren Gerichtshof des Gewissens auch die Funktion moralischer Urteilsbildung zuerkennen. Wer sagt, er handle besten Wissens und Gewissens, will damit zu verstehen geben, daß er nach sorgfältiger Abwägung des Für und Wider zu diesem oder jenem moralischen Handlungsentschluß gelangt ist. Logisch vorgängig zu seiner paränetischen Funktion ist das Gewissen also wesentlich auch sittliche *Beurteilungsinstanz*.

Worüber aber urteilt unser Gewissen? Unmittelbarer Gegenstand sind unsere Handlungen und unsere Motive. Im Gewissen prüfen wir sie auf richtig und falsch bzw. auf gut und schlecht hin. Doch um dies tun zu können, müssen wir uns logisch früher ein allgemeines Urteil darüber bilden, was denn als sittlich gut und schlecht sowie in bezug auf unsere Handlungsalternativen als richtig und falsch zu gelten hat. Wenn wir demnach vom Gewissen als sittlicher Urteilsinstanz sprechen, haben wir Gewissensurteile dreierlei Art voneinander zu unterscheiden: das grundlegende moralische Werturteil, Uneigennützigkeit sei gut und Egoismus schlecht, zahlreiche normative Urteile über sittlich richtiges und falsches Verhalten sowie wertende Urteile über die sittliche Qualität unserer Gesinnung und Taten, gemessen an diesen Maßstäben.

Während die Verwendungsweise der Wörter ›Gewissensbiß‹, ›gutes‹ und ›schlechtes Gewissen‹ für das Gewissen im Sinne einer paränetischen Instanz und die von ›Gewissensurteil‹ oder ›Gewissensüberzeugung‹ für das Gewissen im Sinne einer Urteilsinstanz charakteristisch ist, deuten Ausdrücke wie ›Gewissensentscheidung‹, ›Gewissenszwang‹, ›Gewissenserforschung‹ oder ›etwas auf dem Gewissen haben‹ darauf hin, daß wir im Deutschen unter ›Gewissen‹ auch das Herz des Menschen, den Menschen als Person oder als moralisches Subjekt oder den Menschen, insofern er sich in Freiheit entschließt oder entscheidet, verstehen. Wer sein Gewissen erforscht, prüft sich selbst, insofern seine Motive und Handlungen in ihm als freier Person ihren Ursprung haben; wer sich einem Gewissenszwang ausgesetzt weiß, fühlt sich in seiner Moralität unter Druck gesetzt, und wer einen Mord auf dem Gewissen hat, hat sich zugleich zum sittlich Schlechten und Falschen entschieden. ›Gewissen‹ steht also häufig auch für die personale sittliche *Entscheidungsinstanz*.

Schematisch dargestellt, ergibt sich folgendes Bild:

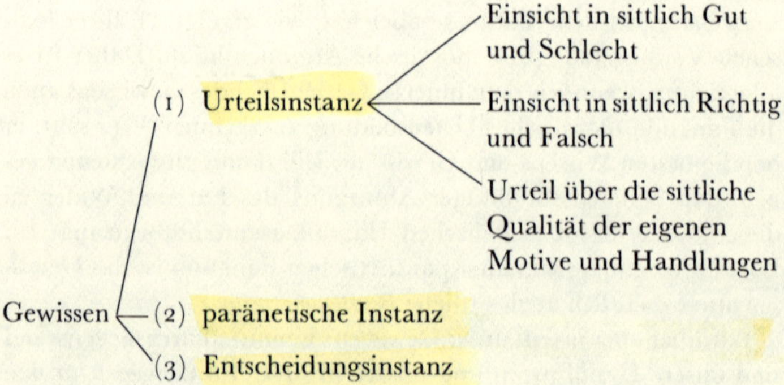

Offenbar gehören diese drei voneinander unterscheidbaren Funktionsweisen des Gewissens innerlich zusammen: Aufgrund des Gewissensurteils (1) über die sittliche Qualität einer Einstellung oder Verhaltensweise drängt das Gewissen (2) auf die rechte Gewissensentscheidung (3) hin. Dabei ließen sich die beiden ersten Funktionsweisen des Gewissens als die beiden Aspekte der (vernehmenden) praktischen Vernunft verstehen, die dem Menschen als freiem Subjekt (Gewissen im dritten Sinn) sittlich fordernd oder gebietend gegenübertritt.

4. Die Autonomie des Gewissens

Aufgrund der forensischen Struktur des Gewissens ergibt sich ein Problem, das in der Überschrift dieses Kapitels angesprochen ist: Läßt sich das Gewissen, wie es manchmal geschieht, in irgendeinem Sinn als Stimme Gottes deuten?

Das Problem stellt sich, wenn wir fragen: Wer ist eigentlich der

Gebieter und Richter, dem wir im Gewissen als urteilender und mahnender Instanz begegnen? Ist die Antwort, wir selbst seien es, nicht unverständlich oder gar widersprüchlich? Wenn in meinem eigenen Gewissen nur meine eigene Stimme zu Wort käme, müßten wir von einer Selbstgesetzgebung (griech. autonomia) und von einem Selbstgericht sprechen. Doch was könnte damit gemeint sein? Kann jemand in Personalunion zugleich Richter und Gerichteter, Befehlender und Gehorchender sein?

Selbstverständlich wäre dies dann widersinnig, wenn man von einer völligen Identität des Ich mit sich selbst auszugehen hätte. Es wäre dann sinnlos zu sagen: ›*Ich* gebe *mir* ›den Befehl‹ und: ›*Ich* gehorche *mir*‹. Denn ›befehlen‹ und ›gehorchen‹ sind Relationswörter; doch bei völliger Identität ist eine Relation unmöglich. Die Unterstellung völliger Identität des eigenen Ichs mit sich selbst ist jedoch falsch. Dies geht schon aus der Unterscheidung hervor, die wir zwischen personalem Gewissen und Über-Ich meinten treffen zu müssen. Das Über-Ich gehört mit spontan auftretenden Antrieben, Empfindungen, Gefühlen, Wünschen usw. dem vorpersonalen und zugleich nicht-vernünftigen Bereich unserer Gesamtpersönlichkeit an, den wir unser *spontan reagierendes Ich* nennen können. Wer beispielsweise sagt, *er* träume, *er* sei aufgeregt, in *ihm* stiegen Wut und Zorn auf, *ihm* sei es übel oder *er* leide Schmerzen, spricht von diesem seinem sich spontan betätigenden Ich. Von ihm unterscheiden wir dann unser *freies Ich*, das auf das spontane fördernd und zügelnd, bündelnd und lenkend, unterdrückend und freilegend einwirkt. Wenn wir von ›Selbstbeherrschung‹ sprechen, setzen wir stillschweigend diese Dualität zwischen freiem und spontanem Ich voraus: Wir beherrschen unser spontanes Ich oder Selbst, und es ist unser freies Ich oder Selbst, das herrscht.

Offenbar läßt sich unser Gewissen, insofern es sittlich urteilt und fordert, weder als Betätigungsweise des freien noch des spontan reagierenden Ichs deuten. Wie das spontane Ich ist es relativ unabhängig vom freien Selbst und setzt ihm Widerstand entgegen; wir erleben es als uns vorgegeben und weitgehend entzogen; denn es fordert auch dann, wenn wir anders wollen, so daß wir uns ihm nicht einfach entziehen können. Doch im Unterschied zu unserem spontanen Ich stellt es sich wie unsere theoretische Vernunft nicht als ungebunden agierend, sondern als auf Rationalität, Einsicht und Wahrheit ausgerichtet dar. Das werteinsichtige Gewissen als praktische Vernunft hätten wir demnach zusammen mit unserem Vermögen zu theoretischen Einsichten dem *einsichtig reagierenden Ich* zuzuordnen, das sich sowohl vom spontanen als auch vom freien Selbst unterscheidet.

In unserer Denk- und Redeweise scheinen wir uns mit dem freien Ich anders zu identifizieren als mit dem einsichtigen und spontanen. Gewöhnlich denken wir aus der Perspektive des freien Selbst. So sagen wir etwa: ›Mein Gewissen fordert von *mir*‹; ›Mein Gewissen läßt *mir* keine Ruhe‹ oder auch: ›*Ich* werde von meinen Ängsten verfolgt‹, ›*Ich* kann meine Hände nicht ruhig halten‹.

Sobald man von einer solchen ›Dreiteilung‹ des Ichs, d. h. von seiner nur unvollständigen Identität mit sich selbst, ausgeht, löst sich das Problem der Selbstgesetzgebung und des Selbstgerichts ohneweiters: Das *einsichtige Ich*, insofern es sich als praktische Vernunft oder als urteilendes und mahnendes Gewissen darstellt, nimmt das *freie Ich* (Gewissen als Entscheidungsinstanz) in die Pflicht, daß es das *spontane Ich* in diese oder jene Richtung lenkt. Beispielsweise hätte Janusz Korczak von sich sagen können: Mein Gewissen (einsichtiges Ich) fordert von mir (freies Ich), aus Solidarität mit den mir anvertrauten Kindern mein elementares Verlangen nach Leben (spontanes Ich) zurückzustellen. Zwischen einsichtigem und freiem Ich besteht die Beziehung wie zwischen Gesetzgeber und Gesetzesunterworfenem, also die Beziehung der Selbstgesetzgebung, zwischen freiem und spontanem Ich die wie zwischen Herrscher und Beherrschtem, also die der Selbstbeherrschung.

Die zu Anfang des vorangehenden Abschnitts kritisierte personifizierende Redeweise ist demnach wegen der unvollständigen Identität des Menschen mit sich selbst sowohl verständlich als auch z. T. gerechtfertigt und unumgänglich; nur muß man sich des durch und durch analogen Charakters eines solchen Sprachgebrauchs bewußt bleiben. Verliert man dies aus den Augen, so ist man allzu leicht geneigt, die ›Stimme des Gewissens‹ mit der Stimme einer anderen Person zu identifizieren, sei es nun mit der gefürchteter und geliebter Autoritäten oder aber mit der Gottes.

Wenn hier von ›Autonomie‹ des Gewissens oder von sittlicher ›Selbstgesetzgebung‹ die Rede ist, so sollte man sich nicht verhehlen, daß ein solcher Sprachgebrauch äußerst irreführend sein kann. Dieser Terminologie kann sich nämlich sowohl ein metaethischer Objektivist als auch ein metaethischer Subjektivist bedienen. Beide meinen dann aber trotz desselben Wortgebrauchs etwas völlig anderes.

Ihre Auffassung von der Autonomie des Gewissens könnten beide in den Satz fassen: ›Jeder hat letztlich selbst zu bestimmen oder zu entscheiden, was er zu tun oder zu lassen hat, was also seine sittliche

Pflicht ist.‹ Allerdings werden die Wörter ›bestimmen‹ und ›entscheiden‹ im Deutschen genauso doppelsinnig gebraucht wie ›Autonomie‹ oder ›Selbstgesetzgebung‹, nämlich kognitiv und volitiv. Der Objektivist versteht sie im kognitiven Sinn und würde daher übersetzen: ›Jeder hat letztlich selbst zu *beurteilen*, was seine Pflicht ist.‹ Er versteht die Autonomie des Gewissens als *Selbstvergewisserung* der sittlichen Forderung: Niemand und nichts, weder der Führer noch das bloße Wort der Schrift noch irgendeine vorgebliche Privatoffenbarung kann den Menschen vor die sittliche Forderung stellen; dies vermag nur er selbst, indem er kraft seines (vernehmenden, einsichtigen, erkennenden) Gewissens ihrer unbedingten Geltung inne wird. Damit wendet er sich gegen jede Autoritätshörigkeit und gegen jeden blinden Gehorsam. Alle Autorität hat sich vor dem Gewissen des einzelnen zu rechtfertigen. Der metaethische Subjektivist versteht ›bestimmen‹ und ›entscheiden‹ dagegen in einem nonkognitiven volitiven Sinn und würde daher übersetzen: ›Jeder hat letztlich selbst *festzulegen,* was er als seine Pflicht ansehen *will.*‹ Er deutet die Autonomie des Gewissens dann als *Selbstfestlegung* oder Selbstverpflichtung; das Selbst, von dem bei ihm die Rede ist, ist nicht mehr das vernehmende Ich der praktischen Vernunft wie beim Objektivisten, sondern das freie Ich. Nach dem Objektivisten ist jeder einzelne für sich selbst in seinem Gewissen nur die subjektive Erkenntnisquelle der sittlichen Forderung; nach dem Subjektivisten ist dagegen jeder in seiner Freiheit ihr schöpferischer Seinsgrund.

Die subjektivistische Auffassung wurde bereits im voraufgehenden Kapitel zurückgewiesen. Zur objektivistischen ist nur noch zu bemerken, daß der Objektivist die unbedingte Verpflichtung, letztlich allein seinem eigenen Gewissen zu folgen, darin begründet sieht, daß wir uns, wie dargestellt, in jeder konkreten Weisung unseres Gewissens zugleich auch vor die moralische Grundforderung gestellt sehen, kein Egoist zu sein.

Ein Objektivist bestreitet dabei nicht die Möglichkeit des Gewissensirrtums; allerdings schließt er ihn aus für die Gewisseneinsicht in die moralische Bewertung von selbstloser Unparteilichkeit und egoistischer Parteilichkeit: Jeder kann sich hinsichtlich der Qualität seiner eigenen Motive und Handlungen täuschen – dafür braucht es nicht vieler Belege; jeder kann sich irren, wenn es um die Bestimmung des Richtigen und Falschen geht; doch niemand kann, sofern er die moralische Uralternative überhaupt existentiell erfaßt, den Standpunkt der Unparteilichkeit für schlecht und den des Egoismus für gut halten. Das Gewissen ist, wo es über die moralische Uralternative urteilt, unfehlbar; daher mahnt es auch in jeder Einzelweisung zwar durchaus nicht immer zum Richtigen, wohl aber immer zum sittlich Guten.

Vielleicht ist es diese unfehlbare Selbstgewißheit des Gewissens über die Sinnhaftigkeit von Moralität und die Sinnwidrigkeit des Egoismus, die zur Redeweise vom Gewissen als der Stimme Gottes Anlaß gegeben hat. Eine solche Interpretation ist, wie gezeigt, unzulässig; dennoch stellt sich bei der hier gebotenen Analyse des Gewissens oder des sittlichen Bewußtseins unverkennbar die Frage nach Gott. Sie müßte etwa folgendermaßen gestellt werden: Ob wir wollen oder nicht, wir erleben uns als in die Pflicht genommen, den Standpunkt der Moral einzunehmen, sittlich gut zu sein; wir erfahren uns also als moralische Wesen im ›passiven‹ Sinn, als von der sittlichen Forderung betroffen. Auf die Frage, durch wen wir vor die sittliche Forderung gestellt werden, können wir sinnvoll antworten: durch uns selbst, insofern unser einsichtig reagierendes Ich als praktische Vernunft an unser freies Ich appelliert. Doch müssen wir auch fragen: Wie ist es möglich, daß uns in der praktischen Vernunft die sittliche Forderung als der letzte Sinn des Lebens erschlossen ist, den wir uns nicht selbst gegeben haben können? Es scheint kaum möglich, diese Frage, wenn man sie überhaupt zuläßt, anders als im theistischen Sinn zu beantworten. Will man diesem Schluß entgehen, so muß man wohl, wie der Subjektivist es tut, das Ausgangsdatum dieser Überlegung bestreiten, nämlich daß wir von der sittlichen Forderung *betroffen* sind.

X. Freiheit und Verantwortlichkeit: Liegt es in unserer Macht, die Grundausrichtung unseres Lebens selbst zu bestimmen

1. *Beispielgeschichte*

Der berühmte amerikanische Strafverteidiger Clarence Darrow (1857–1938), der sich um eine Liberalisierung des Strafvollzugs in den USA sehr verdient gemacht hat, hielt einmal an die Gefangenen des Cook Jail eine Rede mit folgendem Tenor (nach G. Dworkin (Hrsg.), Determinism, Free Will, and Moral Responsibility, Prentice Hall, N. J. 1970,1):

Meine Herren!
Ich spreche zu Ihnen als Ihr Mitbürger, als einer, der das Glück hat, außerhalb der Gefängnismauern leben zu dürfen. Sie dagegen sind vom Schicksal geschlagen und befinden sich aufgrund der Verkettung unglücklicher Umstände in der Ihnen nur allzu vertrauten Lage. Was könnte ich Ihnen zum Trost sagen? Mir bleibt wenig genug; denn an Ihrem Los vermag ich nichts zu ändern. Vielleicht aber finden Sie eine neue Einstellung zu Ihrem Schicksal, wenn Sie mich angehört haben.

Verbrechen im üblichen Sinn des Wortes gibt es nicht. Sie sind daher keine Verbrecher; Sie sind es genauso wenig und genauso viel wie ich. Meines Erachtens besteht keinerlei moralischer Unterschied zwischen den Menschen innerhalb und denjenigen außerhalb des Gefängnisses. Jeder ist gleich gut und gleich schlecht. Sie können nichts dazu, daß Sie hier sind; wir, die wir nicht mit dem Gesetzen in Konflikt geraten sind, können nichts dazu, daß wir außerhalb des Gefängnisses leben. Ich habe in meinem Anwaltsleben Hunderte von sogenannten Verbrechern kennengelernt und verteidigt; ich kann Ihnen bestätigen, von keinem von ihnen glaube ich, er habe sein Los verdient: Gewiß, sie waren straffällig geworden; doch lag es nicht an ihnen – es ging zu Lasten von Umständen, die völlig außerhalb ihres Einflusses lagen, für die sie in keiner Weise verantwortlich sind.

Viele von Ihnen sind wegen Mord, Totschlag, Raub, Unterschlagung, Vergewaltigung usw. verurteilt worden. Doch bin ich mir sicher, die meisten von Ihnen könnten noch nicht einmal angeben, weshalb sie solches taten. Vielleicht hatten Sie damals tatsächlich den Eindruck, Sie hätten auch anders handeln können. Dennoch – es war eine Täuschung. Wenn Sie sorgfältig alle damaligen Umstände noch einmal erwögen, wenn ein Psychologe Ihnen auch Ihre geheimsten Motive aufdecken könnte, dann sähen Sie, daß Sie damals keine Wahl hatten. Unvermeidlich wurden Sie zu dem gedrängt, was Sie getan haben. Sie hatten nicht die geringste Chance, es zu verhindern, genauso wenig wie es uns außerhalb dieser Mauern hätte anders ergehen können.

Dies mag Ihnen kein großer Trost sein. Dennoch: Sie besitzen dieselbe Würde wie jeder andere auch. Sie gehören nicht zu dem, was man draußen den Abschaum der Menschheit nennt, sondern Sie gehören zur großen Zahl der unglücklichen Brüder derer, die mehr Glück gehabt haben.

2. *Das Problem*

Hier ist nicht der Ort, das Problem des rechtlichen Strafens zu diskutieren, das noch weitaus verwickelter ist als die ihm zugrundeliegende Frage nach der Möglichkeit sittlicher Verantwortlichkeit. Selbstverständlich, wenn es keine sittliche Verantwortlichkeit gibt, ist es auch sinnlos, Strafe als ein Übel zu verstehen, das einem Menschen wegen *moralisch schuldhafter* Rechtsverletzung auferlegt wird. Zwischen Sicherungsverwahrung und Strafe bestände kein moralischer Unterschied (was nicht ausschließt, daß man dennoch aufgrund anderer Kriterien als dem moralischer Schuld weiterhin einen rechtlichen Unterschied machen sollte); denn der spezifisch moralische Begriff der Sühnestrafe müßte aufgegeben werden.

Auch sei ausdrücklich zugestanden, daß gerade die sogenannten Deterministen unter den Rechtswissenschaftlern Entscheidendes zur Humanisierung des Strafvollzugs beigetragen haben; für Deutschland sei an den Strafrechtslehrer Friedrich von Liszt (1851–1919), einen Vetter des Komponisten, erinnert. Deterministen, also Menschen, die Willensfreiheit und sittliche Verantwortlichkeit bestreiten, haben oft (nicht immer) einen klareren Blick für die Unzulänglichkeiten des herrschenden Strafvollzugs bewiesen als ihre Gegner der Theorie nach. Doch ist schon häufig darauf hingewiesen worden, daß vielleicht gerade ihr Engagement, staatlich praktiziertes Unrecht anzuprangern, auf die nicht zu rechtfertigenden Mißstände und Exzesse der Strafjustiz hinzuweisen und auf eine Reform der Strafgesetze zu dringen, ihre deterministische Theorie Lügen straft.

Man kann sich schlecht vorstellen, daß ein Determinist vor dem Bundestag, der eine Strafrechtsänderung diskutierte, eine ähnliche Rede halten würde wie Darrow vor den Strafgefangenen. Sie müßte dann etwa folgenden Tenor haben:

»Herr Präsident, meine Damen und Herren!
Sie haben heute über die Gesetzesvorlage, in der es um eine weitgehende Humanisierung des Strafvollzugs geht, abzustimmen. Ihr Votum betrifft das Leben von Menschen, die genauso wenig für ihr Los können wie Sie, die Sie hier sitzen und über die Schwere ihres Loses mitzubestimmen haben. Vielleicht haben Sie im Augenblick den Eindruck, Sie könnten für oder gegen diese Vorlage stimmen. Doch Sie täuschen sich. Wenn Sie sorgfältig alle herrschenden Umstände erwägen würden und wenn ein Psychologe Ihnen auch Ihre geheimsten Motive aufdecken würde, dann sähen Sie, daß Sie tatsächlich keine Wahl haben. Unvermeidlich werden Sie zu jener Stimmabgabe gedrängt, zu der Sie sich nachher entschließen werden. Sie haben nicht die geringste Chance, sich anders zu verhalten.«

Eine solche Rede käme uns höchst befremdlich vor. Statt dessen erwarteten wir etwa folgenden Appell:

»Herr Präsident, meine Damen und Herren!
... Bedenken Sie, Ihr Votum betrifft das Leben von Menschen und Mitbürgern. Nichts rechtfertigt es, ihnen ein schwereres Schicksal zu bereiten, als unbedingt erforderlich ist, um die Gemeinschaft soweit wie möglich vor Rechtsbruch zu schützen. Die Vorlage in ihrer jetzigen Fassung schafft Strafexzesse ab, die sich für einen ausreichenden Schutz der Gesellschaft als nicht notwendig erwiesen haben.

Ich bitte Sie, für Ihr Votum keine Rücksicht auf herrschende Vorurteile und Wählerstimmung zu nehmen, sondern allein die gewiß zueinander in Konkurrenz stehenden Gesichtspunkte von Rechtsschutz und Rechtssicherheit für die Gemeinschaft einerseits sowie die legitimen Interessen der straffällig Gewordenen anderseits ausschlaggebend sein zu lassen. Wir haben unser Strafrecht so zu fassen, daß der Strafvollzug als das kleinstmögliche Übel erscheint. Wir alle stehen in der Gefahr, aus diesen oder jenen Gründen den

Interessen von straffällig Gewordenen nicht das gleiche Gewicht zuzuerkennen wie denjenigen aller anderen. Ich bitte Sie, sich dieser Gefahr bewußt zu sein und ihr durch Aktivierung Ihres Vorstellungsvermögens entgegenzuwirken. Fragen Sie sich, ob Sie Ihr Votum auch vor einer Gruppe von einsichtigen Strafgefangenen vertreten könnten. Bedenken Sie, Sie nehmen mit Ihrem Votum Einfluß auf das Schicksal von Menschen, das Sie erleichtern, aber auch schwerer machen können, als unbedingt erforderlich ist.«

Wäre ein solcher Appell, sich um ein unvoreingenommenes Urteil, um eine unparteiische Gewichtung der gegenläufigen Interessen zu bemühen, aus dem Mund eines Deterministen noch sinnvoll? Und wenn er ihn für sinnvoll erklärte, da er doch auf diese Weise ein neues determinierendes Motiv einbrächte, könnte er es dann aber noch für sinnvoll halten, sich selbst immer wieder zu einer solchen Unvoreingenommenheit aufzurufen und sich selbst zu mahnen, in seinem Bemühen um Mitstreiter für eine gute Sache nicht nachzulassen? Müßten wir nicht völlig anders von uns und anderen denken, müßten wir nicht eine vollkommen andere Sprache sprechen, wenn wir als Deterministen die Möglichkeit sittlicher Verantwortlichkeit und damit die von moralischer Schuld und moralischem Verdienst bestritten?

Dieses Problem scheint ähnlich gelagert zu sein wie der Streit zwischen werttheoretischem Subjektivismus und Objektivismus: Die Art und Weise, wie wir moralisch denken und reden, scheint sowohl den werttheoretischen Objektivismus als auch die Möglichkeit sittlicher Verantwortlichkeit stillschweigend vorauszusetzen. Wie der Subjektivismus, so kann auch der Determinismus nur als Irrtumstheorie vorgetragen werden: Mit unserem gewöhnlichen moralischen Denken und Reden befänden wir uns auf einem Holzweg; tatsächlich verhalte es sich nämlich grundlegend anders, als wir meinten.

Wie aber soll es sich genau nach dem Deterministen bzw. nach dem Indeterministen verhalten? Der *Indeterminist* meint, unter bestimmten Voraussetzungen gebe es Verantwortlichkeit im moralischen Sinn, aufgrund deren jemand als der freiwillentliche Lenker seines Geschicks, als der Herr seiner Entschlüsse, Motive und Handlungen für sie zur Rechenschaft gezogen, für sie haftbar gemacht werden könne. Verantwortlichkeit setzt nach ihm Willensfreiheit in dem Sinn voraus, daß man in einer ganz bestimmten Situation unter ganz bestimmten Umständen entweder so oder anders entscheiden und demzufolge handeln kann. Verantwortlichkeit setzt nicht-determinierte Entscheidungsfreiheit voraus. Nach den Unterscheidungen des voraufgegangenen Kapitels ließe sich auch so sagen: Verantwortlich ist jemand für seine Grundeinstellung, seine Entschlüsse und Handlungen nur dann und nur insoweit, als sie seinem freien Ich entspringen. Soweit sie sich allein auf sein spontanes und/oder einsichtig reagierendes Ich zurückführen lassen, ist er für sie nicht in dem Sinn verantwortlich, daß er ihretwegen moralische Achtung oder Verachtung verdiente.

Deterministen bestreiten, was Indeterministen behaupten. Aus unterschiedlichen Gründen bestreiten sie die Gegebenheit eines solchen freien Personzentrums und damit das Vermögen des Menschen, im beschriebenen Sinn sein Leben selbst zu bestimmen. Positiv sagen sie: Kein Ereignis kann anders sein, als es tatsächlich ist; daher kann niemand anders wollen oder handeln, als er tatsächlich will oder handelt. Mit dieser These vertritt der Determinist keineswegs einen Fatalismus; denn er sagt nicht wie der Fatalist, für den Ablauf der Ereignisse sei es gleichgültig, wie wir uns verhielten. Er behauptet nur, daß unser Verhalten, dessen Einfluß auf andere Ereignisse er nicht bestreitet, dennoch wie diese niemals anders sein könne, als es tatsächlich ist. (Eine fatalistische Auffassung läßt sich nicht ernsthaft verteidigen; denn sie steht in offensichtlichem Widerspruch zu den Tatsachen. Man kann vielleicht fatalistisch über weit in der Zukunft liegende Ereignisse denken, nicht aber über alltägliche, unmittelbar anliegende Dinge. Beispielsweise ist es für das Aufkommen oder Nicht-Aufkommen eines Hungergefühls am Abend keineswegs gleichgültig, ob man im Laufe des Tages etwas zu sich nimmt oder nicht.)

3. Formen menschlicher Freiheit

Es gibt kaum eine Frage, bei der sich die Wirklichkeit einer angemessenen theoretischen Erfassung so hartnäckig widersetzt wie bei der Willensfreiheit. Doch läßt sich die Klärung noch um einige Schritte vorantreiben. Wir haben nämlich noch zu fragen, in bezug auf welchen genauen Sachverhalt der Verteidiger der Willensfreiheit eine Nicht-Determiniertheit der Wahl behauptet und in bezug auf welche Sachverhalte nicht.

Zu diesem Zweck sind im folgenden vier Formen menschlicher Freiheit voneinander zu unterscheiden: die äußere und die innere

Handlungsfreiheit, die Freiheit der Vorzugswahl, die Freiheit der Entscheidung und die Freiheit der Entschiedenheit. Alle Formen menschlicher Freiheit kommen darin überein, daß jeweils eine bestimmt geartete Ungebundenheit vorliegt; doch nur von der Freiheit der Entscheidung behauptet der Indeterminist eine nicht-determinierte Ungebundenheit im beschriebenen Sinn. Das folgende Beispiel mag etwas künstlich sein, doch lassen sich gerade deswegen die verschiedenen Formen an ihm idealtypisch unterscheiden.

a) Handlungsfreiheit

Angenommen, ein Vater von vier Kindern, das älteste von etwa zehn Jahren, erbt 50 000 DM mit der Auflage, sich davon einen komfortablen Wagen anzuschaffen. Er hat nun die Wahl zwischen einem Porsche und einem Mercedes. Wir sagen, in bezug auf diese Wagentypen habe er die freie Wahl. Er hätte sie nicht, wenn ihm die 50 000 DM fehlten, auch nicht, wenn er plötzlich einen Schlaganfall erlitte und gelähmt wäre oder wenn man ihn aus irgendeinem Grund festnehmen und ins Gefängnis werfen würde. In all diesen Fällen wäre er in seiner Handlungsfreiheit eingeschränkt. Vielleicht wünschte er sich dann immer noch ein komfortables Gefährt; doch aufgrund der genannten Umstände könnte er seinen Wunsch nicht in die Tat umsetzen. Unter *Handlungsfreiheit* verstehen wir also das Vermögen eines Menschen, seine Wünsche oder Absichten handelnd in die Tat umzusetzen. Fast immer, wenn wir von irgendwelchen Freiheiten sprechen, meinen wir diese Form der Handlungsfreiheit. Die Freiheit der Wahl des Arbeitsplatzes, des Berufes, des Wohnorts, des Ehegatten, die Meinungs- und Pressefreiheit, die Freiheit politischer Wahl, die Versammlungsfreiheit, die Betätigungsfreiheit der Parteien, die Religionsfreiheit – sie alle sind als Handlungsfreiheiten zu charakterisieren. Freiheiten dieser Art können durch äußeren oder inneren Zwang eingeschränkt oder ganz aufgehoben werden. Für den äußeren Zwang wurden bereits Beispiele genannt: Gefängnisverwahrung, Krankheit, Geldmangel. Ein Beispiel für inneren Zwang wäre in dem beschriebenen Fall etwa dann gegeben, wenn der Vater an einer Zwangsneurose litte, etwa an unüberwindlicher Platzangst, die ihn daran hinderte, überhaupt eine Straße zu überqueren, sich ein Fahrzeug zu beschaffen und sich damit durch den Verkehr zu bewegen.

Handlungsfreiheit im beschrieben Sinn kommt nicht nur dem

Menschen, sondern in analoger Weise auch den Tieren zu. Legt man einen Hund an die Kette, so schränkt man ihn in seiner Bewegungsfreiheit ein. Schon die Tatsache, daß wir auch den Tieren Handlungsfreiheit zusprechen, zeigt, daß sie allein keine sittliche Verantwortlichkeit begründet; denn Tiere hat man noch niemals für verantwortliche Wesen gehalten. Alle Handlungsfreiheit ist von woandersher determiniert; ihre Betätigung hängt beim Menschen wesentlich auch davon ab, daß er gerade so und nicht anders will. Der Vater in unserem Beispiel kann den Mercedes wählen – wenn er gerade so wählen will. Er könnte auch den Porsche wählen, doch müßte er dann anders wollen. Handlungsfreiheit in bezug auf die Wahl zwischen Mercedes und Porsche besitzt er genau dann, wenn er beide Wagen wählen könnte, falls er gerade so wollte. Bei der Handlungsfreiheit handelt es sich demnach um eine determinierte Form menschlicher Freiheit.

b) Freiheit der Vorzugswahl

Wenn es eine nicht-determinierte Freiheit überhaupt geben sollte, müßte sie im Bereich des Wollens gesucht werden. Die Frage lautet also: Gibt es Situationen, in denen jemand in dem Sinn entweder so oder anders wollen kann, daß er die Ausrichtung seines Willens kategorisch selbst bestimmt? Zunächst scheint man hierauf mit einem klaren Nein antworten zu müssen. Auch das, was jemand will, ist gewöhnlich determiniert, und zwar nicht nur von den Faktoren, die wir seinem spontanen Ich zuschreiben, sondern – worauf es hier ankommt – vor allem auch von den Wertmaßstäben seines einsichtigen Ichs. Angenommen, der in unserem Beispiel erwähnte Vater wählte den Mercedes. Man könnte ihn fragen, warum er seine Wahl gerade so und nicht anders treffe. Wahrscheinlich würde er darauf antworten, der Mercedes sei bei weitem geräumiger als der Porsche. Damit aber nennt er das rationale Kriterium seiner Wahl: die Geräumigkeit. Man könnte nun mit dem Fragen fortfahren, um herauszufinden, warum er denn gerade dieses Kriterium und nicht etwa das der Sportlichkeit oder der Geschwindigkeit anlegt. Seine Antwort würde wohl lauten, er wolle den neuen Wagen vor allem auch für seine Familie benutzen können. Die Sorge um seine Familie wäre dann sein übergeordnetes Kriterium. Ist dieser Gesichtspunkt für ihn wirklich ausschlaggebend, dann kann er gar nicht anders, als den Maßstab der Geräumigkeit anlegen und von daher den Mercedes wählen. Vom angelegten Maßstab her ist der Mercedes gegenüber dem Porsche der bessere Wagen und verdient daher den Vorzug. Bei der Wahl zwischen Mercedes und Porsche handelt es sich unter den angenommenen Bedingungen um eine Vorzugswahl. Würde der Vater statt des Mercedes den Porsche wählen, so könnte man ihm auf den Kopf zusagen, daß er wenigstens auch irgendeinen anderen Beurteilungsmaßstab angelegt hat, etwa den der Schnelligkeit, wenn er Handelsvertreter wäre. Die *Freiheit der Vorzugswahl* besteht demnach in dem Vermögen des Menschen, nach rationalen Wertgesichtspunkten Handlungsalternativen als besser oder weniger gut, als schlechter oder weniger schlecht zu beurteilen und demgemäß zu wählen. Zwischen den Handlungsalternativen wird demnach ein komparativisches Verhältnis von gut/besser oder schlecht/schlechter angenommen. Diese Form der Freiheit ist dem Menschen gegenüber dem Tier eigentümlich; nichtsdestoweniger ist sie determiniert, rational determiniert von den jeweils angelegten Wertmaßstäben her. Achtet jemand etwa bei der Wahl zwischen Weißwein und Rotwein wirklich nur auf die Bekömmlichkeit, so kann er gar nicht anders, als den Rotwein wählen, wenn er aus Erfahrung weiß, daß dieser in der Regel der Fälle magenfreundlicher ist. Die Notwendigkeit seiner Wahl ist in diesem Fall eine Notwendigkeit seines final strukturierten Wollens. Kraft der dem Willen eigenen inneren Logik wählt der Handelnde den Rotwein. Jede Wahl, die man mit Recht durch die Verwendung komparativischer Wertungswörter rechtfertigen könnte, beruht auf dem Anlegen eines logisch vorgängig zur Wahl akzeptierten Maßstabs (andernfalls könnte man die komparativischen Ausdrücke nicht sinnvoll verwenden) und ist daher eine im genannten Sinn determinierte Vorzugswahl. Die Freiheit der Vorzugswahl besteht demnach in einem bedingten Anders-wollen-Können, d. h. der Wählende könnte anders, *wenn* er sich dazu entschlossen hätte, einen anderen Maßstab anzulegen. Eine solche Wahl ist frei, insofern ihr Ausgang nicht durch wirkursächliche Determinanten festgelegt ist, sie ist aber nichtsdestoweniger determiniert, insofern ihr Ausgang aufgrund der inneren Logik des Wollens von vornherein zielursächlich festgelegt ist.

Es leuchtet ohneweiters ein, daß die Wahlen, die wir tagtäglich zu treffen haben, diesem Typus der final determinierten Vorzugswahl angehören. Die Tatsache, daß es sich dabei auch um moralische Probleme handeln kann, ändert von sich aus nichts an deren Charakter; es werden eben nur sittlich erhebliche Gründe gegeneinander abgewogen. All das, was in der normativen Ethik gesagt wird, betrifft die Vorzugswahl: Die Frage nach dem Richtigen, also die Frage nach dem Wohl des Menschen und nach der bestmöglichen Art und Weise, es zu verwirklichen, ist nichts anderes als die Frage nach der richtigen Vorzugswahl. Das Gewicht solcher Vorzugswahlen kann, wie wir gesehen haben, sehr groß sein – wenn es z. B. um das Leben von Menschen geht –, und derjenige, der sie zu treffen hat, kann unter Umständen schwer daran zu tragen haben; dennoch ändert dies nichts daran, daß es sich dabei um determinierte Wahlen handelt, in bezug auf die die Frage nach Schuld oder Nicht-Schuld noch nicht aufkommen kann.

Da sich die Probleme der normativen Ethik in gleicher Weise sowohl für den Deterministen als auch für den Indeterministen stellen und ihre Antworten prinzipiell gleichartig sein können, verwundert es nicht, daß man es den Arbeiten eines Ethikers oder Moraltheologen nicht ohne weiteres anmerkt, ob es sich dabei um das Werk eines Befürworters oder eines Gegners der Willensfreiheit handelt. Man kann umfangreiche Handbücher der Ethik schreiben, ohne daß für deren Inhalt, soweit er sich auf die zahllosen Fragen der normativen Ethik bezieht, die Stellungsnahme zum Problem der Willensfreiheit von Bedeutung wäre.

Welche Faktoren sind nun geeignet, die Freiheit der Vorzugswahl einzuschränken oder ganz aufzuheben? Offenbar alle jene Faktoren, die ein einsichtiges Urteil behindern oder unmöglich machen. Dazu gehören etwa mangelnde geistige Reife, wie wir sie bei Kindern kennen, Irrtümer, fehlendes Einfühlungsvermögen, Mangel an Phantasie, Wertblindheit und Indoktrination.

c) Freiheit der Entscheidung

Ist nun aber kein einziger Fall einer nicht-determinierten Wahl zwischen zwei Handlungsgesichtspunkten denkbar? Die Wahl zwischen Mercedes und Porsche war vom Kriterium der Geräumigkeit her determiniert. Die Wahl zwischen dem Kriterium der Geräumigkeit und dem der Sportlichkeit war wiederum durch den Gesichtspunkt der Sorge für die Familie festgelegt. Ließe sich in dieser Weise endlos fortfahren oder stieße man am Ende auf ein einziges oberstes Kriterium, so wäre eine nicht-determinierte Wahl tatsächlich undenkbar. Dies aber ist nicht der Fall. Man könnte mit der Befragung des Vaters fortfahren und herauszufinden suchen, weshalb er denn für seine Familie sorgen will. Die Alternative wäre, daß er nur an sich und seine eigenen Interessen dächte. Er könnte antworten: ›Ich will für meine Familie sorgen, weil mir das Wohl meiner Frau und meiner Kinder am Herzen liegt; ihnen zuliebe bin ich bereit, auf manches zu verzichten, in diesem Fall auf die Erfüllung meines Wunsches nach einem schnellen und sportlichen Fahrzeug. Würde ich den Porsche kaufen, hätte ich nur mich und meine Interessen im Blick, meine Wahl wäre egoistisch motiviert.‹ An diesem Punkt stehen wir wieder vor der moralischen Uralternative: Unparteilichkeit und egoistische Parteilichkeit, oder wertend formuliert: sittlich gut und sittlich schlecht, moralisch und unmoralisch. Dabei meinen wir nicht, der sittlich gute Mensch sei besser als der sittlich schlechte oder Selbstlosigkeit sei die höhere Moral gegenüber der Selbstsucht, sondern wir sind der Überzeugung, die Einstellung der Unparteilichkeit oder die selbstloser Liebe sei einfachhin gut, die des Egoismus dagegen einfachhin schlecht. Selbstlosigkeit und Selbstsucht werden als konträre oberste Maßstäbe allen Urteilens und Handelns verstanden. Je nachdem welchen dieser beiden Maßstäbe jemand bei seinen Vorzugswahlen anlegt, gelangt er zu unterschiedlichen Handlungsmaximen. Wenn es demnach überhaupt eine im kategorischen Sinn freie Wahl mit nicht-determiniertem Ausgang geben sollte, dann könnte es sich dabei nur um die sittliche Grundentscheidung zwischen den beiden Uralternativen Selbstlosigkeit und Selbstsucht handeln. Als die *Freiheit der Entscheidung* wäre danach das Vermögen eines Menschen zu bezeichnen, den obersten Maßstab all seines praktischen Urteilens und Handelns als Unparteilichkeit bzw. egoistische Parteilichkeit selbst zu bestimmen. Auf ihr würde dann alle sittliche Verantwortlichkeit für unser Denken, Tun und Lassen letztlich basieren. Eine solche Entscheidungsfreiheit ist zweifellos denkmöglich. Der Determinist muß in bezug auf sie behaupten, sie sei niemals verwirklicht, der Indeterminist müßte versuchen zu zeigen, daß sie auch verwirklicht sein kann. Der ganze Streit um Willensfreiheit und sittliche Verantwortlichkeit läßt sich auf diese Fragestellung reduzieren: Liegt es in unserer Macht, den obersten Standpunkt unseres Wollens und Handelns als unparteiische Liebe oder parteiischen Egoismus selbst zu bestimmen?

d) Freiheit der Entschiedenheit

Vor der Erörterung dieses Streits muß noch eine wichtige letzte Form menschlicher Freiheit erwähnt werden, die die Beständigkeit unseres sittlichen Lebens mit erklärt. Wenn der Vater unseres Beispielfalls seine Familie wirklich liebt, wird er nicht nur den geräumigen Wagen dem schnellen Zweisitzer vorziehen, sondern er wird notwendig auch in anderen Fällen für seine Kinder da sein und sich an ihrem Wohl orientieren; so wird er beispielsweise sein Vermögen nicht in die Spielbank tragen, es sei denn, er litte an krankhafter Spielsucht. Auch kann jemand, der einen Menschen als seinen Freund betrachtet, gar nicht anders, als diesem in der Not helfen, falls die Möglichkeit dazu besteht (und nichts anderes dringlicher ist). Würde er nicht helfen, obwohl er es könnte, so bewiese er damit, daß er in Wirklichkeit doch nicht der Freund des in Not Geratenen ist. Diese Beispiele mögen verdeutlichen, daß der Sinn freier Entscheidung gerade darin besteht, die Unentschiedenheit hinter sich zu lassen und sich auf den Standpunkt der Moral festzulegen, also in eine Entschiedenheit zum sittlich Guten zu gelangen, die, weil frei gewollt, aus sich heraus nicht mehr aufhebbar ist. Die *Freiheit der Entschiedenheit* ist demnach als die Vollendung der freien Entscheidung zu verstehen. Wir meinen damit das Vermögen eines Menschen, in innerer frei gewollter Konsistenz an seiner Entscheidung zur Unparteilichkeit oder zum sittlich Guten festzuhalten. Auch sie stellt eine Form notwendiger oder determinierter Freiheit dar. Ihre Notwendigkeit resultiert allerdings nicht aus einem äußeren oder inneren Zwang, sondern aus der freien Selbstbestimmung selbst – weswegen diese Form der Notwendigkeit zum Guten auch mit dem Wort ›Freiheit‹ belegt werden kann, das hier zugleich als positives Wertungswort verwendet wird. Jesus spricht von dieser Entschiedenheit, wenn er sagt, ein guter Baum könne nur gute Früchte bringen. Aufgrund dieser inneren Notwendigkeit kann Paulus von den Freigelassenen in Christus zugleich sagen, sie seien Sklaven Christi. Die Freiheit, von der im Neuen Testament gewöhnlich die Rede ist, ist jene Entschiedenheit zum sittlich Guten, die ›Freiheit des Christenmenschen‹ in lutherischer Terminologie als die willentliche Unfähigkeit, überhaupt noch zu sündigen.

Wenn die Entschiedenheit zum Guten im Neuen Testament ›Freiheit‹ genannt wird, dann die Entschiedenheit zum Schlechten ›Sünde‹ oder ›Schuld‹. Schuld liegt also ganz und gar in der Gesinnung, sie ist nichts anderes als die verkehrte, egoistische Grundausrichtung, die der Mensch seinem Leben selbst gegeben hat. Von moralischer Schuld läßt sich demnach sinnvoll nur im Kontext von Freiheit und Verantwortlichkeit reden.

Wie gesagt, erklärt dic sittliche Entschiedenheit wesentlich auch die Beständigkeit unseres sittlichen Lebens. Offenbar sehen wir uns nicht fortwährend neu vor die Wahl zwischen Selbstlosigkeit und Selbstsucht gestellt. In den meisten Fällen scheinen wir ganz selbstverständlich unserem Gewissen zu folgen; die Situationen ernsthafter Versuchung sind verhältnismäßig selten. Selbst Situationen, die für die meisten von uns wirkliche Versuchungen darstellen würden, haben für andere vielleicht nicht mehr diesen Charakter, und wir sind geneigt, solche Menschen deshalb moralisch für besonders charakterfest zu halten. So konnte Luther sicherlich aus tiefster Überzeugung auch angesichts schwerster Drohungen sagen: ›Hier stehe ich, ich *kann nicht* anders‹, oder Professor Kurt Huber als der geistige Mittelpunkt der Widerstandsgruppe ›Die weiße Rose‹ in seinem Schlußsatz vor dem Volksgerichtshof: ›Ich habe gehandelt, wie ich aus einer inneren Stimme heraus handeln *mußte*.‹ Ihre Ausdrucksweise ›ich kann nicht anders‹ oder ›ich mußte‹ mag zwar für diese Situation außergewöhnlich sein, nichtsdestoweniger entspricht sie doch unserer sittlichen Erfahrung. Auch viele Mütter würden wahrscheinlich sagen, sie könnten ihre Kinder gar nicht vernachlässigen, oder ein Lehrer, er könnte seine Schüler nicht bewußt ungerecht behandeln.

In vielen Situationen fühlen wir uns demnach einer Notwendigkeit unterworfen, die wir keineswegs als Zwang oder als Last empfinden, sondern eher als unserer eigenen ›inneren Stimme‹ gemäß, als ›leichte‹ Bürde oder als ›süße‹ Last, wie das Evangelium sagt. Wenn wir in sittlicher Hinsicht so denken und empfinden, dann liegt dem die hier beschriebene Entschiedenheit zum sittlich Guten zugrunde, die eben das Ziel freier Entscheidung ist.

4. Argumente für und wider die Möglichkeit von Freiheit und Verantwortlichkeit

Wenn der Verfechter der Willensfreiheit auch ausdrücklich betont, die Vorzugswahl sei das Alltägliche, demgegenüber die freie Entscheidung die seltene Ausnahme, so heißt das für ihn allerdings nicht, wir seien nur ausnahmsweise für unser Handeln verantwortlich. Denn um für unser Verhalten sittlich verantwortlich zu sein, bedarf es keiner jeweils neuen Grundentscheidung, sondern es genügt seine Fundierung in unserer frei eingenommenen Entschiedenheit entweder zum Guten oder zum Schlechten.

Nach dem Indeterministen ist daher jemand genau dann für seine Handlung sittlich verantwortlich, wenn er

a) bei der Gegebenheit anderer Handlungsmotive hätte anders handeln können (Handlungsfreiheit),
b) bei der Gegebenheit anderer Vorzugskriterien hätte anders wollen können (Freiheit der Vorzugswahl),
c) die Wahl hatte zwischen den beiden konträren obersten Bestimmungsgründen allen praktischen Urteilens und Handelns, nämlich zwischen der Selbstlosigkeit und der Selbstsucht (Entscheidungsfreiheit, die zu einer Entschiedenheit führt).

Oder kürzer:

Notwendige und zusammen zureichende Bedingung für sittliche Verantwortlichkeit für Handlungen sind:

a) (determinierte) Handlungsfreiheit,
b) (determinierte) Freiheit der Vorzugswahl und
c) (nicht-determinierte) Entscheidungsfreiheit, die zu einer von daher (determinierten) Entschiedenheit führt.

Das Problem der Zuschreibung sittlicher Verantwortlichkeit, der Möglichkeit von sittlicher Schuld, moralischer Umkehr und sittlichem Verdienst hängt demnach allein davon ab, ob es tatsächlich so etwas wie die Freiheit der Entscheidung gibt. Kann man in freier Wahl seinen sittlichen Standort selbst bestimmen? Sollte es diese Möglichkeit tatsächlich nicht geben, wie der Determinist behauptet, dann wären wir für unsere Entschlüsse und Handlungen genauso wenig sittlich verantwortlich zu machen wie ein wildgewordener Stier für sein Verhalten.

Ein Determinist könnte zwar immer noch normative Ethik betreiben, also zwischen richtigem und falschem Verhalten unterscheiden, da er ja die Fähigkeit des Menschen, einsichtige Vorzugswahlen zu treffen, nicht bestreiten muß. In *dieser* Hinsicht bräuchte es keinen Unterschied zwischen der Welt eines Deterministen und der eines Indeterministen zu geben. Doch eines könnte der Determinist nicht, und darin müßte sich seine Welt von der uns bekannten fundamental unterscheiden: Er könnte nicht sinnvoll sich selbst und andere dazu auffordern, moralisch zu sein und zu bleiben, sich um eine immer tiefere und konsequentere Moralität zu bemühen, er könnte nicht moralisch anklagen und zu Besinnung und Umkehr aufrufen.

Dies müßte er gegenüber Menschen für genauso sinnlos halten, wie er es gegenüber Tieren und Computern für sinnlos hält. Es ist kaum anzunehmen, daß jemals ein Determinist auch für sein praktisches Leben diese Konsequenzen gezogen hat.

a) Das Argument des Befürworters von Entscheidungsfreiheit und sittlicher Verantwortlichkeit

Wie lässt sich nun positiv zugunsten der Möglichkeit von Entscheidungsfreiheit im definierten Sinn argumentieren? Zunächst einmal ist klar, daß es die beiden obersten Handlungsmaßstäbe der Selbstlosigkeit und der Selbstsucht als konträre Alternativen gibt; sie sind denkmöglich. Darüber hinaus aber scheint es auch faktisch sowohl Menschen zu geben, die nach der einen, als auch andere, die nach der anderen obersten Richtschnur ihr Denken und Handeln bestimmen. Joseph Fouché, Polizeiminister in Paris während und nach der Französischen Revolution, wie ihn Stefan Zweig schildert, wäre ein Beispiel für einen Menschen, der allein sein eigenes Wohl zum obersten Bestimmungsgrund all seines Handelns gemacht hat; Maximilian Kolbe und Janusz Korczak stellten Beispiele für Menschen dar, für die die Selbstlosigkeit oberster Maßstab gewesen ist.

Für diese Tatsache, daß es wirklich Menschen gibt, deren Lebensmaxime entweder die Selbstlosigkeit oder die Selbstsucht ist, gibt es nur zwei Erklärungsmöglichkeiten: Entweder sind sie von ›Natur‹ aus (einschließlich gesellschaftlicher und Erziehungseinflüsse) einfachhin so ausgerichtet oder sie haben sich ihre Grundausrichtung selbst gegeben. Läßt sich die zweite Möglichkeit als tatsächlich gegeben aufweisen?

Meines Erachtens gibt es für einen solchen Aufweis nur einen einzigen Weg: den Verweis auf die eigene unmittelbare sittliche Erfahrung. Es ist derselbe Weg, der zum Nachweis der Richtigkeit des werttheoretischen Objektivismus beschritten werden mußte. Da ein schlußfolgerndes Argument nicht mehr in Frage kommt, bleibt nur noch der Verweis auf die unmittelbare Einsicht in die Tatsache und die Sinnhaftigkeit eines kategorischen sittlichen Sollensanspruchs. Man kann einen Menschen, den man von der Gegebenheit sittlicher Verantwortlichkeit und ihr zugrundeliegender Entscheidungsfreiheit überzeugen möchte, nur bitten, sich eine Situation vorzustellen, in der er sicher wußte, was er zu tun oder zu lassen hatte, in der er zugleich aber auch eine sehr starke Neigung verspürte, das, was er für seine Pflicht hielt, allein aus *egoistischer* Rücksichtnahme auf sich selbst nicht zu tun. Man fragt ihn also, ob er jemals die Situation moralischer Versuchung oder Bewährung bei sich selbst erlebt habe. Stimmt er dem zu, so wird man ihn weiter bitten, sich zu fragen, ob er in dieser Situation die innere Gewißheit hatte, beide Alternativen wählen zu können, obwohl er sicher wußte, kategorisch die eine wählen und die egoistische ausschlagen zu sollen. Kennt er diese Erfahrung, dann hat er bei sich selbst erlebt, was es heißt, vor dem unbedingten sittlichen Anspruch seines Gewissens zu stehen. Nun ist der Schluß sehr einfach: Eine solche unmittelbar als sinnvoll erlebte sittliche Erfahrung wäre dennoch sinnlos, wenn das mit ihr verbundene Bewußtsein eines entsprechenden Wählen-Könnens, d. h. die Möglichkeit der Wahl zwischen Selbstlosigkeit und Selbstsucht, bloße Illusion wäre. Wären wir bereits vorgängig zu jeder Wahl auf eine der beiden obersten Bestimmungsgründe festgelegt, so wäre die Erfahrung eines unbedingten Sollens angesichts eines Anders-Könnens illusionär.

Anschauliche Beispiele für solche Versuchungs- und Bewährungssituationen zu nennen, an denen deutlich wird, daß die Grundausrichtung eines Lebens auf dem Spiel steht, fällt nicht leicht. Denn niemand legt seine sittliche Grundeinstellung losgelöst von konkreten Handlungssituationen fest; die sittliche Entscheidung vollzieht sich an der Wahl einer bestimmten Handlungsalternative. Aufgrund dieser Verquickung von Handlungswahl und Entscheidung tritt der hintergründige Entscheidungsaspekt oft gar nicht ausdrücklich ins Bewußtsein. Hinzu kommt die häufige Verwechslung von ›tragischen‹ Konfliktsituationen, in denen man nur die Wahl zwischen zwei schweren Übeln hat, mit eigentlichen Entscheidungssituationen. Trotz ihres großen äußeren und inneren Gewichts gehört die Lösung eines ›tragischen‹ Konflikts dem Typus der Vorzugswahl an; denn ein solcher Konflikt wird gerade deswegen als ›tragisch‹ empfunden, weil man ihn aus der Sicht unparteiischen Wohlwollens betrachtet.

Vielleicht kann die folgende Kurzgeschichte in etwa verdeutlichen, daß und wie in einer konkreten Lebenssituation die sittliche Grundausrichtung eines Menschen zu seiner Disposition stehen könnte.

Friedrich August Kloth, Hunger, aus: R. Rigol (Hrsg.), Erzähler unserer Zeit, Bd. 2, Paderborn 1964, 22 ff.:

Sie lag noch immer und starrte in die Dunkelheit des Zimmers.

Das Feuer im Ofen war heruntergebrannt. Von draußen fiel der bleiche Schein von Gaslaternen herein. Die Kälte kroch wie ein großes, trauriges Tier an ihrem Körper herauf – und der Hunger, der ewige, qualvolle Hunger. Die Tür ging auf. In dem schmalen Lichtspalt sah sie seinen breiten Oberkörper, das offene Hemd, die schweißbedeckte dunkle Brust. Sie sah fort. Sicher grinste er. Wie er immer grinste, wie er ewig grinste. »Hast du Geld? Hast du endlich einmal Geld mitgebracht?« sagte sie kühl. »Geld?« Er lachte. Sie hörte, wie er rauh lachte. »Geld! Sowas auch, Geld!« Seit Monaten gibt es zwischen ihnen keine anderen Fragen: Hast du Geld? Und er: Hast du was zu essen? Und sie dachte jedesmal: Ist dein Hunger größer als meiner oder bleibt für mich noch etwas übrig? Gott im Himmel, ich bitte dich, laß ihn weniger Hunger haben als mich, ich ertrage es nicht, wenn ich heute nichts esse. Ich werde verrückt oder begehe Verbrechen. Sicher begehe ich noch einmal Verbrechen, weil ich nicht begreife, daß Menschen verhungern müssen, ohne sich dagegen wehren zu können, ohne schuldig zu sein, ohne . . .

Alles zwischen ihnen war jetzt so einfach. Früher sorgten sie sich um die Liebe. Als die Liebe tot war, sagten sie sich nur noch Höflichkeiten. Als der Kampf ums nackte Leben begann, stellten sie sich nur noch diese zwei Fragen. Leer und hungrig, ewig hungrig saßen sie sich gegenüber und sahen sich in die rotunterlaufenen Augen. »Ich möchte mal wissen, wann du Geld mitbringst, wenn du es endlich einmal schaffst, Geld aufzutreiben«, sagte sie wieder bitter. »Gib mir was zu essen!« sagte er kurz. »So!« Sie sah ihn an. »Ich kann dir nichts geben, wenn du kein Geld auftreibst. Ich kann es nicht, wenn du untüchtig bist.« Ihr war jetzt leichter. Endlich habe ich es ihm gesagt: Sie weinte, sie fühlte sich sehr verlassen in der kalten Dunkelheit, aber ihr war doch leichter. Endlich habe ich diese Last von mir abgewälzt: die Ehrlichkeit.

Draußen hörte sie seine Schritte in der Küche: hohl, kahl, wie die Schritte in einer windigen Allee mit hohen Bäumen. Vielleicht ging er für immer. Wenn er doch ginge! Kann ein Mann noch bleiben, wenn man ihm sagt, daß er untüchtig ist? Muß ein Mann dann nicht gehen? Aber er würde bleiben. Sie wußte, daß er bleiben würde. Sicher aß er jetzt den letzten Kanten Brot, wie er es jeden Abend tat, bevor er wieder das Haus verließ. Sie überlegte, daß sie seit gestern nur einen Teller Suppe gegessen hatte. Vor morgen durfte sie nichts mehr . . . Ihre Gedanken stürzten in einen Schlund. Und dann? Was würde nach morgen sein? Hunger? Ewiger Hunger? Eine Ewigkeit voll Hunger? Wenn er doch jetzt nur nicht den letzten Kanten essen würde, wenn er doch ... eine Schnitte, nur eine Schnitte ... Sie kauerte sich wieder in die kalte, dunkle Ecke zwischen dem Fenster und dem lauwarmen Ofen nieder.

Endlich war er fertig. Hatte er sich also satt gegessen! Seine Schritte kamen näher. Diese verhaßten Schritte der satten Beine! Gibt es etwas Gemeineres als Schritte? In dem bleichen Licht wirkte er ganz hoch und schwarz wie ein fremdes, unheimliches Tier. »Bist du satt?« Ihre Stimme war kalt und klirrte wie ein gesprungenes Glas. »Danke.« Er strich sich über das Kinn. Das trotz des Hungers immer noch volle Kinn. Ich könnte dich ... sie wandte sich hastig zum Fenster, um nicht weiterzudenken.

»Hoffentlich hat's dir geschmeckt!« Sie sah, wie es in dem schwarzen Gesicht zuckte. Es gab also doch noch etwas, womit sie ihn treffen konnte. Für Sekunden genoß sie ihren mageren Triumph, vergaß sie den Hunger, die gewaltige Sehnsucht nach einem Stück Brot, für die Menschen Verbrechen begehen. Für die Menschen ihre Götter verlassen. Für die Menschen einander töten.

Müde schlich sie sich in die Küche, um das Geschirr abzuwaschen. Als sie auf den leeren Fliesen des Küchenbodens stand, war ihr so schwach, daß sie glaubte, sie müsse umsinken.

Was dann geschah, wußte sie später nicht mehr zu wiederholen. Es war alles zu plötzlich, zu gewaltsam, so wie Blitze einen Nachthimmel zerreißen, oder wie Sonne durch eine Finsternis bricht. Mehrere Male sah sie hin. Sie täuschte sich nicht: das Brot lag noch da. Es lag dort fein säuberlich in Scheiben geschnitten. Ihr war schwindelig vor Erregung. Ich werde verrückt, dachte sie, gleich werde ich verrückt. Sie vergaß den Hunger, die Kälte, die Angst. Dann spürte sie, daß sie weinte. Warum weint man, dachte sie: Warum weint man, wenn man in einer großen Finsternis plötzlich Licht sieht?

Er lehnte gegen die Fensterbank und sah auf die Straße hinaus. »Bist du satt?« Seine Stimme war weit weg und weich. Sie hatte die Stimme noch nie gehört. Dann sah sie in sein Gesicht. Das Gesicht da vor ihr hatte Falten, viele tiefe Rinnen liefen zum Munde. Sie sah, daß auch das runde glänzende Kinn, das sie so sehr gehaßt hatte, Falten zeigte.

»Komm«, sagte er, »du mußt was essen.« «Ich mag nicht, ich meine ... es ist besser ... ich meine ... ich bin schon satt.« Sie schob ihm den Kanten hin. – Er lächelte: »Du mußt aber was essen.« »Ich habe keinen Hunger mehr«, sagte sie. »Ich werde nie mehr Hunger haben.« Sie sahen sich an. Zum erstenmal nach vielen Monaten sahen sie, daß jeder noch ein Gesicht hatte. Sie dachte: das hier ist nicht wahr, ich war doch immer einsam. Das hier träume ich doch sicher nur. – Das Blut in ihren Schläfen dröhnte, und vor ihren Augen waren nur Augen, riesige Augen: die Augen des anderen, die sie nie verstanden hatte.

Eine Weile standen sie sich reglos gegenüber und starrten in ihre Gesichter, wie Schiffbrüchige nach ihrer Rettung die Sonne anstarren, die Erde und den fernen Himmel. »Es ist ja gut, es ist ja alles gut«, sagte er. »Nun iß man.« Sie rührte sich nicht. »Ich werde nie mehr Hunger haben«, flüsterte sie. »Nie mehr.« »Nun glaub' ich aber doch, daß du was essen mußt«, lächelte er.

Sie sah, wie er das Brot brach. Sie sah, wie er dann den halben Kanten in den Mund schob. Da nahm sie den anderen Kanten und aß und lächelte wieder.

b) Der Einwand des Deterministen

In dieser Kurzgeschichte wird an einer Einzelsituation die grundsätzliche Umorientierung von zwei Menschen geschildert. Sie revidieren ihr altes Verhältnis und finden eine neue Einstellung zueinander, die den Augenblick überdauern und von sich aus alle künftigen gemeinsamen Lebenssituationen prägen wird. Auch nach dem Deterministen hätten sie Grund gehabt, ihr ausschließliches Kreisen um sich selbst und um ihren Hunger zu beklagen. Doch hätten sie es sich nach ihm nicht zum Vorwurf machen können. Die deterministische Erklärung läge auf der Hand: die schweren äußeren Lebensbedingungen, die zu Gereiztheit und Verstimmung, zu seelischer Verhärtung, zu Mißverständnissen und Aggressionen geführt hätten. Wie aber will der Determinist den plötzlichen Wandel erklären? Ihn muß er auf irgend etwas anderes als ein personales Engagement beider, das ihrem freien Ich entspringt und mit dem sie aus eigener Initiative einen neuen Anfang setzen, zurückführen. Er muß konsequent sowohl Fehlleistung und Versagen als auch positive Neuorientierung aus Faktoren erklären, die nicht dem freien, sondern dem spontanen und dem einsichtigen Ich zuzurechnen sind. Der Determinist widersteht der heute weitverbreiteten psychologisierenden Neigung, sich zwar das Gute und Richtige, das man tut, moralisch zugute zu halten, doch die ›Verantwortung‹ für das Schlechte und Falsche auf ungünstige Erziehungseinflüsse, auf Nervosität, Streß usw. abzuwälzen. Der Determinist bestreitet sittliche Verantwortlichkeit und damit sowohl die Möglichkeit sittlicher Schuld als auch die sittlichen Verdienstes.

Wie aber begründet er seine Auffassung? Er könnte mit einem Beispiel beginnen und dann daraus seine Schlüsse ziehen: Man stelle sich einen Mann vor, der mehrere Morde begangen hat und nun zur Höchststrafe verurteilt wird. Richter und Öffentlichkeit halten ihn für voll verantwortlich, denn die Morde waren bis ins letzte Detail geplant, und der Angeklagte hat dem Gericht genau geschildert, wie er vorgegangen ist. Dann aber stellen wir fest, wie es zu alldem kam: Wir hören von Eltern, die ihn von klein an abgelehnt haben, von einer Kindheit in den verschiedensten Erziehungsheimen, in denen es ihm immer klarer wurde, daß er unerwünscht war; wir hören von der dauernden Enttäuschung seines Liebesbedürfnisses, von der Aggressivität, in der er sich austobte, um die schmerzliche Tatsache, nicht geliebt zu werden, zu verdecken. Wir erfahren von seinen verschiedenen vergeblichen Versuchen, durch Rücksprache mit Seelsorgern und Therapeuten seiner ihn überschwemmenden Antriebe Herr zu werden. Wenn wir all das wissen, werden wir ihn dann immer noch für verantwortlich halten oder nicht eher für einen zutiefst bedauernswerten Menschen? Dann stelle man sich vor, dieser Mann wäre in einer anderen Familie großgeworden, geliebt von seinen Eltern, fest integriert in einen Freundeskreis usw. Wir hätten dann guten Grund zu der Annahme, daß er, unter diesen günstigen Voraussetzungen großgeworden, heute nicht vor dem Richter stünde. Wenn wir von einem Menschen nicht *mehr* wissen, als was wir ihn tun sehen, kann er uns als ein Unmensch erscheinen. Wenn wir dann aber erfahren, wo und wie er aufgewachsen ist, welchen Einflüssen er ausgesetzt war und welche Erlebnisse er hinter sich hat, dann wird uns sein Verhalten verständlich, und wir tadeln eher die Natur oder das Schicksal, das ihn mit einem so unglücklichen Charakter ausgestattet hat, als ihn selbst. Alles verstehen heißt alles erklären.

Je genauer und je detaillierter wir die kausalen Faktoren kennen, die einen Menschen zu dem gemacht haben, der er nun ist, und ihn veranlassen, sich so zu verhalten, wie er es tut, desto mehr neigen wir dazu, ihm moralische Verantwortlichkeit abzusprechen – und das gilt keineswegs nur für diejenigen, die wir zu den ›anormalen‹ Persönlichkeiten zählen, sondern genauso auch für die ›normalen‹. Ob man zu dieser oder jener Gruppe gehört, ist eine Sache des guten oder schlimmen Geschicks – das Argument Clarence Darrows.

Der Grundgedanke der deterministischen Überlegung ist folgender: Der Charakter eines Menschen ist das Produkt außerhalb seiner selbst liegender Faktoren, nämlich seiner Erbanlagen, und der auf ihn wirkenden Umwelt- und Erziehungseinflüsse. Auch die Fähigkeit eines Menschen, sich in seinem Urteilen und Handeln von Wertgesichtspunkten leiten zu lassen, gehört in diesem Sinn zu seinem Charakter. Also ist diese Fähigkeit ebenfalls das Produkt außerhalb seiner selbst liegender Faktoren und damit eine Sache des guten bzw. schlimmen Geschicks.

Muß sich der Vertreter der Willensfreiheit angesichts dieses Arguments geschlagen geben? Keineswegs! Denn er kann dem Deterministen hinsichtlich des von ihm vorgebrachten Punktes alles zugestehen. Er wird ihm zugeben, daß seine Überlegung als solche richtig ist; er wird aber hinzufügen, daß sie nicht das beweist, was es zu beweisen gilt, daß sie am Fragepunkt geradewegs vorbeizielt. Die deterministische Argumentation beweist bisher nur, daß kein Mensch in der Lage ist, sich die Fähigkeit zur Entscheidung und zur Vorzugswahl selbst zu geben, sie beweist aber nicht, daß das, was er aus dieser Fähigkeit macht – wenn er sie besitzt –, ebenfalls immer von außen her bestimmt ist und sich daher seiner Verantwortlichkeit entzieht. Um eine Analogie zu gebrauchen: Wenn jemand 50 000 DM erbt, damit er sich damit einen Wagen kauft, so ist es gewiß der Erblasser, der ihm diese Möglichkeit gibt. Doch die Tatsache, daß ihm die Möglichkeit zum Kauf von außen her gegeben worden ist, legt noch nichts fest hinsichtlich der Frage, welchen Wagentyp er nun wählt. Der Vertreter der Willensfreiheit macht den einzelnen nicht für sein *Vermögen bzw. Unvermögen*, sich zu entscheiden, verantwortlich, sondern einzig und allein für *das, wozu* er sich entscheidet, wenn er sich aufgrund seiner charakterlichen Konstitution (die er sich nicht selbst gegeben hat) und der gegebenen Umstände vor die Alternative Selbstlosigkeit und Selbstsucht gestellt sieht.

Außerdem wird er den Deterministen darauf aufmerksam machen, daß nach indeterministischer Auffassung eine Verantwortlichkeit für Handlungen nur in dem Maß behauptet wird, wie diese aus der Grundentscheidung eines Menschen hervorgehen. Im Extremfall könne jemand trotz klarer Entschiedenheit zum sittlich Guten dennoch aufgrund von Umständen, die seine Handlungsfreiheit und seine Freiheit der Vorzugswahl einschränkten oder ganz aufhöben, d. h. aufgrund von Umständen, die ihn daran hinderten, seine Grundentscheidung auch in entsprechende Taten umzusetzen, für seine Handlungen vollkommen entschuldigt sein. Dies wäre etwa eindeutig dann der Fall, wenn ein Süchtiger zwar so viel, wie an ihm liegt, seine Sucht verwirft, dennoch aber aufgrund seiner Disposition unfähig ist, seinem sittlichen Vorsatz gemäß auch zu handeln. Nichts hindert den Indeterministen, auch determinierenden Erbfaktoren und Erziehungeinflüssen ein ähnliches Gewicht für die Art unserer Handlungsdispositionen und der daraus hervorgehenden Verhaltensweisen zuzuschreiben, wie der Determinist es tut. Der Vertreter der Willensfreiheit kann also eine weitgehende Determiniertheit unseres Denkens, Urteilens und Handelns durch Faktoren, die außerhalb unseres Einflusses liegen, zugestehen, ohne damit seine Grundposition aufgeben zu müssen. Verantwortlichkeit und damit Schuld und Verdienst sind für ihn primär eine Sache der Grundgesinnung, nur sekundär und abgeleitet eine Sache von Dispositionen und Handlungen.

Der Determinist hat damit aber sein Pulver noch nicht ganz verschossen. Er könnte den Indeterministen vor ein schwieriges Dilemma stellen: Entweder gibt es für eine Handlungsweise und für die ihr zugrundeliegenden Dispositionen und Motive zureichende Ursachen oder nicht. Gibt es sie, so läßt sich nicht mehr sinnvoll von moralischer Verantwortlichkeit sprechen, gibt es sie nicht, dann genausowenig. Denn für ein ursachloses, rein zufälliges Geschehen kann niemand verantwortlich gemacht werden. Man stelle sich einen bislang unbescholtenen Mann in einer Straßenbahn vor, der bis zu diesem Tag treu für seine Familie gesorgt, niemandem ein Haar gekrümmt hat, der aber plötzlich aufspringt, seinen ihm völlig unbekannten Nachbarn anfällt, ihn würgt und ihm ein Messer durch die Brust stößt. Angenommen, bei einer psychiatrischen Untersuchung würde sich herausstellen, der Mann habe in einem plötzlichen Anfall von Schizophrenie gehandelt. In diesem Fall wäre die Ursache eindeutig, und wir würden ihn nicht für verantwortlich halten. Doch angenommen, eine solche Untersuchung brächte nichts von alldem zutage und der Mann gäbe wahrheitsgemäß zu Protokoll, seine Tat sei zwar offenbar in ihm entsprungen, doch könne er keinerlei Grund nennen, weshalb er dies getan habe, er könne sich an rein gar nichts mehr erinnern. Würde ein Indeterminist einen solchen Menschen, über den seine Tat rein zufällig gekommen zu sein scheint, in irgendeinem Sinn für sittlich verantwortlich erklären? Gewiß nicht.

Der Indeterminist scheint tatsächlich in einer Zwickmühle zu stecken: Einerseits ist er sich mit dem Deterministen darin einig, daß von Verantwortlichkeit so lange nicht die Rede sein kann, wie sich die Handlungen und Einstellungen eines Menschen ursächlich aus anderem erklären lassen. Anderseits aber scheint er von dem, was er freie Entschiedenheit nennt, und von den aus ihr hervorgehenden Einstellungen und Handlungen sagen zu müssen, sie ließen sich nicht mehr auf anderes zurückführen, seien also ursachlos oder rein zufälliger Art – was wiederum jede Verantwortlichkeit ausschließen würde. Denn vom freien Ich muß er sagen, es habe sich nun einmal so entschieden, wie es sich entschieden habe, weil es sich gerade so und nicht anders entschieden habe. Es habe den Standpunkt der Moral eingenommen, weil es ihn eingenommen habe. Und hätte es den egoistischen Standpunkt gewählt, so könnte man nur sagen, es habe ihn gewählt, weil es ihn gewählt habe – jede weitergehende Erklärung sei ausgeschlossen.

Der Determinist stellt den Indeterministen also vor die Alternative: determinierte Kausalität oder aber Nicht-Kausalität im Sinne eines absoluten Zufalls. In beiden Fällen wäre jedoch sittliche Verantwortlichkeit ausgeschlossen. Auf dieses Dilemma kann der Indeterminist nur antworten, ihm liege ein logischer Fehler zugrunde: Der kontradiktorische Gegensatz zu determinierter Kausalität, die uns aus allem Naturgeschehen bekannt sei, sei nicht notwendig nur Nicht-Kausalität als absoluter Zufall, sondern könne auch eine nicht-determinierte Kausalität sein – und nur die Gegebenheit einer solchen nicht-determinierten Kausalität nehme er für die freie Willensentscheidung oder das freie Ich an. Bei der willentlichen Selbstbestimmung, so wie er sie verstehe, handle es sich um eine Ursächlichkeit völlig eigener Art. Das Ich in seiner freien Entscheidung zum Guten oder zum Schlechten sei zureichender Grund seiner selbst, nicht absoluter Zufall, es sei ›causa sui‹. Auch von Gott muß der Theist sagen, er sei ›causa sui‹. Er will damit zum Ausdruck bringen, daß Gott von nichts und niemandem hervorgebracht oder abhängig ist, dennoch aber nicht nichts ist: ungeschaffen, sei er Grund seiner selbst. Ähnlich denkt der Indeterminist von der Willensfreiheit: Der freie Willensentschluß ist von nirgendwoher determiniert, er gründet allein in sich selbst. Von Gott sagt der Theist, er sei aus innerer Notwendigkeit heraus sich selbst hervorbringende schöpferische Aktivität; demgegenüber sagt der Indeterminist vom freien Ich, es sei nicht-notwendige, verdankte schöpferische Aktivität. Gerade in der Entscheidungsfreiheit des Menschen sieht der Vertreter der Willensfreiheit, wenn er zugleich Theist ist, die Aussage von der Gottebenbildlichkeit des Menschen begründet.

Wenn man nun dem Indeterministen vorhält, die Annahme einer solchen schöpferischen Aktivität sei doch die Annahme von etwas recht Absonderlichem und daher müsse er, wenn seine These überzeugen solle, auch zeigen, wieso eine solche ›causa sui‹ eigener Art möglich sei und was sie in sich darstelle, dann kann er darauf nur antworten: Aufgrund der unbezweifelbaren Tatsache der Moralität des Menschen wisse er, *daß* es sie geben müsse, ihm sei es aber unmöglich zu erklären, *wieso* dies möglich sei und *was* sie in sich darstelle. Die Möglichkeit menschlicher Freiheit sei eben etwas Letztes und nicht weiter Durchschaubares. Doch, so kann er fortfahren, der Determinist sei keineswegs in einer besseren Position. Auch er könne nur zeigen, *daß* es Kausalität gebe, nicht aber, *wieso* sie möglich sei und *was* sie in sich darstelle. Beobachtbar sei auch bei der Wirkursächlichkeit z. B. immer nur, daß bestimmte Zustände A und B regelmäßig so miteinander verknüpft seien, daß sie immer beide miteinander aufträten, niemals aber A auf B folge, und daraus schließe man dann, daß A die Wirkursache von B sein müsse. *Was* aber Wirkursächlichkeit in sich sei und *wieso* A die Wirkursache von B sein könne, sei auch für den Deterministen nicht klarer erfaßbar als das Wesen menschlicher Freiheit für seinen Gegner. Der Indeterminist begegnet demnach dem Vorwurf der Absonderlichkeit in ähnlicher Weise wie der werttheoretische Objektivist dem entsprechenden Vorwurf von seiten des Subjektivisten: Er beruft sich auf die Gewißheit einer unmittelbaren sittlichen Einsicht.

Dieses hier dargestellte Argument eines physischen und psychischen Determinismus ließe sich noch durch den logischen sowie den Finaldeterminismus ergänzen – Begründungsweisen, wie sie vor allem von deterministisch denkenden Theisten vorgetragen werden, wenn sie sich auf das Vorherwissen sowie die sittliche Güte Gottes als Argumentationsgrundlage berufen, die aber auch unabhängig vom Theismus diskutiert werden können. Eine Erörterung auch dieser Einwände schlösse schwierige Gedankengänge ein, die hier zu weit führen würden. Doch lassen sich meines Erachtens auch diese Gegenargumente zurückweisen. Statt dessen soll im folgenden noch auf das ernste Anliegen eingegangen werden, das viele Deterministen mit ihrer These vertreten.

c) Das Anliegen des Deterministen

Es ist nicht zu verkennen, daß der Determinist häufig ein sehr wichtiges Anliegen vorbringt. Er wendet sich gegen die fast unausrottbar scheinende Neigung, bedenkenlos über Menschen Gericht zu sitzen, den Stab zu brechen, sie moralisch zu disqualifizieren und abzuurteilen – mit den oft schrecklichen Folgen, die ein solches Verhalten für die Betroffenen haben kann. Es ist auch schon eingeräumt worden, daß gerade überzeugte Deterministen zur Humanisierung des Strafvollzugs viel beigetragen haben. Dennoch scheinen sie das Kind mit dem Bad auszuschütten. Geht man von der Möglichkeit von Willensfreiheit und entsprechender Verantwortlichkeit aus, dann besteht gewiß die Gefahr, Verantwortlichkeit auch dann zuzusprechen, wenn sie gar nicht gegeben ist. Daß dies häufig geschieht und zu unermeßlichem Leid geführt hat und immer noch führt, ist sicherlich richtig. Doch erstens stellt die mißbräuchliche Anwendung einer Einsicht kein Argument gegen ihre grundsätzliche Richtigkeit dar, was wohl auch die meisten Deterministen zugeben würden, und zweitens ist es höchst fraglich, ob eine allgemeine Überzeugung von der Nicht-Verantwortlichkeit des Menschen für sein Tun und Lassen praktisch zu größerer Toleranz und zu einer Verminderung menschlichen Leids führen würde, was manche Deterministen anzudeuten scheinen. Eher dürfte das Gegenteil davon wahrscheinlich sein.

Angenommen, niemand wäre für sein Verhalten verantwortlich und man hätte etwa die Unterscheidung zwischen Strafe und Sicherungs- oder Erziehungsmaßnahme völlig aufzugeben; wäre es dann nicht konsequent, wenn man z. B. unterschiedslos alle Menschen, deren politische, religiöse oder moralische Handlungen und Überzeugungen man mit einiger Gewißheit meint als falsch bezeichnen zu können, einer Art von erzieherischer Gehirnwäsche unterzöge, wie es tatsächlich da und dort mit sogenannten Dissidenten geschieht? Wäre es unter dieser Voraussetzung nicht folgerichtig, wenn man möglichst jeden zu seinem ›Glück‹ zwänge?

Der Vertreter der Willensfreiheit wird also durchaus dankbar dafür sein, wenn Deterministen mit Nachdruck auf die vielfältigen Gründe für eingeschränkte oder ganz aufgehobene Verantwortlichkeit hinweisen und vor den Gefahren einer Verkennung dieser Tatsachen warnen. Doch muß er den allgemeinen Vorwurf zurückweisen, in der Praxis führe die Behauptung von sittlicher Verantwortlichkeit notwendig zu Intoleranz und schlimmsten Ungerechtigkeiten.

5. Strukturen menschlicher Freiheit

UNSERE ENTSCHEIDUNG und die sich daraus ergebende frei eingenommene Entschiedenheit beziehen sich auf die beiden obersten Bestimmungsgründe allen sittlichen Urteilens und Handelns: auf selbstlose Unparteilichkeit und selbstsüchtigen Egoismus. Daher können sie immer nur *total* oder umfassend in dem Sinn sein, daß niemand in seiner Grundentschiedenheit teils unparteiisch und teils egoistisch, teils gut und teils schlecht sein kann. Die sittliche Forderung ist trotz ihrer vielfältigen Differenzierung in konkrete Einzelinhalte immer nur eine (vgl. Kap. V, 9): Wer aus moralischer Gesinnung ein Einzelgebot befolgt, will zugleich alle anderen befolgen. Außerdem geht es in der freien Entscheidung um die Annahme bzw. die Zurückweisung einer kategorischen Forderung: Wir sollen uns unbedingt zur Selbstlosigkeit und gegen die Selbstsucht entscheiden. Daher können die Entscheidung und die aus ihr resultierende Entschiedenheit immer nur *definitiv* gemeint sein; denn eine bloß vorbehaltliche Annahme einer kategorischen Forderung kommt ihrer Zurückweisung gleich. Wer überhaupt jemals vor der Wahl zwischen Selbstlosigkeit und Selbstsucht gestanden hat, hat sich auch entschieden, und zwar, soviel an ihm liegt, definitiv oder endgültig. Angesichts dieser Alternative ist eine Stimmenthaltung logisch ausgeschlossen. Wenn aber die freie Entscheidung und die daraus hervorgehende Entschiedenheit immer nur total und definitiv sein können, wie ist es dann möglich, daß nicht jeder moralisch gute Mensch gleich gut und jeder moralisch schlechte Mensch gleich schlecht ist? Wieso kann es dann noch einen Fortschritt im Guten und einen weiteren Abstieg ins Böse geben? Wie ist es dann möglich, daß der zum Guten Entschiedene noch in Versuchung geführt und der schuldig Gewordene noch zur Umkehr gerufen werden kann? Wieso tut der Gute dann nicht nur das Gute und der Schlechte nicht nur das Schlechte? Um solche Fragen beantworten zu können, muß man erstens davon ausgehen, daß die sittliche Entscheidung und ihre daraus resultierende Entschiedenheit von unterschiedlicher existentieller Tiefe zu sein vermögen, und zweitens, daß sie dem freien Ich zentral oder peripher entspringen können. Dies sind metaphorische Ausdrucksweisen, die im folgenden noch verdeutlicht werden müssen.

a) Die unterschiedliche existentielle Tiefe von Entscheidung und Entschiedenheit

Zur Erläuterung des zuerst genannten Sachverhalts, der Gegebenheit unterschiedlicher existentieller Grade oder Stufen von Entscheidung und Entschiedenheit, diene ein leicht durchschaubares Beispiel. Wenn wir etwa von einem Beamten sagen, er sei unbestechlich, dann meinen wir damit, er lasse sich auch durch das Angebot besonderer Vergünstigungen oder Geldzuwendungen nicht von seinem pflichtmäßigen Handeln abbringen. Wann aber ist ein Beamter wirklich *un*bestechlich, wann kann er selbst oder können andere dies zu Recht von ihm behaupten? Offenbar erst dann, wenn er sich in hohem Maß bewährt hat, d. h. wenn er entsprechenden schweren Versuchungen widerstanden hat. Man stelle sich einen hohen Beamten im Beschaffungsamt der Bundeswehr vor. Über den Mittelsmann einer Herstellerfirma für militärisches Gerät werden ihm 100 000 DM angeboten, wenn er sich für die Anschaffung ihres Produkts einsetzt und damit Erfolg hat. Der Beamte widersteht diesem Bestechungsversuch, und zwar aus innerer Überzeugung, nicht etwa in der Hoffnung, die Konkurrenz würde ein höheres Angebot machen. Wir haben nun allen Grund zu sagen, dieser Mann sei in einem hohen Maß unbestechlich; er kann sich auch sicher sein, daß er ohne großen inneren Aufwand jedem zukünftigen Bestechungsversuch in gleicher oder geringerer Höhe widerstehen wird. Wie aber wird er reagieren, wenn ihm ein beträchtlich höheres Angebot gemacht wird, etwa von einer oder zehn Millionen? Zwar besteht eine große Wahrscheinlichkeit, daß er sich auch dadurch nicht kaufen läßt; doch sicher kann er sich dessen nicht sein. Denn eine beträchtlich höhere Summe könnte ihn durchaus erneut in Versuchung führen. Widersteht er auch ihr, so kann er wohl als wirklich unbestechlich gelten. Widersteht er ihr nicht, so hat er seine Unbestechlichkeit ganz verloren, und es ist zu vermuten, daß er in Zukunft auch geringeren Summen zugänglich ist.

An diesem Beispiel kann etwas deutlich werden, was für moralische Entscheidung und Entschiedenheit durchgängig gilt: Niemand vermag sich selbst direkt in die Situation der Entscheidung zwischen Moral und Unmoral zu stellen; ›wir werden‹, so sagen wir, ›in Versuchung geführt‹. Auch liegt es nicht in unserer Macht, den Grad zu bestimmen, bis zu dem hin wir uns in unserer Entscheidung engagieren. Unsere Einflußmöglichkeiten in dieser Hinsicht sind bestenfalls sehr indirekter Art. Jede ernsthafte moralische Versuchung schließt zugleich die Möglichkeit der Bewährung in sich; sie kann überhaupt nur dann Versuchung sein, wenn sie ›tiefer‹ ansetzt, als die bisherige innere Entschlossenheit schon reicht. Doch falls sie wirklich Versuchung ist, steht wieder unsere moralische Gesinnung als ganze auf dem Spiel. Dies alles gilt selbstverständlich genauso für die ›Versuchung‹ zu Reue und Umkehr, wie wir sie in der Anklage unseres Gewissens erleben.

Die Annahme unterschiedlicher existentieller Stufen oder Grade von moralischer und unmoralischer Grundgesinnung erklärt – zusammen mit anderen Faktoren – u. a. die Tatsache, daß nicht alle guten Menschen die gleiche moralische Vollkommenheit erlangen wie Franz von Assisi, daß es ein Wachsen und Reifen im Sittlichen gibt, daß es oft langer Anstrengungen und Einübungen bedarf, um bestimme Grundhaltungen wie Taktgefühl, Geduld, Mut, Treue, Nüchternheit, Güte usw. in einer gewissen Vollkommenheit zu verwirklichen, daß sittliche Umkehr möglich ist, daß wir zeit unseres Lebens versuchlich bleiben, daß das, was heute noch für uns eine Versuchung ist, es morgen schon nicht mehr zu sein braucht.

b) Personal zentrale und periphere Entscheidung und Entschiedenheit

Eines erklärt die Annahme unterschiedlicher Intensitätsgrade freier Entscheidung und Entschiedenheit allerdings nicht, nämlich das, was wir am deutlichsten in der Willensschwäche oder der sittlichen Inkonsequenz erleben: ein Wollen und doch nicht Wollen, eine grundsätzliche Bejahung und gleichzeitige Mißachtung der sittlichen Forderung.

Zunächst einige Beispiele: Ein wirklich unbestechlicher Beamter läßt sich dennoch zu Weihnachten von interessierten Firmen große Geschenke machen. Er sieht durchaus, daß ihre Annahme mit seiner Grundeinstellung unvereinbar ist – nichtsdestoweniger nimmt er sie an. Ein Lehrer will gerecht sein; dennoch drückt er aufgrund seiner größeren Sympathie zu einem Schüler bei dessen Beurteilung ein Auge zu. Er sieht durchaus, daß sich dies nicht mit seinem Gerechtigkeitssinn verträgt – doch fällt seine Beurteilung deswegen nicht anders aus. Die Frau, die ihren Mann wirklich liebt, läßt dennoch die Bemerkung fallen, daß schließlich sie das Geld mit in die Ehe gebracht hat. Sie weiß, daß sie ihn damit trifft – das veranlaßt sie aber nicht, die Bemerkung, die ihr auf der Zunge liegt, herunterzuschlucken.

In diesen Beispielen wird jeweils eine bestimmte Verhaltensweise und die ihr zugrundeliegende Einstellung zwar grundsätzlich verneint, gleichzeitig aber auch bejaht. Die katholische Moraltheologie spricht bei einer solchen Zustimmung zu etwas, was man im Grund seines Herzens ablehnt, von ›läßlicher Sünde‹. Sie will damit sagen, es handle sich dabei zwar um eine freie Zustimmung zu einem Fehlverhalten und einer Fehleinstellung, dennoch aber nicht um eine solche, in der die Moralität eines Menschen als ganze auf dem Spiel steht – in diesem Fall spräche sie von ›Todsünde‹ oder von ›schwerer sittlicher Schuld‹. Die Frau kündigt mit ihrer Bemerkung ihre Liebe nicht auf; der Lehrer hört nicht auf, gerecht zu sein, und der Beamte verliert nicht seine Unbestechlichkeit. Ihre bewußte Zustimmung zu ihrem Fehlverhalten ist weder definitiv noch total gemeint, sondern nur vorläufig und halbherzig. Unverkennbar durchzieht dieses Phänomen der ›Halbherzigkeit‹ den gesamten Bereich des Sittlichen: auch ein Egoist kann hin und wieder ›inkonsequenterweise‹ etwas Gutes tun. Für dieses Phänomen, das sowohl in der Moraltheologie als auch in der Ethik seit langem gesehen wird, hat man bisher leider noch keine zulängliche Terminologie entwickelt. Man könnte hier von einer *Sittlichkeit im vorbereitenden Sinn* sprechen und sie so terminologisch von der *Sittlichkeit im vollen und eigentlichen Sinn*, von der bisher immer nur die Rede war, absetzen. Die Sittlichkeit im vorbereitenden Sinn wäre eine Art Vorstufe oder Einübungsform der Sittlichkeit im vollen Sinn, und zwar sowohl im Guten als auch im Schlechten. Der Sittlichkeit im vorbereitenden Sinn entspräche dann, bildlich gesprochen, eine freie Stellungnahme, die hinsichtlich des freien Personkerns als peripher zu lokalisieren wäre, der Sittlichkeit im vollen Sinn, in der es um die definitive und totale Realisierung dessen geht, worauf es dem Menschen unbedingt ankommen soll, eine solche, die dem freien Ich zentral entspränge.

Wenn oben gesagt wurde, das Alltägliche sei die Vorzugswahl und die seltene Ausnahme die freie Entscheidung, so ist diese Bemerkung nach der hier getroffenen Unterscheidung nun zu modifizieren: Alltäglich sind Vorzugswahl und freie Entscheidung im Sinne von personal peripheren Stellungnahmen, die seltene Ausnahme ist die freie Entscheidung im Sinne eines personal zentralen Akts.

XI. Sittlichkeit und christlicher Glaube: Moral ohne Gott?

1. Beispielgeschichte

Der schwache Schein der Fackel vermochte nicht bis in die letzten Winkel des Raumes zu dringen. Hin und wieder glitzerten einige Tropfen an der Wand auf. Thomas More saß etwas gekrümmt in seinem Lehnstuhl; sein Brustleiden machte ihm sichtlich mehr zu schaffen als früher. Die Wache hatte sich zurückgezogen; so konnte er ungestört mit Margarete, seiner Tochter, sprechen.

More blickte vom Brief seiner Adoptivtochter Lady Alington auf, den Margarete ihm übergeben hatte. Er mußte lächeln:

»Nun, Frau Eva, hat meine Tochter Alington dir gegenüber die Schlange gespielt und dich mit einem Brief hierhergeschickt, um deinen Vater in Versuchung zu führen? Willst du ihn wirklich dazu überreden, gegen sein Gewissen zu schwören und sich so vor sich selbst und aller Welt unglaubwürdig zu machen?«

»Ja, ich wünschte, du würdest dich dem Willen des Königs beugen, denn seine Ungnade bedeutet für dich den Tod.«

More verlor für einen Augenblick seine Heiterkeit und sprach ernst zu ihr: »Margarete, wir haben über diese Angelegenheit schon öfter gesprochen, und das, was du mir jetzt sagst, und die gleiche Furcht, die du jetzt empfindest, hast du mir schon zweimal mitgeteilt. Darauf habe ich dir beide Male geantwortet, daß niemand freudiger den Eid ablegen würde als ich, wenn es nur möglich wäre, den Willen des Königs zufriedenzustellen, ohne zugleich dem eigenen Gewissen die Gefolgschaft aufzukündigen.«

»Aber, Vater, der Eid auf die Ungültigkeit der ersten Ehe des Königs mit Katharina, auf die Rechtmäßigkeit der Thronfolge der Kinder aus seiner zweiten Ehe mit Anna Boleyn und auf die Suprematie des Königs über die Kirche von England wird doch durch ein Gesetz gefordert, das vom Parlament rechtmäßig bestätigt worden ist, uns also verpflichtet.«

More legte den Brief aus der Hand: »Tochter, Tochter, die Rolle, die du spielst, spielst du nicht schlecht. Aber bedenke: Wenn auch jeder verpflichtet ist, die Gesetze seines Landes im allgemeinen zu achten, so kann doch niemand von ihm fordern, die Gerechtigkeit eines jeden Gesetzes zu beschwören. Auch darf man ihn nicht zwingen, irgendeinen Teil eines Gesetzes zu erfüllen, der ungerecht wäre. Denn in allen Dingen, die das Gewissen berühren, ist auch der treueste Untertan verpflichtet, sein eigenes Gewissen und seine Würde höher zu achten als irgend etwas anderes in der Welt, zumal wenn er damit keinen Anlaß zu Tumult und Aufruhr gegen den König gibt, so wie es bei mir der Fall ist.«

»Dennoch aber haben mit ganz wenigen Ausnahmen alle anderen geschworen, Bischöfe, der Adel und schließlich auch ich selbst.«

More lachte: »Das war auch die Sprache der Eva, denn sie bot Adam keine schlechtere Frucht, als sie selber gegessen hatte.« Dabei wußte More sehr gut, daß Margarete sich selber Unrecht tat. Sie hatte zwar den Eid geleistet, doch mit dem Zusatz: ›soweit es mit dem göttlichen Gesetz vereinbar ist‹. Dies machte natürlich den Schwur bedeutungslos, und in dieser Form hätte auch More keine Bedenken gehabt, ihn abzulegen. Aber bei einem Mann seines Ansehens wollte und konnte sich der König einen solchen formalen Kompromiß nicht leisten. »Übrigens«, fuhr er, gegen Margarete gewandt, fort, »habe ich nie einen Menschen davon abgebracht noch je den Rat gegeben, den Eid zu verweigern. Auch habe ich nie einem anderen Bedenken einzuflößen versucht und werde es auch in Zukunft nicht tun. Weder kümmere ich mich um das Gewissen derjenigen, die geschworen haben, noch nehme ich es auf mich, ihr Richter zu sein; denn ihr Gewissen liegt in ihrem eigenen Herzen und ist meinen Blicken entrückt. Nur wäre es nicht mehr als recht und billig, wenn man auch mich meinem eigenen Gewissen überließe. Allerdings bin ich mir auch ziemlich sicher, daß, wenn auch nicht in England, so doch in der übrigen Christenheit, die Mehrzahl der unvoreingenommenen und einsichtigen Menschen so denkt.«

»Vater, du bist dir deiner Sache so sicher. Wie kommst du nur darauf, dein Gewissen so wichtig zu nehmen? Am Hof sagt man, deine Unnachgiebigkeit sei auf das Beispiel deines Freundes, des Bischofs von Rochester, John Fisher, zurückzuführen?«

Ihr Vater schüttelte den Kopf: »Nein, mein Kind, obwohl ich, wie du weißt, in England niemanden kenne, der ihm an Weisheit, Gelehrsamkeit und langbewährter Tugend gleichkäme, wurde ich in dieser Frage doch nicht durch ihn bestimmt. Das geht schon daraus hervor, daß ich den Eid verweigerte, bevor er ihm überhaupt vorgelegt wurde. Auch würde ich in Dingen, die meine innerste Menschenwürde und damit mein Heil betreffen, niemals unbesehen einem anderen folgen, und wäre er auch der beste Mensch, den ich auf dieser Welt kenne; denn ich weiß ja nicht, wohin er mich führen würde. Es gibt keinen auf der Erde, dessen ich mir in einer solchen Frage sicherer sein könnte als mir selbst.«

»Und dennoch«, warf Margarete ein, »es sind doch so wenige, die deiner Auffassung vom unbedingten Vorrang der eigenen Gewissensüberzeugung folgen. Wo bist du denn zum erstenmal diesem Anspruch begegnet?«

»Begegnet bin ich ihm zum erstenmal in meinen Kindertagen, als ich Lesen und Schreiben lernte. Auch dich habe ich es anhand der Bibel gelehrt. Ich erinnere mich noch gut deiner Begeisterung, als du noch mit dem Finger die Berichte von Johannes dem Täufer, von Stephanus, von Petrus und vor allem von Jesus Christus, unserem Herrn, entziffertest. Genauso ist es mir ergangen. Später habe ich weiter darüber nachgedacht und bin tiefer eingedrungen. Was ich als Kind unbefangen in mich aufgenommen hatte, wurde dann immer mehr in mir zu einer gut begründeten, festen Überzeugung.«

»Und wenn es noch so sehr deine feste Überzeugung ist, kannst du sie auch bis zum bitteren Ende durchhalten? Cromwell – und nicht nur er – behauptet, allein dein Stolz und dein Hochmut veranlaßten dich zu deiner Halsstarrigkeit.«

»Kind, du weißt, wie furchtsam ich von Natur aus bin und wie wenig ich Schmerzen auszuhalten vermag. Dennoch ist mein Vertrauen groß, wenn ich mich auch angesichts der drohenden Folter schwach fühle. Ich hoffe bei Gott, sie werden keine gewaltsamen Mittel anwenden; sollten sie es dennoch tun, so hoffe ich, daß Gott mir durch seine Gnade die Kraft geben wird, standhaft zu bleiben. Ich werde es so machen wie Petrus, dessen Standhaftigkeit auch nicht sehr groß war, und um Christi Hilfe rufen. Ich bin sicher, daß der Herr mich dann vor dem Versinken bewahren wird. Ja, und wenn er es geschehen läßt, daß ich wie Petrus versinke und gegen meine Überzeugung schwöre, dann werde ich dennoch darauf vertrauen, daß der Herr in seiner Güte seine barmherzigen Augen auf mich richten wird, so daß ich von neuem die Wahrheit frei bekenne und die Schande und Strafe für mein Vergehen auf mich nehme.«

»Worauf aber gründest du letztlich deine Hoffnung? Ist es nicht widersinnig, um der eigenen Gewissensüberzeugung willen auch das Äußerste in diesem Leben auf sich zu nehmen?«

»Ich danke Gott, daß mein Gewissen vollständig klar ist. Ich kann wohl Schmerzen leiden, nicht aber zu Schaden kommen; denn ein

Mensch in meiner Lage kann zwar seinen Kopf, nicht aber seine Würde verlieren. Und du fragst, wieso eine solche Überzeugung auch noch angesichts des Todes sinnvoll vertreten werden kann? Täglich bekennen wir uns zu Gott, dessen Macht über den Tod hinausreicht; wir glauben an die Auferstehung und das ewige Leben. Und das genügt.«

Thomas More wurde am 6. Juli 1535 enthauptet. Seine letzten Worte waren: »Ich sterbe als des Königs treuer Diener, aber zuerst als Gottes Diener.«

(Dem Text liegt ein Gespräch zugrunde, das Thomas More mit seiner Tochter Margarete im Tower geführt hat. Margaretes Einwürfe und Mores Antworten sind zum größten Teil diesem Gespräch und anderen historisch verbürgten Äußerungen Mores entnommen.)

2. Die Entscheidung für die Moral als Teilmoment wahrer Gläubigkeit

In diesem Dialog stellt Margarete ihrem Vater vier Fragen, die für die Bestimmung des Verhältnisses zwischen Sittlichkeit und christlichem Glauben von entscheidender Bedeutung sind, doch als grundlegend verschiedene Fragen nicht miteinander verwechselt werden dürfen: die *normative Frage*, was hier und jetzt zu tun sittlich richtig ist und weshalb; die *genetische Frage*, auf welchem Weg man zu einer bestimmten sittlichen Einsicht gekommen ist; die *Frage nach dem Erfüllungsgrund*, wieso es möglich ist, die sittliche Forderung im Leben zu verwirklichen; die *Frage nach dem letzten Grund für die Sinnhaftigkeit der sittlichen Forderung*, wieso sie sich als kategorische Forderung im Extremfall des Lebensopfers nicht selbst aufhebt. In diesen vier Fragen geht es um die Beziehung zwischen dem theistischen und christlichen Glauben, insofern darunter der Glaubens*inhalt* oder das, woran der Christ glaubt, verstanden wird, und moralischen Fragestellungen und Sachverhalten. Doch sollen zunächst noch zwei Fragen geklärt werden, die den Glauben im Sinne von subjektiver *Gläubigkeit* als innerer Zustimmug zum christlichen Glaubensinhalt und die Moral ebenfalls im Sinne der subjektiv gelebten Moralität betreffen: Kann es wahre Gläubigkeit oder Religiosität im christlichen Sinn ohne Moralität geben? Und umgekehrt: Kann es wahre Moralität ohne Gläubigkeit geben?

Zu den völlig selbstverständlichen Überzeugungen aller Christen, sowohl der kirchlichen Amtsträger als auch der Theologen als auch der Laien, gehört die Auffassung, daß ein ernsthaft gelebter christlicher Glaube den grundsätzlichen Entschluß zu einem Leben nach den Forderungen der Sittlichkeit unmittelbar mit einschließt. Niemand kann subjektiv ehrlich gläubiger Christ sein, ohne zugleich auch im vollen Sinn moralisch sein zu wollen; ein reiner Egoist kann zwar seinem Taufschein, seinem Steuerbescheid und seinem Lippenbekenntnis nach zur Gruppe derjenigen zählen, die man soziologisch als ›Christen‹ bezeichnet, er kann aber nicht Christ im Herzen sein. Das Bekenntnis zum christlichen Glauben ist nach dieser Auffassung zugleich die Entscheidung für die Moral. Ohne diese Grundüberzeugung bliebe uns die Vielzahl sittlicher Mahnungen im Alten und im Neuen Testament gänzlich unverständlich. Die Einheit von christlich gelebtem Glauben mit gelebter Sittlichkeit findet man präzise im Doppelgebot der Gottes- und Nächstenliebe formuliert: Du sollst den Herrn, deinen Gott, lieben – dies ist das erste Gebot; das zweite aber ist diesem gleich: Du sollst deinen Nächsten lieben wie dich selbst. Oder in johanneischer Fassung: Wer sagt, er liebe Gott, doch seinen Bruder haßt, ist ein Lügner.

Diese allgemeine Überzeugung besteht gewiß zu Recht; doch weshalb ist sie richtig? In Kap. II, 8 a wurde der Grund bereits genannt: Wer Gott im christlichen Sinn anerkennt, bekennt sich zu ihm als einem moralischen Wesen. Gott wäre nicht Gott, würde ihm nicht die Qualität moralischer Vollkommenheit zukommen. Die Vorstellung eines Willkür-Gottes oder eines Gottes jenseits von moralisch Gut und Böse wäre in sich widersprüchlich. Daraus ergibt sich, daß Gott nur das Gute und Richtige wollen kann. Über diese logische Implikation wird sich ein Christ kaum täuschen können; zu sehr steht die sittliche Verkündigung im Mittelpunkt der Botschaft Jesu. Wer also im christlichen Sinn an Gott glaubt, muß ihn zugleich auch als sittlich fordernd anerkennen. Das Bekenntnis zu Gott schließt die Entscheidung zur Moral in sich.

Dieser Gedanke, daß Gottes gebietender Wille notwendig mit der sittlichen Forderung zusammenfällt, stellt, wie gesagt, eine logische Selbstverständlichkeit dar. Jeder in sich konsistente Theismus muß diese Implikation behaupten; sie ist also nicht charakteristisch für seine spezifisch christliche Ausprägung. Da es sich um eine logische Selbstverständlichkeit handelt, braucht sie nicht immer wieder neu gesagt zu werden. Gebot, Forderung, Wille Gottes oder synonyme Wendungen sind damit ein für allemal als gleichbedeutend mit sittlich Gut und Richtig gekennzeichnet. Alle moralischen Sachverhalte lassen sich demzufolge sowohl in ethischer als auch in religiöser Sprache formulieren, ohne daß damit, rein logisch gesehen, irgendein Gedankenfortschritt erzielt würde. Mit der gegenüber der ethischen Redeweise unterschiedlichen religiösen moralischen Sprache verweist man nicht auf andersartige, sondern auf dieselben Sachverhalte, allerdings unter ausdrücklicher Einbeziehung ihrer transzendenten Dimension.

In den voraufgegangenen Kapiteln wurde, soweit wie möglich, die ethische Terminologie verwendet, und zwar aus zwei Gründen: Erstens weil der Zugang zu den sittlichen Phänomenen ihrer religiösen Deutung der Sache nach logisch vorausgeht; zweitens weil die ethische Sprache sowohl vom Theisten als auch vom Atheisten oder Agnostiker gesprochen werden kann. Um in einen Dialog über moralische Fragen mit einem Atheisten eintreten zu können, muß der Theist sich auf die Ebene der gemeinsamen ethischen Redeweise begeben – andernfalls wären zahlreiche Mißverständnisse bereits programmiert.

3. Die Möglichkeit wahrer Moralität ohne ausdrückliches Bekenntnis zu Gott

Gilt dieser Satz, wahre Gläubigkeit schließe die Entscheidung zur Moral in sich ein, auch umgekehrt? Vielfach waren Christen der Meinung, nur der gläubige Mensch könne wahrhaft moralisch sein, wahre Moralität schließe das ausdrückliche Bekenntnis zum Atheismus aus. Wäre mit einer solchen Behauptung nur gemeint, eine zureichende theoretische Reflexion des Sittlichen sei mit der theoretischen Position eines Atheismus unvereinbar, so handelte es sich dabei um eine metaethische theoretische These, die meines Erachtens gute Gründe für sich hat. Vielfach scheint man aber nicht diese theoretische Fragestellung im Auge gehabt zu haben, sondern man hat wohl die Tatsachenbehauptung aufstellen wollen, ein subjektiv ehrlich überzeugter Atheist könne kein moralisch guter Mensch sein, das Bekenntnis zum Atheismus schließe notwendig wahre Sittlichkeit aus.

So präziser formuliert, leuchtet diese in der Vergangenheit oft wiederholte Behauptung kaum ein. Doch weshalb ist sie falsch? Wie läßt sich erklären, daß jemand zwar ein im moralischen Sinn guter Mensch sein kann, ohne zugleich ein religiöser Mensch zu sein, wenn doch umgekehrt wahre Religiosität immer wahre Moralität in sich einschließt?

Wahre Moralität besteht in der grundsätzlichen Entschlossenheit und Bereitschaft, unparteiisch alles, was liebenswert ist, auch als solches anzuerkennen. Doch die bloße willentliche Entschlossenheit genügt nicht, damit diese auch in bezug auf alle liebens- und achtenswerten Dinge und Personen wirksam wird. Hinzukommen muß wenigstens noch das Wissen um ihre Existenz. Von Las Casas, der 18 Jahre vor der Entdeckung Amerikas geboren wurde, können wir sicher annehmen, daß er immer schon grundsätzlich bereit war, alle seinesgleichen als solche anzuerkennen und zu achten. Doch da er von der Existenz von Indianern zunächst gar nichts wußte, konnte sich diese grundsätzliche Entschlossenheit in bezug auf sie überhaupt nicht auswirken. Ähnlich stellt sich aus der Sicht des Theisten die Situation für einen moralisch gesinnten Atheisten dar: Er ist grundsätzlich entschlossen, alles Liebens- und Achtenswerte als solches anzuerkennen. Wenn es ein solches Wesen, das von den Christen ›Gott‹ genannt wird, tatsächlich gäbe, würde auch er es als Gott verehren. Doch seiner Ansicht nach gibt es ein solches Wesen nicht, und daher kann er es auch nicht verehren. Aus der Sicht des Theisten liegt beim Atheisten, insofern er den Standpunkt der Moral einnimmt, eine virtuelle Bereitschaft zur Gottesverehrung vor, die jedoch aufgrund seiner mangelnden Einsicht nicht aktuell werden kann. Ihm fehlt es nicht am guten Willen, sondern an der rechten Einsicht. Der Unterschied zwischen dem Bekenntnis zum Theismus und zum Atheismus liegt demnach nicht auf der Ebene des Wollens, sondern der des Erkennens. Der Atheist braucht sich nicht zu bekehren, sondern er muß sich – aus der Warte des Theisten – von der Wahrheit überzeugen; Atheismus und Theismus oder christlicher Glaube stehen sich gegenüber wie Irrtum und Wahrheit, nicht wie Unmoral und wahre Moralität. Der Atheist wird selbstverständlich genau anders urteilen; denn keiner, der irrt, weiß, daß er irrt.

Demnach ist wahre Moralität ohne ausdrückliche Religiosität möglich, weil man sich hinsichtlich der Frage der Existenz oder Nicht-Existenz Gottes irren kann; umgekehrt aber ist wahre Religiosität – jedenfalls im christlichen Sinn – ohne wahre Moralität unmöglich, da hinsichtlich der moralischen Implikation des christlichen Glaubens ein Irrtum faktisch ausgeschlossen zu sein scheint.

4. Der spezifische Beitrag des christlichen Glaubens in bezug auf Fragestellungen der Moral

Unter Christen findet man heute weithin die Ansicht verbreitet, der christliche Glaube müsse sich irgendwie von der Moral her rechtfertigen lassen. Man meint, wenn es keine spezifisch christliche Moral gäbe, wäre es sinnlos, noch christlich zu glauben. Man sucht also die Bedeutung des Glaubens von der Moral her zu verstehen. Der Gedankengang scheint folgender zu sein: Unzweifelhaft steht für jeden denkenden Menschen fest, daß sich der Sinn menschlichen Lebens in der Moralität des einzelnen erfüllt und daß auch das Wohl der Menschheit weitgehend von der Moralität ihrer Mitglieder abhängt. Ließe sich nun zeigen, daß der christliche Glaube einen spezifischen Beitrag für die Moral zu leisten hätte, so wäre an seiner Existenzberechtigung nicht mehr zu zweifeln. Diese Auffassung zeigt sich darin, daß die Kirchen immer wieder auf die ›unaufgebbaren christlichen Grundwerte‹ verweisen oder daß man den Kampf für eine bessere Welt für eine zentrale Aufgabe der christlichen Kirchen hält.

Was ist von dieser Ansicht zu halten? Hat der christliche Glaube tatsächlich einen spezifischen Beitrag zur Moral zu leisten? Wenn ja, welchen? Meines Erachtens besteht der Anspruch, der sich in dieser Überzeugung ausdrückt, tatsächlich zu Recht: Der wesentliche Inhalt des christlichen Glaubens will eine Antwort auf zentrale sittliche Fragen darstellen. Doch vermutlich wird dieser Beitrag heute gewöhnlich an vollkommen falscher Stelle gesucht. Dies vielleicht deshalb, weil man übersieht, daß es sich bei der Frage nach dem Zusammenhang zwischen christlichem Glauben und Moral nicht um eine einzige Frage handelt, sondern um mehrere. Fast immer versteht man die These, nach der es ein Spezifikum christlicher Moral im Unterschied zur nicht-christlichen und atheistischen Ethik gibt, in dem Sinn, daß sich einige sittliche Einzelforderungen nur vom spezifisch christlichen Glauben her rechtfertigen oder einsichtig machen lassen. Man sucht den spezifischen Beitrag also im Bereich der normativen Ethik und glaubt zeigen zu können, daß, vom Inhalt her gesehen, die christliche Moral jeder anderen überlegen ist. Meines Erachtens ist diese Deutung des Spezifikums christlicher Ethik falsch; das spezifisch Christliche muß an völlig anderer Stelle gesucht werden.

a) Der wesentliche Inhalt des christlichen Glaubensbekenntnisses

Was macht zunächst den wesentlichen Inhalt des christlichen Glaubens aus? Ein Blick auf das Glaubensbekenntnis mag die drei entscheidenden Elemente in Erinnerung rufen.

Im ersten Glaubensartikel bekennt sich der Christ zu Gott als dem *guten Schöpfer* von allem. Dieses Bekenntnis ist nicht spezifisch christlich, sondern spezifisch theistisch. Dadurch grenzen sich alle religiösen Bekenntnisse gemeinsam gegenüber dem Atheismus und Agnostizismus ab. Nach christlicher Tradition handelt es sich beim Bekenntnis zu diesem Glaubensartikel nicht um einen eigentlichen Offenbarungsglauben, der sich letztlich auf das Zeugnis der Apostel, wie es im Neuen Testament niedergelegt ist, stützt, sondern um einen Vernunft- oder Schöpfungsglauben, dessen Wahrheit menschlicher Einsicht prinzipiell zugänglich ist. *Daß* Gott ist und daß er der *gute* Schöpfer ist, läßt sich nach dieser Auffassung von der Schöpfungswirklichkeit selbst her zureichend begründen. (Christen, die die prinzipielle Einsichtigkeit des Schöpfungsglaubens bestreiten, entziehen sich damit jegliche Rechtfertigungsbasis für ihren Offenbarungsglauben. Sie müssen die Zustimmung zum Atheismus oder zum christlichen Glauben oder zu jeder anderen Religion in gleicher Weise für völlig blind halten. Ferner müssen sie – aus ihrer Warte – zugestehen, daß sie, insofern sie von den Möglichkeiten menschlicher Einsicht gering denken, auch von Gott, insofern er ihrer Ansicht nach ja auch der Schöpfer dieser Vernunft und der uns unmittelbar zugänglichen Wirklichkeit ist, gering denken.) Auf seine Einstellung zum Leben hin gewendet, bedeutet das Bekenntnis des Christen zu Gott als dem Schöpfer, daß er sich in allem, was er ist und hat, was er schafft und erleidet, Gott als den tragenden guten Grund von allem verdankt weiß. Aus dieser Perspektive können weder Stolz und Selbstherrlichkeit im Glück noch Verzweiflung und Trostlosigkeit im Unglück jemals als gerechtfertigt erscheinen, vielmehr sind die für ihn charakteristischen Grundhaltungen Dankbarkeit und Vertrauen.

Im zweiten Glaubensartikel bekennt sich der Christ zu Gott als dem *Erlöser* in Jesus Christus, und zwar als dem Erlöser von sittlicher Schuld. Dieses Bekenntnis ist selbstverständlich spezifisch christlich; denn darin unterscheidet sich christlicher Glaube von allen anderen Religionen. Es läßt sich nicht mehr vernunftmäßig zureichend begründen, sondern nur auf das glaubwürdige Zeugnis der Glaubenszeugen hin annehmen. Auf seine Einstellung zum Leben hin gewendet, bedeutet dieses Bekenntnis für den gläubigen Christen: Auch sittliche Schuld stellt keinen Grund zur Verzweiflung dar. Das Bekenntnis zu Gott als dem Erlöser in Jesus Christus ist das Bekenntnis zur dauernden Vergebungsbereitschaft Gottes – wider Verdienst.

Schließlich bekennt sich der Christ im dritten Glaubensartikel zu Gott als dem *Vollender* in Jesus Christus, und zwar sowohl seines persönlichen Lebens als auch der Weltgeschichte als ganzer. Insofern die Vollendung als Auferstehung und als Teilhabe am Leben Gottes gefaßt ist, ist auch der dritte Glaubensartikel spezifisch christlich und nicht zureichend vernunftmäßig begründbar. Nach ihm erfüllt sich der Sinn menschlichen Lebens noch nicht umfassend in dieser Welt, sondern es findet seine vollkommene Erfüllung erst im Leben nach dem Tod.

b) Die normative Fragestellung

Inwiefern stellt nun der theistisch-christliche Glaube eine Antwort auf Fragen dar, die sich im Bereich des Sittlichen stellen? Im Dialog Thomas Mores mit seiner Tochter werden vier verschiedene Fragen gestellt, die man zu den Grundfragen der Ethik zählen muß. Zunächst ging es um die Frage nach dem richtigen Verhalten, also um die normative Frage, ob und, wenn ja, warum More den Eid zu Recht verweigert. Gefragt wird nach dem Rechtfertigungsgrund oder nach der inneren Begründung für den Vorrang der Integrität des eigenen Gewissens vor allen anderen Erwägungen. More führt in diesem Abschnitt des Gesprächs kein spezifisch christliches Argument an, das sich nur aus der Wortoffenbarung im Neuen Testament verstehen ließe, sondern beruft sich der Sache nach auf Erwägungen, die wir u. a. in Kap. IV, 5 c angestellt haben. Jeder, ob Christ, ob Atheist oder Muslim, könnte an dieser Diskussion teilnehmen, sie verstehen und die vorgebrachten Argumente akzeptieren, ohne zugleich gehalten zu sein, die spezifisch christliche Wortoffenbarung für sich zu übernehmen.

Es wurde schon oft genug darauf hingewiesen, daß die Frage nach dem rechten Handeln und seinen Kriterien innerhalb des ethischen Fragebereichs den breitesten Raum einnimmt. Denn von ihrer richtigen Beantwortung hängt das Wohl und Wehe der Menschen in dieser Welt mit ab. Gerade wegen der sich unmittelbar aufdrängenden Wichtigkeit dieser Fragestellung scheinen heute viele Theologen zu der Ansicht zu neigen, aus der spezifisch christlichen Wortoffenbarung müßten sich wenigstens für einige Fälle spezifisch christliche, eindeutige Handlungsanweisungen ableiten lassen.

Doch scheint hier eher der Wunsch der Vater des Gedankens zu sein. Die wenigen gewöhnlich genannten Kandidaten für solche als spezifisch christlich behauptete Normen sind in ihrer Geltung entweder auch ohne Berufung auf die Wortoffenbarung einsichtig zu machen, wie etwa das Gebot universaler Nächstenliebe und das Gebot der Feindesliebe (vgl. Kap. V, 3), oder aber höchst fragwürdig, wie etwa die vorgebliche Forderung zu völligem Gewaltverzicht und das Schwurverbot. Jedenfalls ist es bisher nicht gelungen, irgendeine reine sittliche Norm, als nur auf der Basis des christlichen Glaubens verständlich, nachzuweisen. Außerdem hat man die These, es gebe im Bereich der normativen Ethik einen spezifisch christlichen Inhalt, in der gemeinchristlichen Tradition immer ausdrücklich abgelehnt: Jesus Christus habe kein neues Gesetz (= Inbegriff aller sittlichen Forderungen) gegeben, sondern das immer schon geltende erfüllt, so lautet die traditionell verwendete Formel. Auf ihren positiven Nachsatz wird der Sache nach noch ausführlicher im Abschnitt d) einzugehen sein.

Angenommen auch, es gäbe in bezug auf zentrale ethische Probleme hinsichtlich der Bestimmung des sittlich Richtigen spezifisch christliche Antworten, so müßten Christen für diese Fälle davon ausgehen, daß eine ethische Diskussion mit Nicht-Christen völlig zwecklos wäre; denn diese würden ja die angenommene Argumentationsbasis, die Wortoffenbarung des Neuen Testaments, nicht anerkennen. Tatsächlich aber scheinen auch Christen gewöhnlich der Auffassung zu sein, sie könnten prinzipiell mit jedem über den Inhalt rein sittlicher Normen sinnvoll diskutieren – und faktisch geschieht dies auch, etwa in der UNO.

In vielen Unterorganisationen der UNO (Weltgesundheitsorganisation, Welthungerhilfe, Kinderhilfe usw.) werden moralische Probleme weltweiten Ausmaßes diskutiert. An diesen Diskussionen nehmen Menschen unterschiedlichster Weltanschauung teil. Die Fragen, die hier erörtert werden, lassen sich auf folgende Typen bringen: Wer ist hilfsbedürftig, in welcher Hinsicht und in welchem Maß? Wer kann helfen, in welcher Hinsicht und in welchem Maß? Auf welche Weise kann die Hilfe am besten erfolgen? Völlig irrelevant ist in solchen Diskussionen offenbar die Religions- oder Weltanschauungszugehörigkeit der Diskussionspartner. Meines Erachtens sind alle normativen Probleme prinzipiell von dieser Art.

Schließlich scheint sich der Christ, der von ausgrenzbaren spezifisch christlichen Inhalten im Bereich der normativen Ethik ausgeht, für diese entweder auf eine positivistische Setzung oder aber auf die überlegene Weisheit und Einsicht Gottes berufen zu müssen. Beide Auffassungen scheinen jedoch nach den Überlegungen in Kap. II, 8 unhaltbar zu sein. Die erste widerspräche fundamental der christlichen Gottesvorstellung; bei der zweiten hätte man die schwierige Frage zu beantworten, woher man denn wisse, daß Gott sich in einer bestimmten moralischen Frage das Urteil vorbehalten habe und wie es laute.

Läßt sich vielleicht auch eine Erklärung dafür angeben, weshalb der christliche Glaube als solcher keine spezifische Antwort auf Fragen der normativen Ethik gibt? Christen verstehen ihren Glauben, insofern er spezifisch christlich ist, als *Heils*glauben. Sein zentraler Inhalt bezieht sich auf das umfassende Heil des Menschen, auf den letzten Sinn seines Lebens oder auf das, worauf es dem Menschen unbedingt ankommen soll. In der normativen Ethik geht es dagegen mit Ausnahme jener Regeln, in denen die Vorrangigkeit des sittlichen Werts vor allen nicht-sittlichen Werten formuliert wird, um das Wohl des Menschen in dieser Welt. Aufgrund dieser unterschiedlichen Zielrichtung ist von vornherein zu erwarten, daß es gar nicht in der Absicht Jesu lag, Hinweise darauf zu geben, wie sich das Wohl der Menschen auf bestmögliche Weise realisieren lasse (die Grundfrage der normativen Ethik), sondern daß er eine Antwort auf Fragen geben wollte, die sich nicht in bezug auf die Inhalte, vielmehr in bezug auf den Unbedingtheitscharakter der sittlichen Forderung stellen.

c) Die Frage nach der Genese sittlicher Einsichten

Rein logisch gesehen, hat demnach die spezifisch christliche Offenbarung keine Bedeutung für die Bestimmung des Inhalts der sittlichen Forderung. Aber es sind zwei völlig verschiedene Fragen, ob eine sittliche Forderung unabhängig von der besonderen Wortoffenbarung prinzipiell für jeden einsichtig ist und ob sie auch von einigen oder vielen tatsächlich eingesehen wird. Es mag sein, daß der christliche Glaube hinsichtlich dieser zweiten Frage, in der es um die Art und Weise geht, wie es zu einer sittlichen Einsicht kommt, tatsächlich von Bedeutung ist. Im Dialog Mores mit seiner Tochter bestätigt er ihr, daß ihm die Einsicht in den Vorrang der moralischen Integrität des Gewissens zuerst bei der Lektüre der Evangelien kam.

Damit nennt More nicht den Geltungsgrund für die Richtigkeit seiner Auffassung, sondern verweist auf ihren genetischen Erklärungsgrund (vgl. Kap. VI, 4).

Auf diese genetische Frage, ob der Christ, unter sonst gleichen Umständen, vom Evangelium her eher in der Lage ist, das sittlich Geforderte zu erkennen, läßt sich – mit einiger Zurückhaltung – antworten: Wenigstens in bezug auf einige sittliche Normen scheint er prinzipiell in einer günstigeren Position zu sein als der Nicht-Christ.

Wir haben gesehen, daß sittliche Irrtümer neben logisch fehlerhafter Ableitung zwei verschiedene Ursachen haben können. Einmal kann man sich in den für ein sittliches Urteil relevanten deskriptiven Tatsachenfragen, dann auch hinsichtlich der implizierten Wertfragen irren. Da nun der christliche Glaube keine Aussagen über Logik und rein deskriptive Sachverhalte macht, ist der Christ gegen diese Fehlerquellen genauso wenig gefeit wie jedermann sonst. Seine prinzipiell günstigere Position beschränkt sich daher auf den relativ schmalen Bereich jener Irrtümer, die auf falsche Werturteile zurückgehen.

Doch auch hier muß noch einmal eingeschränkt werden. Denn nicht gegen alle möglichen Irrtümer in Wertfragen ist der Christ in besonderer Weise gefeit, sondern nur gegen solche, die mit wesentlichen Glaubensinhalten logisch unvereinar sind. So läßt beispielsweise der Glaube an Gott als den Schöpfer, Erlöser und Vollender aller, die Menschenantlitz tragen, logisch keinen Raum für einen ethischen Partikularismus. Der Glaube an die Erlösung und die Berufung jedes einzelnen schließt logisch notwendig die Behauptung einer unverwechselbaren Würde jedes Menschen ein, darum einen reinen Kollektivismus aus. Ferner scheint der Glaube an die Erlösung die Schuldfähigkeit, folglich auch die Verantwortlichkeit und die Willensfreiheit des Menschen vorauszusetzen. Diese prinzipiell günstigere Position des Christen bei einigen fundamentalen Werteinsichten hat sich nach Ansicht einer Reihe von Philosophen und Theologen auch faktisch in der Menschheitsgeschichte ausgewirkt. So führt man die schließliche Abschaffung der Sklaverei, die weitverbreitete Durchsetzung der Monogamie, die theoretische Anerkennung der Gewissensfreiheit, überhaupt die Idee von allgemeinen Menschenrechten und damit den ethischen Universalismus maßgeblich auf den Einfluß des Christentums zurück (gedacht ist hier primär an die geistige Durchsetzung dieser Ideen als herrschender Wertüberzeugungen, nicht als auch praktisch gelebter Überzeugungen).

Doch sollte man diese prinzipiell günstigere Position des Christen bei der Erkenntnis einiger fundamentaler Wertsachverhalte nicht überschätzen. Ob man zu einer bestimmten Einsicht gelangt oder nicht, hängt von zahlreichen Faktoren ab; von der moralischen Integrität eines Menschen, von seinem moralischen Gespür, seinem Einfühlungsvermögen usw.; es ist aber keineswegs gesagt, daß der Christ auch in diesen Hinsichten gegenüber dem Nicht-Christen in einer günstigeren Position ist. Von daher verwundert es nicht, daß in der Geschichte selbst grundlegende sittliche Einsichten gegen den erbitterten Widerstand der christlichen Kirchen gewonnen werden mußten. Man denke an die Menschenrechte, besonders an das Recht auf Religionsfreiheit.

d) Die Frage nach der Bedingung der Möglichkeit sittlicher Güte und sittlicher Umkehr

Beim dritten Fragetyp geht es nicht mehr um die logische Erkennbarkeit und die genetische Einsicht in das, was sittlich gefordert ist, sondern um das Tun oder die Erfüllung der sittlichen Pflicht. Die Frage lautet hier: Wieso ist es überhaupt möglich, sittlich gut zu sein? – und verschärft für den Fall des sittlich schuldig Gewordenen: Wieso ist eine Umkehr zum sittlich Guten überhaupt noch möglich, wenn die Entschiedenheit zum moralisch Schlechten von sich aus doch total und definitiv gemeint ist? Wie kann aus dem Sünder ein Gerechter werden? Dies ist die zentrale Frage, die Luther, Augustinus und Paulus gestellt haben. More vertraut auf Gott, der ihm, so hofft er, die Kraft geben werde, standhaft zu bleiben, und falls er doch gegen sein Gewissen schwören sollte, ihn in seiner Barmherzigkeit wieder aufrichten werde. Mit diesem Bekenntis weist er den Vorwurf von Stolz und Hochmut von sich.

Es mag sein, daß uns diese Frage nach dem tragenden, transzendenten Grund unserer eigenen Moralität heute bei weitem nicht mehr so naheliegt wie den Menschen vergangener Jahrhunderte. Dennoch wird man sagen müssen, daß erst diese Frage auf den Kern des theistischen und christlichen Glaubens abzielt. Die Antwort auf diese Frage erfolgt in zwei Schritten. Beim ersten handelt es sich um eine spezielle Anwendung des allgemeinen Schöpfungsglaubens, sie ist also spezifisch theistisch; der zweite ist dann spezifisch christlich, insofern in ihm das Bekenntnis zu Gott als dem Erlöser in Jesus Christus formuliert wird.

Wie Gott als Schöpfer der transzendente Grund von allem und jedem ist, so ist er es auch in bezug auf die Moralität des Menschen. Die Entscheidung zum sittlich Guten ist zugleich ganz Tat des Menschen und ganz Gabe Gottes: des Menschen Tat, insofern allein sein Willensentschluß als der zureichende geschöpfliche Grund seines sittlichen Gutseins gelten kann; Gabe Gottes, insofern Gott als Schöpfer der transzendente Grund auch aller Willensentschlüsse ist. In dieser ersten Teilantwort drückt der Theist nichts anderes aus, als daß er sich in seinem Eigensten, nämlich in seiner sittlichen Entscheidung, ganz und gar Gott verdankt. Paulus formuliert in Phil. 2,12 f. prägnant dieses jedes Konkurrenzdenken ausschließende Verhältnis zwischen der geschöpflichen Freiheit des Menschen und der sie ermöglichenden Schöpfergnade Gottes: »Müht euch also um euer Heil in Furcht und Zittern! Denn Gott ist es, der in euch sowohl das Wollen als auch das Vollbringen bewirkt.« Diese Formulierung ist paradox, trifft aber genau das, wozu sich der Theist im Schöpfungsglauben bekennt. Die Aktivität des Schöpfers kann nicht in Konkurrenz zur Aktivität des Geschöpfs gedacht werden, sondern nur als ihr ermöglichender, transzendenter Grund: Die Entscheidung zum Guten ist ganz eigene Entscheidung – darum haben wir uns zu mühen in Furcht und Zittern –, als solche aber ist sie ganz verdanktes Geschenk – darum ist es Gott, der das Wollen und Vollbringen bewirkt. Für einen Atheisten ist diese Antwort selbstverständlich nicht akzeptabel. Wenn er überhaupt an der unbedingten Werthaftigkeit der Entscheidung zur Moral festhält – was ihm, wie wir bei der Diskussion des werttheoretischen Objektivismus und Subjektivismus gesehen haben, schwerlich möglich ist –, muß er diese Frage nach dem transzendenten Grund, oder in kantischer Formulierung: nach der Bedingung der Möglichkeit von Moralität, als sinnlos oder unbeantwortbar zurückweisen.

In bezug auf den sittlich schuldig Gewordenen lautet die entscheidende Aussage des christlichen Glaubensbekenntnisses: Für uns Menschen und zu unserem Heil ist er vom Himmel gekommen, hat Fleisch angenommen usw. Von daher ergibt sich auf die Frage nach der Bedingung der Möglichkeit sittlicher Umkehr: Eine Umkehr vom sittlich Schlechten zum sittlich Guten ist nur möglich aufgrund der Erlösung in Jesus Christus. Der transzendente Grund für die Möglichkeit sittlicher Umkehr ist die Vergebung durch Gott *wider Verdienst*, d. h., Umkehr ist Gabe Gottes im qualifizierten Sinn, zugleich aber ganz freie Tat des Menschen.

Die aus der Schöpfungslehre vertraute Formel: ›Ganz Aktivität des Geschöpfs, ganz verdankte Aktivität‹ wird vom Christen hier für die Erlösungslehre übernommen. Ein Atheist, der Willensfreiheit im Sinne einer nicht-determinierten Entscheidung zwischen sittlich Gut und Schlecht für möglich hält, wird nur konstatieren können, daß es das Phänomen sittlicher Umkehr gibt. Er wird aber wiederum die Frage nach der Bedingung der Möglichkeit solcher Umkehr als sinnlos oder unbeantwortbar zurückweisen.

Alles Bisherige stand unter der stillschweigenden Voraussetzung, daß man bereits den christlichen Schöpfungs- und Erlösungsglauben angenommen hat: Wenn das theistische und christliche Bekenntnis zu Gott dem Schöpfer und Erlöser wahr ist, dann stellt es in der dargelegten Differenzierung eine Antwort auf Fragestellungen aus dem Bereich des Sittlichen dar. Beim letzten Fragetyp geht es demgegenüber auch darum, zu zeigen, daß es vernünftig ist, daß es gute Gründe dafür gibt, eine solche Voraussetzung zu machen.

e) Die Frage nach der Bedingung der Möglichkeit der Sinnhaftigkeit einer kategorischen sittlichen Forderung

More wird von seiner Tochter gefragt, wieso sich seine Überzeugung vom unbedingten Vorrang der Integrität seines Gewissens in seiner Situation nicht als widersinnig erweist. Damit setzt sie bei ihrem Vater erstens die Überzeugung voraus, daß in der Verwirklichung von Moralität der letzte Sinn menschlichen Lebens besteht, und zweitens die sich daraus ergebende Überzeugung, daß die sittliche Forderung im Extremfall auch die Aufgabe des eigenen Lebens zum Inhalt haben kann. Zur Bestätigung dieser Überzeugung verweist More in seiner Antwort auf seinen Glauben an Gott, dessen Macht über den Tod hinausreicht und jeden zu einem Leben mit ihm in der Auferstehung berufen hat. More beruft sich also auf den dritten Artikel des christlichen Glaubensbekenntnisses. Welche Überlegungen verbergen sich hinter Gedankengängen dieser Art?

Wer so denkt, geht von der Wahrheit eines werttheoretischen Objektivismus oder eines ethischen Kognitivismus aus. Er sagt, aufgrund unmittelbarer Einsicht in die Daten des sittlichen Bewußtseins seien zwei Ansichten unverrückbar wahr und gewiß: 1. Der letzte Sinn menschlichen Lebens ist dem Menschen in der Verwirklichung von Moralität *vorgegeben* (Formulierung des Unbedingtheitscharakters der sittlichen Forderung). 2. Es gibt den Extremfall, daß er den letzten Sinn seines Lebens nur durch *Aufgabe* seines

Lebens verwirklichen kann (Folgerung aus dem Unbedingtheitscharakter der sittlichen Forderung). Wenn diese Auffassung richtig ist, stellen sich zwei Fragen: 1. Wieso kann der letzte Sinn menschlichen Lebens dem Menschen *vorgegeben* sein, wenn das einzige sinnstiftende Wesen, das wir kennen, der Mensch selbst ist? 2. Wieso kann sich der letzte Sinn des Lebens gerade darin erfüllen, daß das Leben als der Träger aller Sinnverwirklichung *aufgegeben* wird? Oder in kantischer Formulierung: 1. Was ist die Bedingung der Möglichkeit dafür, daß Sinn als unzweifelhaft vorgegeben erfahren werden kann? 2. Was ist die Bedingung der Möglichkeit dafür, daß die sittliche Forderung lauten kann, Moralität erfülle sich gerade darin, daß man ihr ihr eigenes Fundament entzieht? Würde sich die sittliche Forderung, bildlich gesprochen, damit nicht den Ast absägen, auf dem sie sitzt?

Ein Atheist oder Agnostiker wird wiederum beide Fragen als sinnlos oder unbeantwortbar zurückweisen müssen, wenn er nicht schon von vornherein die Basis dieser Fragestellung, nämlich den werttheoretischen Objektivismus und damit den Unbedingtheitscharakter der sittlichen Forderung ablehnt. Wer meint, er habe keinen guten Grund, dies zu tun, kann wohl nicht anders, als auf beide Fragen antworten: Die Bedingung der Möglichkeit dafür, daß Moralität als Sinn vorgegeben ist und im Extremfall auch das Lebensopfer fordern kann, ist die Existenz Gottes als Inbegriff von Wert und Sinn überhaupt und ein persönliches Leben über den Tod hinaus kraft der Allmacht Gottes. Dies wäre die Antwort des Theisten. Der Christ kann diese Antwort unter Berufung auf den dritten Glaubensartikel noch weiter inhaltlich füllen: Für ihn ist Gott ein Gott der Lebenden, der jeden einzelnen zur Auferstehung und zu einem Leben mit ihm berufen hat.

f) Die Frage nach einer spezifisch christlichen Paränese

Diese theistischen und spezifisch christlichen Antworten auf zentrale Fragen im Bereich der Moral sind Antworten auf metaethische Fragestellungen (mit Ausnahme der Frage nach der Genese sittlicher Einsichten). Als solche haben sie, wie gesagt, keine Bedeutung für die normative Ethik, d. h. für die Frage nach Inhalt und Begründung sittlicher Einzelforderungen. Von größter Bedeutung sind sie allerdings für jenen Typus sittlicher Rede, der in Kap. IV, 4 als Paränese von der normativen Ethik unterschieden wurde. Ein Blick auf die Vielzahl paränetischer Texte im Neuen Testament genügt, um sich davon zu überzeugen.

Statt vieler sei nur ein einziger charakteristischer Text zitiert. In Röm. 12,1 ff. setzt Paulus mit dem ein, was er meint der Gemeinde als paränetische Folgerung aus der in den vorangegangenen Kapiteln geschilderten Rechtfertigung aus dem Glauben vorstellen zu müssen. Seine grundlegende Mahnung formuliert er in 12,1 f.: »Angesichts des Erbarmens Gottes ermahne ich euch, meine Brüder, euch selbst als lebendiges und heiliges Opfer darzubringen, das Gott gefällt; das ist der wahre, euch angemessene Gottesdienst. Gleicht euch nicht dieser Welt an, sondern wandelt euch und erneuert euer Denken, damit ihr prüfen und erkennen könnt, was der Wille Gottes ist: was ihm gefällt, was gut und vollkommen ist.«

Wenn wir diese Mahnung des Apostels recht verstehen wollen, »müssen wir uns bewußt sein, daß sie in sich ein andringender, ans Herz legender, bittender, ermutigender, ermunternder, beschwörender, ja oft gebietender Zuruf, Anruf und Aufruf ist, den der Apostel in väterlicher und brüderlicher Liebe an die Glieder der römischen Gemeinde richtet« (H. Schlier). Um dies sein und in dieser Weise wirken zu können, verweist Paulus auf das geschehene Erbarmen Gottes (in unserer Terminologie: auf den transzendenten Grund sittlichen Gutseins und vor allem sittlicher Umkehr). Das Erbarmen Gottes entläßt aus sich den Appell, sich ihm gemäß zu bewähren. Und wozu ruft Paulus auf? Zum Prüfen und Tun des Guten und Vollkommenen; das aber ist identisch mit dem, was Gott gefällt, was seinem Willen entspricht (in unserer Terminologie: Paulus nennt ausdrücklich die transzendente Dimension des sittlich Geforderten).

Dieser kurze Hinweis mag genügen, um deutlich zu machen, daß der Verweis auf Gott und sein Erbarmen in der sittlichen Paränese seinen legitimen Ort hat. Sittliche Paränese wird, von Christen geübt und an Christen gerichtet, immer vom spezifischen Inhalt des (theistischen und) christlichen Glaubens geprägt sein. Dadurch erscheint die sittliche Forderung in besonderer Eindringlichkeit als der *personale* Anruf des lebendigen Gottes.

5. *Zusammenfassung*

In einigen Thesen sei hier noch einmal im Überblick der Zusammenhang zwischen christlichem Glauben und Sittlichkeit dargestellt:

1. Wahre Gläubigkeit im christlichen Sinn schließt wahre Moralität mit ein.
2. Wahre Moralität schließt nicht das ausdrückliche Bekenntnis zum theistischen und christlichen Glauben mit ein.
3. Auf die *normative Frage*, nach welchen Kriterien der Christ zu beurteilen habe, worin in der jeweiligen Situation seine sittliche Pflicht bestehe, ist mit der gesamten christlichen Tradition zu antworten: Für den Christen gibt es zur Bestimmung dessen, was er zu tun und zu lassen hat, keine anderen Maßstäbe als für jeden anderen Menschen auch. Das heißt: Die in der Schrift niedergelegte Wortoffenbarung ist nicht Geltungsgrund neuer rein sittlicher Weisungen, die nur für den Christen Gültigkeit besäßen. Es gibt keine spezifisch christlichen Inhalte der sittlichen Forderung.
4. Auf die *genetische Frage*, ob der Christ unter sonst gleichen Umständen eher in der Lage ist, das sittlich Richtige zu erkennen, ist zu antworten: Wenigstens in bezug auf die Erkenntnis einiger sittlicher Normen ist der Christ prinzipiell in einer günstigeren Position als der Nicht-Christ, und zwar deswegen, weil einige moralische Irrtümer mit zentralen Glaubensinhalten logisch unvereinbar sind.
5. a) Auf die *Frage nach dem transzendenten Grund sittlichen Gutseins* ist theistisch zu antworten: Wie Gott als Schöpfer der transzendente Grund von allem und jedem ist, so ist er es auch in bezug auf die Moralität des Menschen. Die Entscheidung zum sittlich Guten ist zugleich ganz freie Tat des Menschen und ganz Gabe Gottes.
   b) Auf die *Frage nach der* (transzendenten) *Bedingung der Möglichkeit für sittliche Umkehr* ist spezifisch christlich zu antworten: Eine Umkehr vom sittlich Schlechten zum sittlich Guten ist nur möglich aufgrund der Erlösung in Jesus Christus. Eine solche Umkehr ist Gabe Gottes wider Verdienst, doch als solche zugleich ganz freie Tat des Menschen.
6. a) Auf die *Frage nach der Bedingung der Möglichkeit der Sinnhaftigkeit von Moralität* lautet die theistische Antwort: Die Bedingung der Möglichkeit dafür, daß Moralität als unbedingt sinnvoll vorgegeben sein kann, ist die Existenz Gottes und ein persönliches Leben über den Tod hinaus.

b) Die weitergehende spezifisch christliche Antwort lautet: Das persönliche Weiterleben über den Tod hinaus besteht in einem Leben mit Gott in der Auferstehung.

7. Auf die *Frage nach dem Inhalt christlicher Paränese* ist zu antworten: Unter der Voraussetzung, daß die Frage nach dem Inhalt der sittlichen Forderung bereits beantwortet ist (normative Frage), verleiht der theistische und spezifisch christliche Verweis auf Gott und sein Heilshandeln in Jesus Christus als den transzendenten Grund der sittlichen Forderung (das sittlich Richtige als das von Gott Gebotene), ihrer Erfüllung in der Tat [5a) und b)] sowie ihrer Sinnhaftigkeit auch angesichts der Inkaufnahme fundamentaler nicht-sittlicher Übel (z. B. Tod) [6a) und b)] der sittlichen Paränese eine besondere Eindringlichkeit.

Worterklärungen

analytisch Ein Urteil ist genau dann analytisch (im Unterschied zu → synthetisch) wahr, wenn sich seine Wahrheit allein aus der Bedeutung der in ihm verwendeten Wörter ergibt; etwa: Ein Schimmel ist ein weißes Pferd.

Argumentation, sittliche Redeform, deren Ziel im Unterschied zur → Paränese primär in der Vermittlung der Erkenntnis des Guten und Richtigen besteht.

Ausdruckshandlung Handlung, deren Sinn im Unterschied zur → Wirkhandlung primär darin besteht, eine Einstellung des Handelnden sichtbar und greifbar zu manifestieren.

Ausdruckshandlung, kostspielige Handlung, die ihre Ausdrucksqualität gerade durch die Inkaufnahme großer Übel gewinnt; etwa: Selbstverbrennung Jan Pallachs in Prag 1968 als Ausdruck des Protestes.

Ausdruckshandlung, überformte Handlung, der von ›Natur‹ aus keine Ausdrucksqualität eigen ist, sondern die sie erst durch kulturelle Prägung gewinnt; etwa: Geschlechtsverkehr als Ausdruck von Liebe.

Determinismus Dem → Indeterminismus entgegengesetzte Theorie, in der das Vermögen des Menschen zu freier Entscheidung und damit zu sittlicher Verantwortlichkeit bestritten wird.

Egoismus (1) → Selbstsucht.

(a) primitiver Egoismus: Verfolgung der Befriedigung sich unmittelbar aufdrängender Antriebe und Wünsche.

(b) aufgeklärter Egoismus: Verfolgung des langfristigen und umfassenden Eigeninteresses.

(2) psychologischer Egoismus: Empirische These, nach der der Mensch von Natur aus nur in seinem Eigeninteresse handeln kann.

(3) logischer Egoismus: These, nach der es analytisch wahr ist, daß der Mensch nur in seinem Eigeninteresse handeln kann.

(4) → Selbstliebe.

(5) ethischer Egoismus: Normative Theorie, nach der *jeder* sein Handeln an seinem aufgeklärten Eigeninteresse ausrichten soll.

Entscheidung → Freiheit.

Entschiedenheit → Freiheit.

Erfolgsethik Im Unterschied zur → Gesinnungsethik jene Auffassung, nach der die sittliche Qualität eines Menschen auch vom zufälligen Erfolg oder Mißerfolg seines Wollens abhängt.

Ermessensurteil → Vorzugsurteil, das nach sorgfältiger Abwägung aller relevanten Gesichtspunkte im Unterschied zu einem einhelligen auch anders hätte ausfallen können.

Ethik (1) Wissenschaftlihe Reflexion über moralische Sachverhalte.
(2) → Moral.

Ethik, normative Teildisziplin der Ethik, in der man sich im Unterschied zur → Metaethik mit dem unmittelbaren Inhalt oder Gegenstand moralischen Urteilens und Handelns befaßt, d. h. mit der Frage nach dem Richtigen und dem Guten.

Eudämonismus Werttheoretische Auffasung, nach der das → Glück des Menschen das einzige in sich Gute darstellt.

Fehlschluß, genetischer Illegitimer Übergang von der Erklärung, wie es zu einer Überzeugung gekommen ist, zur Behauptung ihrer Wahrheit oder Falschheit.

Fehlschluß, naturalistischer Illegitime Zurückführung von Werturteilen auf deskriptive Tatsachenurteile.

Freiheit (1) Handlungsfreiheit: Das Vermögen des Menschen, so oder anders zu handeln, falls er gerade so oder anders will.
(2) Freiheit der Vorzugswahl: Das Vermögen des Menschen, nach rationalen Wertgesichtspunkten Handlungsalternativen als besser oder weniger gut zu beurteilen und demgemäß zu wählen.
(3) Freiheit der Entscheidung: Das Vermögen des Menschen, den obersten Maßstab all seines praktischen Urteilens und Handelns als selbstlose Unparteilichkeit oder egoistische Parteilichkeit selbst zu bestimmen.
(4) Freiheit der Entschiedenheit: Das Vermögen des Menschen, in innerer Konsistenz an seiner freien Entscheidung zum moralischen Beurteilungsstandpunkt festzuhalten.

Gesetz zur Verhinderung einer allgemeinen Gefahr Regel, die aus Rücksicht auf die Gesamtheit der vorkommenden Situationen im Einzelfall die Hinnahme eines besonderen Nachteils zumutet; etwa: ausnahmsloses Verbot der Folter oder der Todesstrafe.

Gesinnungsethik Im Unterschied zur → Erfolgsethik jene Auffassung, nach der die sittliche Qualität eines Menschen allein von seinem Wollen abhängt.

Gewissen Inbegriff jener Aktivitäten und Vermögen des Menschen, in denen er sich als moralisches Wesen darstellt und betätigt.
(1) Urteilsinstanz über
(a) sittlich Gut und Schlecht,
(b) sittlich Richtig und Falsch
(c) die sittliche Qualität der eigenen Motive und Handlungen.
(2) paränetische Instanz.
(3) personale Entscheidungsinstanz (Herz).

Gewissensfreiheit Das Recht jedes Menschen, eine Handlung zu verweigern, die seiner sittlichen Überzeugung widerspricht.

Glaube (1) subjektive Gläubigkeit.
(2) objektiver Glaubensinhalt.

Glaube, christlicher Auf das glaubwürdige Zeugnis der Glaubenszeugen hin anzunehmender Offenbarungsglaube an Gott als den Erlöser von Schuld und als den (übernatürlichen) Vollender in Jesus Christus, gegründet auf den rational begründbaren theistischen Glauben.

Glaube, theistischer Natürlicher oder rational begründbarer (Vernunft)-glaube an Gott den guten Schöpfer und (natürlichen) Vollender.

Glück (1) Günstiges Geschick (Glück haben).
(2) Erfahrung einer intensiven Freude (Glückserlebnis).
(3) Überaktuelle und begründete Zufriedenheit mit dem eigenen Leben als ganzem.
(4) Inbegriff alles für den Menschen realisierbaren Guten.
(5) Inbegriff des Wohls des Menschen.

Handlungsfreiheit → Freiheit.

Hedonismus Werttheoretische Ansicht, nach der die Lebensfreude (Lust) das einzige in sich Gute darstellt.

hypothetisches Sollen → Sollen, hypothetisches.

Indeterminismus Dem → Determinismus entgegengesetzte Theorie, in der dem Menschen das Vermögen zu freier Entscheidung und damit zu sittlicher Verantwortlichkeit zugesprochen wird.

Institution Ein ausdrücklich oder unausdrücklich vereinbartes und anerkanntes Regelsystem, das bestimmte Handlungsweisen erstmals ermöglicht; etwa: Schach, Versprechen Strafrecht.

Interesse Bedürfnis, das prinzipiell als solches empfunden, gewußt und unter Umständen auch geltend gemacht werden kann.

kategorisches Sollen → Sollen, kategorisches.

Kognitivismus → Objektivismus, metaethischer.

Menschenrecht Anspruch (oder Befugnis), dem aufseiten anderer eine Pflicht entspricht, der in der allen Menschen gemeinsamen Menschenwürde begründet ist und gewöhnlich nur in der Regel der Fälle eingefordert werden darf.

Menschenwürde (1) Inbegriff der Ansprüche auf all das, was für den Menschen gut und richtig ist.
(2) Das Vermögen und die Berufung des Menschen zur Moralität.

Metaethik Teildisziplin der Ethik, in der man sich im Unterschied zur normativen → Ethik mit der Bedeutung und Logik ethischer Wörter und Aussagen, mit dem ontologischen und erkenntnisheoretischen Status der damit gemeinten Sachverhalte sowie mit deren Implikationen und Voraussetzungen befaßt.

Moral (1) Gesamtheit jener Einstellungs- und Verhaltensregeln, denen man den Vorrang vor Regeln aller anderen Art einräumt, sowie alle damit unmittelbar verbundenen Sachverhalte.
(2) → Ethik.

Moralität Sittliche Güte, Einnahme des moralischen Beurteilungsstandpunkts, Selbstlosigkeit, Unparteilichkeit, Uneigennützigkeit: Grundgesinnung, aufgrund deren jemand bereit ist, unparteiisch alles Gute in dem Maß, wie es gut ist, zu lieben und alles Schlechte, in dem Maß, wie es schlecht ist, zu hassen und demgemäß zu handeln.

Natur (1) deskriptiver Sachverhalt: Das, was etwas im deskriptiven Sinn zu dem macht, was es ist.

(2) Sinn- oder Zweckbestimmung: Das, wozu etwas da ist.

Non-Kognitivismus → Subjektivismus, metaethischer.

Norm, sittliche (1) objektiv geltende Vorschrift.

(2) subjektive Überzeugung von dem, was als Vorschrift gilt.

(3) sprachliche, oft generalisierte Fassung dessen, was für die geltende Vorschrift gehalten wird.

Norm, gemischte Handlungsanweisung, die im Unterschied zu einer reinen Norm neben wertenden Elementen wenigstens auch eine rein beschreibende Tatsachenbehauptung enthält; etwa: Du sollst niemandem E 605 ins Essen geben.

Norm, reine Gesinnungsnorm, die im Unterschied zu einer gemischten Norm nur wertende Elemente enthält; etwa: Urteile unparteiisch!

Normierungstheorie, ethische Systematische Darstellung jener allgemeinen Kriterien, die die sittliche Richtigkeit von Handlungen bestimmen.

Normierungstheorie, deontologische Die der teleologischen Normierungstheorie entgegengesetzte Auffassung, nach der die sittliche Richtigkeit von Handlungen nicht allein vom Wert und Unwert der Folgen im weitesten Sinn abhängt, sondern noch von anderem.

Normierungstheorie, teleologische Die der deontologischen Normierungstheorie entgegengesetzte Auffassung, nach der die sittliche Richtigkeit von Handlungen allein vom Wert und Unwert der Folgen im weitesten Sinn abhängt.

Nutzwert Das, was im Unterschied zum → Selbstwert nicht um seiner selbst willen, sondern wegen anderem geschätzt oder angestrebt zu werden verdient.

Objektivismus, metaethischer Dem metaethischen → Subjektivismus entgegengesetzte Theorie, nach der es vorgängig zur Stellungnahme des Menschen Wertsachverhalte gibt.

Paränese, sittliche Redeform, deren Ziel im Unterschied zur → Argumentation primär in der Einflußnahme auf das Wollen und Tun des als gut und richtig Erkannten besteht.

Partikularismus, ethischer Die dem ethischen → Universalismus entgegengesetzte Ansicht, nach der nicht allen Menschen in gleicher Weise Personwürde zukommt; etwa: Rassismus.

Pflicht Das, was getan werden soll.

prima-facie-Pflicht Pflicht, die zwar generell besteht, doch im Konfliktfall u. U. hinter einer wichtigeren Pflicht zurückzustehen hat.

prima-facie-Recht Recht, das zwar generell besteht, doch im Konfliktfall u. U. aufgrund eines vorrangigen Rechts nicht beansprucht werden darf.

Recht (1) Anspruch eines Menschen, dem auf seiten anderer die Pflicht entspricht, diesem zu genügen.

(2) Befugnis eines Menschen, dem auf seiten anderer die Pflicht entspricht, ihn in der Ausübung seiner Befugnis nicht zu hindern.

Relativismus (1) deskriptiver: Moralsoziologische These, nach der keine einzige sittliche Norm faktisch allgemein als Grundlage sittlicher Verpflichtung angesehen wird.

(2) normativ-ethischer: Normative Behauptung, nach der etwas, was für den einen wirklich richtig ist, für einen anderen unter relevant ähnlichen Umständen wirklich falsch sein kann.

(3) metaethischer: metaethischer → Subjektivismus.

Selbstliebe Im Unterschied zur → Selbstsucht unparteiische Zuwendung zu sich selbst in demselben Maß wie zu anderen.

Selbstsucht Unmoral: Im Unterschied zur → Selbstliebe jene Grundgesinnung, nach der das eigene Wohl und Wehe letzter Maßstab allen Denkens, Urteilens und Handelns ist.

Selbstverwirklichung (1) Ausbildung von Talenten, Anlagen und Fähigkeiten im Sinne der Realisierung nicht-sittlicher Werte.

(2) Freie Selbstbestimmung zur → Moralität.

Selbstwert Das, was im Unterschied zum → Nutzwert um seiner selbst willen geschätzt und angestrebt zu werden verdient.

Sollen, hypothetisches Eine Anweisung, die unter der Bedingung steht, daß man sich faktisch einen bestimmten Zweck zum Ziel gesetzt hat und der Inhalt der Anweisung ein notwendiges Mittel zur Erreichung dieses Zwecks darstellt; dabei bleibt offen, ob man sich diesen Zweck (unabhängig von seinen tatsächlichen Wünschen) einfachhin zum Ziel setzen soll; z. B. »Wenn du dich gesund erhalten willst, höre auf zu rauchen!«

Sollen, kategorisches Eine Anweisung, die sich auf einen (den tatsächlichen Wünschen) vorgegebenen Zweck bezieht und daher einfachhin gilt; z. B. »Denke, urteile und handle unparteiisch!«

Subjektivismus, metaethischer Dem metaethischen → Objektivismus entgegengesetzte Theorie, nach der es vorgängig zur Stellungnahme des Menschen keine Wertsachverhalte gibt.

synthetisch Ein Urteil ist genau dann synthetisch (im Unterschied zu → analytisch) wahr, wenn sich seine Wahrheit nicht allein aus der Bedeutung der in ihm verwendeten Wörter ergibt. Etwa: Dieses Pferd ist ein Schimmel.

Über-Ich Gewissensähnliche, vorpersonale Struktureinheit, die die Gebote und Verbote, die Verhaltensmaßstäbe geliebter und gefürchteter Autoritäten repräsentiert.

Universalisierbarkeit Erfordernis unmittelbar-praktischer sittlicher Handlungsmaximen, nach dem sie sich auf allgemeine Grundsätze zurückführen lassen müssen, die keinerlei Individualbegriffe als Konstanten enthalten dürfen.

Universalismus, ethischer Die dem ethischen → Partikularismus entgegengesetzte Ansicht, nach der allen Menschen in gleicher Weise Personwürde zukommt.

Unparteilichkeit → Moralität.

Unterlassen Ein Nicht-Tun, wenn in der betreffenden Situation Tun und Nicht-Tun wirkliche Alternativen darstellen.

Utilitarismus Normative Theorie, nach der das größtmögliche Wohl aller Maßstab des sittlich Richtigen ist.

Vorzugsurteil Urteil, in dem aufgrund irgendeines vorausgesetzten Wertmaßstabs ein Sachverhalt gegenüber einem anderen als besser oder weniger schlecht charakterisiert wird.

Vorzugswahl → Freiheit.

Wert, nicht-sittlicher Alles in sich Gute, dessen Realisierung nicht allein von der freien Entscheidung des Menschen abhängt; all das, was sein Wohl ausmacht; etwa: Gesundheit, Intelligenz, Freude.

Wert, sittlicher → Moralität: Die positive Qualität eines Menschen, die sich allein aus seiner freien Entscheidung zum Standpunkt der Moral ergibt.

Wertungswort, sittliches Ausdrucksweise, die neben ihrer deskriptiven Bedeutung ein sittliches Werturteil mit einschließt; etwa: ›Abtreibung‹ im Unterschied zu ›Schwangerschaftsabbruch‹.

Wirkhandlung Handlung, deren Sinn im Unterschied zur → Ausdruckshandlung primär darin besteht, etwas Gutes bzw. Schlechtes zu realisieren.

Literaturhinweise

Zum gesamten Band:

Wörterbuch
O. Höffe (Hrsg.), Lexikon der Ethik, München 1977.

Textsammlung zu allen Themenbereichen mit sehr klaren Einführungen:

D. Birnbacher – N. Hoerster (Hrsg.), Texte zur Ethik, München 1976.

Umfassendere Darstellungen der Probleme der Ethik:
K. Baier, Der Standpunkt der Moral, Düsseldorf 1974.
W. K. Frankena, Analytische Ethik, München 1973.
J. L. Mackie, Ethik, Stuttgart 1981.
R. L. Purtill, Grundfragen der Ethik, Düsseldorf 1977.
B. Schüller, Die Begründung sittlicher Urteile, Düsseldorf [2]1980.
(Auf die letzten drei Titel wird jeweils zu den einzelnen Kapiteln noch einmal eigens verwiesen.)

Zu Kap. I

Zum Umweltschutz:
D. Birnbacher (Hrsg.), Ökologie und Ethik, Stuttgart 1980; bes. der Aufsatz des Hrsg.: ›Sind wir für die Natur verantwortlich?‹, 103–139.
R. L. Purtill, Grundfragen, Kap. 9: ›Umweltschutz und Ethik‹, 141–152.

Zur Unterscheidung zwischen gut/schlecht und richtig/falsch:
B. Schüller, Die Begründung: ›Die Liebe als Gesinnung und Tat‹ und ›Der sittlich gute Wille, die sittlich richtige Tat‹, 68–73; 133–141.

Zu Kap. II

Zum Tötungsverbot:
R. L. Purtill, Grundfragen, Kap. 6: ›Die Unantastbarkeit des Lebens‹, 92–109.
B. Schüller, Die Begründung: ›Unerlaubt, weil unberechtigt: Das Tötungsverbot‹ (Darstellung und Kritik der traditionellen Argumentationsweise), 236–251.

Zu Kap. III

Zur Sexualethik:
R. L. Purtill, Grundfragen, Kap. 7: ›Sexualethik‹, 110–124.

Zur Kritik des traditionellen Verbots künstlicher Empfängnisverhütung:
B. Schüller, Die Begründung: ›Unerlaubt, weil naturwidrig‹, 216–235.

Zu Kap. IV

Sammlung von Menschenrechtserklärungen:
W. Heidelmeyer (Hrsg.), Die Menschenrechte, Paderborn [2]1977.

Zur Menschenwürde:
B. Schüller, Die Begründung: ›Der argumentative Hinweis auf die Würde des Menschen‹, 321–336.

Zur Unterscheidung zwischen Paränese und normativer Ethik:
Ebd., ›Ermahnen, Verurteilen, Argumentieren‹, 15–40.

Zur Unterscheidung zwischen sittlichem Wert und nicht-sittlichen Werten:
Ebd., ›Sittlicher Wert und nicht-sittlicher Wert‹, 73–78.

Zur Gelassenheit:
Ebd., ›Sich freuen, als freute man sich nicht‹, 142–154.

Zu Kap. V

Zur Universalisierung:
R. M. Hare, Freiheit und Vernunft, Düsseldorf 1973, Kap. 3: ›Grundsätze‹ und Kap. 6: ›Eine moralische Begründung‹, 45–66; 105–131.
J. L. Mackie, Ethik, Kap. 4: ›Universalisierung‹, 104–130.

Zur Goldenen Regel:
B. Schüller, Die Begründung: ›Die Goldene Regel‹, 89–106.

Zu Kap. VI

Textsammlung zu den verschiedenen normativen Thorien:
R. Ginters (Hrsg.), Typen ethischer Argumentation, Düsseldorf 1976.

Zu den einzelnen Normierungstheorien:
R. L. Purtill, Grundfragen, Kap. 2: ›Egoismus‹, Kap. 3: ›Utilitarismus‹, Kap. 4: ›Ethische Normen‹, Kap. 5: ›Situationsethik‹, 30–91.

Zum Utilitarimus:
O. Höffe (Hrsg.), Einführung in die utilitaristische Ethik, München 1975 (Textsammlung).
R. M. Hare, Freiheit und Vernunft, Düsseldorf 1973, Kap. 7: ›Der Utilitarismus‹, 132–157.
J. L. Mackie, Ethik, Kap. 6: ›Der Utilitarismus‹, 157–189.

Zur Kritik der deontologischen Normierung:
B. Schüller, Die Begründung: ›Tue, was Recht ist, ohne Rücksicht auf die Folgen‹, 173–176.

Zu einigen Vorzugsregeln:
Ebd., ›Der Nahe, Nähere, Nächste‹; ›Wenige und Viele‹; ›Zuerst das Leben, dann die Philosophie‹, 107–132.

Zu Kap. VIII

Textsammlung zu den verschiedenen relativistischen Theorien:
R. Ginters (Hrsg.), Relativismus in der Ethik, Düsseldorf 1978.

Zum Relativismus:
R. L. Purtill, Grundfragen, Kap. 1: ›Ethischer Relativismus‹, 11–29.

Zum metaethischen Relativismus:
J. L. Mackie, Ethik, Kap. 1: ›Die Subjektivität der Werte‹, 11–59.
B. Schüller, Dezisionismus, Moralität, Glaube an Gott, in: Gregorianum 59 (1978), 465–510.

Zu Kap. IX

Textsammlung:
J. Blühdorn (Hrsg.), Das Gewissen in der Diskussion, Darmstadt 1976.

Zum Gewissen:
J. Fuchs (Hrsg.), Das Gewissen, Düsseldorf 1979.
B. Schüller, Die Begründung: ›Der Umgang mit dem Wort Gewissen‹, 40–57.

Zu Kap. X

Textsammlungen zu den verschiedenen deterministischen und indeterministischen Positionen:

R. Ginters (Hrsg.), Freiheit und Verantwortlichkeit, Düsseldorf 1977.
U. Pothast (Hrsg.), Freies Handeln und Determinismus, Frankfurt/M. 1978.

Zu Kap. XI

Textsammlung zur Religionsphilosophie mit sehr klaren Einleitungen:
N. Hoerster (Hrsg.), Glaube und Vernunft, München 1979.

Zum Problem des Übels und zu den Argumenten zugunsten der Existenz Gottes:
R. L. Purtill, Grundkurs religiösen Denkens, Düsseldorf 1979, Kap. 2: ›Das Problem des Übels‹ und Kap. 3: ›Argumente zugunsten der Existenz Gottes‹, 32–67.

Zum Spezifikum christlicher Ethik:
B. Schüller, Zur Diskussion über das Proprium einer christlichen Ethik, in: Theologie und Philosophie 51 (1976), 321–343.

Register